제국의 교차로에서 탈제국을 꿈꾸다

남쪽에서 본 동북아시아

최원식·백영서·신윤환·강태웅 엮음

제국의 교차로에서 탈제국을 꿈꾸다

남쪽에서 본 동북아시아

창비

21세기에 다시 쓴 간행사

서남동양학술총서 30호 돌파를 계기로 우리는 2005년, 기왕의 편집위원회를 서남포럼으로 개편했다. 학술사업 10년의 성과를 바탕으로 이제 새로운 토론, 새로운 실천이 요구되는 시점이라고 판단했기 때문이다.

알다시피 우리의 동아시아론은 동아시아의 발칸, 한반도에 평화체제를 구축하고자 하는 비원(悲願)에 기초한다. 4강의 이해가 한반도의 분단선을 따라 날카롭게 교착하는 이 아슬한 상황을 근본적으로 해결하는 방책은 그 분쟁의 근원, 분단을 평화적으로 해소하는 데 있다. 민족 내부의 문제이면서 동시에 국제적 문제이기도 한 한반도 분단체제의 극복이라는 이 난제를 제대로 해결하기 위해서는 우선 서구주의와 민족주의, 이 두 경사 속에서 침묵하는 동아시아를 호출하는 일, 즉 동아시아를 하나의 사유단위로 설정하는 사고의 변혁이 종요롭다. 동양학술총서는 바로 이 염원에 기초하여 기획되었다.

10년의 축적 속에 동아시아론은 이제 담론의 차원을 넘어 하나의 학(學)으로 이동할 거점을 확보했다. 우리의 충정적 발신에 호응한 나라 안팎의 지식인들에게 깊은 감사를 표하는 한편, 이 돈독한 토의의 발전이 또한 동아시아 각 나라 또는 민족들 사이의 상호연관성의 심화가 생활세계의 차원으로까지 진전된 덕에 크게 힘입고 있음에 괄목한다. 그리고 이러한 변화가 6·15남북합의(2000)로 상징되듯이 남북관계의 결정적 이정표 건설을 추동했음을 겸허히 수용한다. 바야흐로 우리는 분쟁과 갈등으로 얼룩진 20세기의 동아시아로부터 탈각하여 21세기, 평화와 공치(共治)의 동아시아를 꿈꿀 그 입구에 도착한 것이다. 아직도 길은 멀다. 하강하는 제국들의 초조와 부활하는 제국들의 미망이 교착하는 동아시아, 그곳에는 발칸적 요소들이 곳곳에 숨어 있다. 남과 북이 통일시대의 진전과정에서 함께 새로워질 수 있다면, 그리고 그 바탕에서 주변 4강을 성심으로 달랠 수 있다면 무서운 희망이 비관을 무찌를 것이다.

동양학술총서사업은 새로운 토론공동체 서남포럼의 든든한 학적 기반이다. 총서사업의 새 돛을 올리면서 대륙과 바다 사이에 지중해의 사상과 꿈이 문명의 새벽처럼 동트기를 희망한다. 우리의 오랜 꿈이 실현될 길을 찾는 이 공동의 작업에 뜻있는 분들의 동참과 편달을 바라 마지않는 바이다.

서남포럼 운영위원회
www.seonamforum.net

세 도시 이야기: 남쪽에서 본 동북아시아

서남포럼 운영위원회는 서남재단 창립 20주년을 맞이하는 해이기도 한 2007년의 사업방향을 어떻게 가늠할지 토의를 거듭했다. 동양학술총서 간행을 비롯한 동아시아 학술사업을 주관하는 것을 주된 업무로 시작된 재단 자문위원회를 총서 30호 돌파 계기로 재편, 2005년 새로이 출범한 서남포럼은 총서의 축적을 통해 학계의 일원으로 뚜렷이 자리잡은 동아시아 담론을 실천의 현장들과 더욱 긴밀히 결합하고자 하였다. 그리하여 동아시아 각국에서 막 벌어지고 있는 사건 또는 현상들을 현지의 생생한 시각으로 분석하여 한국 독자에게 전달하는 뉴스레터를 발행하는 한편, 국내에서 활동하고 있는 동아시아 네트워크들의 현황을 파악하는 일에 착수하였다. 그 작업의 일차적 성과가 포럼 설립 이듬해에 출간된 『2006 동아시아 연대운동단체 백서』다. 네트워크들 사이를 연결하면서 담론 바깥과 소통하려는 포럼의 노력이 일정한 성과를 거둔 것에 기초하여 2007년을 새롭게 내다보기로 하였던 것이다.

우선 일회성의 성대한 국제행사를 재고하기로 했다. 우리는 자문위원회 시절 재단 창립 10주년을 기념하여 동아시아 국제회의를 개최, 그 성과를 『발견으로서의 동아시아』(2000)로 묶어낸 바 있다. 유론(有論)과 무론(無論)을 가로 질러 형성적 개념으로 설정함으로써 '동아시아'를 둘러싼 논의의 갈래를 정리한 이 회의는 당시로서는 중대한 디딤돌이었지만, 지금 시점에서 반복할 이유가 크지는 않다. 소통의 진화(進化)라는 포럼 출범의 취지에 비추어볼 때, 동아시아의 현장들을 직접 탐방하여 국제적 네트워크를 재구축하는 회의 또는 워크숍이 더 적절하다는 데 의견을 모았다.

어디를 찾아갈 것인가? 우리는 이미 『주변에서 본 동아시아』(2004)를 통해 기존 동아시아론의 한계를 의식하여, 이른바 주변에 더욱 주목하기로 다짐한 바 있다. 주변을 동아시아론의 새로운 지평을 여는 열쇠로 삼는다는 것은 먼저 동남아시아를 더 적극적으로 고려함을 뜻할 터이다. 물론 우리의 동아시아론이 동남아시아를 배제했다는 것은 아닌데, 동북아시아가 아니라 동북아와 동남아를 아우른 동아시아란 용어를 선택한 것이 그 단적인 증거다. 자신의 역량에 맞게 한·중·일로부터 시작해 차츰 확대해나가는 근사(近思)로 방향을 잡았던바, 이제 그 때가 도래했다는 판단 아래 동남아시아학의 개척자 신윤환 교수를 포럼에 영입, 탈(脫)동북아시아 실험에 본격적 첫발을 디디게 된 것이다. 또한 나라의 경계를 가로지르는 디아스포라 집단들에 유의하면서, 일종의 부분국가, 그에 준하는 지방, 그리고 섬들도 염두에 두었다. 시선은 자연스럽게 남쪽으로 향했다. 그렇다. 남쪽, 또는 남쪽의 주변을 자상히 탐사함으로써 북쪽을 다시 보는 훈련을 시작하자.

남쪽에서 동북아를 바라보는 각도가 결정되면서 우리는 구체적 장소 선정에 들어갔다. 동북아시아와 연관이 더 깊은 곳들에 눈길이 가는 것은 어쩌면 자연스러운 일인지도 모른다. 전형적인 동남아국가는 아니지만 베트남이 우선 떠올랐다. 한자, 유교, 대승불교 등 동북아시아적 특성을 공유하고 있을 뿐만 아니라 오랜 분단을 넘어 통일된 나라라는 점에서, 더구나 2007년은 한베수교 15주년을 맞이한 해이기도 해, 베트남을 탐방하자는 데 쉽게 합의했다. 다음은 하노이냐 싸이공이냐? 통일전쟁을 승리로 이끈 북베트남의 하

8

노이보다는 승리와 패배를 동시에 안은, 그리하여 이름마저 호찌민으로 바뀐 남베트남의 싸이공으로 가는 것이 이번 워크숍의 취지에도 걸맞을 것이다. 호찌민시를 선택한 뒤 우리는 동북아와 동남아 사이의 섬들, 타이완(臺灣)과 오끼나와(沖繩)에 유의했다. '아시아의 네 용'으로 도약하던 전자는 중화인민공화국이 중국을 대표하면서 변방으로 소외된 섬이고, 메이지유신(明治維新) 이후 일본의 일개 현(縣)으로 편입된 해상왕국 류우뀨우(琉球)의 후예 후자는 미군기지로 앓는 동아시아의 뇌관(雷管)이다. 우리는 동아시아의 패권을 다투는 제국들의 갈등 속에서, 탈출에 성공한 또는 여전히 고뇌하는 이 세 곳을 올해의 방문지로 최종 낙점하였다. 그리하여 2007년 서남 워크숍의 주제를 '왜 남쪽인가'에 대한 창조적인 응답으로 '제국의 교차로에서 탈제국을 꿈꾸다'로 정하게 되었다.

이렇게 우리들의 남쪽 여행은 시작되었다. 2007년 2월 25일 일요일 아침, 우리는 마침내 오끼나와의 나하(那覇)로 날아갔다. 현지 자원봉사자들의 헌신적인 안내를 받아 류우뀨우 왕국의 신화가 숨쉬는 세이화우따끼(齋場御嶽)에서 미군기지 반대투쟁의 현장 헤노꼬까지, 오끼나와가 통과한/하고 있는 시간의 결들을 직접 체험하면서 오끼나와의 지정학을 절감했던 것이다. 답사의 실감이 생생한 2월 28일, 오끼나와대학에서 첫번째 워크숍을 가졌다. 본토방어를 위해 오끼나와를 불의 지옥으로 떨어뜨린 오끼나와전투 직후 항복한 천황은 천황제 보존을 위해 미군에 직접 오끼나와를 공여했으니, 오끼나와는 일종의 사석(捨石)이 아닌가. 그럼에도 오끼나와가 한국전쟁과 베트남전쟁의 전투기 발진지로 가해의 위치에 서 있기도 했다는 점에서 이 섬의 비틀린 운명이 아프다. 오끼나와전투 다음에 제주도전투가 준비되고 있었다는 데서 단적으로 보이듯이, 오끼나와는 결코 한국과 분리된 곳이 아니(었)다. 오끼나와라는 자물쇠를 푸는 작업이 동아시아론의 미래를 열 열쇠의 하나라는 깨달음이 소중하다.

7월 초, 우리는 두번째 순회토론을 위해 싸이공으로 더 익숙한 호찌민시로 갔다. 먼저 훼(Hue)를 답사했다. 세계에서 두번째로 긴 나라 베트남의 배꼽에 위치한 훼는 베트남 최초의 통일왕조 응우엔조(阮朝)의 유서깊은 고도(古都)로서 베트남 문화력의 정화(精華)를 보여준다. 베트남 민족운동의 아버지 판 보이 쩌우(潘佩珠)와 그를 계승하여 베트남 민족해방운동을 완성한 호찌민(胡志明), 두 혁명가의 활동근거지의 하나가 이곳이라는 사실이 예사롭지 않다. 7월 11일 목요일, 호찌민시 국가대학 인문사회과학대에서 하노이 학자들도 함께한 워크숍이 열렸다. 베트남 측의 요청으로 원래의 제목을 재고, 협의 아래 '동남아와 동북아의 대화'로 변경했다. 몽골, 청, 프랑스, 그리고 미국, 제국들의 침략을 모두 승리로 이끈 드문 나라 베트남이 제국이란 용어에 민감한 점이 흥미로운데, 탈제국에 성공한 나라의 실용주의, 다시 말하면 간난했던 전쟁들을 환기시키는 그 제목이 '도이머이'(Doi Moi, 쇄신) 시대에 적절치 않다고 판단한 것이 아닐까 짐작할 뿐이다. 인도차이나 3국으로 묶이는 이웃 라오스·캄보디아 문제와 얽혀 중국에 대한 감정의 골도 얕지 않아서 베트남에 대한 이해의 심화를 촉구하는 대목이 아닐 수 없다. 대화는 매우 유익했다. 호찌민시를 중심으로 한 남베트남이 예나 이제나 베트남 부(富)의 원천이라는 보 반 센(Vo Van Sen) 총장의 말대로, 북베트남과 다른 배경을 지닌 호찌민시야말로 동남아와 동북아를 잇는 '현대식 교량'으로 손색이 없을 터이다.

동아시아 순회토론을 마감하는 타이뻬이(臺北) 회의는 9월 벽두에 열렸다. 태평양전쟁의 패배로 미국에 바쳐진 오끼나와처럼 타이완은 청일전쟁의 패배로 일본에 할양된 섬이다. 타이완과 한국은 일본의 식민지라는 경험을 공유하지만, 일본에 대한 감정은 한국과 온도차가 없지 않다. 총독부 건물이 지금도 여전히 행정의 중심으로 건재한 데에서 보이듯 타이완은 한국보다 일본에 관대한 것이다. 또한 타이완도 한국처럼 '민주화 이후'에 직면하여 당혹하고 있다. 오랜 국민당 계엄독재를 선거혁명으로 끝냈지만 민진당에 대한 환멸 속에 국민당이 부활하는 형국에 처한 것이 오늘의 현실이다. 그럼

10

에도 타이완이 민진당의 탈대륙 바람의 반대로 경사될 것 같지는 않다. 타이완 독립론[臺獨論]의 뿌리는 만만치 않다. "민진당은 왜 독립을 주장하는가"라는 떵샤오핑(鄧小平)의 질문에, 타이완 출신의 저명한 과학자 리위엔저(李遠哲) 박사가 국민당정권의 타이완 주민에 대한 무력탄압을 들어 "타이완인이 희망을 걸었던 공산당이 국민당의 통치를 용인한 것에 실망했"기 때문이라는 답변은 깊이 음미할 만한 것이다.[1] 독립과 통일, 아니면 그 사이를 가르는 제3의 길, 타이완의 향방은 동아시아, 특히 한반도의 운명에도 적지 않은 영향을 미칠 터인데, 9월 3일(월) 국립정치대학에서 가진 토론회는 타이완에 대한 한국의 낮은 관심을 반성케 하는 전기(轉機)로서 충분했다. 타이완의 학자들 역시 두 나라의 상호관련성을 좀더 의식적 차원으로 격상해야 한다는 데 공감한 것도 큰 수확이다.

2007년 순회토론을 돌아보면서 우리는 나라의 경계를 다시 생각하게 되었다. 오끼나와는 일본의 남쪽 끝이 아니다. 일찍이 번영하던 해상왕국 류우뀨우가 그러했듯이 오끼나와는 중국, 조선, 일본 그리고 동남아와 교통하는 그 축에 위치한다. 타이완 역시 중국의 동쪽 끝이 아니다. 국경이 가로질러서 그렇지 오히려 류우뀨우 열도와 함께 하나의 섬 생활권을 이루고 있다. 호찌민시도 베트남의 남쪽 끝이 아니다. 동남아로 열린 베트남의 풍요로운 창(窓)이 싸이공의 진면목일 것이다. 다문화적 성격이 뚜렷한 남쪽을 탐방하면서 국경이 일종의 숙명처럼 내면화된 우리의 정치적 무의식이 동북아적 이데올로기가 아닐까 하는 자문(自問)이 솟은 것은 자연스럽기조차 하다. 국경이라는 이 해묵은 상(相)에서 여하히 자유로워질 것인가? 엄연히 실존하는 국경의 의미는 그것대로 침통히 음미하면서 그 너머를 내다보는 훈련! 이 공안(公案)을 함께 풀 지혜의 동아시아 네트워크 구축이 요체가 아닐 수 없다.

끝으로 2007년 서남포럼 동아시아 순회토론회를 성과적으로 치를 수 있

1) 「臺灣の脱中國化」, 『朝日新聞』 2007. 2. 24. 이 말은 1987년 5월 뻬이징의 인민대회당에서 이루어진 떵샤오핑과 리위엔저의 회담에서 나온 것이라 한다.

도록 도와준 나라 안팎의 벗들에게 포럼을 대신하여 깊은 감사를 드리는 바이다. 특히 구수정, 양태근, 현무암 씨의 노고를 기억하고 싶다. 백영서 교수를 비롯한 포럼 운영위원과 서남재단 실무자들의 헌신 또한 각별하고도 각별했다.

2008년 9월
최원식

12

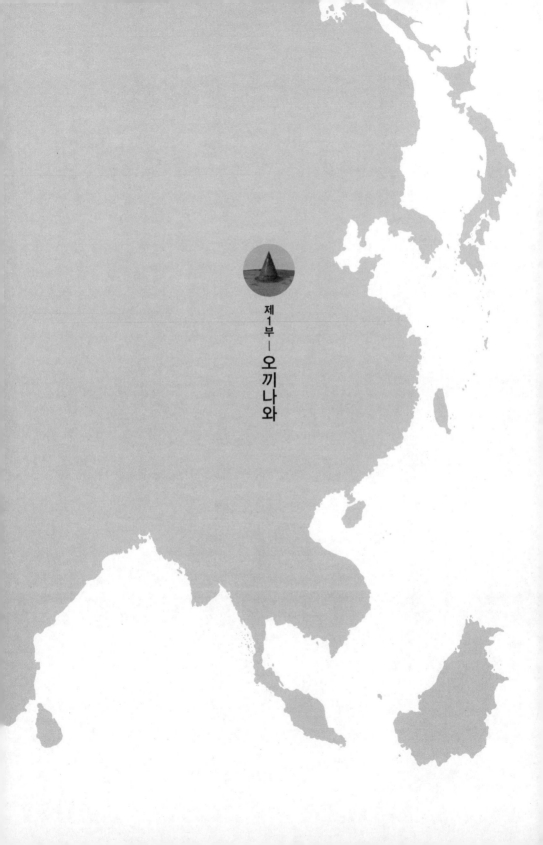

제 1 부 — 오끼나와

동아시아 속의 오끼나와

강태웅

지난달(2007년 2월) 미군기지와 휴양지가 공존하는 오끼나와에서 서남포럼이 주최하는 동아시아 순회토론회가 '제국의 교차로에서 탈제국을 꿈꾸다'라는 제목으로 개최됐다. 오끼나와 측 지식인들은 '탈제국(脫帝國)'에 대해서, 오끼나와에 있어서 현재 가장 뜨거운 논쟁을 불러일으키고 있는 미군기지 이전 문제로 해석을 했다. 그러나 서남포럼 측은 그와같은 당면문제보다는 넓은 시각에서의 접근을 원했다. 미국과 일본이라는 강대국 사이에 놓인 오끼나와는 언제나 그 관계 속에서 이야기되어왔지 오끼나와 자체로 이야기되어오지 못했다. 그렇기에 오끼나와의 독자성을 보려는 노력과 오끼나와 내부의 목소리를 들어보려는 노력을 '탈제국'이라는 단어가 가지는 의미에 포함시키려는 것이 서남포럼 측의 접근방법이었다. 이러한 시각차이를 가지고 토론회는 진행되었다.

기지이전에 대한 논의는 후뗀마(普天間) 기지 문제에 집중되었다. 후뗀마 기지는 원래 주택가였던 도시의 한복판에 미군의 비행장을 만들고, 주민들은 주변의 구릉지대로 밀려났기 때문에, 원경에서는 마치 도넛과 같이 가운데가 비어 있는 것으로 보인다. 1996년 반환이 결정되지만, 이는 또다른 문제를 불러일으키게 된다. 오끼나와 현내(縣內) 이전을 조건으로 한 기지 반환이었기 때문이다. 이에 인구가 적은 북부의 나고시(名護市) 헤노꼬(邊野古)의 바다에 비행장을 세우는 것으로 결정된다. 그러나 일부 주민들과 시민단체가 반발을 하고, 그 운동이 10년 넘게 이어지고 있다.

그렇다고 기지이전에 대해서 반대의견만 있는 것은 아니다. 기지이전을 받아들이면 일본정부의 지원을 받을 수 있어 학교와 첨단시설을 지을 수가 있고, 이도(離島)하는 젊은 층을 어느정도 저지할 수 있기 때문이다. 우리나라와 오끼나와의 상황은 분명 다르지만, 미군기지의 존재와 그것이 가져오는 문제점은 공통되고 있고, 또한 기지이전과 그후의 개발을 둘러싼 갈등 또한 우리나라에서도 많이 찾아볼 수 있다. 게다가 미군기지가 오끼나와의 다른 곳으로, 아니면 동아시아의 다른 나라로 이전되는 것으로 이어질 수 있기에, 오끼나와에 한정된 시각이 아닌 동아시아적인 시각이 필요하게 되는 것이다.

기지가 없어진 후에 대한 미래상에 대해서도 동아시아의 공통적인 경험을 찾아볼 수 있었다. 미군기지가 반환되면 모든 문제가 해결되는 것은 아니라는 점이다. 한국의 인천에서도 해안철책선이 제거된 후 포장마차가 무질서하게 들어섰던 경험이 이야기되어 오끼나와 지식인들의 공감을 얻었다. 이미 오끼나와에서는 기지 반환 후의 난개발에 대한 걱정과 일본 본토 자본에 의한 개발독점에 대한 우려가 높아지고 있기 때문이다.

또 한가지 집중 토론되었던 문제는 오끼나와가 갖는 상징성이었다. 오끼나와전에서 10만에 가까운 민간인이 희생되었고, 전후에도 재일 미군시설의 75%가 집중되어 있어, 일본이 벌인 전쟁의 상처를 대신 짊어진 피해자로서 이야기되어왔던 것이다.

그러나 오끼나와의 지식인들은 이러한 피해자로서의 오끼나와라는 상징에서 벗어나려고 한다. 오끼나와에는 매년 관광객 이외에도 일본 본토에서

평화기념(祈念)공원. '평화의 불'이라는 분수를 중심으로 전몰자의
이름을 새긴 화강암이 동심원으로 펼쳐져 있다.

'평화학습'이라는 주제하에 수많은 학생들과 여행객들이 찾아온다. 아시아
최대의 공군기지인 카데나(嘉手納) 기지를 보기 위한 전망대까지 만들어져
있다. 오끼나와의 희생이 전쟁의 가해자이기보다는 피해자이길 바라는 일본
본토의 국가사(national history)에 수렴되어 이용되고 있는 것이다. 반면 오
끼나와 지식인들이 강조하는 것은 오끼나와의 가해자로서의 모습이다. 베트
남전쟁과 최근의 이라끄전쟁에 이르기까지 미군의 기지 역할을 하여 타국에
희생을 가져오게 하는 데 오끼나와도 일조했다는 가해자로서의 모습을 드러
내고 싶어한다. 베트남전쟁에 있어서 가해자의 역할을 했던 한국으로서도
여기서 또 한번 공통의 경험을 발견할 수 있었다.

또한 2차대전 당시에 오끼나와에 끌려와 죽임을 당한 조선인 징용자들에
대한 추모비를 세우는 활동을 통해 일본 본토가 적극적이지 않은 사과에 앞
장서려는 노력도 하고 있다. 더 나아가서는 피해자냐 가해자냐는 이분법보

다는 피해와 가해가 혼잡되고 있는 그 상황이 바로 동아시아의 모습이고, 그 때문에 고민하고 있는 것 또한 공통된 것이 아니겠느냐는 오끼나와의 한 학자의 말이 기억에 남는다.

　서남포럼은 제국의 교차로에서 남다른 고통을 겪어왔던 동아시아의 세 지역(오끼나와, 타이뻬이, 호찌민시)을 찾는 첫 단계로 오끼나와를 방문했다. 이곳에서 특정 사안에 대한 연대에서 출발하여 동아시아 차원의 유사한 경험을 공유하고 같이 고민하는 것을 통해 보다 넓은 차원의 '연대'의 가능성을 찾을 수 있었다고 생각된다.

오끼나와에 온 까닭

최원식

1. 유리구슬에 비친 한국

저는 오끼나와가 처음입니다. 이번에 새삼 깨달은 것이 있습니다. 오끼나와는 토오꾜오(東京)를 통해서가 아니라 곧장 와야 한다는 점입니다. 그렇게 마음먹으니 이렇게 와 있습니다.

제게 이 섬을 강렬히 각인시킨 것은 요산(樂山) 김정한(金廷漢, 1908~1996)의 단편 「오끼나와에서 온 편지」(1977)입니다. 그 이전에는 '유구(琉球, 류우꾸우)'가 익숙했습니다. 조선의 사대부로서는 드물게도 일본 실정에 밝은 보한재(保閑齋) 신숙주(申叔舟, 1417~75)는 왕명에 의해 자신의 견문을 바탕으로 일본에 대한 비판이 거의 정지된 당대 최고의 일본 안내서 『해동제국기(海東諸國記)』(1471)를 저술했습니다만, 바로 이 책에 일본 지도들과 함께 유구 지

* 이 글은 2007년 2월 28일 '제국의 교차로에서 탈제국을 꿈꾸다'라는 주제로 열린 서남포럼 워크숍(오끼나와대학)에서 발표한 발제문을 크게 보완한 것이다. 이 발제에 대해 논평해주신 참석자 여러분께 감사한다. 이 논문은 2004년 인하대학교의 지원에 의해 연구되었다.

도가 실려 있습니다. 일본 지도 판본으로는 세계에서 가장 오랜 것으로 인정되는 이 지도들을 보노라면 독립왕국 유구를 이 책에 함께 넣은 보한재의 의도가 궁금해지기도 합니다. 유구국이 오끼나와현으로 편입될 것을 예시(豫示)한 것인가? 그는 '일본과 화평을 잃지 말라'는 유언을 성종(成宗)에게 남길 정도로 일본의 잠재적 힘을 냉철하게 가늠한 선구적 지식인입니다. 보한재의 경종(警鐘)이 무색하게 그후 일본은 조선을 두 번 침략했습니다. 임진왜란 (1592~99)의 실패를 보상이라도 하듯 일본은 미국의 페리(Perry)함대를 모방하여 1876년 함포외교로 조선을 강제개국했습니다. 그 4년 뒤 고종(高宗)은 수신사(修信使) 김홍집(金弘集, 1842~96)에게 물었습니다.

하교하기를 "유구국은 그동안에 나라를 회복하였다고 하던가?" 홍집이 아뢰기를 "이 일은 혐의가 있어 물어보지 못하였으나, 전하는 말로는 벌써 그 나라를 폐하고 현으로 만들었다고 합니다."
敎曰琉球國間已復國云耶 弘集曰此事存嫌未嘗問人而傳說已廢其國爲縣云矣. (『고종실록(高宗實錄)』 1880. 8. 28)

당시 조선 조정은 유구의 운명에 깊은 관심을 가지고 있었습니다. 임진왜란의 여진(餘震)으로 탄생한 토꾸가와 막부(德川幕府)의 대외관계 재정립 과정에서 1609년 시마즈번(島津藩)의 침략으로 그 지배 아래 들어간 유구왕국은 한편 청(淸)의 조공체제에 포섭된바,[1] 이 양속관계(兩屬關係)는 1879년 메이지정부(明治政府)에 의해 오끼나와현으로 처분되면서 해체되고 말았던

---

1) 유구국의 왕궁 슈리성(首里城)을 방문했을 때(2007. 2. 26), 청의 유구왕 책봉식 모형을 흥미롭게 보았다. 우리를 안내한 오까모또 유끼꼬(岡本由希子)씨는 책봉식이 거행될 때 시마즈번에서 파견나온 관리들은 숨어 있었다고 귀띔해주었다. 청과 시마즈번 또는 토꾸가와 막부는 '눈 가리고 아웅' 식으로 유구의 양속(兩屬)을 인정했던 것이다. 토론회(2007. 2. 28)에서 강태웅 교수는 양속관계가 현재는 미국과 일본 사이에서 유사하게 재현되고 있다고 지적했다. 정곡을 찌른 견해가 아닐 수 없다.

것입니다. "조선에 대한 청의 종주권을 배제하려는" 메이지정부의 속셈에서 결행된 유구의 무력귀속은 요컨대 "조선지배정책의 희생으로" 되었으니,[2] 유구가 이미 일본에 편입되었다는 이 불길한 소식은 1910년에 이루어진 조선의 식민지화를 예고하는 전조였던 것입니다.

그럼에도 이후 조선과 유구는 제국의 분리지배 속에 불통(不通)하였습니다. 오랜 상호소외를 극복하고 그 동병상련(同病相憐)을 역사적 의식으로 들어올린 기념비가 바로 요산의 「오끼나와에서 온 편지」입니다. 이 단편을 통해 한국인에게 그곳은 모호한 낭만의 유리구슬, 유구가 아니라 고뇌하는 영혼과 육체를 갖춘 오끼나와로 떠올랐습니다. 이 단편은 제목 그대로 서간체소설(epistolary fiction)입니다만, 액자소설이기도 합니다. 겉이야기의 작중화자 '나'(작가)가 강원도 탄광지대를 돌아다니다가 어떤 광부의 집에서 오끼나와에 사탕수수 베는 계절노동자로 가 있는 그 집 딸, 즉 속이야기의 주인공 복진이의 편지뭉치를 수습하여 그 편지들을 정리해 펼쳐 보이는 형식을 취한 이 단편은 일제 말의 식민지 노무동원(勞務動員)을 연상케 합니다. 한국의 '기능개발협회'가 모집한 644명의 젊은이들이 코오베(神戶)에서 화물선에 실려 오끼나와 본섬의 '분밀당(分蜜糖)공업협회'에 인계되어 다시 곳곳으로 흩어지는데, 주인공은 다시 "배로 꼭 여섯 시간이나 걸리는" 미나미다이또오지마(南大東島)로 이동합니다.[3] 한국 노동자의 딸들은 어떤 경위로 오끼나와의 농업노동자로 팔려나갔는가? 고용주 하야시 노인은 태평양전쟁 말기 오끼나와전투로 섬의 인구가 격감한 데서 그 원인을 찾습니다. 1945년 3월 말부터 6월 하순까지 진행된 미군의 오끼나와 공격으로 일본군은 거의 전멸하고 현민(縣民) 약 20만이 희생되었다고 합니다.[4] 이로 말미암은 노동

2) 遠山茂樹 『日本近代史 Ⅰ』, 東京: 岩波書店 1978, 44면.
3) 『김정한 소설선집: 증보판』, 창작과비평사 1983, 463면. 이하 이 작품 인용은 주 대신 이 책의 면수만 표시함.
4) 藤原彰 『日本近代史 Ⅲ』, 東京: 岩波書店 1978, 158~99면.

력 부족을 메우기 위해 외국인노동자가 요구되었던 것입니다.[5] 복진이는 말합니다. "처음에는…… 타이완에서만 데리고 왔다나요. 그러던 것이 자기 나라 정부가 중공과 국교를 트고부터는 타이완 사람들을 못 쓰게 됐대요. 그래서 대신 한국에서 노무자들을 모집해오게 된 거래요"(465면). 일본이 타이완(臺灣)과 단교하고 중국과 수교한 1972년을 고비로 오끼나와의 농업노동자 공급처는 타이완에서 한국으로 바뀐 것인데, 탈식민 이후에도 타이완과 한국은 의연히 제국의 바닥을 받치고 있는 점이 흥미롭습니다. 전후 부흥에 성공한 일본이 선도하는 기러기 대형[雁行]에 한국과 타이완이 편입되어 '4마리 용'으로 부상한 사실을 상기하면 일본의 내국식민지(internal colony) 오끼나와에 옛 식민지 타이완과 한국이 차례로 연계된 사정을 이해할 수 있습니다. 일본 본토와는 다른 위계에 있을지라도 오끼나와도 한국과 타이완에 대해서는 어디까지나 일본이기 때문입니다.

그런데 고용자 오끼나와인과 피고용자 한국인 사이가 꽤 따뜻합니다. 오끼나와가 일본의 내국식민지라면 한국 노동자들 또한 한국의 내국식민지인데, 바로 이 바탕에서 소통이 작동하고 있기 때문입니다. 편지의 주인공 복진이의 아비는 강원도 황지(黃池)탄광에서 낙반(落磐) 사고로 목숨을 잃은 터인데, 일제 말 "징용으로 북해도에 끌려가서 북탄(北炭)이라던가 어딘가 하는 탄광에서 처음으로 버력통(버력: 광석이나 석탄을 캘 때 나오는, 광물 성분이 섞이지 않은 잡돌—필자)도 지고, 막장일(막장: 갱도의 막다른 곳—필자)도 배웠"던 것입니다(468면). 그런데 하야시 노인은 복진이의 아비와 "어쩜…… 만났을는지도" 모르겠다고 묘한 인연에 놀랍니다(468면). 하야시의 삶은 복진 아비의 그것과 멀리 떨어져 있지 않습니다. 일본의 또다른 내국식민지 홋까이

---

5) 이것만으로는 설명이 충분치 않다. 이는 일본의 전후 부흥 성공에 따라 일본 주변의 동아시아 개발도상국들이 값싼 노동력의 공급처로 재편되었음을 가리키는 것이다. 그런데 농업의 비중이 축소일로에 있는 오늘의 오끼나와에는 외국인노동자 문제가 거의 존재하지 않는다고 한다.

도오(北海道)에서 조선인 징용자들과 함께 광부일을 한 그는 태평양전쟁 때는 "라바울이란 섬에까지 가서 죽다가 살아왔"던 것입니다(464면). 라바울(Rabaul)은 파푸아뉴기니아 동쪽에 위치한 뉴브리튼 섬의 주도(州都)로 1942년 일본군에 의해 점령되었지만 미군의 반격으로 일찍이 고립된바, 오끼나와로 귀환하기까지 하야시가 겪은 고투를 미루어 짐작할 수 있습니다. 하야시의 악몽은 이것으로 끝나지 않았습니다. 미군의 공격으로 오끼나와 본섬에 있던 그의 집과 가족들은 결딴나고 집터마저 미군기지로 수용되었던 것입니다. 전후 미군은 오끼나와를 동아시아의 전략적 요충으로서 접수하였으니, 그것은 유구를 미국의 영토로 병합하려 한 페리 구상의 뒤늦은 실현이었습니다.[6] 1972년 일본에 반환된 이후에도 한국전쟁(1950~53)과 베트남전쟁(1965~73)으로 더욱 높아진 전략적 중요성으로 미군기지는 오끼나와에 의연합니다. 하야시가 본섬에서 멀리 떨어진 미나미다이또오지마로 이사하게 된 까닭이 여기 있으매, 오끼나와와 한국의 유비(類比)는 일본군 위안부 출신 상해댁의 출현으로 더욱 깊어집니다. 그 택호로 보아 상하이(上海)에서 위안부로 생애하다 한국으로 귀국하지 못하고 오끼나와로 와 "술가게와 비밀로 히로뽕 장사를 하고 있"(472면)는 상해댁과 해후한 복진이는 새로운 차원에서 복제되는 한국 민중의 운명에 전율합니다. 상해댁의 가게를 찾아온 거지 아이의 존재는 더욱 충격적입니다. 그녀는 말합니다.

"무슨 개발공사라던가…… 한국에서 고아 백여 명을 싣고 와서 이곳에 주둔하고 있는 미군들에게 돈을 많이 받고 불법 입양을 시켰더랬는데, 그 미군아저씨들이 귀국할 때 같이 데리고 갈 수속이 미처 안되어 그냥 길가에 버려두고 갔다나. 여긴 그런 애기거지들이 우글우글하다니까." (475면)

악명 높은 한국의 고아수출이 오끼나와에서도 이처럼 비참하게 이루어졌

---

6) 和田春樹 『東北アジア共同の家』, 東京: 平凡社 2003, 205면.

다니 이 남루한 진실이 끔찍합니다. 작품의 끝에서 복진이는 부슬비를 맞으며 건축공사장에서 거지꼴로 노동하는 한떼의 한국 처녀들을 목격합니다. 그녀들은 누구인가? 파인애플 공장 또는 사탕수수 농가에 취업한다는 개발협회의 약속에 의지해 오끼나와에 온 7백명의 한국 처녀들 가운데 "4백여명이 하수도공사라든지 무슨무슨 건축공사장으로 배치되어서, 사내들도 하기 힘든 중노동"(174면)에 투입된 것입니다.[7] 오끼나와라는 거울을 통해 박정희 개발독재의 어두운 진실에 육박해간 이 단편은 한국 민중의 참상이 미군을 축으로 하는 한미일 삼각동맹에 의해 지탱되고 있다는 점을 강렬히 암시하고 있는 한편, 한국 계절노동자들의 존재를 통해서 미국과 일본에 양속한 오끼나와의 고뇌를 생생하게 보여줍니다.

그럼에도 이 단편은 문제가 없지 않습니다. 가령 하야시의 아들 타께오가 참상에 울음을 터뜨리는 복진이를 질타하는 대목을 봅시다. "운다고 해결이 되나? 쓸개 빠진 타협과 눈물이 문제를 해결해주나!"(476면) 한국 민중의 투쟁을 독려하는 선한 의도에도 불구하고, 그의 어조에는 한국인에 대한 빈정거림이 배어납니다. 그는 말합니다. "한국 사람을 왜 다꼬(문어)라고 부르는지 알아? 뼈다귀가 없다는 거야, 뼈다귀가……!"(476면) 타께오의 태도는 또한 자부심과 결합되어 있습니다. 그는 복진이에게 '건아(健兒)의 탑'[8]과 '백합(百合)의 탑'[9] 두 석탑의 유래를 자랑스럽게 설명합니다. "이건 미군이 쳐들

---

7) 일본정부는 오끼나와에 미군기지를 유지 또는 확장하는 것에 대한 보상으로 크고 작은 토목공사를 발주하였다. 한국 처녀들이 공사판을 전전하는 참상은 그 반영일 것이다. 그런데 미군기지의 확장과 동반한 토건사업들이 수려한 오끼나와의 자연환경을 파괴하는 데 일조하는 역설이 흥미롭다.
8) 오끼나와에는 '건아의 탑'이 두 곳에 있다. 하나는 제일중학교의 철혈근황대(鐵血勤皇隊) 학생들의 희생을 기린 것이고, 또 하나는 사범학교 남학생들의 주검에 바쳐진 것이다. 전자는 '일중건아의 탑(一中健兒の塔)'이라고 하는데, 이 작품에 나오는 탑은 '백합의 탑'과 나란히 서 있다고(470면) 한 것으로 보아 아마도 후자일 것이다.
9) 육군병원에 동원된 사범학교 여자부와 제일고등여학교 여학생들의 집단적 죽음을 애도하는 이 탑의 정확한 이름은 '히메유리의 탑(ひめゆりの塔)'이다. 현재는 탑 일대를 정비하여

28

어왔을 때 군인들과 함께 싸우다가 죽거나 자결한 남녀 학생들의 거룩한 희생을 기념하기 위해 세운 석탑이야"(470면). 오끼나와전투 때 이 섬의 남녀 학생들이 결사항전한 것은 과연 명예로운 일일까요? 본토 보호를 위한 사석(捨石)으로 선택된 오끼나와 방어전에 가엾게 휩쓸린 오끼나와 주민들이란 근본적으로는 제국의 희생자들입니다. 물론 자발적 열광 속에 비장하게 자결을 택한 젊은이도 없지 않았겠지만 그것은 어디까지나 일시적 마비에 가까운 정신상태에서 기인한 것일진대, 결코 찬미될 일은 아닐 터입니다. 그런데 타께오는 어느 틈에 오끼나와 사람이 아니라 제국 일본인으로 변신하여 식민지 조선인을 지도하고 있는 형국입니다. 일본의 내국식민지 오끼나와에서 모처럼 열린 독특한 민중연대의 가능성은 이렇게 민족주의 또는 나라 사이의 경계라는 애물에 걸려 좌초하고 말았습니다. 타께오의 실패는 작가의 한계입니다. 문제의 근원을 미국이라는 외인(外因)에만 돌림으로써 그를 허용한 내인(內因)을 자상하게 고구하는 것을 생략하기 쉬운 구(舊)좌파의 눈으로는 양속관계에 긴박된 오끼나와의 독자성에 대한 더 깊은 천착은 버거운 일일 터인데, 그 과제는 우리의 몫이 아닐까?

2. 일본 동아시아론의 향방

반목했던 중·일이 수교 35주년을 맞이해 화해를 모색하고 있습니다. 보도에 의하면 야스꾸니(靖國) 춘계 및 추계 대제 직전에 중일 지도부가 상호교류를 실시하는 것으로 일정을 조정해, 올봄에는 원자빠오(溫家寶) 총리가 일본을, 올가을에는 아베 신조(阿倍晋三) 총리가 중국을 방문할 예정이랍니다. 후진따오(胡錦濤) 주석의 연내 방일까지 염두에 둔 절묘한 타협점을 찾

오끼나와를 대표하는 평화박물관의 하나로 관리되고 있다.

은 것인데, 그에 화답이라도 하듯, 아베 총리는 새해 들어 가볍게 메이지신궁(明治神宮)을 참배함으로써 야스꾸니 문제를 물밑으로 가라앉히겠다는 의지를 간접 표명했습니다. 이 기조가 순조롭게 견지된다면 지난 5년간 중단됐던 중일 정상의 상호 방문길이 새롭게 열리게 됩니다.

이런 변화의 조짐은 이미 감지된 바인데, 특히 지난해 10월 아베 신임총리가 전격적으로 뻬이징(北京)을 방문해 이루어진 중일 정상회담의 합의는 인상적이었습니다. 사실 아베 총리는 코이즈미 준이찌로오(小泉純一郎) 전 총리보다 한술 더 뜨는 매파입니다만, 그럼에도 발톱을 숨기고 뻬이징으로 달려갔습니다. 미국에 매달리면서 동북아 외교를 거의 방기한 코이즈미 전 총리와는 달리 첫 방문국으로 중국을 선택한 아베 총리의 등장을 적극적으로 평가한 중국 또한 포커페이스이긴 마찬가지입니다. 신판 오월동주(吳越同舟)라고 부름직도 할 것이지만, 코이즈미 이후를 포착하여 중국은 전략적인 관점에서 중일 사이의 생산적 관계를 구축할 것을 직간접으로 표명한 터입니다.[10]

바야흐로 중일 화해의 시대가 달려오고 있습니다. 이에 따라 2007년은 동아시아 또는 동북아시아가 중요한 화두로 떠오를 것입니다. 정부와 시민사회의 분리가 모호한 중국과 달리 지식인사회의 시민적 담론공간이 발달한 일본에서는 동아시아론이 이전보다 한층 탄력을 받을 것으로 예상됩니다. 미일동맹 일변도를 비판하면서 아시아를 강조하는 일본사회의 동아시아론은 대체로 두 방향으로 갈라진다고 할 수 있습니다. 한국 또는 한반도를 축으로 동북아시아의 화해와 협력을 모색하려는 와다 하루끼(和田春樹)의 '동북아시아 공동의 집' 논의가 하나라면, 중국과 일본을 중심으로 한 경제통합에서

---

10) 아베에 이어 2007년 9월 후꾸다 야스오(福田康夫)가 총리에 취임한 이후 중일관계는 해빙을 넘어 밀월무드로 이동했다는 평가가 일반적이다. 2007년 12월 중국을 방문해 과거를 사죄한 후꾸다 총리에 대한 중국의 대대적 환영은 2008년 4월 후진따오 주석의 일본 방문 예고로 더욱 고조되었다.

30

일본의 활로(活路)를 찾는 타니구찌 마꼬또(谷口誠)의 '동아시아 공동체'론은 또다른 하나입니다. 양자 사이에는 미묘한, 그렇지만 뒤로 갈수록 크게 벌어질 가능성이 농후한 차이가 있습니다. 예컨대 한국을 보는 양자의 관점이 흥미롭습니다. 지역협력의 중요한 매개자로서 한국의 역할을 중시하는 전자에 대해, 중국을 일본의 동반자로 삼는 후자에서 한국은 어디까지나 종속변수에 지나지 않습니다.

이 각도에서 두 논의를 조금 구체적으로 들여다봅시다. 한국 민주화운동의 오랜 벗으로서 일본을 대표하는 양심적 지성 와다는 1990년대부터 다듬어온 '동북아시아 공동의 집' 논의를 중간결산하는 책에 '신지역주의 선언'이라는 주지(主旨)를 선명히 내걸었습니다. 알다시피 전후 일본, 특히 진보적 지식사회에서 지역주의는 일종의 금기였습니다. 그것은 호리병에 갇힌 '대동아공영권'의 어두운 망령을 불러일으키는 부적이었기 때문입니다. 더구나 한국전쟁과 베트남전쟁으로 대표되는 "아시아 공산주의세력과 아메리카와의 전쟁의 시대"로 돌입한 1945년 이후, "평화헌법을 방패로 일미 안보조약의 그늘에 들어가 동북아시아, 동아시아의 전쟁으로부터 거리를 두려고 했"던 일본은 2국관계를 넘는 지역주의에 대한 고려를 "관(官)도 민(民)도 극력 회피해왔던" 것입니다.[11] 이 점에서 그 금기에 누구보다도 예민한 그가 새로운 지역주의의 기치를 들어올린 것은 뜻밖이라면 뜻밖인 셈입니다. 그는 왜 90년대에 지역주의의 재검토를 제기한 것일까? 일본을 에워싼 환경이 90년대 들어 근본적으로 변했기 때문입니다. "동아시아의 30년전쟁은 이미 끝나고, 냉전과 미소대립이 종언을 고했다. 세계전쟁의 시대는 끝나고, 국가사회주의 소련의 체제는 붕괴했다"(11~12면). 탈냉전시대의 입구에서 그는 냉전에 편승해 경제부흥을 추구한 과거의 행태에서 벗어나 "되살아난 기억의 압력을 바탕으로, ……과거의 청산을 구하고, 동시에 이웃과의 새로운

---

11) 和田春樹, 앞의 책 11면. 이하 이 책 인용은 따로 주를 달지 않고 면수만 표시함.

관계를 생각하"(12면)는 새로운 일본을 구상했던 것입니다. 아시아의 이름으로 아시아를 침략한 20세기 전반과 미국의 품 안에서 아시아로부터 짐짓 퇴각한 20세기 후반, 아시아의 일원임에도 아시아 의식을 결락함으로써 이웃과 불화한 과거를 반성하고 지역에 책임을 나누는 아시아의 벗으로 거듭나는 새로운 일본의 탄생을 꿈꾼 것이 와다 신지역주의의 핵심이 아닐까?

그런데 와다 구상의 특색은 한반도를 신지역주의의 축으로 삼는다는 점입니다.

조선인은 이 지역의 접합적 요소다. 중국의 조선족과 재일 한국·조선인은 각각의 나라에서 중요한 요소다. 러시아의 조선인은 주로 까자흐스딴이나 우즈베끼스딴에 살고 있지만, 그들 중 일부는 고향인 러시아령 극동으로 돌아가려 한다.

따라서 만약 남북 조선이 더욱더 서로 접근하여, 통일되고 혁신된 한국·조선을 만들어내어 이웃에 새로운 메씨지를 발신한다면, 그런 한국·조선은 동아시아 공동의 집의 축심(軸心)이 될 것이다. 통일된 조선은 동아시아를 통일하고, 세계를 통일한다고 할 수 있다. (23~24면)

분쟁을 유발한, 또는 그럴 가능성을 지닌 한반도의 분단을 해소하는 과정을 동아시아 지역주의 구축의 핵으로 삼는 그는 남북 당사자뿐 아니라 중국·일본·러시아에 이산한 한국 동포의 존재에 주목합니다. 그만큼 한반도의 통일문제를 중시한다는 뜻인데, 이 지역의 전통적 구성원이라고 보기 어려운 미국과 러시아를 포함하는 것 또한 그렇습니다. 특히 미군의 현전(現前)을 통해 영토 없이 편재(遍在)하는 미국이야말로 한반도 통일에 우이(牛耳)를 쥐고 있다고 해도 지나친 말이 아니기 때문입니다. 그리하여 그는 애초에 고려했던 베트남을 제외함으로써 신지역주의의 범위를 동아시아에서 동북아시아로 한정한 것입니다.

'동북아시아 공동의 집'으로 집약되는 와다 구상에 대해 타니구찌 마꼬또는 '동아시아 공동체'를 내세웁니다. 『경제통합의 행방과 일본』이라는 책의 부제에서 보듯이 그는 동아시아 지역에 깊어지는 경제적 상호의존성에 주목합니다. "동아시아 경제는, 무역 면에서 급속히 상호 의존관계를 심화하여 보완성을 높이고 있어, 경제공동체 성립에 필요한 경제적 조건이 갖춰져가고 있다."[12] 이 현상을 거시적으로 보면, "1980~90년대의 일·미·구(歐)에 의한 낡은 삼극구조가 붕괴하고, ……EU와 NAFTA, 그리고 약진하는 아시아에 의한 새로운 삼극구조가 출현"(ii면)하고 있다는 것입니다. 이런 상황 변화에 능동적으로 대처하여 동아시아 지역통합에 나선 것이 ASEAN과 중국입니다.

  ASEAN+3 포럼에 의한 동아시아 지역통합은, 통화 문제로부터 시작하여 그 위에 FTA, EPA(Economic Partnership Agreement, FTA를 최종목표로 하는 국가간 경제협력방안—필자)로 그 바퀴를 넓혀갔지만, 그 이니셔티브를 쥔 것이 이제까지 지역통합에는 소극적이어서 아시아 통화위기 때는 미국에 협력하여 일본의 AMF(아시아통화기금) 구상을 저지하기조차 했던 중국이라는 것은 놀랍다. ASEAN에 의한 통화 문제로의 지역통합에의 이니셔티브가 제1단 로켓이라고 한다면, 중국의 이니셔티브는 제2단 로켓이라고 해도 좋다. 일본은 당초 중국의 제2단 로켓의 위력을 지나치게 경시한 감이 있다. 중국에 이은 일본의 ASEAN과의 FTA를 중심으로 한 EPA 교섭도 중국의 이니셔티브에 촉발돼 개시되었다고 말하는 것이 사실에 가까울 터이다. (iv면)

  경제대국 일본은 왜 동아시아 지역통합에 적절히 대처하지 못했는가? 그는 미국에 대한 과도한 배려가 문제라고 비판합니다.

  ---

  12) 谷口誠 『東アジア共同體』, 東京: 岩波書店 2004, 87면. 이하 이 책 인용은 따로 주를 달지 않고 면수만 표시함.

확실히 슬로건으로서의 아시아 중시정책은 존재하고 있었다. 그러나 전후 일본 외교의 일관된 최우선과제는 대미(對美) 중시정책이고 현재 그 경향은 더욱 강해지고 있다. 또 전후 부흥과정에서 일본의 비원은 급속한 경제발전을 이룩하여 선진국의 한패로 들어가는 것이었다. 그 때문에 일본 외교가 노리는 방향은 극히 선진국 지향이어서, 그 당시 아직 도상국 단계에 있었던 많은 아시아 나라들에 대해서는 속죄적 의미의 경제협력을 행하고 있었지만 일본의 외교정책으로서 중점을 두고 있었다고 생각되지는 않는다. 일본이 지금까지 동아시아 지역통합의 흐름에 본격적으로 발을 디디지 않았던 이유는 대미 배려와, 아직도 일본의 엘리뜨 속에 죽치고 있는 '탈아입구(脫亞入歐)'의 정신구조는 아닐까. (viii~ix면)

일본의 아시아 도상국들에 대한 경제협력을 '속죄적 의미'라고 지적한 것은 지나치게 단순하여 수긍하기 어렵지만, 메이지 이래의 서구주의와 전후의 미국주의가 결합하여 일본으로 하여금 지역통합의 지진아로 만들었다는 견해는 정곡을 찌른 것이 아닐 수 없습니다. 그는 그리하여 일본이 나라 안팎의 변화에 즉하여 기왕의 미국 경사로부터 벗어나 동아시아 지역통합에 더욱 적극적이어야 함을 강조합니다. 그때 일본의 파트너는 누구인가? "동아시아 지역통합 성부(成否)의 열쇠를 쥐고 있는 것은 일본과 중국"(214면)이라는 점, 그리고 "일중간에 진정한 신뢰관계가 구축되지 않는 한, 동아시아에서 실효성 있는 경제권 또는 경제공동체의 성립은 곤란할 것"(v면)이라는 전망 아래 "단순한 경제이익의 추구를 목적으로 한 무역·투자관계를 넘어선, 장래의 일중관계를 담당할 인재의 육성이야말로 우선과제"(vi면)라고 역설합니다. 요컨대 떠오르는 중국과 함께 동아시아로 나아가기 위해 이를 추동할 인재, 특히 젊은 중국전문가들을 지금부터라도 조직적으로 키워야 한다, 이것이 타니구찌의 핵심적 메씨지라고 할 수 있습니다.

와다가 정치적이라면, 타니구찌는 경제적입니다. 물론 후자도 단지 경제에 머무르는 것은 아닙니다. "일본 외교의 과오의 책임은 정치에 있다"(xii면)

고 밝힘으로써 그는 동아시아 공동체 운동을 통해 일본의 진로를 올바르게 정향할 새로운 정치의 출현을 기대하고 있고, 또한 경제통합의 실현이 그를 안정적으로 뒷받침할 동아시아 차원의 집단적 안전보장기구의 구축으로 발전하기(220면)를 염원하고 있기 때문입니다. 21세기 일본의 방향을 서구 또는 미국에서 아시아로 돌리려는 점에서 출발은 다르지만 양자 모두 동일한 정치공학을 보여준다고 할 수 있습니다.

그럼에도 양자는 차별됩니다. 이미 지적했듯이 전자가 한반도 문제의 해결을 축으로 동북아시아에 촛점을 둔다면, 후자는 중국을 대당(對當)으로 삼아 "지역통합의 중핵으로서의 역할을 다할"(19면) ASEAN을 두루 포괄하는 동아시아를 견지합니다. 이는 갈등하는 동북아의 협력을 견인할 지렛대로 동남아의 경험을 활용할 필요가 절실하다는 판단에 기초하고 있을 터인데, 더 나아가 그는 '아시아 공동체'를 내다보고 있습니다(216면). '아시아 공동체'를 미리 차단할 일은 아니지만, 현단계에서는 동아시아로 제한하는 것이 더 실천적이거니와, 대국들이 웅거한 동북아에 대한 동남아의 우려를 고려할 뿐만 아니라 동북아의 평화구축에 동남아의 후원이 긴절한 점에서 우선은 동북아와 동남아의 대화에 주력하는 것이 현실적일지 모릅니다.

아시아 공동체를 내다보는 타니구찌 구상에는 그래서 한국 또는 한반도에 대한 고려가 깊지 않습니다. 그렇다고 한반도를 부동(不動)의 중심에 놓자고 투정을 하고 싶지도 않습니다. 한반도 문제의 해결을 축으로 삼는 와다 구상에 고무되는 바가 없지 않지만 이제는 조금 상대화할 필요가 있다고 여기는 편입니다. 한반도의 분단해소가 지금도 여전히 중요한 현안이라는 점에 물러날 생각이 없음에도 자칫 이 시각이 한국인들의 사유를 한반도 특권화로 인도할 우려도 없지 않기 때문입니다. 한반도의 현실로부터 동아시아를 사고할 때 디딜 땅을 잃지 않을 것인데, 역으로 한반도를 동아시아 안에서 놓아버리는 훈련도 긴요한 것이 아닌가 생각합니다. 과연 일본에서 이 두 논의 가운데 어느 쪽이 주도권을 잡을까? 아마도 후자가 전자를 압도할 가능성이 높을 것입니다.

3. 수출론과 보상론의 미몽(迷夢)을 넘어

중일이 그동안의 갈등을 넘어서 상생의 길을 걷는 것은 일단 축하할 일입니다. 중일의 불화가 북한 문제를 둘러싸고 더욱 격화되었던 저간의 사정을 보아도 이 변화가 북핵사태의 평화적 해결을 바탕으로 이룩될 역내 우호 조성에 긍정적으로 기여할 것이기 때문입니다. 그런데 중일 화해가 한반도를 오직 관리대상으로 조정하는 방향으로 나아간다면 분단체제의 극복을 통해 동아시아의 근본적 평화구축을 기도하는 동아시아론은 또다른 벽에 부딪힐지도 모르는 일입니다.

중일 화해의 시대를 앞두고 한국의 동아시아 연대운동은 어떤 대응책을 마련할지 진지하게 검토할 단계입니다. 최근 한국의 동아시아 연대운동은 양과 질 양쪽 면에서 비약적인 발전을 거듭해왔습니다. 그동안 한국의 운동이 자폐적이라는 뼈아픈 지적을 받아온 것을 상기하면 외부소통력의 신장은 주목에 값하는 것입니다. 그럼에도 한편에서는 연대활동이 운동수출론으로 전락할 위험도 없지 않다는 자성도 높습니다. 민주화투쟁의 모델을 운동이 부진한 나라들에 전파해야 한다는 과잉한 소명감에 기초한 수출론적 연대운동과 나란히, 온갖 역경을 뚫고 해방전쟁 또는 혁명을 승리와 성공으로 이끈 나라와 그 인민에 대한 경의 속에서 잃어버린 운동을 위무하는 보상론적 연대활동도 없지 않습니다. 수출론과 보상론은 한국사회의 변혁 가능성에 대한 약간은 조숙한 절망에 말미암은 현장이탈이라는 점에서 기실 내통합니다. 다시 한번 확인컨대 동아시아 연대는 한국 나아가 한반도의 변화 가능성에 대한 신뢰, 희망의 무서움을 무한히 자각하는 신뢰가 아슬한 기반입니다. 한국의 운동은 일정한 성취 속에 현재 엷은 피로에 휩싸여 있습니다. 이로부터 탈출하는 것이 급선무입니다. 중일 화해의 기운 속에 동아시아가 새로이 주목될 새해를 맞이하여 기회인 동시에 도전으로 될 안팎의 변수들을 냉철하게 헤아리면서 한국과 동아시아가 상호 진화하는 구체적 방안들을 창발적으로 재구축할 지혜와 열정을 집합하는 정성이 요구됩니다.

　요컨대 기존 동아시아론에 드리운 민족주의 또는 국민국가 중심주의를 조정할 필요가 커집니다. 민족주의는 폐기의 의지만으로 해체될 것도 아니거니와, 일정한 효용도 없지 않기에 그냥 넘어서자고 말만 앞세워서는 실천에 오히려 장애를 조성할 수도 있습니다. 그러나 이제는 탈민족주의를 더욱 의식해야 할 시점입니다. 민족 또는 나라의 경계를 기축으로 삼아 진행되는 사유는 민족주의로, 더욱이 한중일 중심의 동북아주의로 우리를 이끌어가기 십상이기 때문입니다. 민족 또는 나라 안팎을 횡단하는 주변부, 소수자, 섬들을 그 극복의 거점으로 삼는 새로운 실험을 시도할 필요가 있습니다. 이 중대한 고비에 열리는 오끼나와 회의가 그 종요로운 출발이 되기를 기원합니다. 감사합니다.

'조국복귀' 운동에서 '자치' 주장으로
문제로서의 오끼나와

강태웅

1. 들어가며

실업률 일본 1위, 일인당 소득 최하위, 비만율 1위, 그리고 재일본 미군기지의 75%가 몰려 있는 곳 오끼나와. 이러한 극단적 수치들은 오끼나와가 보통의 일본의 지방행정 단위와는 다른 어떤 특수함이 있음을 나타낼 것이다. 주지하다시피 1870년대까지 류우뀨우 왕국을 유지해오다가 소위 '류우뀨우처분(琉球處分)'에 의해 일본에 편입된 오끼나와는 1945년 일본의 패전 후부터 미군의 통치 아래 있게 되었고 1972년에 다시 일본에 속하게 되었다.

이러한 행보에는 오끼나와가 제국의 교차로에 입지해 있다는 지정학적인 중요성이 주요하게 작용했을 터이다. 하지만 1972년의 일본복귀는 그 이전과는 달리 오끼나와인의 '의지'가 반영되었기에 현재 오끼나와를 고찰하는 데 있어서 중요한 기점이 된다. 이 글은 일본복귀라는 오끼나와인의 '선택'을 시발점으로 하여, 오끼나와와 일본의 관계를 중심으로 현재 오끼나와가 안고 있는 문제들이 무엇인지 살펴보도록 하겠다. 물론 그 관계에서 오끼나

와는 '약자'였다. 그렇다고 '약자'로서의 저항사에 중점을 둘 경우 오끼나와
를 하나의 덩어리로 인식하게 되고, 오끼나와 내부의 복잡한 문제를 단순하
게 보게 될 우려가 있다. 이 글은 그러한 시점으로부터 비판적 거리를 둠으
로써 오끼나와인들이 처해 있는 현상에 좀더 실질적으로 접근하고자 한다.

2. '조국' 일본으로의 복귀운동

먼저 오끼나와의 일본복귀운동의 배경과 그 의의를 고찰해보자. 샌프란씨
스코 강화조약 체결에 의해 1952년 일본은 '독립'하게 되지만 오끼나와는
계속해서 미국의 지배하에 놓이게 된다. 그것은 실질적 통치권은 미국에 있
으면서 주권만 일본에 있는, '잠재주권'이라는 애매모호한 명목에 의한 것이
었다. '잠재주권'하의 오끼나와인들은 미국을 가려 해도, 그리고 일본을 가
려 해도 패스포트가 필요했다. 당시 오끼나와전(沖縄戰)의 희생과 패전을 통
한 일본에 대한 실망, 반대로 '민주주의의 본고장'으로서의 미국에 대한 '기
대'는 많은 오끼나와인이 공유하는 것이었다. 그러나 그러한 '기대'는 곧 사
라지게 되었다.

1950년대 미국의 군사전략 변화에 의해 기지 강화가 도모되고 군용지 강
제접수가 행해진다. 1953년 미군은 긴급시에는 사용권 취득 전이라도 강제
퇴거를 명할 수 있는 내용을 담은 '토지수용령'을 공포하였다. 이에 반발하
여 류우뀨우 정부의 입법원[1]은 '군용지 처리에 관한 청원결의'를 채택하였
다. 거기에서 요청된 것이 군용지료(軍用地料)의 일괄지불 반대, 적정 보상,

---

[1] 미군은 이전에 있었던 아마미(奄美), 오끼나와, 미야꼬(宮古), 야에야마(八重山) 등 네 개의
군도정부(群島政府)를 1952년 4월 해산하고 류우뀨우 정부로 통일시켰다. 류우뀨우 정부는
삼권분립의 형태를 취하였고, 입법원은 주민의 직접선거로 선출된 의원에 의해 구성되었다.
新崎盛暉 『沖縄現代史』, 岩波書店 2005, 9면.

손해배상, 토지의 신규접수 반대 등의 '토지를 지키는 4원칙'이었다. 하지만 1956년 발표된 미하원 군사위원회의 조사단에 의해 작성된 프라이스 권고는 '4원칙'과 대치되는 내용으로서, 장기보유의 필요성이 있으므로 군용지료를 매년 지급하는 것이 아니라 일괄지불해야 하고 특정 지역에 대해서는 토지의 신규접수도 감행해야 한다는 것이었다. 이 권고안이 알려지자 '4원칙' 관철을 요구하는 집회가 오끼나와 전역에서 열리게 된다. 이는 '시마구루미(島ぐるみ, 섬 전체) 투쟁'이라 불리게 되었고, 이때부터 오끼나와는 '시마구루미 투쟁'이 대립의 장에서 반복해서 나타나게 된다. 결국 1959년 군용지료의 일괄지불 중지 등의 내용을 포함하는 신토지정책이 발표되고서야 '시마구루미 투쟁'은 멈추었다.[2]

이러한 '시마구루미 투쟁'과 더불어 일본 본토에 큰 반향을 불러일으키는 사건이 일어난다. 1956년 나하시(那覇市) 시장선거에서 미군협조파를 물리치고 오끼나와 인민당 서기장 세나가 카메지로오(瀬長龜次郎)가 시장으로 당선되었다. 그러자 이듬해 11월 미군은 강권발동으로 세나가를 해임시키고 추방하였다. 그럼에도 불구하고 12월에 시행된 재선거에서 다시금 미군협조파를 압도하고 세나가의 후계자인 카네시 사이찌(兼次佐一)가 당선되었다. 오끼나와의 이러한 일련의 움직임은 일본 본토의 지식인들에게 커다란 반향을 일으켰다. 당시 일본 본토에서도 미군기지 확장문제와 미군병사 범죄에 대한 재판권 문제가 중요한 사회적 이슈였기 때문이다. "오끼나와는 바로 일본열도의 심벌이고, (…) 모든 사상이 거기서 유효성이 물어지는 시금석으로서, 오끼나와는 금후 더욱 일본인의 마음에 무게를 더해갈 것임에 틀림없다"고 타께우찌 요시미(竹内好)가 표현했을 정도로, 당시 오끼나와의 움직임은 본토에서의 안보투쟁과 맞물려 지식인들에게 많은 영향을 주었다.[3]

2) 太田昌秀 『沖縄, 基地なき島への道標』, 集英社 2005, 112~20면.
3) 竹内好 「五つの思想的事件」, 『竹内好全集』 제9권, 筑摩書房 1981, 316면. 比屋根照夫 「戰後日本における沖縄論の思想的系譜」, 『思想』 2005년 12월, 28면에서 재인용.

'해방자에서 점령자로'[4) 바뀐 미국에 대한 반발은 오끼나와인의 '일본복귀'운동에 열기를 더하게 한 큰 요인이 되었다. 1960년대 들어서는 '일본복귀'라는 표현보다 정서적 동경이 강해진 '조국복귀'라는 표어가 쓰이게 된다. 그리고 60년대 말부터 70년대에 들어가기까지는 베트남전쟁에서의 오끼나와의 '가해자'적 역할이 논란이 되어 '반전복귀(反戰復歸)'라는 표어가 등장하게 된다.[5) 이처럼 오끼나와인이 일본으로의 복귀를 전면에 내세우게 된 데는 미국의 역할이 크다. 그렇다면 미국은 왜 일본 본토에서 행했던 수준의 민주주의를 오끼나와에서 시행하지 않았는가. 이에 대한 답 중 하나는 미국이 오끼나와인에 대해 가지고 있던 '인종적' 편견, 즉 오끼나와인은 일본인들과는 달리 자치능력이 없다는 편견의 존재였다. 따라서 이러한 편견에 대항하기 위해서라도 오끼나와인들은 자신들이 일본인임을 주장하게 되었다. 자치가 가능한 일본인과 달리 '열등한' 오끼나와인은 자치가 가능하지 않다는 인종적 편견이 미국에 존재했고, 거기에 대한 대항으로 오끼나와인이 선택한 '편리한 무기'(convenient weapon)가 바로 오끼나와인은 '일본인'이라는 주장이었던 것이다.[6)

물론 미군통치에 대한 반발과 저항만이 오끼나와가 '조국복귀'로 방향을 선택하게 한 결정적 요인은 아닐 터이다. 미국에 대해서 '일본인'이라 하는 것은, 일본의 법률에 의한 인권보호, 그리고 일본정부에 의한 연금지급 등을 요구할 수 있게 하였다. 또한 기지건설을 위해 토지가 수용될 때에도 일본 본토에서는 일본정부가 정한 미군용지특별조치법에 따르지 않으면 안되었기 때문에 임대가격이 일정액 이상으로 정해져 있었으나, 오끼나와에서는 미군에 전적으로 좌우되는 상황이었기에 일본 본토와 같은 처우를 받기 위해서

---

4) 太田昌秀『醜い日本人: 日本の沖縄認識』(新版), 岩波書店 2000, 182면.
5) 川滿信一「復歸運動とは何だったか」,『別冊 環: 琉球文化圏とは何か』, 藤原書店 2003, 227~32면.
6) Koji Taira "Troubled national identity: The Ryukyuans/Okinawans," *Japan's Minorities: The illusion of homogeneity*, Routledge 1997, 159~60면.

오끼나와인은 더욱 그들도 '일본인'임을 강조해야 했다. 즉 오끼나와인의 '일본인' 제창에는 정치적 지위의 향상과 더불어 경제적으로도 풍요한 삶을 의미하기도 했다.

뿐만 아니라 오구마 에이지(小熊英二)의 경우, 오끼나와인이 '조국'으로서의 일본을 외친 것을 오끼나와가 '류우뀨우 처분' 이후 일본인이 되기 위해 치렀던 노력의 연장선으로 보았다. 전전(戰前)의 오끼나와인은 조선인, 타이완인과는 달리 '일본인'으로서 제도적 평등이 어느정도 달성된 지위를 누리고 있었다. 이에 반하여 미국 지배하에서의 신탁통치는 또다시 '이민족'으로서 차별받을 것에 대한 두려움이 존재하였다. 따라서 복귀논쟁은 '일본인'으로서의 권리획득 노력을 계속할 것인가 말 것인가의 선택이었다.[7]

그러나 일본인이다라는 '편리한 무기'의 사용은 많은 문제를 내포하고 있었다. 거기에는 일본 본토로만 복귀하면 모든 것이 해결된다는, 본토를 '낙원으로서 유토피아화'해서 보는 시각이 깔려 있었다.[8] 또한 미군 통치하에서 게양이 금지되었던 일장기가 본토의 '평화헌법하'로 복귀하는 것을 요구하는 운동의 심벌로서, 즉 이민족지배에 대한 저항의 상징으로서 그 게양이 강행되었다. 하지만 거기에는 일장기가 상징해왔던 역사적 역할에 대한 비판이 결핍되어 있었다.[9] 이처럼 '편리한 무기'에 의해 이전에 겪었던 천황제 군국주의의 폐해가 가려지게 되었다.

게다가 오끼나와인들의 미군에 저항한 일련의 행동과 '일본인' 주장은 우익 논객들에게 이용되기 쉬운 것이었다. 예를 들면 고바야시 요시노리(小林よしのり)가 『오끼나와론(沖縄論)』을 쓴 것도 바로 이러한 점에 착목했을 터이다. 고바야시는 미군에 의한 오끼나와인의 피해에 대해서 어느 누구보다도 더 강력히 고발하고 있다. 그런데 주의해서 보아야 할 것은 이러한 오끼

---

7) 小熊英二 『日本人の境界』, 新曜社 1998, 495~501면.
8) 川滿信一, 앞의 글 232면.
9) 新崎盛暉, 앞의 책 48~49면.

나와인의 미군에 대한 반발을 일본인의 정신과 긍지를 지키기 위한 것으로 보고 있다는 점이다. 오끼나와의 투쟁은 생활과 기지에 대한 것이지 반미라는 이데올로기를 모두 갖고 있는 것이 아님에도 불구하고, 반미의 최전선에서 싸우고 있는 '일본인'인 오끼나와인들을 일본 본토에서는 방치하고 있다는 시각으로 그는 오끼나와의 문제를 나름대로 해석하였다.[10]

3. 본토와의 대립

1972년 5월 15일 오끼나와는 '조국' 일본에 복귀하였다. 일본 본토에서는 오끼나와를 돌려받았다는 의미에서 '오끼나와 반환'이라는 용어가 쓰인다. 통화가 하루아침에 달러에서 엔으로 바뀌어 540억 엔의 현금이 엄중한 경호 하에 오끼나와로 이송되었다. 또한 1978년 7월 30일 오전 6시를 기하여 차선의 방향이 '사람은 왼쪽, 차는 오른쪽'에서, 일본 본토와 같이 '사람은 오른쪽, 차는 왼쪽'으로 바뀌었다. 이를 선전하기 위해 만들어진 텔레비전의 공익광고에서는 당시 세계챔피언인 권투선수가 등장한다. 이 권투선수는 오른주먹을 날리며 '사람은 오른쪽', 왼주먹을 날리며 '차는 왼쪽'이라고 말한다.[11] 이 광고를 다시 보면 마치 미국과 일본이라는 두 주먹이 방향만 바뀌었을 뿐, 여전히 오끼나와를 향해 펀치를 날릴 것을 암시하는 듯하다. 복귀 전에는 미국과의 대립 뒤에 일본정부가 있었다고 한다면, 복귀 후에는 일본 정부와의 대립이 표면화되고 미국이 그 뒤에 있는 형세가 된 것이다.

---

10) 小林よしのり 『沖繩論』, 小學館 2005.
11) 「世界に眠る幻の未公開マル秘映像大發掘」 2002년 1월 11일 TBS 방송.

기지이전을 둘러싼 대립

오끼나와는 복귀운동에서 외쳤던 '본토 수준(本土なみ)'으로 되었는가. 기본적으로 인권·참정권과 같은 여러 권리는 미군통치 시기보다 향상되었다. 사회기반시설 확충과 경제적 지원으로 1972년부터 매 10년마다 오끼나와 진흥계획이 시행되어, 현재는 4번째 '오끼나와진흥특별조치법'이 시행중이다. 하지만 이러한 변화와는 달리 오끼나와에 있는 미군기지는 '본토 수준'으로 감소하지 않았다. 복귀 전인 1960년대에는 일본 본토와 오끼나와에 있는 미군기지의 면적이 거의 같았다. 1972년 전후로 일본 본토의 미군기지는 약 60%가 감소하지만, 오끼나와의 미군기지는 15%밖에 감소하지 않았다. 일본 국토면적의 1%도 되지 않는 오끼나와에 재일미군 전용시설의 75%(공유시설을 포함하면 23%)가 집중되어 있는 상태이다. 이러한 과도한 집중은 오끼나와에서 보면 "약한 입장에 있는 사람들을 희생하여 자신의 평화와 안전을 도모하려는 비열한 속셈"으로 해석될 수 있는 것이다.[12]

패전 50주년이 되는 1995년은 기지 문제에 있어서 하나의 기점이 되는 해였다. 세 명의 미군병사에 의한 소녀 폭행사건이 발생하자, 그동안 축적되어왔던 미군병사의 범죄와 기지에 대한 불만과 분노가 일제히 터져나와 총궐기대회가 열리게 된다. 이러한 움직임 속에서 오끼나와 기지의 정리·축소 논의가 본격화되었다. 가장 핵심적인 내용은 주민 밀집지역에 위치한 후뗀마 기지를 북부 나고시의 헤노꼬 해변으로 이전하기로 잠정결정된 것이었다. 기지이전 논의의 등장으로 오끼나와의 기지 문제는 새로운 국면에 접어들게 된다. 이러한 오끼나와 현내에서의 기지이전은 오끼나와 현외로 기지를 이전하거나 근본적으로 기지를 축소하기를 바랐던 이들에게는 실망스러운 결정이었다. 새로운 기지건설로 인한 환경오염과 주민생활 위협 등의 이유로 헤노꼬를 둘러싸고 기지이전을 반대하는 이들의 농성이 시작되었다.

---

12) 太田昌秀 『沖繩, 基地なき島への道標』, 23면.

44

일본과 미국의 협상에 이어 기지이전에 대해 나고시 주민들의 의향을 묻는 시민투표(1997년 12월)가 행해졌다. 그 결과 53%가 반대, 47%가 조건부 찬성이었다. 하지만 그후 행해진 시장선거(1998년 2월)에서는 기지이전에 반대하는 후보가 아니라 기지이전에 유연한 태도를 취하는 후보가 승리를 거두었다. 게다가 그후의 오끼나와 현지사 선거(1998년 11월)에서도 기지이전에 반대하는 현직 지사를 누르고 조건부 찬성인 후보자가 승리하였다. 이처럼 상반되는 투표결과는 오끼나와인들이 기지 문제에 대해서 찬성인지 반대인지 명확치 않은 태도를 보이고 있다고 볼 수 있다. 하지만 가베 마사아끼(我部政明)의 말처럼 장기간에 걸쳐서 오끼나와 사회에 영향을 끼쳐온 미군기지 문제인 만큼 "명쾌한 태도를 요구하는 것이 무리한 주문"일 수도 있고, 이러한 주민들의 반응은 '소극적 승인' 또는 '묵인'으로 받아들여질 수 있다.[13] 왜 '기지가 없는 섬'이 대다수 오끼나와인의 꿈임에도 불구하고 이런 투표결과가 나오는 것일까. 이를 이해하기 위해서 기지와 오끼나와 경제의 관계를 살펴보도록 하자.

오끼나와 경제는 '기지경제(基地經濟)'라고 불렀을 만큼 1961~62년경 대외수지의 53%를 기지관련 수입이 차지하였으나 최근에는 5.2%까지 감소하였다. 또한 56,000명 정도의 주민이 미군기지에서 일할 때도 있었으나 이 또한 8,400명 정도로 줄어들었다. 기지 자체는 그다지 줄어들지 않은 반면 기지가 오끼나와 경제에 미치는 영향이 현격히 줄어들어버린 것이다.[14] 기지로 인한 직접적인 경제규모는 줄었지만 기지를 매개로 한 새로운 경제관계가 성립되었다. 그것은 기지이전의 대가로 비교적 개발이 뒤떨어진 북부지역에 일본정부로부터 투하되는 보조금이었다. '북부진흥사업비' '기지교부금' '오끼나와특별진흥대책조정비' 등 다양한 명목의 보조금이 투하되어 도로확충, 공공시설 건설, 학교건설 등의 공공사업이 실시되었다.

---

13) 我部政明 「普天間移設計畵はなぜ'紙上'のままなのか」, 『世界』 2008년 4월, 184면.
14) 太田昌秀, 앞의 책 23면.

기지 문제를 더욱 어렵게 하는 것에는 군용지료의 문제가 있다. 일반지가가 하락해도 토지를 기지로 수용당한 이에게 지급되는 군용지료는 계속 상승해왔다. 군용지료는 개인에게 '불로소득'으로서 생산활동의 의지를 꺾는 역할을 하고 있고, 공유지에 지불되는 경우 행정단위가 불필요한 공공사업을 벌이게 하는 원천이 되고 있다고 비판받고 있다.[15] 하지만 군용지주(軍用地主)들이 속해 있는 토지련(土地連, 沖縄縣軍用地等地主會連合會의 약칭)의 경우 빈 토지 이용계획이 명확치 않은 기지반환은 군용지주의 이익을 해친다는 이유로 기지이전에 반대하고 있다.[16] 이처럼 오끼나와의 기지를 둘러싼 문제들은 일본·미국=기지찬성, 오끼나와=기지반대라는 단순한 대립구도가 아닌 복잡한 얼개를 가지고 전개되고 있고, 오끼나와인은 기지가 없어지기만을 바라고 있다라고 단순하게 접근할 수 없다는 것을 알 수 있다.

오끼나와전에 대한 기억의 대립

'조국복귀'는 또 하나의 첨예한 문제를 낳았다. 일본에서 유일하게 지상전이 벌어졌던 오끼나와에서의 전쟁을 둘러싼 기억의 대립이 그것이다. 복귀 10년째를 맞은 1982년, 문부성의 교과서 검정에서 오끼나와전 당시 일본군에 의한 주민학살 기술이 삭제된 것이 뉴스가 되자 오끼나와에서는 대규모 반대시위가 일어났다.[17] 가장 첨예한 대립은 '집단자결(集團自決)'을 둘러싸고 생겼다. 그 핵심은 '집단자결'에 있어서 군의 직접적인 명령이 있었는가, 또는 군의 강제나 관여가 있었는가이다. 일본정부 측에서는 군의 관여 부분을 계속해서 교과서에서 삭제하려고 시도하고 있고, 오끼나와 측에서는 그것을 저지하려고 노력하고 있다.

---

15) 來間泰男「沖繩経済と基地問題」,『別冊 環: 琉球文化圏とは何か』, 39~41면.
16) 新崎盛暉, 앞의 책 162면.
17) 오끼나와전과 교과서 기술 문제를 둘러싼 여러 논의들은, 石原昌家「敎科書の中の沖繩戰」,『爭点·沖繩戰の記憶』(社會評論社 2002)에 자세하다.

이러한 기억의 대립은 역사교과서 기술뿐만 아니라 전쟁을 기억하는 자료관의 전시품에서도 되풀이되었다. 1995년 오끼나와전 종결 50주년 기념사업으로 이또만시(糸滿市)의 마부니(摩文仁) 언덕에 '평화의 초석(平和の礎)'이 건설되었다. 거기에는 동심원으로 퍼져나가는 화강암 벽에 전몰한 23만여 명의 이름이 적과 아군, 국적의 구별 없이 각인되었다. 특히 적군으로서 공격해왔던 미군의 이름을 같이 새긴 것은 이 초석을 일본 내의 다른 전쟁기념물과는 다른 의미를 가지게 하였다.[18]

문제가 된 것은 이 초석 옆에 건설된 평화기념자료관의 전시물이었다. 자료관에는 오끼나와전의 참상을 알리는 여러 자료들이 전시되었고, 당시 호(壕)에 대피해 있던 주민들의 모습을 실제 크기의 인형으로 재현한 코너가 설치되었다. 원래 이 코너는 앉아 있는 주민들에게 한 일본군 병사가 위협하듯이 총부리를 향하고 있는 모양으로 제작될 예정이었으나, 당국의 압력으로 총이 제거되었다가 다시 설치되는 일이 벌어졌다. 결국은 총부리의 방향을 중간 정도로 향하는 것으로 결정이 나서, 주민을 위협하는 것으로도 주민을 지키는 존재로도 해석될 수 있는 선에서 결정되었다.[19]

이처럼 오끼나와전에 대한 기억을 둘러싸고 오끼나와와 일본 본토가 충돌하고 있지만, 그렇다고 해서 일본 본토가 오끼나와전 자체를 잊으려고 애쓰는 것은 결코 아니다. 오히려 히로시마, 나가사끼와 같이 일본 본토가 기억하려고 하는 제2차 세계대전의 현장 중의 하나이다. 연간 800만명에 달하는 관광객들과 '평화학습'을 위해 오는 학생들의 대부분은 오끼나와의 남부전적지를 둘러보고 오끼나와의 '희생'에 대해 기억하게 된다. 그런데 이러한

---

18) 이름이 새겨진 14만이 넘는 오끼나와 출신자들은 오끼나와전에서 사망한 이들만이 아니라 '15년 전쟁' 전기간에 걸쳐 일본과 국외에서 사망한 이들을 모두 포함한 것이다. 新崎盛暉, 앞의 책 151면.

19) 米谷ジュリア「記憶裝置としての博物館」, 『岩波講座アジア・太平洋戰爭 8』, 岩波書店 2006, 207~208면.

이들이 갖게 되는 기억이 오끼나와 주민들이 원하는 바와는 달리, 일본 본토의 전쟁 기억방식이 반영된 '야스꾸니적(靖國的)'이라는 데 문제가 있다. 여기서 '야스꾸니적'이라는 것은 국가를 위한 희생을 찬미하는 사상에 바탕을 둔 걸 말하고, 군사령관의 할복, 소년의용대의 옥쇄, 히메유리(ひめゆり) 학도대의 자결 등을 강조하는 것이다. 즉 오끼나와를 찾는 많은 이들이 오끼나와전에 대해서 알게 되고 간접체험을 하게 되지만, 거기서 기억되는 것은 오끼나와전의 특징이 드러나지 않는 본토의 전쟁의 연장선에 지나지 않은 것에 오끼나와인들은 반발하고 있는 것이다.[20]

이러한 점은 오끼나와전에 대한 교과서 기술 문제와도 연결된다. 오끼나와인들은 오끼나와의 피해가 본토의 논리에 의해 국가를 위한 '희생'으로 이해되기보다는, 일본군에 의한 주민학살과 '집단자결'과 같이 오끼나와 주민의 피해가 전면에 드러나길 바라고, 그들의 희생이 본토의 희생과 다르다는 것이 강조되길 바란다. 하지만 그러한 주장에는 오끼나와의 피해자적 입장만 강조되는 것이 아닌가라는 우려가 생긴다. 오까모또 케이또꾸(岡本惠德)가 지적했듯이, 피해자의식의 강조는 오끼나와를 등질화(等質化)시켜 일본 본토에 대한 책임추궁만 있을 뿐, 오끼나와 내부에서의 책임추궁은 불가능하게 해버리고, '일본인'으로서의 전쟁책임 문제, 그리고 전쟁 자체에 대한 반성의 논의가 들어설 여지가 없어지기 때문이다.[21]

4. 오끼나와의 지향점: '자치' 주장을 중심으로

위와 같이 복귀한 '조국' 일본과의 대립과 마찰은 끊이지 않고 있고 쉽사리 해결될 수 있는 문제들이 아니다. 그런 와중에 오끼나와 남부지역에서는

---

20) 大城將保「沖繩戰の眞實をめぐって」, 『爭点·沖繩戰の記憶』, 社會評論社 2002.
21) 岡本惠德「水平軸の發想」, 谷川健一 編 『沖繩の思想』(叢書わが沖繩 6), 木耳社 1970.

기지로 쓰이던 많은 토지가 오끼나와 주민에게 되돌아가고 있고, 반환이 예정된 토지들이 늘어가고 있다. 토지를 되찾는 것도 중요하지만, 그것을 어떻게 재생시킬 것인가가 앞으로의 문제일 것이다. 오끼나와에서는 어떠한 미래상이 이야기되고 있을까. 전반적으로 단일국가로서 독립하려는 움직임보다 일본 본토와 일정 거리를 두고 행정적으로 더 많은 권한을 가질 수 있는 '자치'에 대한 열망이 강하다고 할 수 있다.

이러한 오끼나와의 '자치'에 대한 열망과 관련되어 최근 논의의 촛점이 되는 것은 '도주제(道州制)'이다. 도주제는 중앙정부의 비대화를 막고 지방의 활성화를 꾀하기 위해 홋까이도오 이외의 지역에 기존의 도도부현(都道府縣)을 대신하는 광역주(廣域州)를 설치하여 훨씬 강력한 행정권을 주려는 것이다. 이 도주제 논의에 가장 민감하게 반응하는 지역 중의 하나가 오끼나와이다. 오끼나와가 '단독주(單獨州)'로 성립한다면 염원하던 고도의 자치를 행할 수 있는 기회가 되겠지만, 재원확보 문제와 더불어 현재로서는 큐우슈우(九州)에 편입될 가능성이 크다는 것이 문제이다. 지금까지는 오끼나와현으로서 일본정부와 직접 대화를 할 수 있었지만, 만약 큐우슈우에 편입되어 버린다면 그러한 창구가 더욱 좁아질 것이기 때문이다.[22]

이러한 도주제 논의는 일본정부의 주도에 의한 전국 행정구역의 재편구상으로, 오끼나와만을 대상으로 하는 것은 아니다. 그렇다면 오끼나와로부터의 '자치'와 관련된 논의는 어떠한 것이 있는가. 최근 화제를 모았던 마쯔시마 야스까쯔(松島泰勝)의 '자치' 논의를 중심으로 살펴보도록 하자.[23] 마쯔시마는 경제적 문제에 촛점을 두고, 오끼나와의 현상황을 다음과 같이 평가하였다.

기지를 카드로 하여 손에 넣은 경제진흥은 류우뀨우인을 진정으로 풍요롭

---

22) 「沖縄のかたち·道州制の行方」, 『琉球新報』 2008년 1월 1일자.
23) 松島泰勝 『琉球の'自治'』, 藤原書店 2006.

게 했다고 할 수 있을까. 자연의 파괴, 금전을 둘러싼 사람과 지역 간의 대립, 금전으로밖에 행복을 손에 넣을 수 없다는 착각, 자동차 의존, 외식, 이입(移入)식료의 섭취에 의한 건강장애 등, 현대문명의 폐해가 류우뀨우의 땅에도 나타나게 되었다.[24]

오끼나와에는 방대한 보조금이 투하되고 있지만, 그것이 오끼나와를 '경제적 자립'으로 이끌기는커녕 공공사업에 의한 난개발로 자연이 훼손되고 파괴될 뿐이고, 일본과 미국에의 종속도만 증대되고 있다고 그는 지적하고 있다. 일본정부로부터의 보조금은 오끼나와의 자립이 아니라 일본과 미국 양국에 의존시키기 위한 것이 목적이고, 일본정부가 세운 경제진흥책, 경제자립책은 '본토와의 격차를 시정'하기 위한 것이 아니라 오끼나와를 지배하기 위한 수단일 뿐이라고 단정짓는다. 그는 일본 본토보다 '뒤떨어져' 있기 때문에 경제자립을 위한 개발을 당연시해온 오끼나와인의 '상식'을 비판한다. 또한 경제진흥책의 반대급부로 기지존속을 오끼나와인이 '허용'해왔기 때문에, 경제문제에 대한 인식전환으로 오끼나와의 기지 문제 등 여러 문제를 해결할 수 있다는 주장을 편다.

그렇다면 이러한 상황에서 벗어나려면 어떻게 해야 한다는 것일까. 마쯔시마는 '현산품(縣産品)' 애용을 통해서 자급자족하는 것으로 가격변동이 심한 세계시장과 일본 본토 의존에서 탈피하여 안정된 경제체제를 구축하자고 주장한다. 거기에 일본 제일의 비만율을 자랑하는 오끼나와인들에게는 자연으로 돌아가는 편이 건강에도 좋다고 덧붙인다.

그렇다고 해서 마쯔시마가 고립만을 주장하는 것은 아니다. 그는 일본과 미국과의 관계에서 떠나서 오끼나와 '본연'의 네트워크를 찾자고 주장한다. 그 네트워크라는 것은 '화인(華人) 네트워크'이다. 자급자족을 보완하기 위해 일본 대신 타이완, 동남아시아, 태평양제도, 한국, 중국 등의 전통적인 해

---

24) 같은 책 222면.

양교역을 회복해야 한다는 것이다. 그리고 오끼나와에서의 공자묘의 재건(1975)과 유교 교육, 류우뀨우 화교총회(琉球華僑總會) 등을 통한 타이완인의 활동 등을 예시하며, "류우뀨우 사회 속에는 중국문화의 요소가 깊게 새겨져 있기에, 류우뀨우는 일본 고유의 영토라고 명언할 수 없는 독자의 존재감을 가지고 있다"라고 주장한다. 또한 전통적으로 류우뀨우국은 '중국형 화이질서'에 '적극적'으로 참여하고 있었기 때문에 일본과 대등한 관계였다는 점을 누차 강조한다.

위와 같은 마쯔시마의 '자치' 주장은 그것이 얼마나 타당하고 가능한가를 따지기보다 우선 왜 그러한 주장을 할 수밖에 없는가라는, 제국의 교차로에서 고민하는 지식인의 호소로서 이해해야 할 것이다. 하지만 그의 주장은 일본과 미국과의 관계단절을 과도하게 강조한 나머지 또다른 문제점을 안고 있기 때문에 몇가지 지적되어야 할 부분이 있다. 일본과 미국과의 관계가 왜곡되어 있다고 하지만, 과연 세계화·지구화를 부르짖고 있는 현상황에서 오끼나와만이 '현대문명의 폐해'에서 벗어날 수 있을 것인가. 또한 '화인 네트워크'가 활발했을 때 오끼나와가 독립을 영위했기에 그것을 강조하는 것은 이해가 가지만, 전통적 네트워크에 회귀하는 것으로 미래를 대처할 수 있을지 우려된다. 게다가 중국의 내셔널리즘이 전세계의 주의를 끌고 있는 상황에서 만약 일본과 미국과의 관계가 소원해진 틈을 타, 중국이 이전의 중국과 오끼나와 관계를 요구하고 영향을 끼치려 한다면 오끼나와는 또다른 제국과 만나게 될 것이다. 최원식이 지적하고 있듯이 오끼나와가 미국, 일본, 중국과 같은 제국 사이에서 역사와 현재의 문제를 공유할 수 있는 한국과의 관계에도 관심을 둔다면 새로운 동아시아 네트워크의 미래상을 같이 그려볼 수 있을 것이다.[25]

---

25) 최원식은 "오끼나와와 한국은 내면적으로는 운명과 같이 얽혀 있다"고 그 관계를 표현하고, 사쯔마번의 류우뀨우 침략과 임진왜란의 관계성부터 시작하여 한국전쟁, 베트남전쟁, 그리고 미군기지 이전 문제에 이르기까지 오끼나와와 한국은 직간접적으로 결부되어왔음을

5. 나가며

2007년 9월 29일, 오끼나와에서는 12년 만에 '시마구루미 투쟁'이 부활하였다. 일본군이 '집단자결'을 강제했다는 기술이 교과서 검정에서 삭제된 것에 대해, 검정의견의 철회를 요구하는 오끼나와 현민대회가 열려 11만명(주최측 발표)이 참가하였다. 이는 1995년 10월에 미군의 소녀 폭행사건을 계기로 열린 집회를 뛰어넘는 규모였다.[26] 규모도 규모지만, 더욱 중요한 것은 이를 계기로 오끼나와에 대해서 생각하게 만들고, '전후 민주주의의 시금석'[27]으로서의 역할을 다시금 기대할 수 있게 한 것이다. 이러한 움직임을 통하여 제국의 교차로에 있다는 상징성을 전면으로 내세우고, 오끼나와가 안고 있는 문제를 오끼나와인만이 아닌 동아시아와 전세계인이 같이 고민하는 장이 되는 주춧돌이 되길 바란다.

지적하였다. 崔元植「東アジアにおける琉球と韓國」,『環』30호, 藤原書店 2007, 271면.
26)『朝日新聞』2007년 9월 30일자 조간.
27) 比屋根照夫, 앞의 글 25면.

근대 오끼나와에 있어서 마이너리티 인식의 변천

야까비 오사무(屋嘉比收)

1. 머리말

근대일본은 다음과 같이 동아시아 지역을 침략해 편입·병합하고, 나아가 식민지 지배를 통해 영토를 확장시켜나갔다. 1869년 아이누 민족이 거주하는 에조찌(蝦夷地)를 홋까이도오로 개칭하고 일본에 편입시켰으며, 1875년에는 카라후또(樺太, 사할린)·찌시마(千島, 꾸릴열도) 교환조약에 따라 아이누 문제를 일본 국내문제로 포섭했다. 또 1871년, 류우뀨우의 미야꼬지마(宮古島) 어민이 타이완에 표류해 원주민에게 살해당한 사건을 계기로 메이지정부는 류우뀨우번을 설치해 국내로 편입시키고 타이완에 출병했으며, 1879년에는 류우뀨우번을 다시 오끼나와현으로 선포해 병합하는 류우뀨우 처분을 단행했다. 그리고 1894~95년의 청일전쟁을 통해 타이완을 식민지로 삼았으며, 또한 러일전쟁을 거쳐 1910년에는 한국을 병합시켜 한반도를 식민

---

* 이 글은 『別冊 環: 琉球文化圈とは何か』(藤原書店 2003)에도 발표된 바 있다.

지로 만들어 지배했다. 이처럼 근대일본은 일본열도 주변의 소수민족을 편입·병합하고, 주변 지역을 식민지로 영유해 영토를 확장함으로써 근대화를 추진했던 것이다.

류우뀨우 처분에 따라 일본에 병합된 오끼나와의 지식인들은 동아시아로 팽창해가는 근대일본의 식민지정책의 역사를 어떻게 생각했을까? 오끼나와학의 창시자인 이하 후유(伊波普猷) 문하에서 공부한 향토사가 히가 슌쬬(比嘉春潮)의 일기를 보면, '한국병합'에 대해 같은 처지였던 오끼나와의 입장에서 다음과 같이 비통한 심정을 토로하고 있다.

　지난달 29일, 일한병합. 만감이 교차해 붓을 들 수 없다. 알고 싶은 것은 우리 류우뀨우 역사의 진상이다. 사람들이 말하기를, 류우뀨우는 장남, 타이완은 차남, 조선은 삼남이라고 한다. 아, 타지 사람들로부터 류우뀨우인이라고 경멸을 받는 것 또한 이유가 없는 것은 아니다.[1]

---

1) 比嘉春潮 「大洋子の日錄 第參冊」 1910년 9월 7일(『比嘉春潮全集 第五卷』, 沖繩タイムス社 1973, 192면). 히가는 1909년 3월 18일 일기(「大洋子の日錄 第貳冊」, 같은 책 126면)에서도 '한국병합'에 대해 다음과 같이 적었다. "지금의 한국 상황, 무지무력을 멸시당하는 한국민, 과연 그들은 무지 무기력한가. 그러나 어차피 합병당한다면, 하인이 될 거라면, 일본 같은 좋은 주인을 가지는 것이 좋다." 앞부분은 그다지 문제가 없다 하더라도 뒷부분의 지적에 대해서는 약간의 주석이 필요할 듯하다. 그 발언의 배경에는 히가가 심취해 있던 이하 후유의 인식이 커다란 영향을 미치고 있는 것으로 생각된다. 이하는 1911년 3월 처녀작인 『琉球人種論』을 발간하는데, 히가는 그것에 대해 다음과 같은 말을 했다. "『琉球人種論』 완독함. 일본인종이라는 결론. 이하 선생님의 지론이다. 그러나 선생님이 왜 공개적으로 이런 말씀을 하는지에는 까닭이 있다. 선생님의 생각은, 지금 류우뀨우인에게는 하루빨리 일본인과 동화하는 것이 행복을 얻는 길이다. 따라서 위와 같은 말을 한다"(「大洋子の日錄 第四冊」 1911년 4월 29일, 같은 책 295면). 카노 마사나오(鹿野政直)는 히가의 일기를 인용해서 그 당시 이하의 주장이 '전략론으로 제창되었다'고 지적했다(『沖繩の淵』, 岩波書店 1993, 101~102면). 히가의 일기 뒷부분에 나온 발언으로 보아 이하가 '전략론'이라고 한 주장이 오히려 커다란 영향을 미치고 있는 것으로 생각된다. 하지만 이하의 생각이 당시 오끼나와 상황에 비추어보아 '전략론'적인 것이었다는 주장도 이해가 되기는 하지만, 그 당시 한국의 상황을 오끼나와와 마찬가지로 생각하는 것이 옳았는지는 과제로 남겨

이 히가 슌쬬의 말에서 단적으로 나타나듯이 '타지 사람들', 즉 일본인으로부터 경멸당하고 있던 오끼나와의 당시 상황에 비추어 근대일본의 팽창정책으로 병합·식민지화되었던 아이누, 타이완, 조선의 문제는 결코 남의 일이 아닌 오끼나와의 문제와 일맥상통하는 것으로 받아들여졌다. 히가에 따르면 '류우뀨우는 장남, 타이완은 차남, 조선은 삼남'이라는 구절은 이하 후유가 했던 말로, 그것은 근대일본에 지배당했던 지역의 시대적 순서를 의미하는 것이라고 한다.[2] 물론 그 말은 단순히 역사적 경과를 나열한 것이 아니라 근대일본에 의해 합병·식민지화된 사람들이 공통적으로 느끼는 고뇌와 비애를 드러내고 있음을 쉽게 짐작할 수 있다. 그리고 그러한 인식은 억압된 역사에 대한 고뇌임과 동시에 오끼나와의 상황과 자신의 삶의 방식에 대한 반문을 던지는 것이기도 했다. 그것에 대해서는 앞의 인용부분 뒤에 계속해서 쓴 히가의 다음과 같은 발언이 여실히 보여주고 있다.

류우뀨우인인가. 류우뀨우인이라고 해서 경멸당할 이유는 없다. 이유가 없다고 하더라도 다른 사람의 감정은 이치로 좌우할 수 있는 것이 아니다. 역시 우리는 어디까지나 '도리를 지키는 사람'이다. 아, 류우뀨우인인가. 그런데 우리들의 이른바 선배는 어째서 타지에서 자신이 류우뀨우인이라는 것을 밝히기를 두려워하는가. 누군가 일어나서 (나는 류우뀨우인이라고) 외치는 자가 없는가. 그런 사람이 있다면 나는 달려가 그 구두끈을 풀어줄 것이다. 나는 자존심이 없는 우리 조상을 슬퍼하고, 자존심 없는 우리의 선배를 저주하고, 자존심 없는 나 자신을 부끄러워한다.

당시 오끼나와의 젊은 지식인들에게는 아이누, 타이완, 조선 문제에 관심을 기울이는 일이 오끼나와를 포함한 자신의 삶을 생각하는 것과도 같았다.

두고자 한다.
2) 比嘉春潮「インタヴュー明治老人の魂魄」,『比嘉春潮全集 第五卷』, 595~96면.

그 배경에는 아이누, 타이완, 조선의 문제는 오끼나와의 문제와 공통되는 역사적 과제라는 인식이 그들에게 있었기 때문이다. 그리고 그것은 바꿔 말하면 오끼나와의 역사와 오끼나와인의 삶의 방식, 그리고 자기 자신에 대한 물음으로 이어지는 것이었다. 하지만 오끼나와의 지식인들이 오끼나와와 공통되는 역사적 과제를 인식하고 있었다 해도 그들이 아이누, 타이완, 조선의 문제를 어떻게 생각하고 있었나 하는 점은 별개의 문제라고 할 수 있다.

이 글에서는 근대일본의 팽창정책 아래에서 병합·식민지화되어 공통의 역사적 환경을 안고 있었던 아이누, 타이완, 조선 등 마이너리티의 문제에 대해 근대 오끼나와를 대표하는 세 사람의 지식인——메이지시대의 오오따 죠오후(太田朝敷), 다이쇼(大正)시대의 이하 후유, 쇼와(昭和)시대의 쿠시 후사꼬(久志芙沙子)——이 어떻게 생각하고 있었는지에 대해 검토하고자 한다. 이 검토는 세 사람의 지식인이 근대 일본국가와 오끼나와의 관계를 어떻게 보고 있었는가는 물론, 제국일본에 있어서 마이너리티인 오끼나와인이 같은 마이너리티의 입장에 있었던 아이누, 타이완, 조선의 문제를 어떻게 인식하고 있었던가를 고찰하는 것을 의미한다. 그것은 또한 고찰을 통해 마이너리티로서의 오끼나와인이 가지고 있는 사상의 강도를 검증하는 것으로도 연결된다고 할 수 있다.

2. 메이지시대의 오오따 죠오후

메이시시대 오오따 죠오후의 아이누, 타이완, 조선에 관한 인식을 단적으로 보여주는 것은 1903년 오오사까(大阪)에서 개최된 제5회 내국권업(內國勸業)박람회에서 일어난 이른바 '인류관(人類館)사건'에 관한 오오따의 발언이다. 인류관사건이란 박람회장 밖에 민간업자가 세운 '학술인류관(學術人類館)'에서, "홋까이도오의 아이누 5명, 타이완 원주민 4명, 류우뀨우 2명, 조선 2명, 지나 3명, 인도 3명, 키린 인종 7명, 자바 3명, 발가리 1명, 터키 1명, 아프리카 1명 등 총 32명의 남녀가 각 나라별로 일정 구역 내에 옹기종기 모여서 일상적인 생활모습"을 보여주는 형식으로 전시된 사건이다.[3] 이 박람회는 오락성과 볼거리에서 이전의 박람회 내용 및 전시양상과는 전혀 다른 한 획을 긋는 것이었다. 그리고 구미의 박람회에서 볼 수 있었던 제국주의의 식민지주의적 전시방식, 즉 지배자가 현지인을 차별적인 시각으로 바라보는 전시방식을 처음으로 도입한 박람회이기도 했다.[4] 학술인류관에 전시된 나라들 가운데 중국과 조선에 대해서는 해당국의 공사(公使)와 유학생으로부터 항의와 비판이 일어 도중에 전시가 중단되었다.[5] 오끼나와의 경우도 마찬가지로 오오사까에 사는 오끼나와인들로부터 인류관사건에 관한 정보가 입수되어, 오오따 죠오후가 현지에서 취재를 하고 수차례에 걸쳐 『류우뀨우신보(琉球新報)』에 게재함으로써 오끼나와 현민의 반발여론이 높아진 탓에 류우뀨우 여성의 전시도 중단되고 그녀들은 두 달 후에 귀향했다.

앞에서도 언급했듯이 이 박람회에는 제국일본이 아시아로 진출하게 되면서 구미 식민지주의의 시각을 내면화한 차별적인 전시방식이 도입되었는데, 박람회장 바로 옆에 개설된 '학술인류관'에서도 이민족을 '미개인종'이나 '열등민족'으로 분류해서 평가하는 인류학의 개입과, 그 인류학 학술지의 권력성 혹은 정치성이 드러나 있다는 점에서 지적을 받고 있다.[6] 인류관사건에 대해 오오따 죠오후는 류우뀨우인을 진열한 차별적 전시방식에 항의해

---

3) 『風俗畫報』 269호, 1903, 37면. 인류관은 내국권업박람회 협찬회가 주최한 것이 아니라 민간업자가 개최한 것이었지만, 동 협찬회로부터 비용을 보조받고 박람회 측의 승인을 얻은 행사였다.

4) 吉見俊哉 『博覽會の政治學』, 中公新書 1992, 207~17면. 정부가 개최한 내국박람회에서도 박람회장에 최초의 식민지전시관으로서 타이완관이 설치되었다.

5) 嚴安生 『日本留學生精神史: 近代中國知識人の軌跡』, 岩波書店 1992; 坂本ひろ子 「中國民族主義の神話」, 『思想』 1995년 3월호.

6) 松田京子 「パビリオン學術人類館」, 大阪大學 文學部 日本學硏究室 『日本學報』 15호, 1996.

중지를 요구했던 것인데, 그 비판논조 가운데 뜻밖에도 아이누나 타이완, 조선인에 대한 오오따의 인식이 다음과 같이 나타나 있다.

　진열된 두 사람의 오끼나와 여성은 바로 쯔지유곽(辻遊廓, 나하에 있던 공창가—옮긴이)의 창기로, 당초 본인을 포함한 가족과 교섭할 때는 오오사까에 가더라도 특별히 어려운 일을 하지 않을 것임은 물론, 얼굴을 드러낼 일도 없고 그저 물건을 팔거나 혹은 손님에게 차를 내주는 정도의 일만 하면 된다는 감언이설로 꾀어냈다. 뿐만 아니라 그러한 여성을 가리켜 류우뀨우의 귀부인이라고 소개했다고 하니 아무리 선의를 갖고 해석해도 학술이라는 미명을 빌려 이익을 탐하려는 일이라고 말할 수밖에 없다. 나는 일본제국에 이처럼 냉혹하고 탐욕스런 국민이 있다는 것이 부끄럽다. 그들이 다른 지방의 색다른 풍속을 진열하지 않고 특히 타이완의 원주민, 홋까이도오의 아이누 등과 함께 오끼나와현 사람을 골랐다는 것은 바로 우리를 원주민이나 아이누와 같이 보는 것이다. 우리에 대한 모욕이 어찌 이보다 더 클 것인가.[7]

인용문 후반부에서 강조하고 있는 것처럼 오오따는 제국국민인 오끼나와현민을 타이완의 원주민이나 홋까이도오의 아이누와 동급으로 전시한 것은 오끼나와 현민을 모욕하는 일이라며 반발하고 있다. 오오따의 발언에 나타나 있는 비판의 논리는 차별당한 사람이 그것에서 벗어나기 위해 차별의식을 내면화해, 다른 소수민족을 차별하는 억압이양(抑壓移讓)의 구조이다. 그것은 다시 말하자면 스스로를 옹호하고 자신들의 우위성을 주장하기 위해 다른 소수민족을 차별하고 배척하는 논리라고 할 수 있다. 그 억압이양의 구

---

7) 太田朝敷「人類館を中止せしめよ」,『琉球新報』1903년 4월 11일. 오오따의 논설 전체상에 대해서는 比嘉根照夫・伊佐眞一 編『太田朝敷選集』上・中・下(琉球新報社 1994~96) 참조. 인류관사건과 오오따의 논설에 대해서는 동 선집 중권의 해설, 比嘉根照夫「同化論の成立と展開」참조. 또 인류관사건과 오끼나와에 대해서는 眞榮平房昭「人類館事件: 近代日本の民族問題と沖繩」(『國際交流』63, 1994)가 있다.

조를 포함한 오오따의 비판논리는 여성에 대한 그의 인식에서도 마찬가지로 지적할 수 있다. 그것은 오오따가 다른 소수민족을 표상하는 데 '열등종족'이라는 어구를 사용했는데, 여성을 표현할 때에도 마찬가지로 '열등한 여성(賤業婦, 쯔지유곽의 창기)'이라는 어구를 사용하고 있는 점에서 단적으로 알 수 있다. 앞의 인용문 가운데 오오따가 '쯔지유곽의 창기'인 '이 여성을 가리켜 류우뀨우의 귀부인'으로 전시한 것을 비판한 데서 알 수 있듯이, 오오따의 내면에서는 그 '열등한 여성'이 '류우뀨우인'을 대표해서 전시된 상황에 대해서도 강한 불만을 가지고 있었다. 이것을 통해 직종에 따라 여성의 우열을 가리는 오오따의 가부장적이고 차별적인 시각을 엿볼 수 있다. 그것은 제국일본의 '내국식민지'로 규정되고, 일본으로부터 여성으로 표상되고 있는 오끼나와에서 오끼나와 남성이 자신보다 더 열위(劣位)에 있는 오끼나와 여성에게 억압을 이양하는 차별적인 시각이다.

그런데 왜 오오따의 논설은 그러한 논리구조를 가지고 있었던 것일까? 그것은 그의 인류관사건에 관한 논설 가운데 앞의 인용부분과는 다른 부분에서 쉽게 발견할 수 있는 '전국공통' '전국과의 조화' '전국귀일' '전국과 일치'라는 어구에 여실히 드러나 있다. 오오따의 논조를 보면, 앞으로 오끼나와는 '전국'과 마찬가지로 제국일본의 일개 현으로서 적극적으로 '동화'해, 일본의 '제국신민' '국민'으로서 공헌해야 한다고 강하게 주장한다. 그래서 오오따는 1900년 전후 오끼나와에서도 징병제와 토지정리, 조세제도 등 전국과 같은 법제도가 시행된 것을 시발점으로 삼아 앞으로는 의식과 정신적인 면에서도 오끼나와 현민이 훌륭한 제국일본의 '신민(臣民)' 혹은 '국민'이 되어야 한다는 것을 강조하고 있다. 그리고 그 배경에는 다른 지역민들이 오끼나와인에게 가하는 '민족적 차별'을 오끼나와 현민이 훌륭한 제국일본의 '신민'과 '국민'이 됨으로써 극복해야 한다고 하는 오오따의 논리구조가 있다. 바꿔 말하면, 오끼나와인에 대한 '종족적 차별'을 '제국신민'으로서의 '내셔널리티'에 동화함으로써 극복하자는 지향성이라고 할 수 있다. 인류관사건에 관한 오오따의 논설을 읽어보면 오끼나와와 아이누, 타이완, 조선과의 관계에 있어 '인종'이나 '민족' 문제뿐만 아니라 '제국신민'으로서의 '내셔널리티' 문제를 얼마나 중요시했는지를 확인할 수가 있다. 그런 점에서 그 당시에 발행된 오끼나와 신문을 읽고 인상적이었던 것은 아이누와 타이완인, 조선인과 달리 오끼나와인은 일본인과 '동일민족'이라는 주장과, 한발 앞서 제국신민이 된 오끼나와 현민에 비해 조선인과 타이완인은 제국일본에 '새로이 편입된[新附] 백성'이라고 하는 차이의식이다. 그것을 보더라도 메이지 후기 오끼나와의 지식인에게 일본제국의 '신민' 혹은 '국민'으로서의 '내셔널리티'의 위광(威光)이 얼마나 눈부시게 빛나고 있었는지를 엿볼 수 있다.

3. 다이쇼시대의 이하 후유

아이누, 타이완, 조선에 대한 다이쇼시대 이하 후유의 인식을 살펴보기 전에, 우선 메이지시대의 인식에 대해 언급해두고자 한다. 사실 아이누, 타이완, 조선에 대한 메이지시대 이하의 인식은 뜻밖에도 앞절에서 다룬 오오따 죠오후의 인식과 거의 같다고 할 수 있다. 분명 이하의 발언에는 아이누인이나 타이완인을 '야만인종' 혹은 '타이완의 도깨비'라고 격하게 표현한 오오따와는 달리, 온건한 표현 혹은 우회적인 표현이 많다. 하지만 다른 소수민족에 대한 인식 면에서는 양자 모두 공통된 감각을 갖고 있었다.

1911년에 발간된 『류우뀨우사의 추세(琉球史の趨勢)』에서 이하는 아이누와 타이완을 류우뀨우와 비교하면서 다음과 같이 말하고 있다. "(류우뀨우 민족은—인용자) 아이누나 타이완 원주민처럼 피플로서 존재하지 않고 네이션으로서 공생했습니다. 그들은 슈리(首里)를 중심으로 정치적 생활을 영위했습니다. 『만요슈(萬葉集)』에 필적할 만한 『오모로소우시(おもろそうし)』

(오끼나와의 옛 가요인 오모로를 모아 펴낸 노래집―옮긴이)를 남겼습니다." "아이누를 보십시오. 그들은 우리 오끼나와인보다 훨씬 더 먼저 일본국민이 되었습니다. 하지만 제군, 그들의 현재는 어떻습니까. 역시나 피플로 존재하고 있지 않습니까. 아직까지도 변함없이 곰과 씨름하고 있지 않습니까."[8] 특히 다른 논고에서도 같은 표현을 사용하고 있는 것처럼, 그 시기 이하가 아이누와 타이완에 대한 인식을 드러내는 데 여러 차례 사용한 표현은 아이누와 타이완, 말레이인이 '피플(인민)'인 데 비해 오끼나와인은 '네이션(국민)'이라는 지적이다.[9] 그 인식의 배경에는 문명화의 발전단계가 아직 미숙한 아이누와 타이완인의 '피플' 상태와는 달리, 류우뀨우는 일찍이 왕국을 형성해 '오모로소우시'로 대표되는 수준 높은 문화를 오랫동안 지녀온 '네이션'이라는, 자신의 문화를 과시하는 심경이 깔려 있다. 그런 이하의 지적에서 엿볼 수 있는 것은 메이지시대 오끼나와의 지식인이 '네이션'으로서의 '국민'이라는 말에 과대한 평가를 부여하면서 강하게 집착하고 있는 점이다. 메이지시대의 이하 후유에게도 앞절에서 말한 오오따 죠오후의 인식과 마찬가지로 오끼나와가 제국일본의 '신민' '국민'이다, 혹은 그렇게 되었다는 위광은 압도적인 빛을 발하고 있었던 것으로 생각된다. 거꾸로 말하면, 당시 오끼나와의 지식인들에게 제국일본의 '신민' '국민'이라는 위광은 타지역민들이 가지고 있던 오끼나와 문화에 대한 오해를 풀고, 나아가 차별에서 벗어나기 위해서도 후진적인 오끼나와를 인도하고 구제해줄 절대적인 빛으로 받아들여졌던 것이다.

그러나 제국일본의 '신민' '국민'으로서의 오끼나와가 다이쇼시대 말기에 불어닥친 '소떼쯔지옥(ソテツ地獄)'[10]의 참상을 경험함으로써 그전까지의

---

8) 伊波普猷 「琉球史の趨勢」, 『伊波普猷全集 第一卷』, 平凡社 1974, 49~63면.
9) 伊波普猷 「古い琉球の政教一致を論じて經世家の宗教に對する態度に及ぶ」, 『琉球新報』 1912년 3월 29일.
10) '소떼쯔지옥'은 제1차 세계대전의 전후 불황기부터 세계대공황에 이르기까지 만성적 불황 아래에서 극도로 궁핍했던 오끼나와 경제 및 현민의 생활상을 가리키는 단어로, 오끼나와

아이누와 타이완에 대한 인식에 커다란 전환점을 가져왔다. 소떼쯔지옥을 계기로 한 이하의 인식전환에 대해서는 이미 히야네 테루오(比屋根照夫),[11] 아라끼 모리아끼(安良城盛昭),[12] 카노 마사나오(鹿野政直)[13] 등의 선행연구가 상세하게 분석하고 있다. 특히 아라끼는 히야네의 선구적 지적을 받아들여 그것을 이하에게 있어 '넓은 의미에서 역사관의 일대 전환'으로 파악했다. 즉, 다음과 같은 네 가지 역사관의 전환으로서 류우뀨우 처분=노예해방론의 수정, 시마쨔비(孤島苦, 고도에 사는 어려움—옮긴이)의 주장, 토지제도에 대한 시각 및 아이누 인식의 전환에 대해 언급하고 있다. 나아가 카노는 히야네와 아라끼의 분석을 토대로, 소떼쯔지옥을 통해 이하의 역사인식이 전환되었고 야마또에 대한 기대, 근대에 대한 희망, 종교라고 하는 '선의'의 가르침에 대한 신뢰 등이 '하나하나 떨어져나간' 점을 지적하고 있다. 필자는 그런 이하의 역사인식의 전환에 따라 '떨어져나간' 것 가운데, 또 한가지 이하가 꿈꾸고 있던 제국일본의 '신민' 혹은 '국민'에 대한 기대 역시 떨어져나갔다는 점도 덧붙이고자 한다. 왜냐하면 오끼나와인이 참정권 획득을 비롯해 제도적으로도 제국일본의 '신민' 혹은 '국민'이 된다 하더라도 소떼쯔지옥이 몰고 온 오끼나와 사회의 참상과 곤궁이 구제되지 않는 현실에 대해, 이하는 절망감과 함께 국가정책에 우롱당하는 오끼나와 사회의 비애를 통감

근대사의 역사개념이다. 당시의 장기불황으로 생산기반이 취약한 오끼나와의 경제(낮은 생산력, 영세경영, 사회적 분업의 미발달)는 큰 타격을 받았다. 세금체납이 재정위기를 가져와 관리나 교원이 급료를 받지 못했고, 노동력의 현외 유출, 은행 도산, 경제피폐로 인한 생활의 곤궁으로 결식 혹은 장기결석 아동이 늘면서 자녀를 매매하는 일 등이 횡행했다(西原文雄 「ソテツ地獄」, 『沖繩大白科事典』, 沖繩タイムス社 1983). 소떼쯔지옥에 대한 분석으로는, 安仁屋政昭・仲地哲夫 「慢性的不況と縣經濟の再編」, 『沖繩縣史』 第3卷; 高良倉吉 「ソテツ地獄」, 『沖繩縣史』 第1卷; 西原文雄 『沖繩近代經濟史の方法』(ひるぎ社 1992) 참조

11) 比嘉根照夫 「啓蒙者伊波普猷の肖像: 大正末期の思想の轉換」, 『近代日本と伊波普猷』, 三一書房 1981, 116~43면.
12) 安良城盛昭 「琉球處分論」, 『新・沖繩史論』, 沖繩タイムス社 1980, 174~211면.
13) 鹿野政直 「轉回と離鄕」, 『沖繩の淵』, 岩波書店 1993, 157~86면.

하고 있었기 때문이다. 제국일본의 '신민' 혹은 '국민'의 위광에 커다란 기대를 걸고 있던 메이지시대의 이하는 소떼쯔지옥에 의한 역사인식의 전환과 함께 다이쇼 말기 이후에는 점차 제국신민의 위광에 대한 기대도 걸지 않게 되었던 것으로 보인다.

그런데 이하의 내면에서 아이누 인식이 전환하는 데 직접적 계기가 되었던 것은 이하가 1925년 2월 소떼쯔지옥 상황 아래 있는 오끼나와에서 상경했을 때의 일이다. 이하는 상경한 다음달, 제2회 아이누학회에서 아이누 청년 이보시 호꾸또(違星北斗)의 강연을 듣게 되었다. 이하는 그때의 깊은 감동을 「눈뜨기 시작하는 아이누 종족(目覺めつつあるアイヌ種族)」이라는 논고[14)로 써서, 일찍이 오끼나와교육회 기관지인 『오끼나와교육(沖繩教育)』에 투고했다. 이하가 그런 활동을 하게 된 것은 이보시의 감명 깊은 강연으로 인해 그전까지 자신이 가지고 있던 아이누 인식이 시정되고 전환되었기 때문이다. 이하는 앞의 논고에서 강연내용을 요약하고, 자신이 가지고 있던 아이누 인식이 부당했다는 점을 솔직하게 인정하면서 다음과 같이 기술했다. "일동은 적잖이 감동했습니다. 아이누는 다섯 이상의 수는 셀 수 없다고 알고 있던 우리의 상식이 보기 좋게 깨지고 말았습니다." 그전까지 이하가 아이누에 대해 부당한 인식을 가지고 있었던 것은 '이보시 이외의 아이누인은 만난 적이 없었기' 때문으로, 이보시의 강연이 이하에게 미친 영향은 결정적인 것이었다. 그것을 단적으로 보여주는 일화로, 강연이 끝난 뒤에 평소의 이하와는 달리 자신의 감정을 표현했는데, 그는 너무 감동한 나머지 "나는 당신의 기분을 그 누구보다 잘 안다"고 말하며 이보시에게 악수를 청했다고

---

14) 伊波普猷 「目覺めつつあるアイヌ民族」, 『伊波普猷全集』 第11卷, 平凡社 1976, 302~312면. 이 글의 최초 출전은 『沖繩教育』 146호(1925년 6월)인데, 『沖繩教育目次集』(那覇市企劃都市史編輯室 1977)에 의하면, 知里幸惠의 「『アイヌ神謠集』 序」와 제2회 아이누학회에서 이보시가 했던 강연원고(「ウタリ・クスの先覺者中里德太郎氏を偲ひて」)도 함께 수록되어 있다 한다. 하지만 유감스럽게도 현재는 이 잡지가 공개되지 않기 때문에 앞의 두 글을 확인할 수는 없다.

기록되어 있다.

그후 이하는 두 차례에 걸친 이보시의 방문을 받고, 우따리 쿠스(우따리는 아이누어로 동포, 친척이라는 의미—옮긴이)의 지위향상과 아이누의 권리회복을 위해 활동하고 있는 아이누 청년들의 운동에 대한 이야기를 듣고 조언을 하기도 했다. 이하는 그들이 발간하고 있는 기관지의 내용이 메이지 중기 토오꾜오에서 발간되었던 오끼나와의 청년잡지인 『사상(思想)』보다는 완만하게 전진하고 있다고 지적하고, 이보시를 비롯한 청년들의 운동에 대해 "오늘날의 아이누 청년은 남녀 모두 유신시절의 지사(志士)라고 할 수 있습니다. 서로 연락을 취하면서 망해가는 동족을 원래대로 돌이킬 것을 맹세하고 있습니다"라고 말했다. 또 이보시와의 만남을 통해 "우리 선조가 오모로를 남겼듯이 그들의 선조는 유까리라는 아름다운 시를 남겼습니다"라고 적은 것으로 보아 메이지시대에 이하가 가지고 있던 아이누 인식이 교정되었음을 확인할 수 있다. 그리고 이하는 기관지를 펴내 사상과 아이누를 주장했고, 또 중등수준의 학교를 설립하고 있던 아이누 청년들의 운동이 얼마나 중요한지 인정하고, "지금 급선무는 동포들 사이에 뛰어들어 통속강연을 하거나" 혹은 '계몽운동'을 펼치는 것이라고 말했다. 물론 아이누 청년들에 대한 조언의 배경에는 이하가 메이지 후기부터 다이쇼 전기에 걸쳐 오끼나와에서 자신이 정력적으로 펼쳤던 위생강연이나 통속강연 등 계몽운동을 했던 역사가 깔려 있다. 하지만 이하는 그러한 계몽운동의 중요성을 아이누 청년들에게 조언하면서도 소떼쯔지옥에 처해 있는 오끼나와 사회의 상황으로 인해 복잡한 심경이었을 것으로 생각된다.

이하는 상경하기 전해에 썼던 「류우뀨우 민족의 정신분석」이라는 논고[15]에서 다음과 같이 기술했다. 소떼쯔지옥에 의한 오끼나와 사회의 참상에서 벗어나기 위해서는 종교나 교육에 의한 '개인적 구제'가 아니라 경제생활 등

---

15) 伊波普猷「琉球民族の精神分析: 縣民性の新解析」,『沖繩敎育』 136호, 1924년 3월.

의 '사회적 구제'가 필요하며, "지금에 와서는 민족위생운동도 느슨해지고, 계몽운동도 지지부진하니 경제적 구제만이 우리에게 남겨진 유일한 수단"이라고 강조했다. 그 견해는 앞에서 본 「눈뜨기 시작하는 아이누 종족」이라는 논고에서도, 오끼나와는 "이제는 경제생활도 한계에 달해 국가의 손으로 구제하지 않으면 안될 지경에 빠져 있다"고 기술한 것으로도 알 수 있듯이, 그 당시 오끼나와 사회의 경제상황에 대한 이하의 강한 위기의식이 투영되어 있다. 더구나 그 논고를 쓴 다음해에 이하가 종교인인 불(E. R. Bull)에게 보낸 편지16) 말미에 더 구체적인 표현으로, "류우뀨우는 지금 상당한 곤경에 처해있어 국가의 손으로 구제하지 않으면 안될 상황입니다만, 아무래도 더 이상은 나아지지 않을 것 같기도 합니다"라고 쓸 정도였다. 여기서 알 수 있듯이 이하는 오끼나와 사회의 절망적인 상황에 대해 '계몽운동'이 아니라 '경제적 구제'의 필요성을 강조하고 있어, 아이누 청년들에게 계몽활동의 중요성을 강조했던 것과는 커다란 차이를 보이고 있다. 물론 그 배경에는 오끼나와와 아이누의 상황이 달랐기 때문이기도 하겠지만, 앞으로 계속될 아이누 청년운동의 어려움을 생각해보면, 이하의 내면에 여러가지 복잡한 생각이 있었음을 짐작할 수 있다.

이하는 논고의 마지막 부분에서 이렇게 기술하고 있다. "나는 아이누 청년들의 운동에 지대한 동정을 느끼고 있습니다. 그러나 세계의 민족운동이 종식을 맞이하고 있는 때에 그들이 늦었지만 힘차게 발걸음을 내딛으려 하는 것을 보고 눈물을 머금지 않을 수 없습니다." 그 배경에는 이하가 오끼나와의 현재 상황과 투쟁하는 과정에서 쌓인 '민족적 자각'17)으로부터 '종교

---

16) 伊波普猷 「E. R. Bull宛書簡」, 『伊波普猷全集』 第10卷, 平凡社 1976, 450면.
17) 피식민지민족에 관한 이하 후유의 '민족적 자각'에 대한 인식은 「오랜 류우뀨우의 정교일치를 논하며 경세가의 종교에 대한 태도에 미친다(古い琉球の政教一致を論じて經世家の宗敎に對する態度に及ぶ)」를 개정증보해서 쓴 『古琉球の政治』(鄕土硏究社 1922) 끝부분에 있는 다음의 문장이 단적으로 보여주고 있다. "지금 우리는 잘 생각해야 한다. 나는 요즘 조선에서 돌아온 사람으로부터 대학선생의 일한동조론보다 혹은 기독교 선교사의 동포

적 자각'으로, 그리고 '경제적 구제'의 필요성으로 사상적 전진을 이룬 가운데, 이제 막 시작하는 아이누 청년들의 민족적 자각을 바탕으로 한 운동을 바라보는 '지대한 동정심'이 있었다. 하지만 그런 아이누 청년들의 '처음부터 새로 출발하고자 하는' 자세는 소떼쯔지옥을 겪고 있는 오끼나와 사회의 '절망'을 안고 비통한 심정에 빠진 이하에게 오히려 커다란 힘이 되는 것이었다. 아이누 청년과의 만남, 그리고 그들의 운동이 이하에게 준 커다란 힘은 다시 이하를 통해 오끼나와 청년들에게 보내는 격려가 되었다. 같은 논고 말미에 쓰여 있는 이하의 다음 문장은, 그런 뜻을 포함하고 있는 것으로 생각된다. "우리는 지금까지 아이누를 크게 오해하고 있었습니다. 많은 사람들이 그들을 낮게 평가하고 있었을 것으로 생각합니다." 이하는 아이누의 진상을 올바르게 이해하는 일이 아이누의 행복일 뿐만 아니라 오끼나와인에게도 미래의 행복으로 이끌어주는 길이라고 생각했다. 이하가 「눈뜨기 시작하는 아이누 종족」이라는 논고를 『오끼나와교육』에 기고한 배경에는 아이누 청년들의 운동에서 힘을 얻었고, 그리고 그 의욕적인 활동을 오끼나와에 알림으로써 소떼쯔지옥에서 빈곤한 생활에 허덕이는 오끼나와 청년교사들에게 격려를 보내고자 했음을 쉽게 짐작할 수 있다. 이하가 이 논고를 『오끼나와교육』의 편집자인 마따요시 코오와(又吉康和)에게 말하는 형식으로 썼다는 점이 그것을 보여주고 있다.

앞의 「류우뀨우 민족의 정신분석」이라는 논고에서 이하가 오끼나와 사회를 경제적으로 구제해야 할 필요성에 대해 지적했다는 점을 언급했는데, 이 논고에서 경제생활의 사회적 구제를 주장하기 전에 '사람의 의식이 사람의 생활을 결정하는 것이 아니라, 반대로 사람의 사회적 생활이 사람의 의식을 결정한다'는 '유물사관'을 언급하고 있다. 이하가 소떼쯔지옥의 참상을 경험

주의 설교보다도, 윌슨의 민족자결선언이 훨씬 강하게 조선인의 마음을 움직인다는 얘기를 들었는데 이는 일본국민이 한번 생각해봐야 할 문제이다. 일본인은 그런 이민족 등을 어떻게 동화시키려 하는 것인가."

하고 경제적 구제의 필요성을 인식하게 된 일로 인해, 유물사관이나 맑스주의에 더욱 관심을 가지게 되었다고 할 수 있다. 실제로 이하는 1928년에 하와이에 체류하고 있던 오끼나와인의 초대로 미국에 건너갔는데, 그때 사회주의자인 아라끼 키따야마(新城北山), 히가 세이깐(比嘉靜觀), 미야기 요또꾸(宮城与德) 같은 사람들을 만나,[18] 그들에게 들은 여러가지 일본 이민의 슬픈 역사이야기를 바탕으로 「하와이 이야기(布哇物語)」와 「하와이 산업사의 이면(布哇産業史の裏面)」이라는 논문을 썼다. 그가 미국에 다녀오면서 얻은 견문을 바탕으로 펴낸 이 두 편의 논문은 이하의 수많은 논문 가운데 유물사관과 맑스주의 색채가 가장 강한 논문이라고 할 수 있다. 그 이후에 나온 논문에서는 유물사관과 맑스주의에 대한 관심이 깊어진 흔적을 찾아볼 수 없다. 하지만 소떼쯔지옥 이후의 쇼와 초기에는 오끼나와 사회에도 사회주의 사상 등의 신사조가 유입되고, 또 토오꾜오와 오오사까에 체류하던 오끼나와 출신자들 사이에서도 유물사관과 맑스주의에 대한 관심이 높아져 일부에서는 공유되는 상황이 있었다. 같은 시기에 소떼쯔지옥 아래의 오끼나와에서 작가를 지망해서 상경, 당대의 분위기를 공유하면서 카와까미 하지메(河上肇)의 책을 읽고 프롤레타리아문학에 관심을 가지게 된 한 여성이 있었다. 제2차 세계대전 이전에 문필활동을 시작한 쿠시 후사꼬(久志芙沙子)이다.

---

18) 하와이에서 히가 세이깐이 했던 활동에 대해서는, 比嘉根照夫 「沖縄ディスポラの思想 ①~③」(『みすず』 2001년 7~10월호) 참조. 미야기 요또꾸에 대해서는, 比嘉根照夫 「羅府の時代 ①~⑥」(『新沖縄文字』 89~95호, 沖縄タイムス社); 野本一平 『宮城与德』(沖縄タイムス社 1997) 참조.

4. 쇼와시대의 쿠시 후사꼬

쿠시 후사꼬는 제2차 세계대전 이전에 활동한 오끼나와 출신의 소수 여성 작가 가운데 한 사람으로, 1932년 6월호『부인공론(婦人公論)』에 게재된 작품「사라져가는 류우뀨우 여인의 수기(滅びゆく琉球女の手記)」가 재경 오끼나와현 학생회와 현인회로부터 항의를 받아 '필화사건'으로 비화됨으로써 널리 알려졌다.[19] 그리고 그 격렬한 항의와 비판 속에서 나온 쿠시의 해명문은 당시 오끼나와의 언론과 사상을 훨씬 능가한 논점을 제기해, 오늘날까지도 통하는 선구적 논고로 높이 평가받고 있다.

쿠시 후사꼬는 1903년 오끼나와에서 잘 알려진 슈리의 사족(士族) 가문에서 태어났다. 할아버지대까지는 류우뀨우 왕국의 유력한 사족이었으나 그 이후 류우뀨우 처분을 계기로 몰락하기 시작했고 아버지가 경영하던 제당회사의 사업이 실패하면서 유년기부터 궁핍한 가정환경 속에서 자아를 형성했다. 류우뀨우 처분이라는 격변기로 인해 유서깊은 가계가 몰락하고 어렵게 생활했던 경험은 나중에 쿠시의 사물을 보는 시각이나 사고방식에 커다란

---

19) 쿠시 후사꼬에 대해서는 오끼나와에서 발간되었던 잡지『靑い海』(1973년 10월호와 11월호)에 그 작품과 해명문이 복각되었고, 같은 저자의「四十年目の手記」와 인터뷰도 게재되어, 쿠시에 관한 중요한 기초자료로서 연구기반을 제공하고 있다. 쿠시에 관한 연구로는 金城朝永가 발표한 선구적인 소개가 있고, 활자화된 것으로는 복각 전에 작품과 해명문을 고찰한 岡本惠德의 논고(『沖繩文字の地平』, 三一書房 1981)와 작품분석을 통해 제2차 세계대전 이전 오끼나와 문학의 특징에 대해 언급한 仲程昌德의 논문(『沖繩の文學』, 沖繩タイムス社 1990)이 있다. 또 여성사 영역에서는『靑い海』에서 저자에 대한 인터뷰를 했고, 그 뒤에도 쿠시에 관한 새로운 저술을 계속하고 있는 宮城晴美의 논고(『時代を彩った女たち』, 琉球新報社 1996)가 있다. 그리고 최근에는 필화사건 전에 쿠시가 투고한 원고를 발굴한 大野隆之의 고찰(『琉球新報』 2000년 12월 5일)과 젠더의 관점에서 작품과 해명문을 분석한 宮城公子의 논고(「語られる『沖繩』」,『琉球新報』 2000년 12월 8~9일) 등이 나와 있다. 덧붙여서 이 글과 중복되는 부분도 있기는 하지만, 졸문「久志芙沙子『筆禍事件』前後」(『琉球新報』 2003년 2월 12~14일)도 참조하기 바란다.

영향을 미쳤다. 쿠시는 그 이후 현립 고등여학교에 진학하는데 그곳의 생활환경이 매우 엄격했음에도 불구하고 여학교 시절에는 학창생활을 즐겼고, 후일 그때가 인생에서 가장 즐거운 시기였다고 회상했다. 재학시절부터 문학을 좋아했고 특히 단가(短歌)를 좋아해서, 스즈끼 유미(鈴木ユミ)라는 필명으로『여학세계(女學世界)』등에 투고했다고 한다. 그 무렵부터 문필가가 되겠다는 희망을 가지고 있었으나 생활고 때문에 한때는 초등학교에서 교사로 재직하기도 했다. 여러가지로 복잡한 형편 속에서도 작가에 대한 꿈을 버리지 못한 쿠시는 1930년경에 상경했다. 하지만 생계에 쫓겨 문필도 뜻대로 되지 않았고, 결혼을 한 뒤에도 병약한 남편과 아이로 인해 궁핍한 생활을 계속했다. 그 무렵, 상금을 받기 위해 '가벼운 마음으로' 잡지에 투고한 것이 나중에 '필화사건'의 대상이 된 바로 그 글이었다.「한구석의 비애(片隅の悲哀)」라는 제목으로 투고한 쿠시의 원고는 편집부에 의해「사라져가는 류우뀨우 여인의 수기」로 제목이 바뀌어 잡지에 게재되었다.

그 작품은 일로 성공하기 위해 직장과 가족에게까지도 오끼나와 출신임을 숨기고 토오꾜오에서 입신출세한 조부의 생애를 조카인 나의 눈을 통해 솔직히 풀어낸 내용이다. 거기에는 소떼쯔지옥에서 극도로 궁핍했던 숙부의 가정이 묘사되어 있다. 그리고 오랜만에 고향에 돌아간 숙부가 오끼나와의 곤궁과 비참한 상황에 질린 나머지 잘 지내기를 원하고 있던 친족들과의 관계를 끊고 도망치듯이 돌아와버린 이야기가 펼쳐진다. 글 속의 숙부처럼 지금까지 고생해서 쌓아올린 입지를 유지하기 위해 오끼나와 출신임을 끝내 숨기는 그 당시 일부 재경 오끼나와 현민들의 비굴한 상황을 쿠시는 비판적으로 서술했다. 이 작품은 창작이라기보다는 킨죠 죠오에이(金城朝永)가 말한 것처럼 "당시 유행하던 이른바 '실화'"[20]로 받아들여졌고, 따라서 커다란 반향을 불러일으켰다. 쿠시가 쓴 해명문에 따르면 잡지가 발간된 뒤 오끼

---

20) 金城朝永「琉球に取材した文學」,『金城朝永全集』上卷, 沖繩タイムス社 1974, 493~95면.

나와현 학생회의 회장과 전(前) 회장이 찾아와, 오끼나와의 풍속과 습관을 낱낱이 묘사해놓아 오해를 받았으며 아이누 및 조선인과 동일시되어 피해를 입었다고 말하고, 나아가 오끼나와 현민이라며 차별대우를 받아 모욕감을 느끼고 있는데다 취직난과 결혼문제에도 영향을 미치고 있으니 사죄하라는 항의를 받았다고 기록되어 있다. 그에 대해 쿠시는 고향 일에 대해 거짓으로 묘사하거나 왜곡해서 쓴 것이 아니기 때문에 뭐라고 사죄를 해야 할지 모르겠다고 말한 다음, 민족간에 우열을 가리려는 사고방식을 비판하고 아이누나 조선인도 인간으로서의 본질적인 가치는 똑같은 동양인이라고 말했다. 또한 오끼나와의 문화와 풍속 습관을 이해하지 못하는 사람들에게 아첨하기 위해 자기 자신까지도 비굴해질 필요는 없다고 말하고, 거꾸로 취직이나 결혼문제에 대해 구체적으로 반론했다. 그 글은 다시 읽어봐도 해명문이라기보다는 자신의 주장을 한치도 굽히지 않은 멋진 반론문이라고 생각된다.

쿠시는 자신의 작품이 오끼나와에 대해 오해를 일으키고 아이누나 조선인과 동일시되어 피해를 입는다는 재경 현인회나 학생회로부터의 항의에 대해, 해명문을 통해 다음과 같은 논지로 반론하고 있다. "아이누나 조선인과 동일시되어 피해를 입는다고 하는데, 요즘 같은 시대에 굳이 아이누 인종이다 조선인이다 혹은 야마또 민족이다 하는 단계를 만들고 그중에 몇번째인가를 따져서 우월감을 느끼려는 태도에는 도저히 공감할 수가 없습니다. (…) 대표 여러분은 오끼나와인을 차별하고 모욕하는 것이라고 분개합니다만, 그 말은 그대로 아이누나 조선인들을 인종적으로 차별하는 것이라고 생각합니다. 저 자신은 오끼나와 현민이 아이누 인종이든 혹은 야마또 민족이든, 어떤 민족이든지 경우에 따라서는 다소 왜곡되는 일이 있을 수 있고, 그렇다고 해도 본질적인 인간으로서의 가치는 전혀 다를 것이 없는 같은 동양인이라고 믿고 있습니다."

그 해명문에서 말하고 있는 쿠시의 주장은 명쾌하다. 아이누나 조선인을 인종과 민족적으로 차별하는 사고방식을 비판하고, 인종이나 민족의 차이가 아니라 '인간으로서의 가치'로 취급해야 한다고 주장하며, 일본인이나 류우뀨우인을 통틀어 '동양인'이라고 강조하고 있다. 그런 쿠시의 주장은 전술한 오끼나와의 메이지시대를 대표하는 오오따 죠오후의 논조에 비추어봐도 오끼나와 근현대사에 있어 획기적임을 확인할 수 있다. 쿠시의 주장은 당시 근대 오끼나와의 언론과 사상수준을 훨씬 뛰어넘는 견해라고 생각된다. 그렇다면 쿠시는 어떻게 그런 견해를 가지게 된 것일까? 그것은 쿠시가 오끼나와 문제를 '민족'과 '인종'이라는 시각만으로 다룬 것이 아니라 그 시각을 열어 다른 시각과 접합시켜 바라보았기 때문이 아닐까? 예를 들면, 쿠시는 해명문 끝부분에서 다음과 같이 말하고 있다. "지위가 높은 분들만 목소리가 크고, 아랫사람들이나 무학자들은 무슨 말이든 지당하다고 받아들이고 있는 오끼나와의 현재 상황에서 나 같은 교양 없는 여자가 제 주장을 하니 틀림없이 뜻밖이라는 생각이 드실 테지만 그렇다고 우리가 높은 분들의 형편에 따라 휘둘릴 수는 없습니다."

쿠시가 한 발언의 배경에는, '나 같은 교양 없는 여자'나 '아랫사람'이라는 표현으로 알 수 있듯이 젠더나 계층과 같은 시각이 존재한다. 쿠시가 오끼나와 내부에 있어 타자로서의 젠더의 시점에서 민족이나 인종을 다루고 있다는 점은 이미 미야기 기미꼬(宮城公子)가 지적한 대로이다.[21] 또 쿠시의 계층에 대한 시각은 잡지와의 인터뷰를 통해 그녀 자신이 말한 것처럼, 몰락한 사족에 시집을 간 어머니의 불평불만과 카와까미 하지메의 책에서 받은 영향이 작품 속에 깔려 있다는 점에서 확인할 수 있다. 또 「사라져가는 류우뀨우 여인의 수기」에서 서술한 것처럼, 당시 유행하던 프롤레타리아문학의 영향하에서 쓰여진 점도 마찬가지로 생각할 수 있다.[22] 분명 오끼나와

---

21) 宮城公子「語られる『沖繩』」, 上村忠男 編『沖繩の記憶/日本の歷史』, 未來社 2002, 122~28면.
22) 오오시로 타쯔히로(大城立裕)는 쿠시 후사꼬의 「사라져가는 류우뀨우 여인의 수기」와 이께미야기 세끼호우(池宮城積宝)의 「우꾸마누 순사(奧間巡査)」를 둘러싼 좌담회(大城立裕 ·

의 남성론자가 오끼나와의 민족이나 인종 문제를 제국신민으로서의 내셔널리티로 극복하려 했던 그 당시의 방식과는 달리, 쿠시가 이 문제를 젠더 혹은 계층의 시점에서 다룬 점은 중요하다고 하겠다. 그런 의미에서 쿠시가 그처럼 새로운 시각을 가질 수 있었다는 점은 의미가 크다. 다만 그 전제에 있는 소떼쯔지옥에 빠져 있던 오끼나와 사회의 모순과 불합리한 상황을 결코 외면하지 않고 문제에 직면했던 쿠시의 자세야말로 새삼 주목해야 할 점이 아닐까? 쿠시에게 있어 류우뀨우 처분으로 인한 가계의 몰락과 그 몰락사족에게 시집간 어머니의 불평불만, 나아가 작품의 시대배경으로도 서술되어 있는 소떼쯔지옥하에서 오끼나와가 겪은 참상을 외면하지 않고 그 모순과 불합리를 다루는 시점을 스스로 모색한 점은 매우 중요하다. 그리고 쿠시가 이끌어낸 것은 사회를 여성의 입장에서 바라본 젠더의 시점이며, 카와까미 하지메의 책과 프롤레타리아문학에서 배운 유물사관 및 맑스주의의 시각이었다. 그리고 더욱 중요한 것은 그러한 새로운 시점을 도입한 것이 아니라 쿠시가 소떼쯔지옥에 빠진 오끼나와 사회의 모순과 불합리를 비판하기 위해 복수(複數)의 시각을 접합해서 생각한 점에 있는 것이 아닐까? 그렇게 복수의 시각을 접목시킨 사고방식이, 오끼나와에 대한 차별을 민족과 인종의 관점으로만 파악해 제국일본의 내셔널리티로 극복하려 했던 근대 오끼나와의 남성론자와는 다른 시점을 쿠시에게 가져다준 것으로 생각된다.

5. 맺음말

쿠시의 주장은 앞에서 언급한 대로 1903년의 인류관사건에 대한 오오따

國吉眞哲・岡本惠德「沖繩の近代文學と差別」, 『靑い海』 1973년 10월호)에서, "쿠시의 소설에는 소박한 프롤레타리아문학 냄새가 납니다. 작자에게 그것에 대한 지향이 있었겠지요"라고 지적했다.

죠오후의 논조와는 명확히 다르다. 앞에서도 말했지만, 오오따는 류우뀨우인이 아이누나 타이완인과 나란히 진열되었던 인류관사건에 대해, 제국신민인 오끼나와인을 열등하고 야만스러운 인종인 타이완 원주민과 홋까이도오 아이누 등과 동일시해 모욕했다고 반발하며 거세게 항의했다. 그것은 아이누나 타이완 원주민과 동일하게 취급당하는 것을 거부하는 자세였다. 또한 차별당한 사람이 차별에서 벗어나기 위해 그 차별의식을 내면화해서 다른 소수민족을 차별하는 억압이양의 구조이다. 그리고 그 구조는 오오따의 여성에 대한 시각에서도 마찬가지로 나타나 있는데, 오오따는 내면적으로는 차별의식을 가지고 있으면서 타지역 사람들이 '오끼나와인'에게 가하는 '종족적 차별'을 오끼나와인이 제국일본의 홀륭한 '신민'이 됨으로써 극복하자고 주장했다. 거기에는 '오끼나와인'의 고뇌를 제국일본의 내셔널리티에 동화시킴으로써 극복하자는 논조가 나타나 있다.

이런 논조는 다이쇼 말기 아이누관이 바뀌기 이전의 이하 후유에게서도 찾아볼 수 있는데, 류우뀨우인은 우수한 네이션이며 아직도 피플 단계에 있는 아이누와는 다르다고 주장한 메이지시대 이하의 인식과 기본적으로 같다고 할 수 있다. 하지만 이하는 다이쇼 말기에 상경해서 이보시 호꾸또라는 아이누 청년을 직접 만나게 됨으로써 그 이전까지 자신이 가지고 있던 아이누 인식을 시정하고 커다란 전환을 하게 되었다. 그 배경에는 소떼쯔지옥을 계기로 한 이하의 역사인식 전환이 있었다.

그리고 소떼쯔지옥의 참상을 경험하고, 그 모순과 불합리를 외면하지 않고 정면으로 대치함으로써, 작품과 해명문을 통해 사상적 논점으로 끌어올린 것이 작가인 쿠시 후사꼬였다. 특히 해명문에서 주장한 쿠시의 논점은 그때까지 근대 오끼나와의 남성론자가 제시해온 아이누와 조선의 인식과는 다른, 새로운 논점을 제기하는 것이었다. 그 배경에는 소떼쯔지옥을 경험한 오끼나와 사회의 모순과 불합리가 한층 더 응축되어 있는 지점으로부터 이끌어낸 여성과 계층을 보는 시각이 있으며, 그 복수의 시점을 접합시킴으로써 새로운 시야가 열렸다고 말할 수 있을 것이다. 그리고 더 중요한 것은 그 복수의 시점을 접합시켜 생각하는 방식이 쿠시 내면에서 사회의 모순과 불합리에 대해 인간으로서 살아가기 위한, 개인이 주체가 되는 방식으로 도출되었다는 점이다.

하지만 근대 오끼나와 사상사를 개관하다 보면 다음과 같은 점을 지적하지 않을 수 없다. 이하 후유는 다이쇼 말기 아이누 인식을 전환한 뒤에 하와이를 방문해 선주민족에게 관심을 기울이지만, 그 뒤로는 오끼나와 연구에 몰두했기 때문에 아이누를 비롯한 마이너리티 문제에 대한 논술은 내놓지 않았다. 또 쇼와 초기 쿠시 후사꼬의 주장도 그녀의 작품이 일부의 재경 오끼나와 사회로부터 비판과 항의를 받고 필화사건으로 번진 탓에 그녀의 뛰어난 마이너리티 인식도 발전하지 못한 채 잊혀지고 말았다. 오히려 쇼와시대의 오끼나와에서 마이너리티 인식을 포함해 사상적 조류의 중심을 이루고 있었던 것은 오오따 죠오후가 주장하는 제국일본에 대한 '동화주의' 주장이었다. 즉 인식전환 후의 이하나 쿠시의 마이너리티에 대한 인식은 오끼나와 사회에서 더이상 공감대를 형성하지 못했는데, 그 사실은 다른 기회를 통해 고찰해야 할 것이다. '동화주의'를 분석하기 위해서는 반드시 당시의 시대상황과 사회문맥에 바탕을 두고 상세하게 검토해야 하겠지만, '동화주의' 주장이 아이누나 타이완, 조선 등의 마이너리티 인식에 있어 많은 문제를 안고 있었음은 분명하다. 그런 의미에서 마이너리티 인식에 대한 시점은 근대 오끼나와의 사상적 조류 가운데 하나인 '동화주의'의 주장을 검토하는 데에도 중요한 시금석이 될 것으로 보인다.

그리고 오끼나와 사회에서 이하나 쿠시의 마이너리티 인식이 지닌 사상적 의의가 새롭게 평가받은 것은 1970년대에 들어서부터였다. 오까모또 케이또꾸(岡本惠德)는 1970년대 전반, 쿠시가 제시한 논리에 대해 '지금 오끼나와에 살고 있는 우리가 조금이라도 보탬이 되었나' 하는 물음을 던진다.[23] 그런 오까모또의 지적이 나온 지도 벌써 30년이 지났지만 지금까지도 오끼나와

74

와에서 새로운 '동화주의' 주장이 들려오는 상황에서, 이하나 쿠시가 제기한 논점에 무엇을 보탰는가를 묻는 것은 중요한 의의를 가진다. 그런 의미에서 이하나 쿠시가 제기한 논점을 오늘날 이 시점에서 어떻게 읽어야 하며, 어떻게 이어갈 것인지가 우리에게 주어진 과제라고 할 수 있다.

[번역: 방광석]

---

23) 岡本惠德「『滅びゆく琉球女の手記』をめぐって」,『沖繩タイムス』1970년 10월 27~28일.
  후일 이 논고는 『沖繩文學の地平』(三一書房 1981)에 수록되었다.

재일 '오끼나와인', 그 호칭이 조명하는 것

토베 히데아끼(戶邉秀明)

1. 시작하며

재일(在日) 선배분들은 어느 분도 전전 전후의 고난 많은 가시밭길을 최악의 조건임에도 불구하고 당차게 헤쳐온 분들로, 진정으로 머리가 숙여지고 눈두덩이 뜨거워지는 생각이 듭니다.

이것은 누가 누구를 대상으로 한 말인가. '재일(在日, 자이니찌)'이라 하면, 지금은 재일 조선인을 가리키는 것으로 거의 자명하다고 생각된다.[1] 연구자 사이에서도, 또한 자칭으로도 '조선인'을 생략해도 어떠한 위화감도 없이 유통되고 있다. 그러나 이것은 이상한 일이다. 단일민족론 비판을 끄집어낼 필

---

* 이 글은 同時代史學會 編『占領とデモクラシ 一の同時代史』(日本経済評論社 2004)에 실린 논문을 번역한 것이다.
1) 이 글에서는 국적에 관계없이 일본에 거주하는, 한반도에 연고를 가진 자와 그 자손을 가리켜 '재일 조선인'이라 하겠다.

요도 없이 일본사회의 엄연한 다민족성을 생각하면 '재일'한다 혹은 '재일' 하지 않으면 안되는 사람들은 재일 조선인만이 아니다. 그렇다면 '재일'이라 는 기호가 조선인에게만 부여되기까지에는 전후 일본 시민사회의 어떠한 인 식작용(말할 필요도 없이 그것은 하나의 권력이다)이 기능한 것일까.[2]

오끼나와 현대사를 전공하는 필자가 이러한 생각을 해보게 된 데는 단순 한 계기가 있었다. 앞의 발언은 1951년 가을 오끼나와에서 일본으로 온 교 육시찰단의 한 명이었던 소학교 교장에 의한 것이다.[3] 즉 이 시점에서는 '재 일'은 오끼나와인에 의해서도 사용되었던 것이다. 이 사료에 우연히 접한 이 래, '재일'이라는 말이 왜 오끼나와인에 대해서는 어느 시점에 사용되었고, 또한 사용되지 않게 되었는가라는 의문이 생기게 되었다. 이 글에서는 이 소 박한 관심에 답하기 위해 전후 오끼나와인에게 있어서의 '재일 오끼나와인' 이라는 호칭이 거쳐온 변화를 더듬어보고 싶다.

오끼나와인의 아이덴티티 구축에 관한 연구에서는 오끼나와인과 일본사 회 사이의 다양한 교섭의 장면이 주목받아왔지만, 그 '사회'에 '일본인—오끼 나와인'이라는 대립항 이외의 타자의 존재가 편입되어 분석되는 기회는 의 외로 적다. 일본사회에서 마이너리티로 살지 않으면 안되는 오끼나와인, 특 히 타향 땅·일본에 사는 오끼나와인에게 다른 마이너리티와 어떠한 관계를

---

2) 이 말이 자칭으로서 광범하게 정착되는 과정에는, 젊은 세대에 의한 일본사회에서의 정주 자로서의 고유한 아이덴티티 형성의 모색이 있었을 것이다. 하지만 한편으로 '재일'이라는 보통명사가 이른바 고유명사화된 것에는 '재일'=재일 조선인이라는 등식으로 둘러쌈으로 써, 그들의 존재를 에스닉한 문화의 영역에 밀어넣고, 쉽게 소비할 수 있는 것처럼 기호화 하는 시장의, 만족을 모르는 힘 또한 작용하고 있는 것일 것이다. 거기에는 일본인도 포함 하여 이 사회에서 살아가는 사람들의 관계를 다양하게 단절하는 조작선(操作線)을 엿볼 수 있다. 두 방향의 힘을 구별하는 것은 어렵지만, 적어도 '재일'이라는 호칭이 현재와 같은 용 법으로 쓰이게 된 역사를 경시한다면, 우리들은 이 사회의 폐쇄성에 둔감한 채로 '다문화사 회 일본'을 축복만 하게 될 위험성이 있다.
3) 「日本の休溫にふれて—沖繩教育視察団の走りがき(二)」, 『沖繩新民報』 제174호(1951년 10월 25일)에서 平良仲藏(大宜見初等學校 校長)의 발언.

가지는가는 일본사회 즉 머저리티에 둘러싸인 곳에서 자기의 위치를 구할 때 부단히 요구되는 과제였던 것임에도 불구하고 말이다. 오끼나와인이 '재일'을 자칭했던 과거에 조명을 비출 때, 그러한 인식틀의 문제성은 한층 명확해진다. 오끼나와인이 대략 점령기 일본(이 글에서 점령기 일본은 1945년부터 52년까지 일본이 연합군에 의해 통치되었던 시기를 가리킨다―옮긴이)에서만 '재일'을 사용했던 요인은, 당시 '재일'이라 불리고 있던 또 하나의 집단인 조선인에 대한 오끼나와인의 인식과 위치관계를 무시하고 생각될 수는 없다. 따라서 오끼나와인에게 있어서의 '재일'이라는 말의 역사성을 재구축하기 위해서는 전후 오끼나와인의 재일 조선인 인식의 검토가 필요하다.

근대 오끼나와인의 다른 마이너리티에 대한 인식과 감수성에 대해서는, 히야네 테루오(比屋根照夫)와 야까비 오사무(屋嘉比收)가 오끼나와 지식인의 발언을 사상사적으로 세심하게 살펴봄으로써 동화(同化)에 대한 강박관념을 타파하는 전간기(戰間期)의 새로운 타자인식의 출현을 포착하고 있다.[4] 이 글도 그 성과에 많은 부분을 의존하고 있지만 전시기 이후의 전개와 특정 지식인을 뛰어넘은 장면에서의 타자인식의 확대를 어떻게 파악할까 등 파고들어야 할 점은 많다.

한편 '재일'의 호칭은 조선인과의 관계를 시사할 뿐 아니라, 같은 오끼나와인이라도 누가 어디서 부르고 혹은 자칭했는가에 의해 파악되는 의미가 다를 것이고, 오끼나와인에게 있어서 복수성·다원성의 존재에 대한 주의를 환기시킬 것이다. '재일'이라는 말이 오끼나와인에 의해 사용된 흔적을 찾아본다면, 재본토 오끼나와인의 재일 조선인과의 관계와 그에 대한 인식뿐만이 아니라, 관련된 재본토 오끼나와인과 재향토 오끼나와인과의 차이도 떠오를 것이다.[5]

---

4) 比屋根照夫「'混成的國家'への道: 近代沖縄からの視点」, 比屋根 외『日本の歴史25 日本はどこへ行くのか』, 講談社 2003; 屋嘉比收「近代沖縄におけるマイノリティー認識の変遷」,『別冊 環: 琉球文化圏とは何か』, 藤原書店 2003.

점령기 일본에서의 재본토 오끼나와인에 관해서는 당시 전국조직이었던 오끼나와인연맹의 언동을 중심으로 '오끼나와인' 의식을 분석한 아라사끼 모리떼루(新崎盛暉), 토미야마 이찌로(富山一郞), 나까마 케이꼬(仲間惠子)의 연구와 오끼나와인연맹으로부터 비판당하는 '보수적' 입장의 동향을 분석한 노오또미 카오리(納富香織)의 연구 등 뛰어난 연구가 저술되어왔다.6) 특히 아라사끼는 오끼나와인연맹에 영향을 준 재일 조선인의 활동과 더불어 양쪽의 관계에 대해서도 언급하였고, 이 연맹의 기관지『자유 오끼나와(自由沖繩)』를 처음으로 분석했다는 의의도 있어 선구적인 위치를 점한다. 그러나 그 지적은 그후의 연구에서 좀처럼 깊어지지 않았다. 재본토 오끼나와인이 '오끼나와인'에 담았던 다양한 의미를 논한 토미야마도 "재일 조선인과 오끼나와 출신자의 문제를 동일시할 수는 없지만, 당시 재일 조선인의 조선인연맹과 오끼나와인연맹의 비교는 전후의 '재일' 문제를 생각함에 있어서 중요"하다고 주(註)에서 과제를 명시하고 있지만, 사료(史料)의 제약도 있어 실증적으로는 진전되지 않았다.7) 또한 아라사끼・토미야마의 검토는 주로 점령

---

5) 그때 재본토 오끼나와인과 재향토 오끼나와인 양쪽 모두에도 계층・이데올로기・젠더・세대 등에 의한 복수성이 당연히 존재했지만, 지면 사정으로 이 글에서는 그러한 차이에 대해서 언급할 수는 없다. 양쪽을 연결하는 '이동하는 오끼나와인'의 존재의 역사적 변천과 동태를 포함하여 이후 좀더 상세한 검토의 기회를 갖고 싶다.

6) 新崎盛暉「沖繩人連盟」,『新沖繩文學』제53호, 1982; 富山一郞『近代日本社會と'沖繩人'―'日本人'になるということ』, 日本経済評論社 1990; 仲間惠子「ヤマトゥのなかのウチナーンチュ」, 赤坂憲雄 외 편『いくつもの日本5: 排除の時空を超えて』, 岩波書店 2003; 納富香織「仲吉良光論: 沖繩近代史における'復歸男'の再檢討」,『史論』제57호, 東京女子大學 2004. 또한 지역에 있어서의 재본토 오끼나와인 사회의 형성・발전에 관한 가장 뛰어난 기록으로는『ここに榕樹あり: 沖繩縣人會兵庫縣本部三十五年史』(沖繩縣人會兵庫縣本部 1982)가 있다.

7) 富山一郞, 앞의 책 273쪽. 반면 같은 시기의 '해방 후' 재일 조선인 사회에 대한 연구는 비약적으로 충실해지고 있다. 그 일부분으로 예를 들면 外村大「戰後における在日朝鮮人と日本社會: 日本敗戰から朝鮮戰爭停戰後を中心に」(赤澤史朗 외 편『年報・日本現代史4 アジアの激變と日本社會』, 現代史料出版 1998. 이후 外村大『在日朝鮮人社會の歷史學的

재일 '오끼나와인', 그 호칭이 조명하는 것 79

기 전반을 검토하고 있어, 점령기 후반의 전개도 함께 검토되어야 할 것이다. 점령 초기에 오끼나와에서 본토로 건너간 드문 예로서 오끼나와인·나까요시 료오꼬(仲吉良光)를 검토한 노오또미를 제외하면, 재본토 오끼나와인과 재향토 오끼나와인의 관계에 대한 언급도 매우 적은 것이 현상황이다.

이러한 연구상황을 토대로 하여, 이 글에서는 점령기 일본에서 재본토 오끼나와인이 발행한 신문류를 다시 자세히 검토하겠다. 번거롭긴 하지만 그 작업에 의해, 상호 모순되는 기록도 많은 당시의 재본토 오끼나와인의 언동으로부터, '재일'과 '오끼나와인' 등의 호칭이 변화하는 과정과 거기에 포함되어 있는 의식을 밝혀내고, '재일 오끼나와인'이라는 말의 역사적 의의를 정립하고 싶다. 다만 지면 사정도 있어 여기서는 재일 조선인 인식을 중심으로 검토하고, 관련되었을 때만 재본토―재향토 두 개의 오끼나와인 사회의 관계에 대해서도 언급하겠다.

2. 근대 오끼나와인에게 있어서 조선과 조선인

우선 제3절 이후의 전제로서 전간기에 있어서의 재본토 오끼나와인의 의식을 일별해두자. 류우뀨우 처분에 의해 일본에 병합된 오끼나와는 일본 '내

研究: 形成・構造・変容』, 綠蔭書房 2004 수록); 宮本正明「解放後在日朝鮮人史研究と プランゲ文庫・覺書」(プランゲ文庫展記錄編集委員會 編『占領期の言論・出版と文化: 'プランゲ文庫'展・シンポジウムの記錄』, 早稻田大學・立命館大學 2000); 小林知子「在日朝鮮人の'多樣化'の一背景: '民族'・'祖國'・'生活'をめぐって」(小倉充夫・加納弘勝 편『國際社會6: 東アジアと日本社會』, 東京大學出版會 2002) 등 참조. 하지만 도노무라(外村)에 의한 전간기 재일 조선인 사회의 분석이 토미야마(富山)의 연구에서 시사를 받았던 것처럼 참조관계는 이외로 많을 터이나, 그것이 의식되지 않고 있는 것이 현상황일 것이다. 양쪽의 '비교'연구에 다다르기에는 아직 멀었지만 이 글은 재일 조선인사 연구의 진전에 큰 영향을 받았다.

지(內地)’의 정식적인 하나의 현(縣)으로 편입되지만, 1910년대까지 참정권의 제한 등 제도적으로 억압받았고, 게다가 언어와 풍속에 대해서는 제도적인 평등이 어느정도 달성된 후에도 차별이 끊이지 않았다. 메이지 말기에 ‘류우뀨우는 장남, 타이완은 차남, 조선은 삼남’이라고 인식된 것처럼, 오히려 식민지에 결부시켜 자신의 위치를 이해해야만 하는 입장에 오끼나와인은 서 있었다.[8]

일본제국 내의 오끼나와의 위치는 이 애매한 상황에서 벗어나기 위해서는 자신들이 얼마나 식민지 사람들과 다른 존재인가를 항상 증명하지 않으면 안된다는 긴장을 오끼나와인, 특히 지식인들에게 강요했다. 그 결과 자신의 권리와 생존의 욕구를 옹호하기 위해서는 오끼나와인 자신이 조선인과 타이완인(특히 타이완의 선주민족 사람들)을 차별하는 데 앞장서지 않으면 안되는 논리의 구조가 만들어졌다.[9]

이러한 논리가 토오꾜오에 이주한 이하 후유(伊波普猷)와 쿠시 후사꼬(久志芙沙子) 등 토오꾜오 주재 오끼나와인에 의해 타파되어가긴 하지만, 전간기의 오끼나와인의 새로운 자타인식의 단계라 할 수 있다. 야까비 오사무가 적확하게 지적하고 있듯이, 아이누 청년들과의 직접적인 만남과 사회운동에의 관여, 혹은 여성으로서 오끼나와인 내부의 권력관계를 자각하는 등, 본토에서의 새로운 경험은 오로지 ‘일본’과의 관계를 요구하는 동화주의(同化主義)의 편협함을 극복하는 계기가 되었다.

그러나 고향을 떠난 자의 새로운 경험은 이하와 쿠시에게 한정된 것은 아니었다. 소떼쯔지옥(1920년대의 일본의 경제공황을 오끼나와에서는 소떼쯔지옥이라

8) 히가 슌쬬(比嘉春潮)의 일기「大洋子の日錄 第參册」明治 43년 9월 7일의 항목(『比嘉春潮全集』第5卷, 沖繩タイムス社 1973), 192면.
9) 토미야마 이찌로에 의하면 이하 후유(伊波普猷)에 의한 오끼나와학의 창출과정에 있어서는, 식민지와 오끼나와의 관계를 어떻게 설명(즉 회피)할까가 중요한 과제가 되었다고 한다. 富山一郎『暴力の予感: 伊波普猷における危機の問題』, 岩波書店 2002, 제1~2장 참조.

부르기도 한다. 소떼쯔는 야생식물인 소철(蘇鐵)을 말하는 것으로, 당시 식량이 몹시 부족하여 소철을 먹기도 하였기 때문에 붙여진 명칭이다—옮긴이)이라 불리는 1920년대 이후의 경제적 궁핍에 의해, 방대한 수의 오끼나와인이 오오사까와 토오꾜오를 시작으로 하는 일본 본토와 남태평양 군도 등의 식민지에 이동한 것도 이 시기이다. 그때까지의 소수의 유학생들의 경험과는 달리, 보다 넓고 보다 생활에 밀착한 장면에 있어서의 노골적인 차별에 직면하게 되어, 어떻게 식민지 출신자와의 유사성을 지우는가가 재본토 오끼나와인에게는 점점 큰 관심사가 되었다. 그 절실함은 칸또오대지진(關東大地震) 중에 오끼나와인이 자경단에게 '조선인이지'라고 오인받았을 때, 온힘을 다해 '아니다'라고 부정하지 않으면 안되었던 예에서 극단적인 형태로 나타났다. 저명한 이 사례는 히가 슌쬬(比嘉春潮)의 대지진 때의 회상에서 찾아볼 수 있는데, 주목할 만한 것은 히가와 자경단이 옥신각신하는 중 히가를 도와주려고 끼어든 젊은 오끼나와인 학생이 "무슨 말을 하는 거냐. 청일·러일전쟁에서 수훈을 올린 오끼나와인을 조선인과 같이 취급하는 것은 말도 안된다"라고 주장하는 부분이 있다.[10] 자신들이 자경단과 같은 편이라는 것을 '죽이는 쪽'으로서의 경험을 상기시켜 증명함으로써 위기를 회피하려고 한 이 언동에는, 앞서 지적한 논리의 구조가 암시되고 있다.[11]

전간기부터 전시기에 걸쳐서 형성된 재본토 오끼나와인 사회는 큰 계층차와 지역차를 포함하면서도 차별로부터 탈출하여 '일본인이 되기' 위해서 식민지와의 유사성을 기피하고 스스로 차별의 주체가 되지 않으면 안되는 상황에 빠져버렸고, 또한 그렇기 때문에 재향토 오끼나와인 사회에 장래의 위

---

10) 比嘉春潮『沖繩の歲月: 自伝的回想から』, 中央公論社[中公新書] 1969, 109면.
11) 재본토 오끼나와인만이 아니라 전시기 오끼나와에서 진행된 표준어 실행과 개성(改姓) 장려도 '방언'과 '기이한 성(姓)'으로는 조선인으로 착각되어 죽음의 위험에 직면했던 칸또오대지진의 기억이 있었기에 사람들을 몰고 가는 강제력을 가졌던 점에 주의하고 싶다. 진재(震災) 때의 사례에 대해서는 比嘉春潮, 앞의 책 115면; 또한 富山一郎, 앞의 책 서장의 지적도 참조

기를 회피하기 위해 동화장려(同化奬勵)를 강력히 요청하였다.[12] 본토에서 '훌륭한 일본인'으로서 입신출세를 이룩한 '동포 선배'들은 재본토 오끼나와인 사회 내부뿐만이 아니라 향토의 사람들에게도 저항하기 힘든 헤게모니를 가지고 있었다.

3. 학대받는 자의 유사성: 재일 조선인단체로의 접근의 의미

그렇다면 제국 붕괴와 점령을 거치면서 전전(戰前)부터의 오끼나와인의 인식은 과연 변화하였는가. 종래 오끼나와인연맹과 재일 조선인의 민족단체·재일본 조선인연맹과의 접점에 대해서는, ① '오끼나와인연맹'의 호칭을 모임명으로 채용했을 때에 '조선인연맹'을 참조했을 가능성이 있고, ② 조선인연맹 대표자를 초청한 간담회 등이 개최된 것, 이 두 가지 점이 지적되어왔다.[13]

①에 대해서 현재로서는 확증할 자료가 없다. 1945년 11월에 토오꾜오 및 카나가와(神奈川) 주재의 오끼나와인이 조직화를 꾀했을 때의 호소문에는 '오끼나와 신생협회(가칭)'라는 명칭이 예정되었지만, 같은 달 11일의 창립대회에서는 오끼나와인연맹으로 발족되었다.[14] 분명히 창립대회의 진행을 사회주의자인 히가 슌쬬·나가오까 토모따로오(永丘智太郎)·마쯔모또 산

12) 재향토 오끼나와인에 대한 그러한 태도에 대해서는 중일전쟁기의 재오오사까 오끼나와인 의 신문『大阪球陽新報』와 동시기의 잡지『月刊琉球』『月刊文化沖繩』에 기고된 문장에 서 얼마라도 찾아낼 수 있다. 중요한 것은 거기에 폭주하는 차별의식을 찾아냄과 동시에, 그러한 필자들이 매일 느끼고 있던 공포와 긴장을 역사적인 문맥하에서 재구성/재제시하는 것이다.

13) 新崎盛暉, 앞의 글 15, 20~21면.

14) (仮題)「沖繩新生協會(仮題)結成のよびかけ」1945년 11월 10일;「沖繩新生協會(仮称)規 約草案」(날짜 없음); 이와 함께『沖繩人連盟(第一綴) 昭和二十年十一月』, 比嘉春潮文庫 【沖繩縣立図書館鄉土資料室藏】 수록.

에끼(松本三益)가 주도하였기에, 명칭 변경도 그들의 의지가 반영되었을 것이다.[15] 하지만 이 시점에서 조선인연맹의 활동을 참조할 수 있었던 것은, 마쯔모또 등의 일본공산당으로 조선인과 실제로 접촉을 가진 소수의 사람들에게 한정되어 있었을 것이다. 오끼나와인연맹의 기관지『자유 오끼나와』의 특히 초기의 지면에서는 여전히 '현인(縣人)'과 '오끼나와인'은 혼용되었고 호환 가능한 어휘였다. 또한 조직의 기구도 당초는 '오끼나와 신생협회' 규약안의 명칭 부분만을 변경한 것에 지나지 않았고, 강령으로 중앙위원을 중심으로 하는 조직이 정비되는 것은 칸또오에 이어 각지에서 결성된 오끼나와인연맹을 규합하여 전국 조직화하는 1946년 2월을 기다리지 않으면 안되었다.

②의 구체적인 접촉으로는 1946년 11월 22일에 연맹총본부가 조선인연맹 대표자를 초청하여 '공통문제'에 대해서 간담한 모임과 1947년 7월 5일 오끼나와 청년동맹(연맹청년부를 발전적으로 해소하고, 연맹의 원조를 받아 1947년 2월 결성)이 주최한 '오끼나와 문제 좌담회'에 조선인연맹·조선민주청년동맹의 각 대표자를 초청한 사례가 2회 확인된다. 또한 앞서 언급한 1946년 2월의 전국대표자회의에 맞추어 행해진 칸또오 오끼나와 현인대회에서는 조선인 연맹대표가 축사를 했다.[16]

이상은 토오꾜오를 중심으로 한 동향이지만 재일 조선인, 재본토 오끼나와인 모두 가장 많이 살고 있는 칸사이(關西) 지역에서도 접촉이 있었다. 1946년 4월에 결성된 오끼나와인연맹 칸사이 본부에서는, 결성대회에 '조선

---

15) 나가오까는 1960년경의 집필로 생각되는 유고에서 '오끼나와인연맹'의 명명은 '나의 제안'이라고 남기고 있지만, 앞뒤의 기술에 혼란이 있어 확증은 할 수 없다(永丘智太郎「難民のころ―救援運動の思い出」4,『沖縄タイムス』1961년 1월 14일). 나가오까의 유고에 대해서 가르쳐주신 토리야마 아쯔시(鳥山淳)씨에게 감사하고 싶다.

16)『關西沖繩新報』창간호(1946년 3월). 하지만 이 기사는 오끼나와인연맹 전국대회라고 기록하고 있고,『自由沖繩』의 개최예고 기사와 대회명칭이 다르기 때문에, 어느 쪽이 실제로 채용되었는가는 분명치 않다.

인연맹 대표와 대중신문(大衆新聞) 대표 송태옥(宋泰玉)씨'가 출석하여 '내빈 및 우의단체 축사'를 하였다. 또한 칸사이 본부의 기관지『난세신보(南西新報)』창간호에는 창간을 축하하는 조선인연맹 오오사카 본부대표 김석송(金石松), 대중신문사 송태옥의 명함광고가 게재되었다.[17]

이처럼 확인할 수 있는 자료로부터 오끼나와인연맹이 조선인연맹 말고도 재일 조선인의 민족단체와 접촉을 가진 것은 1946년부터 1947년 전반이었고, 연맹이 전국적으로 조직화를 하여 활동을 개시한 초기에 집중되어 있다. 초기 연맹을 주도한 것이 전전 이래의 사회주의자들이었기 때문에 조선인연맹과의 접촉은 용이하였다. 따라서 거기에 일본공산당의 방침이 있었다는 것을 간파해낼 수 있지만, 우선은 오끼나와인 자신이 재일 조선인에게서 자신과의 동질성을 찾아낸 점부터 이 접촉을 고찰해야 할 것이다.

점령기 초반에 오끼나와인이 조선인에게서 자신의 경우와의 동질성을 찾아낸 계기는 두 가지로 생각된다. 첫번째로 궁핍한 소개(疎開) 오끼나와인(1944년 7월 싸이판이 점령되자 오끼나와에 미군이 들어올 것을 대비하여 노약자와 학생들은 본토와 타이완으로 소개되기 시작했고, 외부와의 교통이 두절되는 1945년 3월까지 6만여 명이 현외로 피난했다. 1944년 8월에는 소개하는 이들을 태운 선박 쓰시마마루(對馬丸)가 미군 잠수함의 어뢰공격을 받아 침몰해 약 1,400여 명이 사망하기도 했다—옮긴이)의 구제와, 오끼나와전(沖繩戰) 이후 일본과 오끼나와의 관계가 소원해진 것을 계기로 하여 일본 본토에서 분출한 오끼나와인 차별에 대한 저항의 필요성이었다. 궁핍한 '동포'의 구제는 초기 연맹활동의 중심이었지만, 후자에 대한 대응도 긴요한 과제였다. 큐우슈우에서는 오끼나와전 패배가 오끼나와인의 스파이행위가 원인이라는 유언비어가 퍼져 식량배급이 정체되

---

17) 칸사이 본부에 관한 자료는,『南西新報』제1호(1946년 4월 10일) 참조. 또한 이 신문을 지원하는 기금기부자 중에는 조선인연맹 청년부장 안용운(安溶雲)의 이름도 보인다(『南西新報』제3호, 1946년 5월 18일). 당시 칸사이 본부의 실질적인 중심은 타까야스 시게마사(高安重正)였던 것으로 생각되고, 조선인연맹과의 접촉도 그를 매개로 했을 가능성이 높다.

는 위기가 있기도 했다.[18] 큐우슈우에는 오끼나와전 직전에 건너간 대량의 소개자(疎開者) 특히 학생들과 인솔교원이 있었고, 거기에 더하여 구식민지·점령지로부터도 오끼나와인의 인양자·복원병사(引揚者·復員兵士, 인양자는 비전투원으로 본토로 돌아온 자를 말하고, 복원병사는 전투원으로 활동하다가 귀환한 자를 가리킨다—옮긴이)가 유입해 들어와 궁핍의 정도가 심하였기에 차별도 한층 조장되었다. 또한 칸사이의 도시부에서는 '너희들은 아메리카의 영토가 되면 곧 돌아갈 것이니 임시직은 안된다' '너희들은 아메리카인이 될 것이니까 이런 곳에서 일하지 않아도 되잖아'라고 취직을 거부당하는 사태가 빈발했다.[19] 귀환도 못하고 본토에서도 그 존재를 인정받지 못하는 사람들은 오끼나와인으로서의 자신을 강렬하게 의식했을 것이다. 전전 이래의 차별의 경험이 상기되고 특히 큐우슈우의 연맹본부에서는 민족해방의 기운이 고조되었다. 이러한 와중에 토오꾜오의 연맹본부는 연합군 총사령부에 대해서 적극적으로 '오끼나와인'이라는 독자적 입장을 주장하여 구제활동을 유리하게 진행하려고 시도하였다.[20]

두번째로 이 시점에서의 오끼나와인·조선인의 국제적 위치의 유사성을 들 수 있다. 일본공산당에 의한 오끼나와인='일본의 소수민족'이라는 인식과 오끼나와 독립론은 당연히 여기서도 영향을 끼치고 있지만, 오끼나와인이 그것과 공명(共鳴)했던 것에는 당시의 신탁통치론의 의의를 검토할 필요가 있다. 나가오까 토모따로오를 필두로 한 초기 연맹의 중심에 있던 사람들은 오끼나와의 장래를, 미국에 의한 신탁통치하에서 '고도(高度)의 자치'와 경제부흥을 이룩한 후에 오끼나와인의 자유의지에 의해 독립이 가능하리라고 예상했다. 이 낙관의 근거에는 1946년 전반에 행해진 조선반도의 신탁통

---

18) 「マ司令部への請願書」, 1945년 11월 23일(『戰後の日本における沖繩縣人情勢報告』).
19) 「失業者を救へ!/沖繩人の就職を拒絶する事實あり」, 『關西沖繩新報』 창간호.
20) 오끼나와인연맹이 초기에 채용한 점령군과의 교섭전략에 대해서는, 富山一郎 『近代日本社會と'沖繩人'ー'日本人'になるということ』, 제4장 3절 참조.

치를 둘러싼 논의에 대한 분석이 있었다.[21] 연락이 끊어지고 고향의 행로를 걱정하는 오끼나와인에게, 일본에서 '비일본인(非日本人)'으로 대우받는 것뿐만 아니라, 일찍이 일본에게 학대받다가 이제는 일본의 주변에서 새로운 길을 가려고 하는 자로서, 먼저 신탁통치→자치→독립으로의 길을 가는 조선과 조선인의 상황에 대한 관심이 높았을 것이다.

사실 앞서 언급한 2회에 걸친 조선인연맹 대표를 초청한 간담에서는 양쪽에 공통되는 민족과 정체(政體) 구상의 문제가 논의되었다. 1946년의 간담에서 논의된 '공통문제'를 상세히 알 수는 없지만, 양쪽 간담에 출석한 나가오까 토모따로오가 그 자리에서 '소수민족 문제'에 대해서 열변을 토하였고, 오끼나와인과 조선인에 대한 일본의 대우 문제와 금후의 조선반도·오끼나와의 처우결정에 관한 논의가 이루어졌을 것이라고 생각된다.[22] 또한 후자의 좌담회 기록에 의하면 앞으로 있을 강화회의(講和會議)를 염두에 둔 오끼나와의 귀속문제가 촛점이 되었다. 조선인연맹·민주청년동맹의 각 대표는 신탁통치를 거쳐 "오끼나와 인민이 요망하는 바에 의해 오끼나와인은 오끼나와의 자유국가를 만드는 것"이 바람직하다고 하였고, 이는 동석한 토꾸다 큐우이찌(德田球一)와 나가오까 토모따로오의 전망과도 거의 같았다. 이러한 공통 관심과 전망은 단지 공산당 방침의 영향이라고 보기보다도 "조선과 관련된 문제가 있어서 참고가 되었습니다"라는 발언도 있었던 것처럼, 최종적인 정체(政體)의 불확정성과 그 자주적 선택의 곤란이라는 동질적인 상황에 처해졌다는 공감이 컸다고 보아야 할 것이다.[23]

---

21) 永丘智太郎 「繩人連盟の性格に就て」, 『自由沖繩』 제6호, 1946년 5월 5일. 후술하는 '비일본인(非日本人)'도 나가오까의 표현이고, 이후에도 종종 『自由沖繩』에서 사용되고 있다. 하지만 나가오까와 토꾸다는 오끼나와가 독립하고 나서 민주화된 일본과의 연방제와 국가연합을 스스로 선택한다는 가능성을 생각하고 있었다.
22) 「朝鮮人連盟と懇談會」, 『自由沖繩』 제11호, 1946년 12월 15일.
23) 「沖繩問題座談會」, 『青年沖繩』 제1권 3호. 『青年沖繩』는 오끼나와 청년동맹의 중앙기관지인데, 원문은 보지 못했다. 인용은 『沖繩人連盟(第一綴)』에 수록된 이 '좌담회'의 교정본으

하지만 좌담회의 발언에서는 연맹 쪽이 재일 조선인과 조선인연맹에 대해서 어떠한 의식을 갖고 있었는지는 읽어낼 수 없다. 또한 연맹이 조선인 단체나 모임에서 발언한 사례는 오끼나와인 측의 기록에서는 확인할 수 없다. 따라서 이 시기의 접촉은 오끼나와인 측의 다소 일방적인 참조이고 중요한 계기라고는 해도, 재일 조선인에 대한 인식에 어느정도 변화가 있었는지는 확답할 수 없다.

4. '재일 오끼나와인'의 보급

1946년 2월 전국조직으로서 체제를 정돈한 오끼나와인연맹에서는 회장 이하 후유가 노령이기도 해서 애당초부터 부회장인 나가오까가 실질적인 지도자였다. 하지만 나가오까의 독립론적 주장과 배급물자를 둘러싼 연맹회원의 '사행(私行)'에 반발을 품은 '오오사까 측의 공세'에 의해, 같은 해 12월 연맹 제2회 대회에서는 현 간부 불신임이 의결되었고, '나가오까씨 일족'이라 평해진 연맹 초기의 활동을 견인한 사회주의자들이 퇴진하기에 이르렀다. 오오사까의 대표(소위 '명사'들)에 의한 연맹에 대한 반발은 이후 서서히 활발해져갔다. 후임은 나까하라 젠쮸(仲原善忠, 이하 후유에 필적하는 오끼나와학의 태두)를 회장으로 앉히고, 실무진에는 의사와 교육가를 배치했기 때문에, 나가오까 측이 전범(戰犯)으로 추궁하고 있던 오끼나와 출신의 기성 정치가와 구 현인회(縣人會) 지도자들로부터는 '호감'을 가지고 받아들여졌다.[24]

그렇다고 이 '숙정(肅正)'에 의해 연맹의 주도권이 '독립론─사회주의'로부터 '복귀론─보수'로 도식적으로 이행한 것은 아니었다. 1947년 2월에는 전국조직화된 오끼나와 청년연맹에 근거를 둔 청장년 활동가의 세력이 강했

로 보이는 자료로부터. 「沖繩問題座談會」, 『自由沖繩』 제16호(1947년 8월 15일)도 참조.
24) 「沖繩人連盟の内訌/永丘氏等遂に退陣」, 『沖繩新民報』 제28호, 1947년 1월 15일.

고 연맹 내에서 독자적 위치를 점했다. 연맹 간부에서 쫓겨난 나가오까와 칸사이에서 활동하고 있던 타까야스 시게마사(高安重正) 등도 청년동맹에 기반을 두고 활동을 계속하고 있었고, 나가오까는 여전히 연맹 고문의 한 사람으로서 발언이 허락되고 있었다. 또 한번 회장이 교체되는 1948년 후반까지는 정치색이 옅고, 때문에 실행력이 부족한 집행부하에서의 연맹의 과도기가 계속되었다.[25]

하지만 이러한 상황 속에서 '재일 오끼나와인'과 '재일동포'라는 명칭은 자칭으로서 오끼나와인 사회에 보급되어간다. 이 수용과 확대의 배경을 찾기 위해, 이하에서는 명칭 문제에 특화해서 검토해보고 싶다.

'오끼나와인'이 초기 연맹을 주도한 나가오까 등의 주장과 함께 보급되는 과정은 『자유 오끼나와』 지면에서 급속하게 '현인'의 용어가 없어지고, '오끼나와인'으로 통일되는 과정에서 잘 드러난다. 게다가 초기 연맹에 의해 일관되게 논조가 반동적이라고 비판된 신문 『오끼나와 신민보(沖繩新民報)』조차도 연맹의 활동을 보도함에 있어서, 서서히 '오끼나와인'의 사용이 늘었고 사설에 해당하는 '금순(今旬)의 주장' 난에서도 1948년에는 '현인' 이상으로 일반화되었다.[26]

그렇다면 '재일'은 어떠할까. 필자가 아는 한 『자유 오끼나와』에 '재일 오끼나와인'이 처음 나오는 것은 제8호(1946년 6월 15일 발행)의 사설 「연맹의 깃발하에」에서이다. 나가오까가 논조를 주도하는 전성기에 해당되고, 연맹

---

25) 이 시기의 연맹은 '사상단체도 정치단체도 아니고, 오로지 향리(鄕里) 오끼나와의 부흥과 재일 오끼나와인의 향상을 목표로 하는 봉사단체이다'라고 자기규정하고 있고, 보수적 인물의 추방과 현인회적 조직의 쇄신을 외친 초기 연맹과 비교해서 퇴행의 감이 없지 않다(「沖繩人連盟の概要」, 神山政良文庫[沖繩縣公文書館史料編集室藏]史料番号14-28. 본 자료는 1948년 3월 개최된 연맹대회를 위해 작성된 자료라고 생각된다).

26) 『沖繩新民報』 『自由沖繩』의 발행경위와 성격의 다름에 대해서는, 新崎盛暉 「廢墟のふるさとを想う人びととの機關誌」, 『沖繩新民報 縮刷版』 제1권, 不二出版 2000을 참조하기 바란다.

의 '재일 오끼나와인' 인식을 앎에 있어서도 이 사설은 눈길을 끈다.

　오끼나와현이라는 일본의 행정기구에도 종지부가 찍혔으므로, 우리 오끼나와인은 '비일본인'이란 것이 되었다. 하지만 오끼나와 귀속문제는 결국 강화회의를 기다려야 최종적으로 결정되는 것이기 때문에, 재일 오끼나와인은 현단계에 있어서는 의연히 일본인으로 처우되지 않으면 안된다. 때문에 우리로서도 현재는 이와같은 과도기에 있음을 충분히 인식하고 일본정부에 대해서는 일본인으로서의 균등한 생존권을 요구하고, 더군다나 오끼나와인이라는 특수한 사정은 백퍼센트 고려받지 않으면 안될 것이다. 한편 연합군 총사령부에 대해서는 '비일본인'으로서의 비호(庇護)를 요청하지 않으면 안되는 입장에 처해 있다.

　'재일'이라는 새로운 말의 도입은 '비일본인'에 대한 자각에서 출발하고 있다. 하지만 '과도기'에 있던 오끼나와인은 일본정부에게는 '일본인'으로서의 생존권을 요구하고, 점령군에게는 '비일본인'으로서의 보호를 요구하지 않으면 자신들의 궁한 처지를 구할 수 없었다. 여기서는 '일본인'과 '(재일)오끼나와인'이라는 각 카테고리를 나누어 사용하는 오끼나와인의 전략성을 엿볼 수 있지만, 동시에 그것은 자신들 위치의 불안정함과 기댈 곳 없음의 솔직한 표현이기도 하였다.

　이 불안정함은 1946~48년에 있어서 재본토 오끼나와인의 구성이 유동하는 바에 의해 규정되고 계속되었다. 1946년 8월에 시작하는 오끼나와인의 향토로의 귀환에 의해, 당초 연맹의 최대목표였던 동포의 구제·원호(援護)가 뒤로 물러났고, '잔류하는 사람들'의 독자적 과제가 부상했다. 이에 의해 연맹 내에서는 정치색을 싫어하고 향토로의 복귀지원과 상호부조에 활동을 한정하려 하는 전전 이래의 '명사'들이 대두하여서 '정당'(공산당)과의 관계를 둘러싼 대립이 첨예화해가지만, 한편으로 '잔류자'는 일본과 오끼나와 관

90

계의 소원함이 고정화됨에 따라, 정치적 지향이 어떠한가에 상관없이 오끼나와='비일본' 출신자로서의 위치가 강요되었다. 점령군의 귀환허가는 언제라도 정지될 수 있는 자의적인 것이었고, 자유로운 왕래는 불가능했기 때문에 밀항이 끊이지 않았다.

이러한 상황이 재본토 오끼나와인이 '재일'을 사용하게 되는 큰 요인이 되었다. 단지 본토 주재라는 것을 뜻한다면 '재본토'라는 말이 당시에 이미 사용되고 있었다. 따라서 '재일'을 선택한 것에는 '재일 조선인'을 참조했다고 생각하지 않을 수 없다(그렇다고는 해도 조선인연맹은 '재일본'을 내세우고 있었기 때문에, 직접적인 참조라기보다 생략형으로 일본사회에 보급되고 있었던 '재일'이라는 단어를 사용한 것으로 생각된다). 이후 『자유 오끼나와』에서는 발행이 확인되는 1949년 초까지 '재일 오끼나와인'과 '재일동포'를 자칭으로 사용한 것이 확인된다. 그에 반해 『오끼나와 신민보』가 그러한 호칭을 사용한 사례는 드물었지만, 그래도 다음과 같은 주장이 게재되기도 했다.

[경제원조만이 아니라] 그들[재본토 오끼나와인 청년]의 정신지도에 대해서도 그와같은 열의가 지도자층에게 있지 않으면 민족으로서의 발전은 바랄 수 없다. 오끼나와인 한명 한명이 우수해서 신용을 얻을 수 있어야지만 향토 오끼나와는 재건될 것이다. 재일 전오끼나와인의 의지가 이러한 방면에도 확실히 바뀌지 않으면 재향동포와 해외동포에 대해서 변명의 여지가 없을 것이다. (…) 재일동포는 눈에서 피가 날 정도의 열의를 가지고 다음 세대를 짊어질 청소년의 정신격양에 매진하고, 아울러 경제적 자주제(自主制)를 확립하여 주어진 민주주의를 진정한 자신의 것으로 하여 오끼나와의 정치적 자유를 손에 넣을 궁리를 해나가지 않으면 안되고, (…) 도의의 격양, 자주성 확립이 민족발전의 열쇠인 것을 우리는 꿈에서도 잊으면 안된다.[27]

---

27) 今旬の主張,「沖縄を興す者亡す者」,『沖縄新民報』제85호(1949년 1월 25일)에서 인용.

정부기관의 후원을 받아 발행을 시작한 이 신문은 일관되게 오끼나와는 일본의 하나의 현(縣)이라는 태도를 취했다. 그러나 여기서는 명확히 '오끼나와 민족'으로서의 발전을 호소하고 재향과 해외의 오끼나와인을 위하여, **이 일본에서** 필사적으로 향상해나가야 한다는 각오를 피력하고 있다. 타향의 땅에서 고향과의 단절을 통감하면서 여기서는 '재일'로서의 독자적 사명감과 아이덴티티의 형성이 보인다.

　　당시 조선인에 의한 '재일본'이라는 표현에는, 이후의 '재일'에 들어가 있는 적극적인 정주성의 의미는 포함되어 있지 않았다. 오히려 일시적으로 체재(=잔류)하고, 조선반도에 돌아갈 가능성을 항상 가지면서 일본에서의 생활을 계속하는 상태를 가리키는 듯했다. 거기에는 일본과 미국에 의해 분단된 고향과 일본이 하나의 생활권으로서 여전히 전제되어 있었다.[28] 이 시점에서 오끼나와인의 '재일'의 사용법도 조선인에 의한 '재일본'과 중복된다. 고향과의 연락이 끊어진 와중에 종래의 생활권을 회복하여 자유로이 왕래하고 싶다는 절실한 바람을 갖고 있던 오끼나와인은, '재일'이라는 표기에 의해 당시 자신의 일본사회에서의 위치를 표시하고 있었다.

　　그렇다면 재향토 오끼나와인은 재본토 오끼나와인을 어떻게 부르고 있었을까. 당시 지방신문의 기사를 통해서 개관하자면 점령기 일본의 오끼나와에서는 일본 본토를 '본토'라고 부르는 경우는 드물었고, 대다수는 '일본'이라고 표기하였다. 또한 일본으로부터 정치적 · 경제적으로 분리되어가면서 일본으로부터의 해방감과 자치를 강하게 바라는 의식이 터져나와, 미군 점령기에는 '오끼나와인'이 자칭으로 쓰이게 되었다. 결과적으로 '재본토'라는 명칭은 적었고, 재본토 오끼나와인에 대해서는 '오끼나와 현인'이 아니라 '일본주재 동포'와 '재일동포' 등의 호칭이 많아지게 되었다.

---

28) 이러한 '국경을 걸친 생활권'이라는 발상(梶村秀樹에 의함)에 대해서는 小林知子, 앞의 글 참조

5. '오끼나와인'이다라는 공포

'오끼나와인'이라는 호칭은 앞에서 언급했듯이 '비일본인'이고 '재내지(在 內地) 오끼나와 난민'이 된 사람들의 구제를 위해서 점령군을 상대로 하여 적극적으로 이용되었다.[29] 그러나 이것은 양날의 칼이 될 위험이 있었다. 점령군은 1946년 2월 일본정부에 조선인, 타이완 성민(省民)과 나란히 '류우 뀨우인(琉球人)'의 등록을 지시하고 귀환 희망 여부를 신고시켰다. 송환정책의 일환이라고는 해도 이 등록작업에 의해 이동을 감시당하는 대상으로서 파악되고, 구식민지 출신자와 똑같이 억압받는다는 공포는 증가했다. 실제 다음해 6월 27일의 "오끼나와인이 일본인이 아닌 이상 미국의 오끼나와 점령에 대해서 반대하고 있는 것처럼 보이지는 않는다"는 맥아더 발언은 재본토 오끼나와인 사회를 적잖게 동요시켰다.[30] 이제까지 무관심이었던 '호적수속'을 신고하는 사람들이 '격증'한 것이다. 그 신고자에는 이미 생활기반을 갖고 있던 '칸사이 방면(주재자)이 많았고' 신고내용으로는 본토로의 전적원(轉籍願)과 '야마또 무스메(大和娘)'[31]와의 혼인신고서가 많았다라는 신문기사를 고려한다면, 이것은 '오끼나와인은 일본인이 아니다'라는 선언에 의해 일본사회로부터 배척당하는 사태를 두려워하여 '일본인'으로서의 확인을 요구했던 행동이었을 것이다.[32]

---

29) 예는 적지만 '난민'이라는 표현도 점령 초기에 오끼나와인 자신이 사용하고 있다.

30) 「沖縄人は日本人ではない／マ元帥の見解發表」, 『沖縄新民報』 제40호, 1947년 7월 15일.

31) 일본 본토의 여성을 가리키는 말.

32) 「戶籍事務から見た在住縣人の動き／結婚の相手は大和娘」, 『沖縄新民報』 제41호, 1947 년 7월 25일. 충격적인 것은 오끼나와현 사무소(소실된 오끼나와현의 행정사무를 인계한 정부기관) 담당자의 발언이다. "이상한 것은 조선 출신자가 오끼나와인으로 호적을 신고하려고 하는 경우도 있어, 이에 대해 오끼나와 방언을 테스트해서 사전에 부정신고를 막으려고 하고 있습니다." 오끼나와의 호적 소실을 이용하여 재일 조선인이 오끼나와 현인으로 신고하고 권리의 획득을 노렸다고 생각되지만, 그 방지책은 칸또오대지진에서의 자경단의 심문을 상기시킨다.

연맹의 전략은 당초부터 구식민지 출신자와 같이 언제 일본국민으로서의 존재가 부정될지 모른다라는 권리박탈의 위기를 잠재적으로 내포하면서 행해졌던 것이다. 그렇다면 재본토 오끼나와인 중에서 칸사이에 주재하는 전전 이래의 '명사'들이 세력을 증대시키는 와중에 당연히 '오끼나와인' '재일'이라는 호칭도 문제가 되지 않을 수 없었다.

'오끼나와인연맹'이라는 명칭은 연맹이 전국조직화하는 최초의 시점부터 칸사이 대표자에 의해 기피되고 있었던 것 같지만, 『자유 오끼나와』를 읽어보는 한 명칭 문제가 공공연해지는 것은 1948년 3월에 개최된 제3회 대회부터였다.[33] 심의에서는 전년 9월의 중앙위원회에서 결의된 규약개정에 의해 연맹의 명칭에서 '인(人)'이 삭제되어 대회의 승인 없이 사용되고 있는 것에 이의가 집중되었고, 결국 개정은 부결되어 원래대로 되었다. 개정반대의 의견은 '오끼나와인'에서 '일종의 모멸감'을 느끼는 '비굴한 감정'을 비판하였고, '막연하게 오끼나와적인 것이 어떻게 연맹을 조직해낼 수 있는가'라고 힐난하였다.[34] 여기에서 '오끼나와인'이 독자적 아이덴티티의 결집축으로서 기능하고 있는 것을 알 수 있다. 하지만 그것이야말로 이민족으로 인식되는 것을 두려워하는 '명사'들이 걱정하는 것이었다. 그들의 걱정은 곧 현실로 되었다.

같은 해 7월에 벳뿌(別府)에서 개최된 중앙위원회에서는 연맹 내의 '공산

---

33) 그 이전에 대해서는 당시 칸사이의 오끼나와인 관련 자료에서도 연맹의 명칭에 대한 칸사이의 이의는 찾을 수 없다. 1946년 4월에 결성된 연맹의 칸사이 본부 간부의 논조는 명확히 토오꾜오 총본부의 의견에 가깝기 때문에, 2개월도 되지 않는 사이에 어떠한 변화가 칸사이에서 일어났는가 검토가 필요하다. 또 칸사이 본부는 1947년에는 분열·재통합을 거쳤고, 후술하는 1948년 두 번의 대회에서 오오사까 명사들의 '정치화'(富山의 지적에 의함)가 어떠한 규합을 거쳐 행해졌는가도 자료의 결손이 있어 분명치 않은 점이 많다.

34) 『自由沖繩』 제23호(1948년 4월 10일)에 게재된 대회기록 참조. 또한 전년의 중앙위원회에서의 '개정'은 명랑치 못한 방법으로 결의되었을 가능성이 있다. 이 대회를 전하는 『自由沖繩』의 기사(제17호, 1947년 11월 5일)는 처음에는 분규에 의한 의사(議事)유예를 전했지만, 다음 호에는 정정되어 '규약개정'이 '만장일치 가결'되었다고 되어 있다.

당원이라고 간주되는 사람들의 과도한 행동'에 비난이 집중되었다. 특히 위원인 각 지역 대표자를 자극한 것은, 연맹회원 중에 같은 해 4월에 일어난 한신(阪神)교육투쟁(1948년 4월 문부성의 조선인학교 폐쇄령에 반발하여 오오사까부와 효오고현에서 일어난 일련의 데모를 일컫는다. 경찰의 발포에 의해 사망자까지 나오는 격렬한 시위가 계속되었고 연합군 총사령부는 비상사태 선언을 포고하기도 했다—옮긴이)에서 재일 조선인 측에 서서 '격려연설'을 한 자가 있다는 지적이었다.[35] 연설자와 '격려'의 내용은 분명치 않지만 '대외적 영향의 중대함'을 걱정한 위원들은 연맹 총본부의 물자를 빼돌린 의혹과 맞물려 연맹에 대한 불신을 증대시켰고 간부인사의 쇄신을 요구했다. 이에 따라 8월 8일에 개최된 제4회 임시대회에서는 오오꾸라성(大藏省) 관료였던 카미야마 세이료오(神山政良)가 만장일치로 회장에 취임했다. 하지만 명칭 변경이 곧바로 실현된 것은 아니고, 다음해인 1949년 10월 5일의 상임위원회에서 '인(人)'을 삭제하여 오끼나와연맹으로 개칭하였고, 1950년 5월의 전국대회에서 사후승인을 받았다.[36] 후에 인터뷰에 응한 카미야마는, 명칭 변경이 조선인연맹과 '혼동'될 위험을 피하기 위해 행해졌다는 것을 인정하고, 조선인연맹이 단체등규제령(團體等規制令)에 의해 해산하게 된 사태(1949년 9월 조선인연맹은 강제로 해산되었고 10월에 조선인학교는 전면 폐쇄되었다—옮긴이)와 "매우 관계가 있습니다"라고 말해, 명칭 변경이 앞에서 본 1948년 이래의 규약개정의 의향에 따른 결정이라는 것도 시사했다. 흥미있는 것은 그가 일련의 발언 속에서 "이것도, 즉 공산당과 같이 취급되는 것이 곤란하기 때문에"라고 변명하는 대목이다.[37] 여기서는 '조선인=공산주의자=위험한 집단'이라는 등식이 어

---

35) 「沖繩人連盟の別府大會賑ふ/問題の解明に眞劍」, 『沖繩新民報』 제68호, 1948년 7월 5일.
36) 「'人'の一字を削り沖繩連盟と仮称」, 『沖繩新民報』 제110호, 1949년 10월 25일. 같은 신문 다음해의 대회 기사에는 개정승인의 기술은 없지만 이론의 기재도 없기 때문에 별고 없이 승인되었다고 생각되어진다.
37) 「在京縣人の動き(神山政良氏に聞く)」, 新崎盛暉 編 『沖繩現代史への証言』 上, 沖繩タイムス社 1982, 45~46면.

떠한 주저도 없이 채용되고 있다.

하지만 위기의 징후는 명칭 변경으로도 수습되지 않았다. 연맹 내의 공산당원을 배제했음에도 불구하고, 연맹과 공산당의 관계는 집요히 의심받았고, 그때마다 해명과 항의가 필요했다.[38] 게다가 1949년 여름 오끼나와 귀환의 무기한 정지조치에 의해 오끼나와·아마미(奄美)와의 단절이 한층 깊어지자, 각지의 시정촌(市町村)에서는 오끼나와인은 '외국인'으로 취급당했고 소학교 아동에 대해서 외국인등록요구, 투표 '자제' 요청, 주재 시정촌으로의 전적(轉籍) 권고, 대학입시에서의 '한국인과 같은' 취급 등이 빈발했다.[39] 냉전이 깊어짐에 따라 '조선인=빨갱이'라는 일본사회의 단락(短絡)은 오끼나와인도 삼켜버릴 기세였다. 보다 강하게 조선인과의 유사성을 지워버릴 필요가 생긴 재본토 오끼나와인은 한국전쟁의 발발을 거쳐, 1951년 6월의 연맹 전국대회에서는 드디어 오끼나와연맹을 해산하고 오끼나와협회로서 재발족하기로 결의했다. 같은 해 8월 3일의 오끼나와협회 창립총회에 맞추어 기구개혁도 이루어져서, 종래의 '적색진영과 비슷한 중앙집행위원, 상임위원 등이라는 명칭으로부터 이사, 평의원 등 온건한 명칭으로 변경하여 중도(中道)를 걷는 것'이 그 의도였고, 조직 면에서도 운동색이 완전히 불식되었다.[40] 그후 발족하는 각지의 오끼나와협회에서도 토오꾜오 등은 연맹 시기의 불쾌한 '전철을 밟고 싶지 않다'고 하여, 공산당원을 배제하기 위해 회원자격에 이사회의 승인이 필요하다고 규약에 명기하였다.[41]

이러한 상황하에서 '재일 오끼나와인'이라는 호칭은 사라져갔지만, 그것은 소극적인 삭제라기보다는 다른 호칭으로의 적극적인 치환이 진행되었다

---

38) 예를 들면「日共とは無關係/沖繩連盟では憤慨」,『沖繩新民報』제135호, 1950년 8월 5일.

39)「本土在住沖繩人の三國人扱いは不当/倭島局長見解を表明」,『沖繩新民報』 제131호, 1950년 6월 25일.

40)「沖繩連盟解消/沖繩協會として發足」,『沖繩新民報』제164호, 1951년 7월 5일.

41)「沖繩協會(東京)が誕生した/共産党員締出されて喚く」,『球陽新報』제40호, 1952년 8월 11일.

고 봐야 할 것이다. 재본토 오끼나와인에게 한국전쟁은 조선인과 같은 차별을 받을 가능성을 증대시켰을 뿐만 아니라, 한편으로는 오끼나와의 귀속문제의 방향성을 규정했다. 초기의 연맹과는 대조적으로, 일찍부터 일본으로의 복귀를 제창하고 있던 카미야마 등의 전전 이래의 실력자가 이미 고문과 참여(參與)로 이름을 걸고 있던 후기의 연맹은, 다가올 강화회의를 맞아 오끼나와의 '일본복귀'를 총의로 해간다. 재향토·재본토 오끼나와인 모두 복귀로의 지향이 고조됨에 따라, '내지' '일본' '재일 오끼나와인' 등 점령기 일본에서 사용되던 호칭이 '본토' '조국' '재본토 현인'으로 바뀌어갔다. 1951년에 창간되어 1956년 봄까지의 발행이 확인되는 재오오사까 오끼나와인 대상의 신문『큐우요오신보(球陽新報)』에서도, '재일'은 1952년을 마지막으로 사라지고, '오끼나와인'의 사용도 많지 않았다.

이 변화 속에서도 재본토 오끼나와인의 재향토 오끼나와인을 상대로 한 지도·요청의 자세는 변하지 않았을 뿐 아니라, 그 위광은 한층 강해졌다. 이 글 처음의 인용문에서 보이는 흠망과 감사의 표명은 그 증거일 것이다. 향토 오끼나와에서 종래의 '자치' 지향이 전망이 없어지고, 냉전의 심화에 의한 본격적인 기지건설의 개시, 한국전쟁 발발에 의해 또 한번 전쟁터가 될지 모른다는 위기에 절망한 오끼나와인이 일본복귀의 의지를 명확히하는 것은 1951년부터이다. 따라서 복귀운동은 일종의 디아스포라·내셔널리즘으로서, 현지 오끼나와에 앞서 재본토 오끼나와인부터 시작했다라고 할 수 있다. 그 때문에 1951년의 강화회의를 맞아 행해진 오끼나와에서의 탄원서명 활동을 격려하는 '재일의 선배'는, 서명활동의 지연에 초조해지자 우위적 입장에서 향토에 공갈에 가까운 독려를 반복한 것이다.[42]

강화회의 직전, 한 재본토 오끼나와인은 "우리 오끼나와 현인은 일본인으

---

42) 졸고「沖繩 屈折する自立」, 酒井直樹 외 편『岩波講座 近代日本の文化史8 感情·記憶·戰爭』, 岩波書店 2002, 309~10면에서 검토한 나까요시 료오꼬오(仲吉良光)의 발언 참조.

로서 행동한다. 한때 오끼나와인연맹의 일부가 제삼국인적(제삼국인은 당시 미국인과 일본인을 제외하고 일본에 주재하는 사람들을 가리키는 말로, 주로 부정적인 이미지로 쓰였다. 2000년에는 토오꾜오 도지사인 이시하라 신따로(石原愼太郎)가 외국인 범죄와 관련해 이 용어를 사용하여 큰 반발을 불러일으켰다―옮긴이) 행동을 계속했던 것은 심히 불쾌하기 그지없지만, 이러한 종류의 불량분자는 금일 이미 구축되어, 일본에 있는 전오끼나와 동포가 야마또 민족으로서 일어날 가을이 온 것을 행동에서 확실히하고 싶다"라고 복귀운동에 대한 포부를 밝혔다.[43] 점령기 초기의 궁핍함 속에서 의식된 '오끼나와 민족' '비일본인'의 흔적은, 여기서는 완전히 '구축'되어 '야마또 민족'이 되는 것이 다시 한번 요청되었다. 얼마 안 있어 이러한 흐름을 받아들여 본토에서 활약하는 자신들을 기준으로 하여 오끼나와의 후진성을 감시하고 독려하는, 전전과 동일한 향토로의 시선이 재본토 오끼나와 지식인으로부터 나오게 된다.[44]

그러나 내부대립을 반복하고 반공 히스테리 속에서 몇번이고 대응을 요구당했던 조직은 피폐해졌다. 오끼나와협회로 재발족할 때에는 총본부의 지도력은 땅에 떨어졌고, 실제로는 각 지역의 협회가 독자적으로 활동을 계속하는 것에 그쳤다. 여기서도 지역차는 역력하여, 전전부터 생활기반과 지도자를 가진 오오사까·효오고(兵庫)에서는 상호부조를 주목적으로 한 활동이 계속되었지만, 토오꾜오에서는 이보다 늦게 설립되었고 활동력이 부족하여

---

43) 濱比嘉朝茂(廣島縣, 회사원)의 회답. 「復歸問題を讀者に訊く」 3, 『沖繩新民報』 제169호, 1951년 9월 5일.

44) 奧里將建 「言葉隨想」, 『球陽新報』 제34호, 1952년 6월 11일. 오꾸사또 쇼껜(奧里將建, 재오오사까 오끼나와인으로 교원·오끼나와 문화연구자)은 시찰을 위해 일본에 온 오끼나와 정촌장(町村長) 일행의 말투에서 보이는 '언어생활의 혼란'에 놀라서, "그것은 결코 종전(終戰) 이전의 정촌장의 현 밖에 나와서의 말투가 아니었다"라고 한탄하고, 언어로부터의 인심교정(人心矯正)을 주장하였다. 주목할 만한 것으로 오꾸사또는 이것을 오끼나와='강건너 불구경'으로 생각한다면 '그 불똥이 언제 자신에게 튈지 모르는 것'이라고 재본토 오끼나와인에 대한 생활통제로의 역규정도 상정하고 있어, 감시는 자신들의 내부를 관통하는 시선이 되기도 하였다.

기능부전에 빠졌다. 1950년대 중반 각지의 협회는 현인회(縣人會)로서 재편되어 존속되지만, 재본토 오끼나와인의 복귀운동은 별도 조직으로 진행되지 않으면 안되었던 것이다.

이리하여 점령기 일본에서 존재했던 두 개의 '재일'이, 이윽고 재일 조선인만으로 동일시되게 되었지만, 그 정확한 시기는 알지 못한다. 이 의문에 대한 단서는 1950년대 일본사회의 동향에 있다. 한국전쟁의 충격, 일본 '독립' 전후의 역코스(패전 직후의 민주화, 비군사화 등의 개혁과는 달리 1940년대 후반부터는 보수화와 재군비화로 회귀해버린 것을 가리키는 말이다—옮긴이), 그리고 좌우의 반미 민족주의에 의해 일본의 배외주의는 점령기 이상으로 고조되었다. 이 압박 속에서 두 개의 '재일'사회는 이른바 전혀 다른 방향에서 '조국'을 찾게 된다. 오해를 마다않고 정리한다면 조선인은 한반도의 '조국'(하지만 두 개로 분단된 상태의)을 지향하고, 오끼나와인은 일본 본토를 복귀해야 할 '조국'으로 선택한다. 이 대비에는 오끼나와인과 조선인이 일본제국에 포섭되어 지배당한 근대 이래의 경험의 차이가 반영되었다(물론 '전후'에 있어서는 여기에 미국도 제국주의의 공동사업자로서 관계하고 있는 것은 강조해두지 않으면 안된다). 게다가 양쪽의 절실한 지향은 결과적으로는 일본사회가 제국주의의 책임과 기억을 억압하고 '단일민족'으로서 자족하기 위한 좋은 조건으로 작용해버렸다.[45]

---

45) 1950년대의 일본에서는 금후 국민사회를 어떻게 만들어낼 것인가가 큰 쟁점이 되었다. 특히 1955년 전후는 민족문제에 있어서 분기점이라 할 수 있다. 일본사의 통념으로는 이 해는 55년체제라는 정치씨스템 형성의 획기가 되지만, 같은 해에는 일본공산당으로부터의 조선인의 당적 이탈과 조선민주주의인민공화국 공민(公民)으로서의 순화(純化)가 행해진다. 또 반미 토지투쟁이 열기를 더해갔던 오끼나와에 대해서는, 다음해 1956년에 공산당이 제6회 전국협의회의 결의에 따라 종래의 오끼나와인 소수민족론을 철회하고, 민족통일의 과제로서 오끼나와 문제를 위치지었다. 이것에 동시기에 시작하는 전쟁책임의 범위와 역사서술의 주체를 둘러싼 논쟁(쇼와사 논쟁, 전쟁책임논쟁, 전향론 등)을 더한다면, 두 개의 '재일'의 '조국' 희구(希求)의 실천이 전후 일본의 국민사회 형성과 밀접히 관련되어 있는 것이 한층 확실해질 것이다.

6. 맺으며

단편적인 자료를 이어가면서 점령기 일본의 오끼나와인이 '재일 오끼나와인'이라는 호칭을 사용했던 상황과 의식을 탐구했다. 확인할 수 있는 한, 점령기 초기의 재일 조선인에게 접근한 것은 재본토 오끼나와인 측이 적극적으로 조선인에 대한 인식을 변혁할 계기로는 되지 못했다. 그렇지만 '재일'이라는 호칭의 보급은, 오끼나와인이 처한 상황 속에서 이 말이 선택되었고, 그만큼 '재일'이라는 당시의 가혹한 상태가 조선인과 공유되고 있었던 것을 나타낸다고 생각된다. 싹트지 못하고 끝났다고는 해도 일본사회에서 소외되고 또한 분단된 사람들이 함께 기대할 수 있는 공감의 계기를 여기서 엿볼 수 있는 것이 아닐까.

하지만 냉전의 심화에 직면하여 오끼나와인은 다시 명확히 (조선인과는) '다르다'는 자세를 보이지 않으면 안되었다. 이 시기의 조선인에 대한 차별·억압을 두려워한 오끼나와인의 필사적인 언동이 '재일 오끼나와인'이라는 단어에 채워져 있던 자기의 고유성을 잘라버리게 하였고, 타자와의 단절을 깊게 만드는 결과가 되었다. 이때 '인'이라는 한 글자를 지워버린 상징적 의미는 크다. 재본토 오끼나와인은 '인'에 집중된 일본사회의 레이씨즘(racism)을 알아차렸고, 거기서부터 도망가야 한다는 동요(動搖)를 반복했다.[46] 물론 조직 내부의 정치적 항쟁은 '동요'라고 치부될 수 없을 정도로 심각했지만, 이것을 단지 반공과 냉전의 구도에 끼워넣는 것만으로는 재본토 오끼나와인이 도대체 무엇을 두려워했는가를 알아낼 수 없다. 재일 조선인과 '혼동'되는 것에 대한 오끼나와인의 공포는 식민지주의가 전후 일본의

---

46) 여기서 레이씨즘은 피부색의 다름 등에 기반한 '인종차별'보다도 넓은 개념으로서 사용하고 있다. 레이씨즘을 근대사회를 조직화하는 복합적인 권력의 문제로 폭넓게 고찰할 필요에 대해서는, 米山リサ『暴力·戰爭·リドレス: 多文化主義のポリティクス』, 岩波書店 2003, 17~18면 참조.

시민사회 속에서 얼마나 뿌리깊고 또한 왜곡된 형태로 표출되었는가를 음화(陰畵)의 형태로 표현하고 있는 것이다.

게다가 그 공포는 한편에서는 재향토 오끼나와인에 대한 지도·감시라는 전전부터 내려오는 시선이 되어 다시 한번 나타난다. 점령기 일본에서 교통이 극도로 제한된 결과, 재본토 오끼나와인은 자기를 '재일'이라는 독자적 존재로서 인식했다. 그것이 강화회의를 맞아 복귀를 지향함에 있어서는 재본토·재향토 간에 차이가 없어지자, 양쪽은 얼마나 먼저 동화='성공'했는가라는 관심에 따라서 서열화되었다. 양쪽의 관계를 통해 재향토 오끼나와인 측에서는 재본토의 '동포'에 대한 동경과 열등감을 낳았지만, 그것은 동시에 재본토 측으로부터의 공감과 견책을 불러들이는 관계이기도 해서 긴장과 균열이 가득한 것이었다.

물론 '재일 조선인과 오끼나와 출신자의 문제를 동일시할 수는 없다'라는 신중함은 아무리 강조해도 부족하다. 예를 들면 재본토 오끼나와인의 재향토 오끼나와인에 대한 영향력은 '해방 후'의 재일 조선인에 그대로 상정하는 것은 전혀 불가능하다(조선인이라면 '향토'야말로 '본토'이기 때문이다). 필자의 작은 시도도 안이하다는 비판을 피할 수 없지만, 직접적인 영향만으로 비교를 말하는 것이 아니고, 심한 '불화(不和)'를 포함하면서도 특정 상황하에서 서로 공명(共鳴)하는 관계를 파악해가야 된다고 생각한다. 금후 분명치 않은 점이 많은 점령기 일본에서의 오끼나와인의 지역조직의 실태 해명에 의해, 일상에 더욱 다가간 타자와의 관계를 규명해가고 싶다.

하지만 그를 위해서도 차별의 중층성과 억압이양의 원리를 지적하는 것에 머무르지 않고, 재본토 오끼나와인에게 '재일 오끼나와인'이라고 말하게 하고, 그리고 그 경험을 자신의 손으로 지워버리게 한 일본 시민사회의 히스테리와 각박함을 포착해내지 않으면 안될 것이다. '재일'이라는 말이 현재도 가득한 일본의 식민지주의의 흔적, 그 상속인으로서 일본 시민사회가 있다는 것을, 과거 오끼나와인의 경험은 시사하고 있다. 그러나 그것은 바로 동시대에 일어난 일이고, 여전히 계속되고 있는 사태가 아니겠는가.

마지막으로 '재일 오끼나와인'이라는 말의 행방에 대해 언급해두고 싶다. 오끼나와가 일본에 '복귀'하기 직전, 이 말은 다시 오끼나와인에 의해 사용된다. 하지만 이번에는 재향토 오끼나와인이 피차별 부락과 재일 조선인에 대한 재본토 오끼나와인의 차별의식을 규탄하는 발언 속에서이다.[47] 비판의 계기가 된 '부락과 오끼나와의 혼동'을 두려워한 재오오사까 오끼나와인의 태도를 보고, 오끼나와에서는 "재오오사까 현인이 옛날과 다름없는 심정인 것에 비하여, 현지[향토]에서는 25년의 싸움에서 얻은 힘으로, 차별로부터 눈을 돌리지 않고 문제를 직시해갈 수 있는 눈과 냉정함을 몸에 지니게 되었다"는 자부심조차 나타났다.[48] 재본토 오끼나와인의 자타인식이 복귀 직전의 시점에서 이제까지 생각지도 못했던 재향토 오끼나와인의 비판에 의해 흔들렸던 것이다. 그것은 양쪽 관계의 변혁이기도 하였고, 또한 그러한 비판에 대한 반발로서 재일 조선인 속에서 '내적인 일본'에 속박된 오끼나와인 자신의 모습을 발견하는 새로운 자타인식이기도 하였다.[49] 점령기부터 이때까지 어떠한 변화가 일어났는가, 일본사회의 거대한 변모와 지속되는 식민지주의 양쪽을 주시하면서 이 논점을 파고들어가는 것이 다음 과제이다.

[번역: 강태웅]

---

47) 예를 들면 新川明 『反國家の兇區』, 現代評論社 1971, 268~70면.
48) 儀間進 「差別の問題について: 再び同和教育讀本『人間』をめぐって」(『琉球弧』 제2호, 1970년 11월 24일); 儀間進 『琉球弧─沖繩文化の模索』, 群出版 1979, 60면.
49) 儀間進 「內なる日本との對決」, 日本敎職員組合・沖繩敎職員會 編 『沖繩の先生たち─本土との眞の連帶を求めて』(合同出版 1970)를 꼭 참조해주기 바란다.

강태웅 | 광운대학교 일본학과 교수
백영서 | 연세대학교 사학과 교수. 사회
최원식 | 인하대학교 한국어문학과 교수
현무암 | 홋까이도오대학원 미디어커뮤니케이션 연구원 교수
아사또 에이꼬(安里英子) | 작가, 오끼나와대학 강사
야까비 오사무(屋嘉比收) | 오끼나와대학 법경제학부 교수
와까바야시 찌요(若林千代) | 쯔다쥬꾸대학 국제관계연구소 연구원
타까자또 스즈요(高里鈴代) | '오끼나와 평화시민 연락회' 공동대표

백영서 종합토론을 시작하면서 먼저 오끼나와에 대한 저의 개인적인 생각을 말씀드리겠습니다. 제가 오끼나와에 온 것은 이번이 처음입니다만, 오끼나와의 풍경이라든가 인상이 그리 낯설지 않았습니다. 왜냐하면 최원식 위원장님과 저는 인천에서 태어났는데요, 인천은 한국전쟁 때 미군이 상륙했던 도시로, 전쟁이 끝난 뒤에도 인천에는 미군기지가 주둔하게 되었고 따라서 제가 자라던 5, 60년대의 군사문화가 만들어낸 풍경에 익숙해져 있기 때문입니다. 어제 헤노꼬에 갔을 때 미군의 철조망을 보면서, 아름다운 헤노꼬 해변과 마찬가지로 미군의 점령으로 한국인들이 접근하지 못했던 아름다운 섬 월미도가 떠올랐습니다.

저는 민간학이라는 개념을 책으로 펴낸 와세다대학 카노 마사나오(鹿野政直) 선생님의 책을 읽고, 제국대학의 학문이 아닌 제국대학의 바깥에서 이루

오까모또 유끼꼬

어진 학문으로서 오끼나와학과 여성학에 대해서 알게 되면서 2001년 초부터 일본역사의 한 갈래로서 오끼나와학에 관심을 가지게 되었습니다.

오끼나와에 관심을 갖게 된 또 하나의 계기는 오까모또씨와의 만남입니다. 오까모또씨는 작년, 제가 주간을 맡고 있는 『창작과비평』이라는 잡지에서 창간 40주년을 기념해 동아시아의 비판적 잡지의 편집자를 초청한 국제회의를 개최했을 때 참가해주셨습니다. 그 자리에서 사회자로부터 "일본에서 오신 분입니다"라고 소개받은 오까모또씨가, "저는 일본에서 온 것이 아니라 오끼나와에서 왔습니다"라고 하셨는데, 그 한마디가 한국의 비판적 지식인들에게 커다란 충격을 주었고, 저에게도 오끼나와를 재발견하는 계기가 되었습니다.

지금부터 진행할 종합토론에서는 제가 오늘 발표를 들으면서 추려낸 몇 가지 주제에 대해 집중적으로 토론을 하고자 합니다. 첫번째는 오끼나와에서 배운 경험, 오끼나와가 어떤 투쟁을 하고 있고 어떤 대안을 찾고 있는가와 관련된 것입니다. 제가 느낀 것은 주로 어제 방문한 헤노꼬 해변에서 '목숨을 지키는 모임'의 타이라 나쯔메(平良夏芽) 목사님이 말씀하신 것과도 일맥상통하는 것인데요, 단지 피해자일 뿐만 아니라 오끼나와가 가지고 있는 가해성에 대한 부분에서는 다른 분들도 아마 깊은 인상을 받은 것 같은데, 다시 한번 짚고 넘어가야 할 것 같습니다.

두번째로 오끼나와의 투쟁경험에서 얻은 것에 대해서입니다. 역시 타이라 목사님의 말씀과 관련되는 내용입니다만, 단순히 군사기지 반대운동에 그치는 것이 아니라 사실은 경제씨스템, 말하자면 자본주의의 글로벌체제에서의 대안을 찾는 거대한 작업이기도 할 텐데요. 그 작업의 일환으로 쌀을 먹지 않고 오끼나와 고구마를 먹자는 모임이 있다는 얘기를 들었습니다. 단적으로 말해 오끼나와의 가해성과 오끼나와 고구마를 먹는 모임 등을 통해 우리가 더 배워야 할 점에 대해 깊이있는 토론을 하고 싶습니다.

그와 더불어 오끼나와의 아이덴티티를 어떻게 볼 것인가 하는 부분에 대해 아사또씨께서는 오끼나와에서 민족적 정체성을 느낀다, 즉 민족의식이라는 말씀을 하셨는데요, 그것은 결과적으로 새로운 국민을 만들어야 한다는 것인지요. 또 야까비 선생님께서는 민간학으로서의 오끼나와학을 넘어선 역사연구로서의 오끼나와학을 말씀하셨습니다. 요컨대 오끼나와 역사를 일본사와 구별하는 것은 이해가 됩니다만 그렇다면 그것은 단순한 지역학이 아닌 또 하나의 국사를 만들고자 하는 것인지, 최원식 선생님의 발표에서도 언급된 것과 같은 국가단위의 연대 혹은 국사의 영역을 넘어서는 것인지 하는 문제입니다. 저희도 국가중심의 발상을 넘어서고자 하는 생각을 실천하기 위해 토오꾜오가 아닌 오끼나와를 방문한 것입니다만, 그것이 무엇을 지향하는 것인지에 대해서 깊이있는 의견을 듣고 싶습니다. 앞으로 저희는 타이완도 방문할 예정인데요, 타이완의 경우 아마도 중국사와 구별되는 타이완사를 강조할 것으로 생각됩니다. 하지만 타이완사에 너무 치중한 나머지 타이완에서는 현재 또 하나의 국사를 만들어내려는 경향이 나타나고 있습니다. 이곳 오끼나와가 지향하는 것은 무엇인지요.

오끼나와사 혹은 오끼나와 연구에서는 무엇을 지향해야 할 것인가. 국민이 아닌, 비국민으로 만족하는 코스모폴리탄적인 일본인은 국민으로서의 책임을 다하지 못하고 있다는 비판이 있었는데요. 국민도 아니고 무책임한 비국민도 아니라면 오끼나와인은 무엇을 지향해야 하는지에 대한 연구가 필요하지 않을까 생각합니다.

마지막으로 연대운동에 관한 것입니다. 오늘 오끼나와에서 참석해주신 분들 가운데에는 활동가들이 많습니다만, 연대운동의 방법과 주체에 대한 논의를 하고 싶습니다. 우리가 국가에 얽매이지 않는 여러 주체들, 예를 들면 노무자, 여성, 밀입국자와 같은 많은 주체에 대해 어떻게 관심을 가지면서 연대를 형성할 것인가 하는 문제에 대해서입니다. 우리가 가진 경험 가운데 어떤 것을 중시하고 어떤 것을 되살려야 할 것인가 하는 문제라고 할 수 있습니다. 야까비 선생님이 이하 후유(伊波普猷)의 말을 인용하셨는데요, 제국에 편입되는 순서 즉 근대화의 순서를 놓고 오끼나와는 장남, 타이완은 차남, 조선은 삼남으로 보는 시각이 19세기 말부터 나타났다고 합니다. 같은 맥락에서 히가 슌쬬(比嘉春潮)라는 사람이 관동대지진 때 경험한 일로, 일본인과 발음이 다른 그에게 조선인이냐고 경찰이 묻자 자신은 조선인이 아니라 오끼나와 사람이라고 답했다는 얘기를 들었습니다. 이처럼 우리가 연대운동을 할 때 한국인과 오끼나와인의 차이, 제국 혹은 근대가 만들어낸 위계질서 안에서 우리가 가진 다른 위치를 연대운동에 어떻게 활용할 것인가 하는 점에 대해 얘기를 나누고 싶습니다.

제가 여러가지 논점을 제시하기는 했습니다만, 그 이외의 생각들도 자유롭게 말씀해주시기 바랍니다.

강태웅 오오시마 나기사(大島渚) 감독의 「나쯔노 이모오또(夏の妹)」(1972)라는 영화에 이런 대사가 나옵니다. "이 세상에는 일본인과 오끼나와인이 있다"라는 것인데요, 그 대사를 접하고 나서야 이전까지 일본 속의 오끼나와로만 생각하고 있던 저의 인식이 흔들렸습니다. 일본 속 또는 일본의 변경으로서의 오끼나와이기도 하지만 일본 대 오끼나와라는 관점도 존재한다는 것을 알게 된 것입니다. 게다가 이러한 관점은 오끼나와 측에서만이 아니라 일본 측에도 존재한다는 것도 알게 되었습니다. 오끼나와가 반환되기 전 일본 측에서도 반대가 있었다는 것입니다. 오끼나와가 반환된다 해도 경제적인 측면에서 그다지 이로울 것이 없다는 이유와 오끼나와에는 핵무기와 미군기지가 있기 때문에 반환되고 나면 그전에 비해 일본의 평화수준이 낮아지지 않을까 하는 우려 때문이었다고 합니다. 따라서 기지 문제를 둘러싼 투쟁을 염두에 두면 결국 한쪽에는 오끼나와, 그리고 반대쪽에 일본정부와 미국이 있다는 생각이 들었습니다. 최원식 선생님의 발표에서 지적하신 것처럼 과거 일본과 중국의 세력 아래 놓여 있던 오끼나와의 양속관계가 지금은

일본과 미국 세력하의 양속관계로 이어지고 있
다는 생각이 들었습니다.

　표상의 문제에 대해서도 조금 전 백선생님의
말씀처럼 지금까지는 피해의 표상으로만 생각해
왔던 오끼나와에 가해의 표상이 동시에 존재한
다는 사실을 알게 되었습니다. 또한 동시에 존재
하는 두 가지 표상 가운데 피해의 표상은 계속
고양되고 있는 반면 가해의 표상은 억제되고 있

강태웅

다는 것도 알게 되었습니다. 그렇다고 해서 피해의 표상이 전부 강조되고 있
는 것은 아닙니다. 일본이라는 내셔널 히스토리로서의 피해만 강조되고 있
고, 그것은 히로시마라든가 나가사끼와 맥락을 같이하는 피해로 인식되어
있습니다. 그렇기 때문에 많은 본토인들이 평화학습을 위해 이곳 오끼나와
를 방문합니다. 하지만 오끼나와인만의 피해를 얘기하려고 들면 역시나 경
멸당하거나 혹은 제지당하고 맙니다.

　예를 들면 오끼나와전의 집단자결에 있어서의 군의 명령 문제는 일본의
내셔널 히스토리적인 피해가 아니라서 본토로부터의 제지가 끊이지 않는 것
같습니다. 반대로 '히메유리의 탑'의 경우처럼 나라를 구하기 위해 젊고 순
수한 여성들이 미군에게 항복하지 않고 자살했다거나 가스탄에 맞아 죽었다
는 이야기만 강조되고 있습니다. 따라서 히메유리 부대를 그린 영화가, 오끼
나와 측에서 제작하지 않고 일본 본토에서 그것도 네 차례나 만들어지게 되
는 것일 것입니다.

　즉 일본의 내셔널 히스토리에서 중시하는 희생의 표상으로서 히메유리는
강조되고 있는 데 반해 역시 가해의 표상은 철저하게 억압당하고 있습니다.
그 대표적인 예로 오끼나와전에서 타이완인 혹은 조선인에게 가한 가해사실
은 완전히 묻혀버리고 말았습니다. 또한 미군기지의 존재는 피해라고 할 수
있기에 이런 측면은 정부가 나서서 미군기지를 조망할 수 있는 전망대를 세

우고 평화학습을 실시하는 등 널리 알리려고 하는 반면 미군기지가 가지고 있는 가해성은 전혀 표면화되지 않고 있습니다.

아사또 에이꼬 백선생님께서 '고구마를 먹는 모임'에 관한 이야기를 하셨습니다. 오끼나와가 일본 본토에 복귀되던 1972년을 전후한 시기에 저는 고등학생이었습니다만, 그 당시 모든 오끼나와인들이 복귀에 찬성했던 것은 아닙니다. 우리들 고등학생 중에도 미국에 속하는 것이 유리하다고 생각해 복귀에 반대하는 사람들이 분명 있었습니다. 그런데 반대하는 입장도 두 가지로 의견이 갈라져서, 완전히 본토로 복귀해서는 안된다는 반(半)복귀를 주장하는 입장, 또 하나는 전후 미군에 점령됨으로써 오끼나와가 풍요와 자유를 얻게 되었기 때문에 복귀에 반대한다는 입장이 있었습니다.

그후 오끼나와는 어떻게 변했는가. 거대한 자본이 흘러들어와 공개발 등 방대한 개발이 이루어졌고, 그것은 자연환경의 파괴로 이어졌습니다. 그것을 과연 풍요로워졌다고 볼 수 있을까 하는 의문이 제기되었습니다. 진정한 풍요란 무엇인가를 생각했을 때, 오끼나와의 고구마를 새롭게 바라보게 된 것이죠. 과거와 달리 빈곤을 완전히 떨쳐버린 오늘날, 고구마를 하나의 풍요의 상징으로 내세운 주민들의 그룹이 등장한 것입니다. 그런 의미에서 고구마의 모임, 다시 말해 고구마의 관점을 통해 오끼나와의 자립을 이루자는 발상에서 시작되었다고 할 수 있습니다. 지금과 같은, 본토 정부에서 지급되는 거액의 보조금, 진흥정책과 같은 것이 오끼나와에 진정한 풍요를 가져다줄 것인가 하는 논의가 한창입니다. 그런 시점에서 타이라 나쯔메씨가 들고 나온 것이 '고구마의 모임'입니다. 고구마라는 상징물을 통해 다시 한번 과연 오끼나와가 빈곤한가, 또 우리가 추구하는 오끼나와는 어떤 모습인가 하는 의문점들이 제기되고 있는 것이라고 봅니다.

타까자또 스즈요 오끼나와는 피해자임과 동시에 가해자라는 이야기를 해주셨습니다. 저는 1974년 이래 수차례 베트남을 방문해서 베트남의 어린이들에게 장학금을 전달하는 일을 하고 있는데요, 맨 처음 베트남에 갔을 때 오끼나와에서 왔다는 말을 듣고 바로 B52 폭격기 등을 통해 미국을 연상하는 베트남 사람들을 보니 그만큼 그 사람들에게 오끼나와는 공격적인 곳으로 기억되고 있다는 느낌을 받았습니다.

미군기지로 인해 발생하는 많은 문제에 대해 우리는 일상의 삶 혹은 목숨을 위협하는 존재라는 의식을 가지고 있습니다. 그렇다면 그 기지는 어떤 목적을 위해 사용되고 있는 것일까. 바로 파괴와 살상을 위해 하루도 빠짐없이 훈련을 하고, 그것은 또 전쟁터로 이어질 것입니다. 따라서 기지와 전쟁터는 이웃이라고 할 수 있을 만큼 밀접하게 연결되어 있습니다. 안전과 안보를 위해 미군이 존재한다고 생각할지 모르지만, 그들의 끊임없는 훈련의 성과는 어디에서 나타나고 있느냐, 그곳은 바로 전쟁터라는 것이죠.

제가 여기서 말씀드리고 싶은 점은 흔히 말하는 가해성이라고 하는 것이 예를 들어 타이나 베트남, 혹은 이라끄 등지에 있는 미군기지와 같은 차원의 가해성인가 하는 것입니다. 사실 여성들이 입는 피해는 그 사회 안에서 일어나는 피해라고 할 수 있습니다. 여성들이 입는 피해란 미군에게 당하는 성폭행뿐 아니라 피해를 당하고도 그것을 말하지 못하고, 만일 임신을 하거나 피부색이 다른 아기를 낳고, 결혼에 이르더라도 결국 이혼한다든지, 심지어는 아이를 낳아 남미 등지로 입양을 보낼 수밖에 없는 지경에 이르기도 합니다. 이처럼 여성들이 기지의 피해를 입고 있다는 것은 우리 오끼나와 자체가 매우 가부장적 사회라는 것을 의미합니다. 그렇기 때문에 많은 피해가 표면에 드러나 있는 것 같지만 사실은 깊숙한 곳의 이야기는 드러나지 않고 있습니다.

지난 2005년에 전후 60주년을 기념해 오끼나와전을 겪은 주민들이 당시의 참혹한 경험을 처음으로 진술하는 TV프로그램이 방영되었습니다. 납치/감금되고 구타를 당하는 등 수많은 피해사실이 드러났습니다. 하지만 그와 같은 주민들의 증언에서도 성폭력에 대한 문제는 드러나지 않았고, 여전히 진실이 묻혀 있는 상태입니다. 저는 그것이 민족주의와도 연결되어 있다고 보는데요, 한국도 비슷한 것 같습니다. 한국의 여성들과 대화를 나눠보니 그들도 역시 주변화되고 떠밀려나는 상황은 마찬가지였습니다. 그 대표적인 사례로 1992년 한국의 미군클럽 종업원으로 있던 '윤금이'라는 여성이 처참하게 살해당한 사건이 발생했고, 그 일을 계기로 '미군범죄근절운동본부'가 탄생되기도 했습니다. 그 당시 민족주의적인 반미운동이 일어났고, 그녀는 미군에게 희생당한 한국 여성들의 상징이 되었지만 한국인들은 과연 미군기지 주변의 여성들이 어떤 형편에서 생활하고 있는지에 대해 얼마나 인식하고 있을까요? 그것은 오끼나와의 경우도 마찬가지라고 생각합니다. 피해를 입었다는 것 자체를 강조하자는 것이 아니라, 피해란 구체적으로 무엇을 말하는가, 혹은 어떤 상황에서 피해가 발생하는지를 생각해야 합니다. 피해의 직접적인 원인은 미군이지만 그 피해로 인해 또다른 사람들이 피해자로 몰리는 상황이 오끼나와 사회 안에서 일어나고 있습니다. 이것과, 아까 말씀하신 민족주의를 넘어선다는 것이 연관될 수도 있다는 생각이 듭니다. 오끼나와에서도 실제로 폭행을 당한 여성이 자신의 경험을 사람들에게 들려주고 또 그것을 말할 수 있는 사회를 어떻게 만들어가야 할 것인가 하는 것은, 우리 오끼나와 사회가 해결해야 할 문제라고 생각합니다.

야까비 오사무 아까 강선생님이 말씀하신 '히메유리' 문제에 있어서의 내셔널 히스토리와 오끼나와 특유의 기억에는 상극(相剋)이 있습니다. 예를 들어 오끼나와전 당시의 히메유리 일화가 본토에서 몇차례나 영화화되었다는 것은 내셔널 히스토리화의 과정이라고 할 수 있습니다. 오끼나와전에서 탄생한 히메유리에 대한 관심은 이를테면 나라를 지킨 순진무구한 소녀들, 조국을 위해 숭고한 희생정신을 발휘한 소녀들에 대한 관심입니다. 따라서 그것은 어떤 의미에서 오끼나와전에서 만들어진 히메유리의 이야기가 일본에서 통용될 수 있는 하나의 요인이라고 할 수 있습니다. 반면에 오끼나와 내부에서는 영화화를 두고 다양한 형태의 저항이 나타났습니다. 그 가운데 가장 컸던 것이 히메유리의 이야기가 영화와 소설에서 순국 미담으로 그려지는 것에 대한 저항이었습니다.

대표적인 예가 오끼나와전에서 실제로 히메
유리 학생들을 인솔했던 나까소네 세이젠(仲宗
根政善)이라는 교사의 활동을 들 수 있는데요,
그는 살아남은 학생들의 수기를 펴내 실제로 일
어났던 일을 있는 그대로 알림으로써 영화와 소
설에서 그려진 미담을 바로잡고자 했습니다. 또
한가지 문제는 히메유리의 주인공은 여자사범학
야까비 오사무
교를 나온 상당한 엘리뜨였고, 그런 그녀들이 총

동원 체제기에는 오히려 국가의 전쟁수행을 촉구하는 입장에 속해 있었던
셈이죠. 히메유리의 경우처럼 어떤 하나의 표상을 묘사하는 방식에 대한 다
툼이 끊이지 않고 지금까지도 계속되고 있습니다. 즉 오끼나와 사람들은 국
가를 지키기 위해 희생되었다고 보는 시각에 대해, 반대로 일본군이 같은 일
본국민인 오끼나와인을 학살했다고 보는 사람들이 있습니다. 그것은 어떤
의미에서 아까 말한 피해성을 매우 잘 나타내는 사례인데, 피해자냐 가해자
냐 하는 해석은 역시 그때그때의 문맥에 따라 달라지겠죠.

저는 피해 또는 가해를 실태적으로 다루어서는 안된다고 생각하기 때문에
그런 취급방법에는 비판적이고 소극적입니다. 그 이유를 예를 들어 말하자
면, 오끼나와의 요미딴손(讀谷村)에 '찌비찌리가마'라는 호(壕)가 있습니다.
오끼나와전 당시 찌비찌리가마에 130여 명의 지역민이 피난을 갔는데, 그
가운데 83명이 자살했습니다. 이것은 오끼나와전의 대표적인 집단자살로 잘
알려져 있는데요, 나중에 찌비찌리가마에 대한 청취조사가 진행되면서 새로
운 사실이 드러났습니다. 그곳으로 피난한 사람들은 요미딴손의 나미히라(波
平) 사람들이었는데, 그중에는 중국에 주둔했다가 돌아온 군인과 종군했다
가 일시 귀국한 간호부들이 포함되어 있었습니다. 젊은 청년들은 미군병사
들이 찌비찌리가마 가까이 다가오자 죽창을 들고 돌격했다가 총상을 당하기
도 했습니다. 왜 그들은 무모한 돌격을 감행했을까. 그 이유는 만일 미군에

게 붙잡혔다가는 여성들은 강간을 당하고, 남성들은 참살당한다는 교육을 되풀이해서 받았기 때문이었습니다. 가마 안은 대혼란에 빠졌고 그때 남태평양에서 이민 온 것으로 보이는 사람 하나가 이불에 불을 붙임으로써 집단자살은 시작되었습니다. 청취조사한 내용을 읽는 가운데 매우 인상적이었던 것은, 오끼나와전의 대표적인 상징, 피해의 상징으로 여겨져왔던 찌비찌리가마 안에 사실은 방금 말씀드린 대로 중국에 주둔했던 군인과 종군 간호부가 포함되어 있었다는 사실입니다. 그 사람들은 만일 미군의 포로가 되면 자신들이 중국에서 그렇게 했던 것처럼 미군들에게 참살당할 것이라는 이야기를 했다고 합니다. 즉 가마라는 공간 안에는 중국인들을 학살한 가해자와 미군에게 쫓기는 피해자가 공존해 있었고, 그렇게 가해의 경험과 피해의 경험은 중층적으로 서로 뒤섞여 있었던 셈입니다. 따라서 그때그때의 상황에 따라 어떤 곳에서는 피해자였던 사람이 다른 쪽에서는 가해자가 되기도 하는 것이죠. 이 찌비찌리가마 사건을 어떻게 해석할 것인가는 오끼나와전에 있어 매우 중요한 문제입니다. 그럼에도 불구하고 최근에는 집단자살 같은 일은 애당초 일어나지 않았다고 주장하는 사람들도 나타났습니다. 그 사람들은 어디까지나 우리의 피해성을 강조하지 않으면 안된다고 생각했고, 그렇게 하지 않으면 우리가 입은 피해조차도 묻혀버린다는 것이죠. 그러나 다른 한편에서는 그 가마 안에서 중국에 종군해 학살을 저질렀던 사람들이 자신을 가해자에서 피해자로 유도했고, 그렇게 해서 가해성이 피해성과 맞닿게 된 상황이 최근 찌비찌리가마의 증언을 통해 드러났습니다.

이것은 오끼나와전 문제도 그렇고 전후의 기지 문제도 마찬가지입니다만, 예를 들면 1965년 미국이 베트남전쟁에 본격적으로 개입하기 시작하면서 카데나(嘉手納) 기지에 많은 미군들이 주둔하던 시기가 있었습니다. 오끼나와전의 피해자는 바로 오끼나와 자신이라고 생각하고 있음에도 불구하고, 그토록 반대하던 기지의 주둔을 용인함으로써 타까자또 선생님이 앞서 말씀하신 대로 B52가 베트남에 가서 폭격을 가하는 등 많은 곳에서 오끼나와는 악마의 섬이라 불리고 있습니다. 그런 점에서 볼 때 피해와 가해는 서로 구분할 수 없는 관계성의 문제, 즉 그때그때의 상황에 따라 어떻게 변화하는지가 더 중요한 문제라고 생각합니다.

백선생님이 말씀하신 두번째 문제는 칸또오대지진과 관련한 히가 슌죠에 관한 문제인데요, 그의 주위에 있던 청년들이 오끼나와인이 아니었다고 합니다. 그 시기의 히가 슌죠라든가 혹은 이하 후유도 마찬가지로 그런 의식을 매우 많이 가지고 있었습니다. 예를 들면 이하 후유는 1911년 『고류우뀨우(古琉球)』라는 책에 「류우뀨우사의 추세」라는 글을 실었고 그 글에 아까 말씀하셨던 류우뀨우는 장남, 타이완이 차남, 조선이 삼남이라고 표현한 내용이 있는데요, 오끼나와와 비슷한 상황에 처한 사람들과 공감하면서도 다른 한편에서는 아이누 혹은 타이완의 세이반(生蕃, 제2차 세계대전 전에 고산족 등 한족 이외의 선주민을 낮춰 부르던 말—정리자)을 멸시해 그들은 자신들보다 열등하다, 즉 그들은 피플(인민)이고 자신들은 네이션(국민)이라는 말을 하기도 했습니다. 그러나 1925년 오끼나와에서 토오꾜오로 상경한 이하 후유는 상경 직후 참석한 아이누민족학회에서 아이누 청년 이보시 호꾸또를 만나게 되면서 자신의 생각이 잘못된 것임을 알게 된 것입니다. 이것은 다 안 것 같지만 사실은 제대로 이해하지 못했던 것을, 구체적으로 접촉하고 논의하고 공감함으로써 점차 알게 되고 가치관도 바뀐다는 것을 이하 후유나 히가 슌죠의 경우를 통해 알 수 있다고 생각합니다.

현무암 백선생님이 제기하신 문제 가운데 제국이 만들어낸 위계질서를 어떻게 활용해야 할 것인가에 대해서 말씀드리고자 합니다. 우리는 서로 처해 있는 상황과 입장들이 다르긴 합니다만, 각자가 펼치고 있는 다양한 형태의 운동이 특징을 가지고 있으면서도 그 안에서 서로 연대할 수 있는 가능성도 분명히 있다고 생각합니다. 그러기 위해서는 각자의 입장을 어떻게 이해할 것인가, 오까모또씨가 한국에서 "저는 일본인이 아니라 오끼나와인이다"라는 말을 했을 때 그것을 충격적으로 받아들일 만큼 한국에는 일본과

현무암

오끼나와의 관계에 대해 알려져 있지 않습니다.

사실상 지금까지는 한일간의 연대운동이 기본적으로 토오꾜오를 중심으로 해서 추진되어왔습니다. 사실 1950년대, 60년대 일본에서의 운동은 전후보상과 같은, 말하자면 최소한의 역사인식도 없는 내용이 주를 이뤘습니다. 그런 상황에서 밀항자 혹은 피폭자들이 일본에 오고 그들에 대한 지원을 시작하면서 혹은 사할린에 잔류한 동포들을 지원하는 운동을 하는 가운데 일본사회의 역사인식이 싹트기 시작해, 1970년대 특히 1975년에 있었던 사할린 잔류 한국인의 귀환에 대한 재판을 계기로 일본의 시민사회에서 아시아를 생각하는 움직임이 활발해졌다, 저는 지금까지 그렇게 생각하고 있었습니다. 그러나 오끼나와에서도 미군기지 문제를 안고 있는 상황 속에서 '베트남평연'('베트남에 평화를! 시민연합') 운동과 같은 활동을 하고 있었다는 사실, 또한 1975년부터 1980년대까지 아직 한일간에 교류가 거의 없었던 시기에 아라사끼 모리떼루(新崎盛暉) 선생님이 한국의 운동가들을 초청해 활동을 했던 일 등, 연대를 위한 움직임이 이전부터 있었음을 새삼 느낄 수 있는 계기가 되기도 했습니다. 또한 오끼나와에서는 자신들도 전쟁의 피해를 입은 상황에서, 1991년 일본정부가 종군위안부 문제를 인정하고 조사에 돌입하기 전부터 종군위안부 문제를 제기하고 있었음에도 불구하고 나는 왜 좀더 일찍 행동하지 못했던가, 저 자신에 대해서도 새삼 반성하는 계기가 되었습니다. 연대운동이라는 것은 가해사실을 겸허하게 받아들임으로써 비로소 가능한 것이 아닐까 하는 생각을 하게 됩니다.

와까바야시 찌요 오끼나와전이 일어나기 전 이곳은 이민(移民)의 섬으로서, 많은 사람들이 제국의 판도(版圖)뿐만 아니라 북미, 하와이 등 여러 지역으로 이민을 떠났습니다. 그중에 특히 아시아태평양 지역으로 이주한 사람

114

들이 제2차 세계대전 당시 일본의 식민지에서 어떤 경험을 했는지는 오끼나와전과도 관련이 됩니다. 예를 들어 미크로네시아의 경우 그곳으로 이주한 사람들의 전쟁경험이 전혀 알려지지 않았습니다. 그곳은 미국과 일본이 격전을 벌인 지역이었기 때문에 반자이 클리프(Banzai Cliff, 제2차 세계대전 당시 미군에 쫓긴 일본군과 민간인들이 '천황폐하 만세'를 외치며 투신한 싸이판의 절벽—정리

아라사끼 모리떼루

자)와 같은 집단자살 사건이 발생하기도 했습니다. 그들은 제국의 흥발회사 (南洋興發株式會社, 남태평양 군도를 대상으로 사업을 전개한 일본의 국책회사—정리 자)에 끌려간 사람들이었지만 그곳에는 일본인뿐만 아니라 조선인 군부와 미크로네시아인도 있었을 것이고 그처럼 중층적인 관계 속에서 오끼나와인 들이 어떤 일을 경험했는지 별로 알려져 있지 않습니다. 식민지에서의 격전을 피해 오끼나와로 돌아왔지만 이곳도 미군에 점령되어 갈 곳을 찾지 못하고 또다시 라띤아메리카 등지로 떠났던 사람들에 대한 얘기는 지금까지도 거의 알려져 있지 않습니다.

지금 오끼나와현에서는 '세계의 우찌난쮸(오끼나와인)'라는 말로 오끼나와인이 세계 각지에 퍼져 있다는 사실을 긍정적으로 홍보하고 있지만, 실제로 이민을 떠난 오끼나와인들의 경험은 전쟁 그리고 점령 같은 역사와 밀접하게 연결되어 있어 매우 혼란스러운 것임에도 그런 이야기를 하지는 못합니다. 예를 들어 미군점령기에 기지의 주변산업 특히 성산업에 종사한 여성들 가운데는 오끼나와인도 있었지만, 실제로 아마미(奄美) 또는 야에야마(八重 山), 미야꼬지마(宮古島) 등 경제적으로 낙후된, 주변의 열도에서 온 여성들이 많았습니다. 역시 이곳 오끼나와 지역은 복잡한 관계성, 깊숙한 중층성을 내포하고 있다는 생각이 듭니다. 매우 엄격한 위계질서를 어떻게 생산적인 것으로 연결시킬 것인가 하는 백영서 선생님의 문제제기를 들으면서 다양하

아사또 에이꼬

고도 중층적으로 분단된 경계에 서 있는 사람들의 노력이 매우 중요하다는 생각이 들었습니다. 오끼나와 출신의 나까호도 쇼또꾸(仲程昌德)라는 근대문학 교수가 계신데요, 그는 미크로네시아로 떠난 많은 오끼나와인들의 문학 혹은 식민지문학과 오끼나와 문학을 비교/연구한다든지, 또 토오꾜오로 나간 시인 야마노구찌 바꾸(山之口貘)에 대한 연구를 해왔습니다. 그는 분단되어 있는 전장(戰場)을 그대로 재현해내는 듯한 문학을 연구하는데요, 나까호도 선생님과 같은 문학자의 연구는 기억이나 경험을 되살려내는 일이라는 생각이 듭니다. 그밖에도 그런 노력을 하는 오끼나와의 연구자들이나 특히 소설가를 비롯한 문학자 등 경계에 서 있는 사람들의 노력이 필요하고 점점 더 중요해질 것입니다.

아사또 에이꼬 앞서 '새로운 국민을 만들겠다는 것인가' 하는 이야기가 나왔습니다. 오까모또씨의 '나는 오끼나와인'이라는 발언, 그리고 저의 아이덴티티의 동요, 나는 오끼나와인이라는 문제의식, 이런 것들이 새로운 오끼나와로 어떻게 연결될 수 있을까를 생각할 때 부딪히게 되는 문제이기도 합니다. 오끼나와에는 '자립론' 혹은 '독립론'이라는 것이 있습니다. 그 이야기를 하자면 한이 없습니다만, 지금 단계에서 말하자면 새로운 네이션(국민)이라는 단어가 갖고 있는 이미지는 매우 불확실합니다. '나는 오끼나와인'이라고 쉽게 말하지만 그렇다고 그것이 새로운 국가를 만드는 데까지 발전할 수 있느냐 하면 반드시 그렇지만은 않습니다. 오끼나와의 독립을 위해 모두가 공감할 수 있는 방식을 가지고 있는가에 대한 논의는 생각보다 많지 않습니다. 지금까지 많은 '류우뀨우 독립론' 혹은 '오끼나와 독립론'이 있었지만 그것이 반드시 전체의 의견이라고 볼 수는 없다는 문제점이 있습니다.

저는 지금까지 독립이라는 것을 순수하게 마이너리티의 인권문제와 아이덴티티, 즉 마이너리티의 입장에서 외국으로부터 독립하기 위한 운동이라고 생각했습니다만, 지금은 새로운 국가 또는 네이션을 만드는 데 있어서의 문제점에 봉착한 상태라고 할까, 따라서 오끼나와의 경우에도 아이덴티티의 문제가 바로 국가로 직결되는 것인가 혹은 어떤 국가를 추구할 것인가 하는 결코 단순하지 않은 매우 어려운 문제를 안고 있다고 생각합니다. 그러므로 어떤 의미에서 우리들이 지금 할 수 있는 것은 국가를 초월한 주변문학과의 교류와 같은 것이 있을 텐데요, 예를 들면 저의 경우는 요즘 타이완의 원주민문학에 관심을 두고 있습니다. 타이완의 원주민문학은 그들의 고유한 말을 빼앗겼다 다시 되찾으면서 타이완어를 사용한 원주민문학 활동이 최근 수년간 활발하게 이루어지고 있습니다. 그것들을 틈틈이 강의시간에 돌려 읽고, 일본의 아이누문학과 비교하기도 합니다. 이처럼 지금 우리가 할 수 있는, 국가간이 아닌 지역간의 교류라고 할까 시민들 사이의 교류를 실천해가는 것이 중요하다고 생각합니다.

백영서 오끼나와가 독립해서 결국 또 하나의 국가를 만들겠다는 발상이 많은 문제를 안고 있다는 데 저도 동감합니다. 그와 관련해서 오끼나와를 어떤 사회로 만들 것인가 하는 점이 중요하면서도 어렵다는 문제제기를 듣고 한국의 상황에 대해 생각해보게 되었습니다. 잘 아시는 바와 같이 오끼나와가 안고 있는 고민을 한국사회 역시 가지고 있습니다. 한반도에는 남과 북으로 분단된 두 개의 국가가 있고, 지금 대한민국에서는 논쟁이 벌어지고 있는데, 그 가운데 하나는 분단된 두 국가 중 남쪽을 중심으로 선진사회를 만들자고 하는 주장입니다. 그 선진사회라는 것은 신자유주의적 세계질서 안에서 더 높은 최고단계로 올라가야 한다는 주장이라고 할 수 있습니다. 반면에 제가 관여하고 있는 『창작과비평』과 같은 곳에서는 선진사회와 남북통일을 동시에 추구할 수 있는가 하는 문제제기를 하고 있습니다. 남한만 선진사회를 추구하는 것이 과연 가능하며 또 옳은 일인가 하는 비판이죠. 다시 말하자면 남북을 포괄하는 한반도 전체를 놓고 어떤 사회를 만들 것인가 하는 한반도적 시각을 가져야 한다는 주장을 하는 것이죠. 남북 두 국가가 천천히 단계적으로 결합하면서 새로운 사회를 추구하기 위해 어떤 국가연합을 형성할 것인가를 고민하는 가운데 새로운 사회, 새로운 국가를 만들어야 한다는 발상에 한국과 오끼나와의 공통점이 있다는 생각이 듭니다.

타까자또 스즈요 어떤 사회를 만들 것인가. 이는 우리 모두에게 아주 중요한 고민거리입니다. 예를 들면 오끼나와가 복귀하고 혁신의 지도가 탄생했지만, 복귀 직후 매우 어려운 상황에서 혁신의 지도에 따라 석유회사를 유치하고 만을 메워 항구를 조성했습니다. 오끼나와가 주체가 되어 혁신을 이루고 주권을 회복하려는 바람이 있었지만, 경제를 활성화하기 위해서는 결국 그러한 거대한 경제력에 의존해야만 하는 계획을 유치할 수밖에 없었습니다.

지난 월요일 한국에서 미군범죄근절운동을 하는 8명의 여성이 오끼나와에 와서 이곳을 쭉 돌아봤는데요, 그들은 의정부에 있는 미군기지의 이전이 결정된 이후, 미군기지가 떠난 곳에서 앞으로 무슨 일을 해서 살아갈 것인가를 고민하고 있는 상황이었습니다. 일자리는 없어졌는데 집세가 급등하기라도 한다면 그곳에 사는 여성들의 생활은 당연히 어려워질 것이므로 미군기지가 반환 혹은 이전한 다음의 생활을 고민하지 않을 수 없는 형편이죠. 저는 2006년 7월에 워크숍에 참석하기 위해 한국을 방문한 일이 있습니다. 거기서 우리들은 오끼나와의 한 사례를 소개했습니다. 인구가 4만 명인 요미딴손이라는 오끼나와의 한 마을에 대한 것입니다. 그곳의 촌장이 미군기지에 점령되다시피 한 지역을 어떻게 일으켜세울 것인가 고심한 끝에 문화를 활성화시키자는 생각에서 지역에 있던 도자기 가마를 모아 도자기마을을 만들고, 사라져가는 뜨개질을 부활시키고 농업을 일으키는 등, 평화와 문화에 대한 비전이 있는 지역부흥정책을 펼쳤습니다. 우리의 이야기를 들은 한국의 여성들이 그곳 촌장님을 만나고 싶다고 해서 오끼나와에 왔던 것입니다.

이처럼 우리 여성들은 동아시아 네트워크라는 것을 통해 교류하는 가운데 필리핀에서는 미군기지가 이전한 후 이런 일도 있었다는 것을 알았습니다.

필리핀에 있던 거대한 규모의 쑤빅 해군기지(Subic Bay Naval Base)가 떠난 뒤, 그곳에는 외국의 거대자본이 밀려들어왔습니다. 필리핀정부는 반년간 최저임금의 60퍼센트로 노동자를 고용하게 하는 우대정책을 제시함으로써 외국의 수많은 기업을 유치했습니다. 국가정책에 따라 낮은 임금으로 노동력을 제공한 것인데요, 기업 측에서는 이를 이용해 노동자를 6개월 동안만 고용한 뒤 해고하고 또다시 새로운 노동자를 고용하는 정책을 펼침으로써 결과적으로 필리핀의 노동자들은 계속 최저임금의 60퍼센트만을 받고 고용당하는 결과를 초래하고 말았습니다.

오끼나와도 마찬가지로 미군기지가 반환된 후에 이곳을 어떤 지역으로 만들 것인가를 고민하고 있습니다. 우리는 군사적인 힘의 지배, 글로벌리제이션에 맞서 농업을 비롯해 경제를 포함한 모든 면에서 우리가 함께 살 수 있는 평등한 사회, 서로가 서로를 인정할 수 있는 사회를 추구해가야 한다고 생각합니다.

아까비 오사무 백선생님께서 한국이 앞으로 어떤 사회를 추구해야 할 것인가, 한반도를 시야에 넣고 바라봐야 한다는 말씀을 해주셨습니다. 여기에는 여러가지 의미가 포함되어 있을 것으로 생각합니다만, 제 관심사를 바탕으로 말씀드리자면 국경선을 점차 없애가는 관점에서 봐야 한다고 생각합니다. 전 이전에 1940년대 후반부터 50년대에 걸친 요나구니섬(与那國島)의 밀무역에 대해 조사한 일이 있습니다. 요나구니는 타이완에서 111킬로미터, 이시가끼섬(石垣島)에서는 117킬로미터 떨어져 있는 섬으로 지리적으로는 타이완에 더 가까운데요, 요나구니와 타이완 문제를 다루기 위해서는 1945년 이전에 타이완이 일본의 식민지였다는 일종의 부정적인 유제(遺制)가 배경에 깔려 있음을 잊어서는 안된다고 생각합니다. 식민지와 피식민지라는 과거의 관계 때문에 전쟁이 끝난 직후에는 타이완과 요나구니 사이에 다양한 형태의 교류가 있었습니다. 예를 들어 요나구니의 어부들은 어족이 풍부한 타이완의 북동부에서 잡은 물고기를 인구가 적은 요나구니가 아닌 타이완으로 팔러 갔습니다. 물고기를 판 돈으로는 물자가 풍부한 타이완에서 필요한 물품을 사서 요나구니로 돌아오는 방식으로 왕래가 자유로웠습니다. 말하자면 역사적 전환기의 일입니다. 저는 (그와같은 왕래가) 국경 혹은 생활권의 매우 중요한 요소라고 생각하는데, 차츰 그 교류가 허물어지는 과정에 있습니다. 제가 조사한 바에 따르면 과거에는 없었던 해상국경선이 새로 만들어지게 된 계기는 요나구니 때문이 아니라 바로 한국전쟁으로 인한 것이었습니다. 물론 국경선이 만들어진 데는 미국의 개입이 있었고, 중국과 타이완의 관계가 영향을 미쳤을 것입니다. 국경 혹은 생활권은 매우 중요하지만 한편으로 그것은 국가의 의지에 위협을 받을 수밖에 없는 것이 사실인데요, 그렇기 때문에 어떤 국경선을 지향할 것인가 하는 문제가 제기되겠죠. 이것은 아까 백선생님이 말씀하셨듯이 그 대상을 한국만이 아니라 한반도로 보는 시각, 또 요나구니만이 아닌 타이완과의 관계로 보는 시각 등, 어떻게 하면 국경선이 점차 사라지도록 할 수 있을 것인가, 그러한 지향성의 사회를 어떻게 구축할 것인가 하는 문제가 있을 것으로 생각합니다. 생활권이라는 것은 오랜 역사를 통해 차츰 형성되는 것이니만큼 거기에 착안한 관점의 중요성을 지적하고 싶습니다.

또 한가지는 아이덴티티 문제입니다. 최근 아이덴티티의 개념이 크게 흔들리고 있습니다. 예를 들면 고정적인 귀속성이라든지 실체적인 아이덴티티에서 이제는 새롭게 만들어가는 관계성을 중시하는 형태로 아이덴티티의 개념이 크게 변화하고 있습니다. 그러한 것들을 생각할 때 오끼나와의 아이덴티티라고 하면 과거에는 귀속성으로 구분했습니다. 오끼나와 출신인가 아닌가. 하지만 저는 그러한 귀속성 혹은 실체성으로 다루는 데는 관심을 두지 않습니다. 다시 말해 새로이 아이덴티티를 만들어가는 것은 추상적인 논의라고 생각합니다. 아까 오셨던 아라사끼 선생님이 오끼나와 현대사에 있어서 헤노꼬 기지 반대운동에 대해 높이 평가하는 일면이 있는데, 그것은 오끼나와에서 열심히 헤노꼬운동에 참여하고 있는 사람들 중에는 타이라씨를 비롯한 오끼나와인도 소수 있지만 대부분이 본토에서 온 일본인이라는 점 때문입니다. 즉 오끼나와 출신인가 아닌가로 귀속성을 판별하는 것에 대해 아라사끼씨는 정반대의 관점에서, 다양한 사람들이 개재(介在), 공생하고 있는 것이야말로 헤노꼬의 운동에서 높이 평가해야 할 점이라고 보는 것입니다. 오끼나와인뿐만 아니라 본토인 그리고 재일 한국인도 있고, 혹은 출신과 상관없이 오끼나와에 온 여행자가 우연히 헤노꼬의 운동에 참여함으로써 재충전을 위한 힘을 얻기도 했습니다. 거기에는 동질적인 사람들만이 아니라 서로 다른 처지에 있는 이질적인 사람들이 참여했다는 점을 평가하고 있는 것입니다. 제가 인상 깊었던 점은 본토에서 온 젊은 세대 혹은 오끼나와의 후손들이 헤노꼬운동 참여를 통해 오끼나와의 전후사(戰後史)에 있어 기억을 재생시키는 계기가 되고 반전운동을 배울 수 있는 기회가 되었습니다. 그것은 어떤 의미에서 아이덴티티를, 과거의 기억을 다시 재해석하고 바꿔간다는 측면에서 큰 의미가 있습니다. 멀리 떨어져 있거나 형편상 운동에 직접 참가할 수 없는 사람들이 각자 자신의 위치에서 다양한 형태로 지원을 보내는 것과 같은 운동방식의 의미를 되짚어보는 일도 역시 중요하다고 생각합니다. 즉 실체적인 국가를 만들지 않더라도 그런 방향성을 지향하는 것은 매우 고무적이라는 인상을 받았습니다.

현무암 실제로 어떠한 형태로 연대를 형성해갈 것인가에 대해 최근 '오끼나와―한국 민주연대' 같은 것도 매우 활발하게 이루어지고 있는 것으로 압니다. 그 과정에서 내부적으로 의견차가 생겨 서로 비판하는 일도 있고, 어제 우리가 헤노꼬를 방문했을 때에도 혹독한 비판을 들었습니다만, 한국의 경우는 남북으로 분단된 상황에서 무조건 미군에게 나가라고만 할 수는 없는 환경에 놓여 있기 때문에 그에 따른 어려움도 있습니다.

오끼나와에 와서 제가 느낀 것은 오끼나와는 그 자체가 평화교육의 현장이라는 점입니다. 이곳에는 일반인들이 관광목적으로 와서 탑에 참배한다든지 기념관 등 이곳저곳을 돌아보는 코스가 만들어져 있고, 평화가이드의 설명을 들을 수도 있었습니다. 저의 출신지인 제주도의 경우도 오끼나와와 마찬가지로 관광지인데요, 제주도는 1948년 4·3사건을 겪었으면서도 지금까지 그 일을 입 밖에 내지 못하다가 이제 겨우 자유롭게 말할 수 있는 분위기가 되었습니다. 작년에 다녀오신 분도 이 자리에 계시는데요, 제주도에도 평화가이드가 있어 제주도 내의 학살현장을 돌아볼 수 있는 투어가 있기는 합니다. 하지만 그곳에는 극히 제한된 역사를 연구하는 사람들만이 접근할 수 있을 뿐 학생들을 비롯한 일반인들이 갈 수 있는 곳은 전혀 없습니다. 그저 제주도의 경치를 즐기는 것 말고는 관광과 평화교육이 양립하지는 못하고 있는 실정입니다. 물론 제주도와 오끼나와의 상황이 똑같지도 않고, 또 오끼나와의 미군기지 반대운동 초창기에는 한국으로부터 운동방식 등을 배워야 한다는 주장도 있었지만 막상 오끼나와에 와보니 여러가지 또다른 방식도 있음을 알 수 있었습니다. 따라서 제주도와 오끼나와를 포함해서 일본과 한국이 운동방식에 관한 네트워크를 만든다든지, 물론 이미 운동에 관한 교류방법으로 심포지엄을 여는 등 활동을 하고 있는 분들도 있지만, 양쪽의 운동방식에서 앞으로 더욱더 서로가 배워야 할 부분도 매우 많다는 생각을 했습니다.

강태웅 현선생님의 말씀을 보충하는 의미에서 말씀드리겠습니다. 방금 한국과 오끼나와의 차이점에 대해 말씀하셨는데요, 저는 대학시절 학교 안에서는 양키 고 홈을 외치면서 한편으로는 용산 미군기지에서 군복무를 하던 친구를 찾아가 일반영화관에서 볼 수 없었던 무삭제 영화를 보거나 물가가 싼 기지 안에서 식사를 하곤 했습니다. 이는 개인적인 예입니다만, 미군기지에 대한 경험이라는 것은 오끼나와와 상당한 차이가 있는 것 같습니다. 한국의 경우는 북한과 대치하고 있기 때문에 한국군과 미군이 연합하는 상황이라 단순히 미군기지로 인한 피해라는 측면에서 한국과 오끼나와의 연대를 논하기는 어렵다고 생각합니다.

아까비 오사무 강선생님께서 아주 중요한 지적을 하셨습니다. 저는 2년

전 처음으로 한국을 방문했습니다. 오끼나와에서 토오꾜오까지 비행기로 두 시간 반 걸리는 데 비해, 한국까지는 불과 두 시간 만에 갈 수 있었습니다. 시간과 거리 때문만은 아니지만 한국에 갔을 때 공감을 느꼈지만 한편으로 상황의 차이 혹은 위기의식의 차이도 느꼈습니다. 우선 북한과 대치하고 있는 상황 때문이겠지만 공항 안을 돌아다니는 젊은 군인의 모습을 보면서 군(軍)이 한국에서 차지하는 위치가 얼마나 중요한지를 짐작할 수 있었습니다. 오끼나와에서는 상상조차 할 수 없는 일이죠. 왜냐하면 오끼나와전의 교훈은 바로 '군대가 주민을 지키지 않았다, 지킬 수 없다'는 것이니까요. 이렇게 한국과 오끼나와가 서로 다른 상황의 차이를 인식하고, 또 서로가 가지고 있는 교훈도 기억하면서 대화를 계속하고 싶다는 바람을 가져봅니다. 물론 상황의 차이는 당연히 인정해야 하는 것이겠죠. 예를 들어 서울시내의 대규모 미군기지를 방문했을 때 벽이 전부 돌담으로 만들어져 있는 것을 보았습니다. 오끼나와의 미군기지는 전부 철조망으로 만드는데 한국의 기지는 돌담으로 되어 있어 확인해보니 그 기지는 과거에 일본군이 주둔해 있던 일본군기지였다고 합니다. 저도 오까모또씨나 타까자또씨처럼 외국에 가면 일본인이라고 하지 않고 오끼나와인이라고 말합니다. 하지만 막상 한국에 가서 한때 한국이 일본의 식민지였던 역사적 사실을 눈으로 확인했을 때 저는 일본인이라고 하지 않을 수 없었습니다. 과거의 역사를 이어받은 우리가 돌아봐야 할 것은 무엇일까. 연대란 일종의 유사성이라고 쉽게 말할 것이 아니라 양쪽의 차이를 인식한 위에 서로에게 무엇을 어떻게 배울 것인가 하는 점이 중요하다고 봅니다.

최원식 인천은 인천상륙작전 이후 엄격한 방위도시가 되어 해안 전체에 철조망이 있었습니다. 그러다가 민주화 이후 철조망을 뜯어내고 시민들에게 해안을 개방하게 되었습니다. 그런데 얼마 되지 않아 그곳은 한국의 조직폭력단과 연결된 포장마차가 해변을 점거하다시피 하면서 장사터로 변하고 말았습니다. 아까 타까자또 선생님께서 미군기지가 나간 후에 어떤 지역을 만

최원식

들어야 할 것인가에 대한 말씀을 하셨는데요, 당국에서는 결국 경찰을 투입해 포장마차를 철거하기에 이르렀습니다.

이와같은 경험은 민주화 이후 한국사회가 겪고 있는 상황과 연결되어 있습니다. 과거에는 군사독재만 사라지면 훨씬 자유롭고 좋은 사회가 도래할 것으로 믿었고, 그리고 1993년 문민정부, 1998년 국민의 정부, 2002년 참여정부 수립에 이르기까지 불가능할 것으로 믿었던 정권교체가 이루어졌습니다. 그러나 이 시기 한국사회의 상황은 좀 희화화해서 말하자면 인천에서 철조망이 사라졌을 때 벌어졌던 난장판과 같았다고 표현할 수 있을 것입니다.

요즘 한국에서는 양극화 현상이 심해지고 있습니다. 한국은 일본처럼 신분이동이 별로 없는 고정된 사회가 아닌, 신분이동이 자유로운 사회이자 그것이 한국의 민주화를 이루어낸 힘이라고 할 수 있는데 그 힘으로 세워진 정부가 거꾸로 양극화를 심화시켜 신분이동의 자유가 갈수록 제한되고 있는 것 같아 걱정스럽습니다.

과거에는 어떤 문제를 해결하려면 그것을 단순화시키는 것이 한국적 해결방식이었으나, 요즘은 사회가 복잡해졌기 때문에 복잡한 상황을 인정하고 그 안에서 새로운 것을 만들어내지 않으면 안되겠다는 절박한 의식이 생기고 있습니다. 어제 타이라 목사님이 한국사회는 왜 평택기지 이전 문제를 해결하는 데 미온적인가 하는 얘기를 하셨습니다. 그리고 조금 전 강태웅 교수가 오끼나와를 언급하면서 전통적인 양속관계가 복제되고 지속되고 있다는 얘기를 했는데요, 헤노꼬의 경우도 마찬가지로 반 일본정부를 부르짖는다고 해서 문제가 해결될 것인가, 혹은 미국에만 책임을 물을 것인가, 결코 단순한 문제가 아니라고 생각합니다. 오늘 이 자리에 여러분이 앉아 계시지만 오끼나와 문제의 복잡성을 제대로 인식하면서 나아가야 된다는 말씀에 절대적으로 공감하고, 한국사회도 마찬가지로 복합적인 중층성을 충분히 인식하고 그것을 바탕으로 삼아 새로운 주체를 건설하고 새로운 사회를 건설해나갈 수 있는 계기가 되었으면 합니다.

백영서　저는 이번에 와서 오끼나와가 단지 일본과 관련된 지역만이 아니라 동아시아 속의 오끼나와라는 점을 실감하게 되었습니다.

두 가지 예를 들어보면, 하나는 오끼나와에 있는 미군기지를 돌아보고 그 규모 면에서 우리 동아시아 전체의 안보와 직결되어 있다는 것을 실감했습니다. 그리고 일본의 역사교과서 문제가 한국과 중국에 대한 내용뿐만 아니라 일본 국내 및 오끼나와에 관련된 역사까지도 바꿔버렸다는 점에서 우리 동아시아에 공통된 문제라는 사실을 알게 되었습니다.

두번째는 방금 말씀드린 점 때문에 동아시아는 서로 연동하게 되는데, 그 연결선의 하나가 역사교과서입니다. 한국에도 우리의 과거를 피해자의 역사로만 봐서는 안된다는 주장을 하는 우파그룹이 있는데 그 사람들과 일본의 왜곡된 역사를 주장하는 사람들이 서로 일맥상통하는 것은 아닐까 하는 생각을 했습니다.

마지막으로 사회자로서 토론을 지켜보면서 어떤 새로운 대안이 차츰 보이는 것 같다는 생각이 들었습니다. 새로운 동아시아를 만드는 주체, 국민도 아니며 현실에 무책임한 비국민도 아닌 국민과 비국민을 초월한 새로운 주체 형성의 가능성에 대한 논의가 이루어졌다는 점에서 대단히 의미있는 모임이었다고 생각합니다.

야까비 오사무　오늘 이 자리에서 언급하지 못하고 비껴간 것이 아닌가 하는 생각에서 마지막으로 꼭 말씀드리고 싶은 것이 있습니다. 그것은 일본의 내셔널리즘입니다. 아마 한국에서 오신 여러분들이 일본에 대한 배려에서 일부러 언급하지 않으셨는지도 모르겠습니다만, 오끼나와의 입장에서도 현재와 같은 일본의 내셔널리즘에 대해서는 상당한 위기감을 느끼고 있습니다. 그렇다면 오끼나와는 어떻게 해야 할까, 한국에게도 오끼나와에게도 일본의 내셔널리즘은 매우 중요한 과제라고 생각합니다. 조금 전 와까바야시 씨가 오끼나와전과 관련해서 남태평양 및 동남아시아에 대한 연구가 거의 이루어지지 않고 있다는 말씀을 하셨는데요, 매우 드물기는 하지만 몇몇 증언과 기록이 남아 있습니다.

남태평양으로 이민을 떠난 오끼나와인은 제국 일본의 계층질서 가운데 가장 하층에 자리하게 되는데요, 맨 꼭대기에 일본인이 있고 그 아래에 오끼나와인과 조선인 그리고 현지인들이 있어서, 일본인들에게 차별당하고 억압당한 하층사람들은 더 하층에 있는 사람들에게 다시 차별을 가했습니다. 당시 이민을 간 오끼나와인은 물론 일본인으로서 가기는 했지만, 기록에 따르자면 남태평양 혹은 동남아시아인들이 말하기를 오끼나와에는 두 종류의 오끼나와인이 있다고 했습니다. 그중 하나가 방금 얘기한 계층구조 속에서 더 위로 상승하려고 하는 오끼나와인들인데요, 그들은 '훌륭한 일본인'이 되기 위해 현지인과 조선인들을 혹독하게 차별했고, 심하게 차별할수록 위로 올라간다고 생각하는 구제불능의 오끼나와인이라는 것입니다. 최하층에 있으면서 상승욕구가 강한 만큼 하층을 더 철저하게 차별하는, 이런 사람들은 타이완에도 있었고 남태평양에도 그리고 동남아시아에도 있었습니다. 제가 지금 위기감을 느끼는 것은 미군기지를 인정하고 일본국에 공헌하려고 하는 사람들, 그것을 통해 '훌륭한 일본인'을 지향하는 사람들이 오끼나와 안에도 있다는 사실이며, 이는 커다란 사회문제이자 저 개인에게도 매우 중요한 문제입니다.

'훌륭한 일본인'을 지향하는 오끼나와인과 달리, 보통의 일본인과는 또다른 종류의 일본인도 있었다고 합니다. 그들은 매우 초라해 보였지만 현지인들과 쉽게 친해져 혼인을 하는 등, 일본인이면서 현지인과 깊이 교류하는 일본인들을 향해 친근감 어린 표현으로 '오토르 하뽄'(outre japon) 즉 '이상한 일본인'이라는 호칭이 붙여졌습니다. 오늘날 국가를 생각할 때 과거의 오토르 하뽄이 오끼나와에서 어떻게 되살아날 것인가? 일본의 내셔널리즘을 생각하는 데 있어 오끼나와 안에서 '훌륭한 일본인'이 되어 또다시 동아시아를 신탁하려고 하는 지향성의 위험에 대해서도 한국의 여러분과 논의하고 싶었는데 시간이 부족해 아쉽습니다.

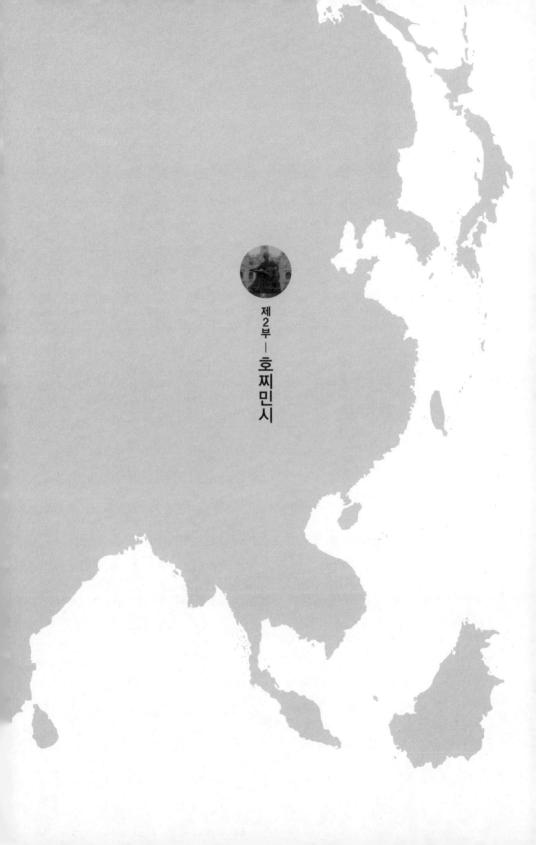

제2부 — 호찌민시

제국의 주변국이길 거부하는 베트남

신윤환

서남포럼은 오끼나와에 이어 호찌민시에서 제2차 동아시아 순회토론회를 가졌다(2007. 7. 11). 한국 측 참가자들은 지난 11일 호찌민시 국가대학 인문사회과학대에서 열렸던 본회의 외에도 베트남의 유명 소설가, 시인, 배우, 언론인 들과도 비공식 회합을 가졌다.

앞서 8~9일 이틀 동안은 베트남의 마지막 왕조였던 응우엔조(1802~1945)의 수도 훼(Hue)에서 역사유적지들을 답사하기도 했다. 5박6일에 걸친 역사탐방과 토론회는 베트남에 대한 우리들의 이해가 얼마나 피상적이며 시각이 얼마나 잘못되었는지를 깨우쳐주고 교정해준 값진 계기가 됐다.

베트남은 제3세계에 속한 가난한 후진국이고 동남아의 한 약소국에 불과하며, 강대국의 침략과 지배에 나름대로 끈질기게 항거하여 이들을 물리치고 몰아낸 자주독립국으로서, 우리와 비슷한 역사적 경험을 하긴 했어도 지금은 우리의 국제적 위상에 미치지 못하는 그런 나라 정도로 생각했다. 그래서 우리들처럼 베트남의 지식인들도 모두 '제국들의 주변부에서 탈제국을 꿈꾸리라' 예상했던 것이다.

호찌민시 인민위원회 청사와 호찌민 동상

　그런 우리의 생각과 취지를 알아챈 것인지, 이번 탐방과 토론회에서 우리
가 만났던 베트남인들은 하나같이 우리들에게 베트남과 한국이 갖고 있는
많은 공통점과 밀접한 역사적 관계를 끊임없이 상기시켰다. 호찌민시 국가
대학 인문사회과학대 보 반 센(Vo Van Sen) 총장은 베트남은 여전히 한국의
경제발전 경험으로부터 많이 배워야 할 후진국이요 강대국에게 시달리는 것
이 숙명인 약소국이라며 겸양을 보이기도 했다.
　그러나 불과 며칠에 불과했지만 이곳저곳을 살피고 베트남 사람들의 깊은
마음을 헤아려보면서 갖게 된 베트남에 대한 인상은 제국의 주변부에 걸쳐
진 허약한 제3세계 국가가 결코 아니라는 것이다. 베트남에게서 같은 처지
에 놓인 나라들을 한데 모아 서방에, 강대국에, 또는 제국에 맞서보겠다는
제3세계주의적 인식을 찾아보기는 힘들었다. 탈식민주의, 탈제국주의, 외국
인 혐오주의, 반서구주의, 반미감정도 읽을 수가 없었다. 우리식으로 생각한
다면 철천지원수여야 할 중국에 대항하여 그 주변부에 위치한 민족들이나

132

나라들과 연대하여 반중국 전선 같은 것을 구축하겠다는 생각도 찾아볼 수가 없었다. 오로지 자신의 안보를 위협하거나 위협할 수 있는 강대국들만을 의식했고, 경제협력을 통해 상호 이익을 실현할 수 있는 일본, 한국, 동남아 국가들을 개별국가로 인식할 뿐이었다.

베트남의 대국적 시야와 범세계적 관심보다 더 놀라운 점은 베트남인들이 한때 적국이었던 나라와 그 국민들에 대해 보이는 관대하고 유연한 자세라고 하겠다. 베트남인들은 중국, 프랑스, 미국, 한국에 대해 적대감이나 반감을 드러내기커녕, 오히려 더욱 환영하고 반가워한다. 사회과학자의 좁은 시각으로 이것이 바로 시장경제를 지향하는 사회주의적 실용주의가 아닌가라고 물었더니, 베트남 인민군 소년자원병 출신으로서 한국에 잘 알려진 시인이자 소설가 반 레(Van Le) 선생은 이렇게 답했다. "우리는 너무나 오랫동안 전쟁을 했다. 세계 강대국들과 전쟁을 했고, 중국과는 무려 1,000년이 넘게 전쟁을 했다. 분노와 원한을 갖는다면 어떻게 역사 속에 살아남아 이 길고 긴 전쟁을 이길 수 있었겠는가? 우리는 떠나는 적군에게 음식을 대접하고 길을 열어준다. 전쟁이 끝나면 화해의 손길을 우리가 먼저 내민다. 이러한 태도야말로 가장 베트남적인 정신의 발로로서 외국인들이 이해하기 힘들어하는 것이다." 레선생의 이 이야기에 나는 뒤통수를 얻어맞은 듯 충격을 느꼈고, 따스하면서도 힘찼던 그의 열변은 오랜 시간이 지난 지금도 내 귓전을 맴돌고 있다.

베트남의 동아시아 인식

신윤환

1. 베트남의 정체성에 대한 궁금증

베트남을 생각하다 보면 기본적인——근본적일 수도 있지만——문제에 대한 궁금증부터 생긴다. 그것은 사회과학자들이나 저널리스트들이 즐겨 하는 것처럼 세계의 여러 나라들을 여러 잣대로써 분류하거나 서열을 매길 때, 베트남을 어디에다 위치시킬 수 있을까 하는 의문이다. 세계질서 속에서 베트남은 강대국인가, 약소국인가? 베트남의 정치이념은 (과거 또는 현재에서) 공산주의인가, 민족주의인가? 베트남의 경제체제는 자본주의인가, 사회주의인가? 베트남의 문화는 동남아적인가, 유교적인가? 이러한 질문들은 이것 아니면 저것이다라는 양분법(dichotomy)으로 간단히 답할 수 있는 성질의 질문들이 아니다. 그래서 베트남이란 나라는 도대체 어떤 나라이며, 베트남인들은 과연 누구인가 하는 정체성의 문제는 여러가지로 외국인의 호기심을 유발한다.

역사적으로 베트남만큼 폭넓고 다채로운 경험을 한 나라는 찾기 힘들 것

134

이다. 정치경제사적인 측면에서 볼 때 베트남은 오랫동안 봉건제와 중앙집권적인 농업관료제를 유지해오다가, 북베트남의 탈식민화와 국가건설 이후 사회주의와 집산주의를 시도하였으며, 최근에는 20여 년간 지속되어온 개혁개방정책의 결과 이른바 '사회주의적 시장경제'라고 불리는 경제체제가 들어섰다. 외세나 외국과의 관계를 살펴보면, 한편으로는 중국·프랑스·미국과 같은 강국들의 침략이나 식민통치를 받았지만 종국적으로 이들을 모두 무력으로 물리쳐 쫓아내었으며, 다른 한편으로는 인근 동남아국가들에 의해 팽창주의적 야심을 가진 군사강국으로 의심을 받기도 하고 또 실제로 라오스나 캄보디아에서 지배적인 영향력을 행사한 바 있다. 베트남이 세계은행(World Bank)에 의해 저소득국가로 분류된다고 해서 그냥 제3세계 국가, 후진국, 약소국 따위로 평범하게 명명될 그런 나라는 아닐 것이다.

사회과학자들이나 저널리스트들은 베트남을 흔히 맑스레닌주의에 입각한 공산주의 국가라고 이야기한다. 과연 베트남은 계급투쟁을 통해 무산자 혁명을 실현하고, 사유재산과 시장경제를 철폐하여 국유제와 중앙집권적 계획에 의존하는 사회주의 경제를 건설하였다고 볼 수 있는가? 공산주의 사회건설을 이념이나 체제의 목표이자 이상으로 설정하였는가? 특히 통일 후에 점차적으로 확대된 (적어도 남부 베트남에서는 그대로 유지된) 시장경제적 정책과 제도들을 볼 때 사회주의는 베트남의 역사 속에서 일반적이고 항구적인 것이 아니라 예외적이고 일시적인 것으로 보아야 하지 않을까? 이른바 사회주의 시장경제라는 것도 그 본질에 있어서는 자본주의라고 보아야 하는 것이 아닐까? 정치적 측면에서도 베트남의 역사를 관통하는 강력한 반외세주의를 본다면, 그리고 현대에는 북베트남(DRV, 베트남민주공화국) 정부 수립 이래 통일 시기까지 이웃 중국과 지속적인 갈등을 빚었고 1978~79년에는 같은 사회주의 국가인 캄보디아 및 중국과 전쟁을 벌인 것을 보면, 베트남의 정치이념은 민족주의가 사회주의보다 더 우선한다는 주장이 일리가 있어 보인다.

마지막으로 베트남의 문화적 정체성 또한 파악하기가 쉽지 않다. 베트남은 한국과 마찬가지로 중국과 밀접한 역사적 관계를 오랫동안 지속함으로써 중국의 정치이념, 행정체계, 종교, 학문 등 광범한 분야에서 깊은 영향을 받았다. 그런 의미에서 베트남은 역사적으로 동남아의 지역질서에서 가장 고립되고, 문화적으로는 동남아와 가장 이질적인 요소를 많이 갖춘 나라로 인식된다. 반면 학자들은 베트남이 문화의 원류나 언어의 기원을 따져보면 기본적으로 동남아의 문화적 권역에 속한다는 데 의견의 일치를 보고 있다. 그렇다고 해서 베트남을 유교문화권이라고 이야기하는 것은 잘못된 것인가?

베트남의 정체성에 대한 궁금증은 다음과 같은 현대 베트남의 대외관계나 외국에 대한 인식에 대해서도 제기될 수 있다.

2. 베트남과 중국

한반도에 존재했던 국가들과 베트남의 역대 왕조들을 서로 비교해보면, 이들이 중국과 역사적으로 맺어온 관계는 뚜렷한 대조를 보인다. 중국의 지배를 무려 1,000년 이상 받았던 베트남은 중국과의 관계에서 한반도 국가들에 비해 훨씬 더 주체적인 노선을 추구하였다. 한반도의 국가들이 기본적으로 중국의 문명을 받아들였으면서도 독립국가의 지위를 유지한 점에서는 베트남과 다를 바 없으나, 신라가 삼국을 통일한 7세기 말 이후로는 중원을 장악한 중국의 국가들에 대해 불평등한 조공관계에 기반한 우호적 정책으로 일관하였다. 반면 베트남은 10세기 초반 중국과의 독립전쟁에서 처음 승리한 이후로 송, 원, 명, 청 등 역대 중국 왕조의 침략을 모두 물리쳤고, 이렇듯 성공적인 대중국 저항은 1979년 중월전쟁까지 이어졌던 것이다. 그래서 그런지 한국의 역사 속에서 중국에서 유학을 하거나 벼슬에 오른 자들이 존경과 대접을 받은 것과 대조적으로 베트남에서는 반중국의 기치를 높이 들고 중국과 싸우거나 독립정신을 고취한 지도자나 학자들이 영웅대접을 받는다.

필자는 베트남의 주체적인 역사에 견주어, 한반도의 왕조들이 의존적이고 심지어는 굴욕적인 대중국정책을 폈다고 해서, 이를 쉽게 비판하거나 매도해서는 안된다고 생각한다. 중국의 역대 왕조들은 송나라나 명나라 초기를 제외하고는 동남아와 거리를 두는 정책을 폈다. 동남아가 중국에 군사적으로 도전하지 않는 이상 동남아에 관심을 두지 않았다. (이 점에서 베트남은 어느정도 예외로 볼 수 있는데, 많은 중국의 고대 왕조들이 베트남을 탐내었다.) 중국 안보를 위협하는 요소가 항상 북방에 있었기 때문에 북쪽으로부터의 위협과 북방외교에 노력을 집중해야 했기 때문이다. 즉 베트남과 한국은 중국과 관련하여 상이한 지정학적 위치에 놓여 있는 것이다. 만약 한반도에 들어섰던 통일신라, 고려, 조선 중 어떤 왕조라도 중국의 안보를 위협할 정도로 공격적인 군사노선을 추구했더라면, 혹은 몽골·만주·여진이 그러했던 것처럼 중국을 굴복시켜 지배하기라도 했더라면, 한반도는 많은 소수민족 국가들이 그러했던 것처럼 결국에는 중국에 편입·흡수되어버렸거나, 한민족은 만주족처럼 한족에 동화되어 없어졌을 가능성이 없다고는 할 수 없을 것이다. 혹은 몽골처럼 영토 대부분을 중국에 빼앗기고 민족은 분열되는 운명에 처해졌을지도 모르는 일이다.

베트남의 도이머이 정책과 중국의 개혁개방 이후 양자관계는 과거 어느 시기에 비해서도 우호적인 관계를 유지해오고 있다. 그렇다면 그 우호의 바탕은 무엇인가? 사회주의 국가간의 선린우호 관계인가, 아니면 안보문제보다 경제발전에 치중하기 위한 실용주의적 전략인가? 베트남은 더이상 중국이 위협이 아니라고 생각하는가? 양국간 불신은 어느정도 사라졌는가? 베트남의 일반국민들은 중국이란 나라와 그 국민들을 어떻게 생각하는가? 베트남과 중국의 관계는 베트남에 대한 궁금증을 더욱 키운다.

3. 베트남과 미국

한국의 경험과 비교할 때, 베트남의 대중관계만큼 쉽게 이해가 가지 않는 부분이 대미관계라고 할 수 있다. 베트남은 미국과 역사상 가장 끔찍한 전쟁을 치르며 무려 3백만 명이 목숨을 잃었다. 이 전쟁에서 미국은 베트남 민족의 숙원인 통일과 독립을 방해한 외부세력이었다. 그럼에도 불구하고, 베트남인들은 미국을 용서하고 과거를 잊으려는 듯 행동해왔으며 오히려 미국과 가까워지려고 무척 애를 써왔다.

반면, 한국이나 북한이 미국과 맺어온 관계는 미월관계와는 매우 대조적이다. 미국이 한국전쟁에서 남한(한국)을 도와 북한에 의한 통일이 이루어지지 않도록 했다는 점에서 많은 한국인들이 미국에 고마워하고 있기도 하지만, 역시 적지 않은 한국인들, 특히 진보적인 지식인들과 젊은이들은 미국이 자신의 패권적 야욕 때문에 한반도를 38선으로 분할하고 한반도의 내부적 갈등에 부당 개입했다고 본다. 그런 점에서 한국인들이 미국에 대해 갖는 감정은 애증(愛憎)이 교차하고 호오(好惡)를 동시에 드러내는 이중성을 갖는다. 반미주의자 세력이 크다고는 볼 수 없지만, 그들의 감정은 매우 골이 깊고 또 어느정도의 반미감정은 한국민 전체에 넓게 퍼져 있다. 반미주의자들의 생각은 역사적·정치적으로 뿌리가 깊은 데 반하여, 일반국민들의 반미감정은 유럽인들처럼 미국의 오만한 태도와 군사적인 외교정책을 싫어하는 데서 비롯되는 듯하다.

베트남은 베트남전쟁이 끝난 지 얼마 되지 않아 미국과 관계정상화를 원했고, 미국은 금수조치(embargo)라는 일관된 입장으로 대응하였다. 세계 패권국가로 자임해왔던 미국의 자존심에 큰 상처를 입힌 것에 대한 보복이었다. 종전 이후 20년 가까이 지속되었던 이 금수조치로 인해 베트남은 더 이른 개혁과 개방을 통해 얻었을지도 모를 실리를 빼앗겼지만, 미국은 실리뿐만 아니라 명분조차 잃고 말았다. 이 기간 동안 양국간의 관계를 개선하고자 지속적으로 (그렇지만 조용히) 노력한 쪽은 베트남이었는데, 이는 미국과 '벼랑 끝 전술'로 외교관계 수립을 압박해온 북한과 매우 대조적인 모습을 보인다. 베트남인들이 과거 침략자였던 미국을 향해 보이는 포용성과 대미 외교에서의 유연성은 한국인들로 하여금 놀라움을 금치 못하게 한다.

베트남인들은 베트남전쟁에 참가하여 미국과 남베트남을 도왔던 한국에 대해서도 포용적이고 유연한 태도를 똑같이 취했다. 베트남이 전쟁에서 승리했기 때문에 갖는 승자의 아량이나 여유 때문인가? 강대국과 끈질긴 갈등을 빚어온 베트남이 현실주의와 실용주의를 역사적 교훈으로 얻은 것인가? (한국은 실용주의자들 못지않게 명분을 생각하는 원칙주의자들의 목소리도 크다.) 또는 개혁개방 중인 많은 과거 사회주의 국가에서 그러하듯, 자본주의의 바람이 대중들을 친서구적·친미적으로 변화시키고 있으며, 이러한 변화가 대미정책에도 영향을 주기 때문인가? 중국과 함께 베트남의 역사에 가장 큰 피해를 안겼던 미국을 향한 베트남의 유화적이고 온건한 정책은 한국인들의 눈으로 보면 경이롭기까지 하다.

4. 베트남의 동아시아 인식

베트남인들의 인식 속에 동아시아란 존재는 있는가? 이 호찌민시 토론회에 함께 참석한 백영서 교수는 "중국에게 동아시아는 있는가?"라고 물은 적이 있지만, 나는 항상 강대국만 상대해온 베트남에게 똑같은 질문을 던져보고 싶다. 베트남에게 그간 대중정책, 대미외교는 있었어도, 대아시아, 대동아시아 정책과 외교라는 말은 매우 생소하게 들리는 게 사실이다.

우선 베트남의 대동남아 관계를 생각해보자. 베트남은 미국과의 관계정상화가 확실해지던 1995년 7월 아세안(ASEAN)에 가입함으로써 이웃 동남아 국가들과의 불편한 관계를 청산하고 새로운 우호관계의 시대를 열었다. 그 이후 10년 베트남은 특별히 적극적이지는 않았지만 무난한 대아세안 외교를 펼쳐 온 것으로 평가된다. 베트남의 이러한 조용한 대아세안 외교는 무엇보다도 경제성장에 더 많은 노력을 경주한 내치 중심의 국정운영을 한 결과로 보이지만, 무엇보다도 외자유치와 수출증대를 통해 경제성장을 가속화하려는 적극적인 세계화 전략의 일환일 뿐이지 동남아지역에 특별한 관심을 쏟는 것으로 보이지는 않는다.

베트남은 2006년 세계무역기구(WTO)에 가입하고 이어 아시아태평양경제협력체(APEC) 정상회의를 개최함으로써, 동남아나 아세안보다 더 넓고 큰 지역과 시장을 겨냥하고 있다는 의도를 명확히하였다. 사실 역사적으로 베트남은 대중국 안보에 집중하느라 대동남아 외교에는 상대적으로 작은 관심을 보였고——이러한 베트남의 안보관은 흡사 중국이 북방 방위에 신경을 쓰느라 동남아를 방관한 것과 유사하다——그나마 그 관심도 캄보디아와 라오스가 포함된 인도차이나반도에 국한되어 있었다고 볼 수 있다. 베트남의 문화조차 오랜 중국의 지배와 영향으로 동남아로부터 이질화된 것도 다른 동남아 민족들과 거리감을 좁히는 데 장애요인이 되고 있다. 이렇게 본다면 베트남이 동남아——특히 도서부 동남아——와 지역주의 의식을 공유하게 된 것은 극히 최근의 일이라고 할 수 있다.

사실상 베트남은 지리적으로 동남아의 한 국가로 분류되고 아세안에도 가입하게 되었지만, 이 지역을 구성하는 국가들 중에 특별한 우호관계를 유지한 '진정한 친구'는 없는 것 같다. (굳이 꼽으라면 라오스 한 나라가 유일하겠지만 라오스 국민들의 대베트남 감정은 어떨지 모르겠다.) 베트남과 캄보디아의 관계는 한일관계만큼이나 오래된 역사적 원한관계이고, 태국도 근대뿐만 아니라 베트남전쟁과 캄보디아사태를 겪으면서 적대적인 관계에 시종 놓여 있었다. 특히 캄보디아사태를 둘러싸고 동남아국가연합(ASEAN) 창설 5개국과 갈등을 빚어왔기 때문에 베트남은 적어도 지역의 역사 속에서는 '외톨이' 신세를 면치 못했다. 중국을 표적으로 한 '적의 적들'인 인도네시아와 베트남이 가깝다고 할 수는 있으나, 이건 어디까지나 지역질서로부터 파생된 일시적인 역학관계의 한 결과일 뿐이다.

그렇다면 베트남의 대동북아 인식은 어떠한가? 이미 논의한 중국과 다음 절에서 살펴볼 한국과의 관계를 별도로 한다면 결국 일본이 남게 된다. 일본은 2차대전 중에 베트남에 일본군을 진주시켜 무지막지하게 식량을 징발하여 그 결과 수십만의 북베트남인들이 아사한 적도 있기는 했으나, 양국이 특별한 우호적이거나 적대적인 관계를 유지한 것 같지는 않다. 도이머이 이후 일본은 대규모 공적개발원조(ODA)의 공여, 외국인 투자, 기술 이전, 교역 대상으로서 베트남에게 매우 필요한 존재로 부각될 수밖에 없다고 본다면, 양국은 무난한 경제적 동반자 관계를 유지하고 있는 것으로 판단된다.

요컨대, 동아시아에 대한 베트남의 특별한 인식이나 지역주의적 사고는 존재하지 않는 것 같다. 동아시아와 우호적인 협력적인 관계를 유지하는 것은 아시아의 경제규모와 성장잠재력이 큰 현재로선 실리적으로 도움이 되고, 또 서구나 미국 시장을 향한 한 과정이자 교두보로서도 필요하기 때문인 것 같다. 아세안은 좀더 결속력 있는 지역협력체 내지 지역공동체로 발전하기 위한 행보를 가속화하고 있어 베트남도 나름대로 여기에 동반하고 있기는 하나, 역사적으로 적대관계에 있던 중국이 포함된 확대된 동아시아 지역 협력메커니즘인 ASEAN+3(중, 일, 한)에 얼마나 적극적인 역할을 담당하고 헌신적으로 참여하고 있는지는 의문스러운 일이다.

5. 한국과 베트남, 그 특별한 관계

베트남의 도이머이와 한국의 민주화 이후 베트남으로 진출하는 한국인들과 베트남인들 사이에 파고드는 한국 상품과 한국 문화가 크게 늘어났다. 작년만 해도 30만이 넘는 한국인들이 베트남을 방문하였으며, 베트남은 인도네시아와 함께 한국인 투자자들이 투자 상대국으로 가장 선호하는 나라가 되었다. 한국의 공적개발원조나 민간단체들의 개발협력활동에서도 베트남은 특별취급을 받고 있다. 최대 도시 호찌민시(구 싸이공)를 가보면 교민이 5~6 만을 넘어 마닐라, 자카르타, 방콕을 능가하는 큰 한인사회가 형성되고 있다. 호찌민시 국가대학 인문사회과학대에서 베트남을 배우려고 등록하는 한인 학생 수가 매달 수백에 이른다고 한다. 베트남이 한국인 투자를 적극적으로 유치하고, 많은 한국인들을 받아들여 교민사회가 형성되기에 이른 것을 보면, 베트남 정부나 국민들은 한국인들이 베트남의 경제발전에 기여할 바가 많다고 생각함에 분명하다.

한국에 대한 베트남인들의 친밀감은 한국의 대중문화, 즉 '한류'(Korean wave)의 적극적인 수용에서도 잘 나타난다. 동남아에서 한류는 다른 나라들보다 5~6년 앞서 베트남에서 시작되었으며, 베트남의 한류는 비단 TV드라마에 그치지 않고, 영화, 대중음악, 한국어, 화장품, 치장법, 액세서리, 음식과 일반 한국상품 등 일종의 '종합 패키지'라고 할 수 있을 정도로 폭발적이다. 이 한류 현상을 보면 한국을 바라보는 베트남인들의 인식이 특별하다는 느낌을 받는다. 이번 동아시아 순회토론회에서 만났던 역사학자 응웬 반 릭 교수는 베트남이 한국만큼 호감을 갖고 특별한 관계를 유지한 나라는 일찍이 없었다고 했다.

한국에는 수만 명의 베트남인 신부와 노동자들이 들어와 있다. 2006년에는 베트남에서 온 신부가 한국으로 시집온 전체 외국인 신부의 28%를 차지해 중국인 국적자를 꺾고 가장 인기가 좋은 외국인 신부로 떠올랐다. 한국에서 일하는 베트남 노동자들은 일 잘하고 한국생활에 적응 잘하기로 소문이 났다. 또 우리나라에는 '베트남을 사랑하는 사람들의 모임'(Vesamo)까지 있다. 일찍이 남의 나라를 미워해 반미·반일은 해보아도, 어떤 나라를 너무 좋아해 모임을 만드는 경우는 없었던 것 같다. 베트남(전쟁)에 대해 문학작품을 쓴 수십 명의 작가들은 '베트남을 이해하려는 젊은 작가들의 모임'을 결성하여 양 국민간의 이해를 증진하기 위한 활동을 적극적으로 벌이고 있기도 하다. 아마도 특정 외국을 소재로 글을 쓰는 한국 작가들의 유일한 모임일 것이다. 동남아 역사를 전공하는 학자들 중에서도 베트남사 전공자가 제일 많다.

베트남 사람들에게 한국이 특별하듯 한국인들에게도 베트남이 특별하다. 흔히들 베트남 신부들이 돈 때문에 팔려왔다고 하고 외국인노동자 처지를 벗어나지 못한다는 비판과 차별이 있기는 하지만, 한국인들의 인식 속에 있는 베트남은 각별하다. 베트남 사람들은 중국에 대적하고 프랑스나 미국을 이긴 강한 민족이라는 존경심이 있으며, 또 한국인들이 자부심을 갖고 있는 근면, 인내, 교육열 등을 베트남인들도 똑같이 가지고 있다고 생각한다. 우리 주변에는 동남아국가들 중에서 베트남이 중국문명을 받아들인 유일한 '문명국'이라고 여기는 모화주의(慕華主義)자들도 있다. 베트남전쟁 참전조차도 한국 사람들에게 베트남에 대해 친밀감 같은 것을 갖게 한 측면이 있을 것이다.

베트남과 한국이 서로를 특별하게 생각하고 있는 요인은 무엇일까? 베트남에서 한류의 유행이나 한국에서 베트남 신부나 노동자들의 인기를 보노라면, 양국의 문화간에 서로 이해하고 소통할 수 있는 요소들을 풍부히 갖추고 있다는 생각이 든다. 베트남전쟁을 예외로 한다면, 한국과 베트남이 적대적 관계에 놓였던 역사가 없고, 과거 중국에서 양국 사신이 만나면 특별히 반가워하고 존중했다 하니 서로에 대한 호감은 옛날부터 있었나 보다. 이러한 직접적인 역사적 관계──또는 그 부재──에 못지않게, 역사적 경험 또한 중요할 것이다. 양국은 공히 식민지배, 분단, 전쟁, 빈곤 그리고는 최근에는 급속한 경제발전을 경험하였다. 경제에서 한국이 다소 앞서 있을 뿐이다. 난 이러한 요인들 외에도 한국과 베트남이 과거 동아시아 문명의 '중심'이었던 중국으로부터 비슷한 '문화적 거리'를 가진 주변부에 자리잡고 있었던 요인 또한 중요하다고 생각한다.

나는 이 '문화적 거리'라는 개념을 언젠가는 한번 진지하게 풀이해볼 요량인데, 여기서 본격적으로 논하기엔 적절하지 않은 것 같다. 그 요점은 '문명의 중앙'으로부터 역사적으로 오랫동안 유사한 '문화적 거리'를 유지했던 '주변국들'은 유사하게 문화 원형에 집착하여 그것을 고수하려는 경향을 갖게 되는바, 그 중앙은 자신있게 그리고 쉽게 문화를 변화시키는 반면, 주변부는 오히려 그 원형을 그대로 간직하려는 경향이 강하다는 것이다. 베트남과 한국의 한자 발음법이 중국 표준어보다 훨씬 원음이었던 당나라 발음에 가깝고, 양국이 공히 베트남보다 더 오랫동안 주자학적 전통을 유지하였으며, 한류 TV드라마가 유교적 전통이 강한 북베트남에서——동남아 문화의 영향이 짙은 남베트남보다——더 일찍이 그리고 더 큰 인기를 얻었다는 사실들이 이 '문화거리론'의 설득력을 높여준다.

어쨌든 한국과 베트남은 서로에게 특별한 감정을 가지고 있는 것만은 틀림이 없다. 국제관계에서 진정한 친구를 찾기란 힘들지만, 양국은 서로에 대해 호감을 가지면서 대등한 관계를 갖고 있다는 점에서 한국과 베트남이 진정한 친구가 될 수 있는 소지가 많다. 중국과 일본 사이에 낀 한국이 동북아에서 친구를 찾지 못했다면, 대국적 시야를 가진 베트남도 동남아에서 친구가 없다. 베트남과 한국이 지금 관계에서 한걸음 더 나아가 더 많이 협력하고 서로 소통하여 진정한 친구가 되었으면 좋겠다. 그리하여 양국이 동남아와 동북아를 이어 동아시아를 만드는 가교가 되고, 동아시아인 모두가 꿈꾸는 '동아시아 공동체'(East Asian Community) 건설에 핵심적인 역할을 할 수 있었으면 좋겠다.

6. 보론: 동아시아 지역통합의 이점

나는 동남아와 동북아 간의 협력과 교류 그리고 대화와 소통이 이 지역에 속한 나라들과 국민들에게 평화와 복리를 크게 증진시킬 것이라고 생각한다. 아래에서는 동아시아를 구성하는 두 하위지역간의 상호작용이 정치적·경제적·사회문화적 부문에서 제공해줄 수 있는 다양한 공통이익들을 간단히 열거해본다.

국제정치적 측면에서 동남아와 동북아 간의 협력과 대화는 두 지역 사이를 역사적으로 갈라놓았던 갈등과 대립, 전쟁과 무력개입의 위협을 크게 완화시킬 것이다. 과거 중국, 일본, 한국 등 동북아국가들은 동남아국가들을 강압적으로 지배, 침공, 점령, 군사개입을 한 적이 있다. 현재 동남아국가연합(ASEAN)이 중심이 되어 진행되고 있는 ARF(ASEAN Regional Forum)나 ASEAN+3 프로세스는 두 지역간의 관계를 대립으로부터 협력으로, 갈등으로부터 화해로, 불신으로부터 이해로 변화시키는 중요한 역할을 수행하고 있다. 이러한 제도들의 기여는 동북아와 동남아의 관계가 협력과 대화를 강화한 지난 20여 년 동안 두 지역간의 대립과 갈등이 거의 사라졌다는 사실을 통해 잘 입증된다. 범지역적 안보협력의 효과에 대해서는 다자주의론자들의 연구를 통해서 이론적으로도 검증되는 바이다.

경제적 측면에서 동북아와 동남아는 사실상 지역통합의 길을 걷고 있다고 할 수 있을 정도로 협력과 교류가 크게 증대되었다. 동남아 여러 경제가 개혁과 개방을 시작한 1980년대 이후 동남아와 동북아 간의 교역과 투자는 급속히 확대되어 동아시아 역내 협력이 역외 협력보다 더욱 중요한 비중을 차지하게 되었다. 일본, 한국, 타이완 등의 대동남아 투자가 지속되고, 중국의 부상으로 아세안과의 교역이 엄청나게 확대되었던 덕분이다. 상호간의 경제적 통합은 기본적으로 동아시아의 대다수 국가들이 가지고 있는 역동성과 성장의 잠재력, 그리고 비교우위와 인적·물적 자원의 측면에서 두 지역간에 존재하는 상호보완성(complementarity)에 의해 촉진되고 있는 것이다. 경제적인 분야에서의 동아시아 통합은 역사적이고 구조적인 필연이라고 할 수 있을 정도이다.

사회문화적 협력과 교류 또한 크게 확대되었다. 양 지역간 인적 왕래는 과거에는 상상하지 못했을 정도로 빈번해지고 다양해졌다. 투자자, 정부 관리, 군인, 선교사 등 제한된 직업과 인원을 중심으로 이루어지던 두 지역간 교류는 이제 경제인 외에도 관광객, 노동자, 유학생, 신부 등으로 대규모화, 대중화, 다양화되었다. 대부분의 동남아국가에서 동북아국가들로부터 온 관광객들은 압도적 다수를 이룬다. 한국 관광객은 작년 태국에서 1백만 명을 돌파하였으며, 캄보디아에서 최대의 관광객 지위를 차지하였고, 인도네시아에서는 가장 많이 체류하는 외국인이 되었다. 일본, 한국, 홍콩, 타이완 등지에서는 동남아국가들로부터 몰려든 이주노동자들이 그 나라의 경제성장에 중요한 몫을 해내고 있다. 필리핀으로부터 시집온 신부들은 일본에서, 베트남으로부터 온 신부들은 타이완과 한국에서, 이 나라들이 제각기 당면하고 있는 출산율 저하의 위기를 해결하는 데 결정적인 기여를 하고 있다. 오랫동안 일본, 중국, 한국으로 유학가던 동남아 토착인들이나 화인들과 대조적으로 수만 명의 중국 학생들과 한국 학생들이 싱가포르로 유학을 오는 흥미로운 추세를 보인다. 또한 최근에는 홍콩의 무협영화나 일본의 TV드라마와 만화에 이어, 한국의 영화, 드라마, 음악 등 대중문화가 큰 인기를 얻고 있는 현상을 본다.

　동북아와 동남아 간의 협력과 교류는 대체로 경제적 요구나 시대적 추세에 쫓아 이루어지고 있다. 공통이익을 가져다주고 상호 혜택이 되는 측면이 강하지만, 현실주의(국제관계), 세계화(경제협력), 상업주의(문화교류) 등의 흐름에 추수하다 보니 주권침해, 경제적 격차, 문화충돌 등 심각한 문제들도 아울러 야기하고 있다. 여기에서 대화와 소통의 중요성이 제기되며, 이를 위한 만남은 양 지역간에 급속히 진행되고 있는 협력과 교류의 현 통로나 방식을 얼마나 근본적으로 또 어떠한 수단을 통해 변화시킬 수 있는가라는 질문을 제기한다.

베트남전쟁 소설론: 용병의 교훈

송승철

1. '당신들의 전쟁'

장교 계급장을 달고 베트남전쟁에 참여했던 한 작가는 체험을 소설화하면서 "삼십만 명이 바다를 건너가 삼천이 넘는 청춘이 피 흘리고 죽었으며, 우리 문제에 대한 많은 점을 시사해주고 있는데도 베트남전쟁은 한국인들에게 올바로 이해되지 못한 채 망각의 장 저쪽으로 묻혀져가고 있다"고 분개했다.[1) 정말 어떻게 된 일인가.

돌이켜보면, 당시 대다수 국민들은 물론 심지어 야당과 학생들조차도 이 명분 없는 참전에 거세게 저항하지 않았다. 파병을 경제적·외교적 과실을 얻는 대가로 우리가 치러야 할 불가피한 희생으로 보았고, 따라서 전쟁이 끝나자마자 파병 자체를, 그리고 그와 함께 전쟁의 희생자들을 잊어버린 것은 당연한 순서일 것이다. 베트남전쟁이 끝나갈 무렵에 진보적 시각을 가진 일

---

1) 이원규 『훈장과 굴레』, 현대문학사 1987, 10면.

부 사람들은 안보논리의 위압 속에서 참전의 부도덕성을 비판했는데, 이 시각에 따르면 한국군의 베트남 참전은 자주성 없는 정부가 미국의 압력에 굴복하여 이민족의 역사에 멋모르고 참가해서 마구 총을 쏘아댄 부끄러운 경험이었다. 과실이 목적이었든 압력에 굴복했든, 이제 대다수 국민들은 두 견해 가운데 하나를 받아들이고 있는데, 은연중 우리가 '당신들의 전쟁'에 '용병'으로 참가했음을 시인하는 것에 다름 아니다.

파월참전이 용병의 전쟁이었다는 것은 상당한 진실을 포함하는 말이고, 또 용병의 전쟁이었기에 우리가 자랑스럽지 못한 전쟁을 잊어버린 것도 이해할 수 있는 일이다. 그러나 참전이 결코 미국측의 요구에 의해서 일방적으로 진행된 것이 아니라는 최근의 연구는 제쳐놓더라도,[2] 요즈음과 같은 용병론의 '무조건적' 수용은 석연치 않은 점이 있다. 우선, 이는 당시 정권의 의사와는 관계없이 참전자들이 겪었던, 그리고 이 사회가 반드시 기억해야 할 어떤 집단체험을 순수하지 못했다고 스스로 이해하길 포기한 것은 아닌가. 더구나 출구 없음을 핑계삼아 최근에 사회문제가 된 고엽제 피해자나 한국인 혼혈아 등에서 나타나는 계속형의 체험을 완결형으로 만들어 베트남전쟁에서 우리가 행한 일의 책임을 회피하려는 것은 아닌가. 그렇다면 우리는 베트남전을 반성적으로 성찰할 때조차 참전의 체험과 결과에 대해 이해를 더 기울여야 할 확실한 이유가 있는 셈이다.

---

2) 홍규덕은 그의 미발표 학위논문 "Unequal Partners: ROK-US Relations During the Vietnam War"(University of South Carolina 1991)에서 한국은 이승만정권 때부터 계속해서 월남참전 의사를 표명했으며, 박정희정권은 파견을 위한 미국과의 협상과정에서 결코 '속국'의 태도로 볼 수 없는 자주성을 보인다고 결론짓고 있다.

2. 모순된 체험

폴 파슬(Paul Fussell)은 1차대전과 문학의 관계를 검토하는 자리에서 "전쟁은 그 수단과 목적의 엄청난 불균형 때문에 예외없이 아이러니"라고 지적한다.[3] 6·25를 겪었음에도 불구하고 우리의 참전자들도 꼭 같은 아이러니를 체험했다. 우선, 참전자들은 말단 전투부대와 지휘소/보급소의 경직된 대비를 이해하기 어려웠다. 매복, 더위, 죽음, 말라리아, 그리고 죽음의 고통 저쪽에는 유출된 군수물자에 들러붙은 값싼 환락이 환상처럼 흥청거렸다. 삶과 죽음의 대비는 너무나 끔찍했고, 죽음은 언제나 순간적으로 일어나기에 죽음을 처음 목격했을 때 상당수의 군인들은 전혀 실감할 수 없었다. 아이러니는 전투의 현장인 월남과 한국, 또는 군인과 일반국민 사이에도 있었는데, 수색매복작전에 나선 병사들은 승리와 이념의 당위만을 논의하는 후방의 언론과 민간인——자신의 가족까지 포함하여——에 대해 분개하였다. 또한 처음으로 낯선 풍경 속에 떨어졌을 때 한동안 현실감을 느끼기 어려웠고, 이국적 풍경 속에 위치한 이해 못할 말을 쓰는 이방인들을 자신과 같은 온전한 사람으로 인식하기도 쉽지 않았다.

더구나, 월남전은 역사상 가장 '더러운' 전쟁이었기에 참전자들은 그 이전의 전쟁에서 결코 겪지 못한 새로운 아이러니를 경험하였다. 베트남해방전선이 준원시적 장비를 사용해서 거대한 물량을 가진 미국에 대치하고 있다는 사실을, 그리고 동료들이 정규전 아닌 '물소똥을 묻힌 죽창'에 찔려 전사한다는 사실도 믿기 어려웠다. 미군의 대규모 북폭과 신형 대량학살 무기도 섬뜩한 일이었고, 무엇보다 평화를 위해서 폭력을 선택했다는 자기모순을 은폐하기 위해서 언제나 이용했던, 구조주의의 용어를 빌려 말하면, 이항대립의 구도가 베트남전에서는 무력했다. 물론 공식적인 이항대립은 있었다.

---

3) Paul Fussell, *The Great War and Modern Memory*, Oxford U.P. 1975, 7면.

'이쪽'에 있는 우리 편은 자유주의의 이념 아래 고통받는 우방을 돕기 위해 참전했으며, 한 사람 한 사람 선량하고 고유한 이름을 지닌 인간인 데 반해, '저쪽' 어둠속에서만 활동하는 공산주의자들은 인간의 탈을 쓴 야만이며, 오로지 집단의 이름으로서만 확인되는 개체들이라고. 그러나 참전자들은 베트남에 상륙하기도 전에 적은 저쪽에만 있는 것이 아니라 사방에 있으며, 베트남 사람들이 우리 편이 아님을 알고 당혹해했으며, 이 혼란과 죽음의 현장에서 느낀 적의를 저쪽뿐만 아니라 이쪽의 미군에게도 드러내기도 하였다. 달리 말하면, 베트남전쟁에 참여했던 의식 있는 사람들은 미국식 자유민주주의와 반공이데올로기가 삶과 죽음을 관통하는 자신들의 '더러운' 체험을 희석시킬 이념적 기재로 유효하지 못했기에 전쟁의 의미에 혼란을 겪었다.[4)]

3. 모순된 체험의 자기설복: 자기합리화인가 객관화인가?

그러므로 베트남전쟁이 전례없이 '더러운' 전쟁이었다는 지적은 그 전쟁에 참여한 병사들은 자신의 참전의 정당성을 스스로에게 설복하기 힘들었으며, 따라서 그 어느 전쟁보다 정체성의 위기를 겪었다는 말과 다를 바 없다. 더러운 전쟁이기에 더욱더 자기 정체성 파악을 통해서만 모순된 경험을 순치할 수 있기 때문에 베트남전쟁의 소설화는 필연적으로 자기합리화의 강박관념에 시달리면서 자신의 행위를 객관화해야 하는 어려움에 직면한다. 용병론은 이런 상황에서 자신의 모순을 합리화하는 강력한 기제 가운데 하나일 것이다.

그러므로 베트남전쟁 문학은 참전자의 체험의 산물임에도 불구하고 보고

---

4) 말할 것도 없이 이 모든 양상은 요약적으로 정리한 것이며, 한국군과 미군 참전자의 경우 국적, 국내여론, 반공이데올로기의 정도, 무기 및 보급품 상태, 그리고 과거의 전쟁체험(즉, 6·25와 양차대전) 등에 따라 차이를 보인다.

문학의 차원으로 생각해서는 안된다. 대부분의 작가 자신들은 자신의 작품이 참호에서 직접 보고 겪은 것을 '있는 그대로' 기록한 것이라고 주장한다. 안정효는 다음과 같이 말한다.

　　이 한 권의 책으로 월남전이 지니는 역사적 의미의 추적이나 입체적인 조감을 해보겠다는 오만한 욕심은 없다. 그럴 만한 비판적인 안목과 능력이 없기도 하려니와 (지극히 개인적인 견해지만) 나로서는 전쟁이라는 집단적인 사건이 지니는 정치적·군사적·역사적 의미보다는 전쟁행위에 휘말린 인간의 모습을 내가 보았던 그대로 전하는 작업이 절실한 욕구로 느껴졌기 때문이다.[5]

　　그러나 2차대전의 경험을 역사화하려 했던 한 영국 왕립 공군 전투조종사 출신 역사가의 다음과 같은 진술로 판단하건대, 안정효의 주장을 있는 그대로 받아들일 필요는 없다.

　　내가 적은 일기를 아무리 자세히 살펴봐도 그 당시 폭격편대의 생활이 어땠는지 미끈하게 뽑을 수 없었다. 당신이 이에 대해 올바른 역사적 설명을 하려고 노력해도 종잡을 수 없을 것이다. 정말이지 경험의 가닥들이 수은덩어리처럼 역사가들로부터 달아난다. 당연히 역사가들은 그 경험의 가닥 대신에 이런저런 인위적 구조물을 세워야만 하는 것이다. 결국 훌륭한 역사란 삶을, 지나간 삶을 다시 잡는 자라기보다 삶을 다시 만들어내는 예술가임은 당연한 일이다.[6]

　　기록은 언제나 허구라는 명제를 지나치게 확대하는 것은 위험한 일이다.[7] 그러나 체험의 소설화에서 가장 중요한 문제는 일차적으로는 체험으로 알게

---

5) 안정효 「작가후기」, 『하얀 전쟁』, 고려원 1989.
6) Fussell, 앞의 책 311면.
7) 이 경우 자칫하면 모든 진술은 필연적으로 부분적 진실만 담고 있으며, 그러기에 이데올로기라는 식으로 발전할 우려가 있다.

된 아이러니를 독자들에게 전달하려는 욕망이지만(안정효 말고도 전쟁문학의 작가 대다수가 이 점을 강조한다), 이미 지적한 대로 이때 혼돈과 아이러니로 점철된 경험에 일정한 질서를 부여함으로써 모순된 체험의 필연성을 자신에게 설복해야 하는 어려운 문제를 작가가 의식하든 않든 소설이 반드시 포함하게 된다는 점만은 분명히 인식해야 할 것이다.

지금의 독자들에게 베트남전은 본질적으로 민족해방전쟁이었다는 것, 한국군은 정의로운 '자유수호의 용사'가 아니라고 말하는 것은 어렵지 않은 일이다. 이에 비하면 우리의 모순된 행위를 개인적 합리화의 차원 너머 진실의 차원으로 객관화하려는 양태를 검토하는 것은 이보다 어려운 작업이다. 이런 관점에서 이 글은 베트남전쟁 소설 가운데 일정한 문학적 성과에 도달한 것으로 평가받는 박영한의 『머나먼 쏭바강』, 안정효의 『하얀 전쟁』 및 황석영의 『무기의 그늘』을 살펴보려 한다.[8]

4. 『머나먼 쏭바강』: 젊음의 통과제의

베트남전쟁 소설은 그 화자들이 대개 20대 전후의 감수성이 예민한 젊은 이이며, 성인으로 진입하는 문턱에서 전쟁이 빚어내는 혼돈, 죽음, 욕망, 부정과 마주친다는 점에서 일종의 성장소설의 모습을 지니게 마련이다. 일상적 삶의 건조함에 실망한 나머지, 자신이 속한 세상을 벗어나 순정한 삶을 찾아 편력하려는 낭만적 욕망은 싱싱한 정신에게는 피하기 어려운 도발적 유혹이다.

그러므로 "단거리 선수처럼 순간순간 작렬하며 살기"를 바라는 황일천은

---

8) 『머나먼 쏭바강』은 일부 수정과 함께 『쏭바강의 노래』로 개제한 민음사 1992년판에 따랐다. 나머지 두 작품 『하얀 전쟁』과 『무기의 그늘』은 각각 고려원 1989년판과 창작과비평사 1992판을 텍스트로 사용하였다.

베트남을 뜨거운 삶의 현장으로 생각하고 파월을 자원한다. 그러나 베트남에서도 그가 찾으려 했던 진짜 삶은 여전히 보이지 않는다.

대체 여기에 무엇이 있단 말인가? 태양, 늘어진 야자수, 시애시타라 불리는 그 맥빠져 자빠진 게으른 낮잠, 레이션 박스가 널브러져 있고, 물소떼가 느리게 지나가며, 털갈이하는 짐승의 등허리처럼 살풍경한 들판…… 거기다 뜻없이 저질러본 소소한 전투행위, 뭐 그런 따위지. (…) 소총을 떨렁대며 상관의 군홧발에 이리 부대끼고 저리 부대껴온 나란 참 허무맹랑한 존재였어. 기껏, 어마어마한 조직을 가진 월남전이라는 공장에서, 나사 끼우는 작업만 배당받은 한 기능공에 불과했어. [전쟁의 조종관인] 미국은 이 거대한 공장의 10층이거나 15층의 관리실에 점잖게 앉아 있지. (105면)

삶을 이국에서 찾으려 했던 낭만적 정신이 자신이 용병임을 알고 실망하는 것은 당연한 수순이다. 그러나 그 이유가 자기중심적인데다 엘리뜨적 우월감이 배인 형이상학적인 것이어서 불안하다.

내가 바라던 삶은 이것이 아니었어. 내 손으로 만져보고, 뜨거움을 느껴보고, 틀림없이 이거다라고 말할 수 있는 그런 거였다. 시키는 대로 움직이고 시키는 대로 쏘면 편하다는 것, 그것은 오히려 고통이었다. (…) 그러니 네가 바라는 삶이란 애초부터, 바다 건너 저쪽에도 이쪽에도, 월남지도의 어디에도 없었던 것이다. (106면)

황병장은 귀국을 앞두고 빅 뚜이라는 베트남 여자를 알게 되고 첫눈에 서로 그리워하게 된다. 그는 귀국 직전 받은 신체검사에서 어이없게도 성병환자로 잘못 분류되어 진짜 성병환자인 유하사와 함께 성병환자 수용소로 후송된다. 여기서 그를 비롯한 수용환자들은 쌔디즘적 폭력을 휘둘러대는 올챙이상사로부터 온갖 인간적 수모와 고통을 받게 된다. 이 고통의 한가운데서 빅 뚜이라는 이국여인에 대한 사랑은 그의 삶을 지켜나가는 동력이 된다. "소소한 전투행위"에도 없던 "뜨거운 삶"은 그러나 전혀 예기치 않은 곳에서 만나게 된 것이다. 그리움 때문에 딱 한번만 본 적 있는 빅 뚜이를 만나기 위해 황은 무단 병영이탈을 해서 사랑을 나눈다.

이 과정은 대단히 박진감 있고 경쾌하게 읽히지만, 이야기의 얼개를 이렇게 단순화시켜놓으면 이 소설의 방향성이 지닌 문제점이 드러난다. 『로미오와 줄리엣』을 연상시키는 황과 뚜이의 급작스러운 관계 전개는 자연주의적 기율에 배치되지만, 그러나 이것은 전통적인 문학의 코드라고 생각하자. 그러나 성병환자 수용소에서의 폭력적 상황이 전개되면서 냉전논리와 민족해방 이념의 맞대결에서 유래한 베트남전쟁의 본질적 문제가 배경으로 물러앉는 것은 심각한 결함이다. 올챙이상사와 수용환자의 관계는 흡사 과거 논산훈련소 내무반장과 훈련병의 관계를 그대로 옮겨놓은 셈이다. 황병장의 인물 면면도 어딘가 보통사람에 대한 경멸이 은연중에 보일 정도로 지나치게 고고한 존재로 설정되어 있다. 이 점도 베트남전쟁의 근본적 모순이 배경으로 물러난 것과 무관하지 않을 것이다. 그 결과 국부적 묘사는 자연주의적 기율에 충실한데도 전체적으로는 베트남이란 전장은 젊은날 낭만적 사랑의 통과제의를 화려하게 치장하는 '신화적' 현장이 되고 만다.

그런데 수용소의 생활에서 배경으로 밀려났던 베트남의 현실은 빅 뚜이를 통해 다시 들어온다. 황병장은 결혼이라는 현실적 문제와 부딪히자, 그의 '첫사랑'의 열정은 현실적 깊이를 얻게 된다. 병영을 은밀히 이탈하여 어렵게 만난 뚜이를 품에 안고 황은 번민한다.

 너 여자완 처음이다. 아니지, 처음이라고 말할 순 없지. 하지만 고국에서 겪었던 맹물 같은, 돌아서도 그만 다시 보아도 그만이었던 그런 연애완 다른 게 이 여자와의 사이에 있어. 독하며, 아편 같고, 다시는 이런 황금기가 오진 않을 거라는 확신을 주는…… 때는 이때다 하고 기회를 잡게나. 어머님의 근심이니,

국제결혼 수속을 밟는 번거로움이니, 들창코니 어쩌니……. 그런 따윈 문제될 게 없어. (221면)

여기서 이념적 문제보다 인종적·문화적 문제가 갈등의 핵으로 제시되는 것은 문제삼을 필요가 없다. 따지고 보면 이념적 갈등보다 인종적·문화적 갈등이 더 극복하기 어려운 것이다. 동시에 둘 사이의 사랑은 이로 인해 용병론으로 정당화되지 않는 영역에 자리잡는다. 남의 나라에서 생면부지의 사람에게 총을 쏴댄 것은 용병이기에 어쩔 수 없더라도, 그것이 문화적·인종적 문제에까지 면죄부를 줄 수는 없기 때문이다. 그런데 어떤 의미에서 더 어려운 갈등이 제기되는 순간 『머나먼 쏭바강』은 이 문제와 본격적 대결을 연기해버린다. 위 예문은 다음과 같이 이어진다.

아아 골치 아프다. 관두자. 기회는 오늘뿐만은 아니다. 오늘을 잡쳐버리지 말라. 제에발 이 순간순간을……. 시간은 황금같이 흘러가고 있다. (221면)

있을 수 있는 일이다. 다만 이와 함께 이야기의 촛점이 다른 곳으로 옮겨가는 것은 문제이다. 하나는 김기수 하사와 베트남 여자와의 관능적 이야기로 일탈한다. 그러나 이 관계는 데까당적 우수를 지니고 있지만 처음부터 쾌락과 군수물자의 교환을 동반하는 부패한 것이다. 또 유하사는 올챙이상사에 저항하다가 총기사고를 낸다. 이 두 사건은 모두 황병장과 관계없이 진행되는데, 그러나 갈등을 끝까지 연기할 수는 없는 법이다. 소설의 촛점이 다시 두 사람에게로 돌아오고 독자들은 결혼을 결심하고 비상경계태세 중에 병영을 이탈하여 뚜이에게 가는 황과 만나게 된다. 그러나 이 순간 이때까지 결혼을 요구해오던 뚜이는 결혼을 거부하며 소설 밖으로 스스로 퇴장한다. 뚜이의 퇴장은 너무나 예기치 않은 것이데, 만일 이를 뚜이의 신의배반으로만 설정한다면(실제로 이런 면이 강하다), 이 소설은 끝에서 신파의 수준으로 급전직하하는 것이다. 아마 작가는 이 점을 염려했음인지 지금까지 배경으로만 존재했던 이념의 문제를 정면으로 가져온다.

> 그들은 말없이 도로가에 서 있었다. 한참 만에 여자가 말했다.
> "어머님은 완고하세요. 당신이 한국군이기 때문에 유달리……."
> "그게 무슨 상관이 있단 말이냐."
> (중략)
> "오빠는 연합군과의 전투에서 죽었답니다. 후에전투에서."
> 황이 여자의 눈을 뚫어져라 쏘아보았다. 그리고 놀라서 물었다.
> "게릴라였나?"
> "월맹 정규군 장교였어요."
> 한참 만에 황이 말했다.
> "괜찮아, 뚜이. 그런 건 우리에게 아무 상관 없어."
> 그렇게 말하면서도 황은 속으로 상당히 충격을 느끼고 있었다. 이 여자는 여태껏 그 오빠의 적과 마주앉아 있었던 것이다.
> "어머님은 그 사실을 중요시해요. 그리고 군인이면 누구나 싫어해요. 이쪽이든 저쪽이든." (233면)

외국인과의 사랑이란 인종적·문화적 갈등을 야기하지만, 특히 용병으로 참가한 한국 군인과 월맹군 장교로 전사한 오빠를 둔 베트남 여인 사이의 사랑에는 이념의 문제까지 겹치게 된다. 역으로 말하면 그렇기에 국제결혼은 이 복잡하고 음험한 갈등에 비수를 갖다 대는 날카로움도 지니게 마련이다. 그러나 황병장과 뚜이의 일상적 삶과 태도에서 이 문제가 깊이 용해된 흔적을 찾기 힘들고 둘의 만남과 헤어짐에서 황이 이 문제를 새롭게 각성한 면도 그닥 없다. 작가는 이 골치 아픈 문제를 이념적 갈등이란 도식을 내세워 황병장의 순결성을 흠내지 않는 방법으로 편리하게 처리해버린 셈이다. 황병장은 기다림과 실연의 아픔을 이렇게 읊조린다.

보라, 그애가 날 잊지 않고 있어. 다시 오는 거야······. 꼭 일주일쯤만 참아
라······. 널 아끼고 있어. 오오, 순결하고 작은 영혼······ 앙증한······ 넌 밤마다
내 마음의 들창 앞을 지나갔어······. 트레머리의 다갈색 머릿단······ 그 향내
······. 넌 꿈마다 내 속으로 오는 작은 새여라······. (322면)

일종의 '한여름 밤의 꿈'이지 않은가.

5. 『하얀 전쟁』: 실존주의적 합리화

만일 우리가 『하얀 전쟁』의 화자 한기주처럼 전쟁터에서 화약 냄새와 악
취로 썩어가는 시체를 보았고, 또 정면에서 상대방을 살해했다면 어떻게 자
신의 행위를 스스로에게 설득할 수 있을까. 다음은 한기주가 처음으로 베트
콩을 동굴에서 수류탄으로 사살한 직후의 장면이다.

　　윤일병은 들고 있던 씨레이션 깡통을 나에게 내밀었다. 울퉁불퉁 대검으로
딴 깡통의 뚜껑을 열어보니 속에는 시뻘건 피로 범벅이 된 살점이 하나 들어
있었다. 나는 뒷걸음질을 쳤다.
　　"이거 뭐야?"
　　"부분대장[한기주]님이 죽인 [베트]콩의 귀예요. 제가 나중에 찾아서 칼로 잘라
가지고 나왔죠. 적을 사살했다는 걸 확인시키려면 시체를 제시할 수가 없는 경우
엔 귀를 내놔야 해요. 훈장을 타려면 영수증이 있어야죠." 그가 희죽 웃었다.
　　나는 또다시 토하기 시작했다. (173면)

이미 지적한 대로 적와 아군의 이분법이 효력을 잃었을 때, 아마 가장 호
소력 있는 합리화는 실존주의일 것이다. 실제로 전쟁의 아이러니만큼 실존
주의에 부합되는 상황도 없을 것이다. 우리는 영문도 모르고 살육의 땅에

'내던져졌으며,' 거기서 잔혹·증오·상호 멸실의 '인간조건' 속에서 '무의미한' 개죽음을 당하고, 살아남더라도 그 상흔이 주는 존재의 '불안'은 삶의 굴레로 작용하며 이제 현실이 오히려 '비현실'이 된다고.

『하얀 전쟁』에는 이 상황에 부합하는 일화가 도처에 있다. 작가는 흡사 자동차의 액셀러레이터를 조금씩 세게 밟아주듯 이 일화들을 사실적으로 배치하는 방법으로 전쟁의 부조리와 한심함을 마침내 전율적인 살인행위로 변주시키면서 '전쟁이란 타의에 의해 파괴된 영혼'을 그려낸다. 작가가 '인간조건'의 논리로 이 더러운 체험을 '더럽지 않게' 설득시키는 수사학은 만만치 않다. 이미 언급한 자연주의적 사실성이나 아래에서 언급할 격자소설의 기법 따위의 큰 장치 말고도, 전쟁의 참혹함을 오히려 완곡어법에 기대 더 두드러지게 만든다든지, 살육행위 중간중간에 포르노그라프를 일종의 코믹 릴리프로 배치하여 감정의 긴장과 이완의 흐름을 조절한다든지, 서사적 사건을 이미지 중심의 시적 표현으로 서정적으로 처리하는 따위의 소소한 소도구도 효과적으로 활용하고 있다.

그러나 작가의 의도와는 반대로 이 작품을 진짜로 읽을 만하게 만드는 것은 이런 소도구나 혹은 이에 의지해서 화자가 끊임없이 합리화하는 실존주의적 명제가 아니라 이 소설을 구성하는 수많은 인물들에 대한 삽화라는 점을 지적해야 하겠다. 엄밀히 말해 『하얀 전쟁』은 소설보다는 단편의 중첩에 가깝고, 주요 인물인 한기주와 변진수도 이 소설의 주인공이라고 하기 힘들다. 한기주는 전투에 참가하고 살육도 하지만 그의 가장 중요한 역할은 자신의 주변에서 죽어가는 전우들을 기록하는 화자의 그것이다. 변진수는 베트남전쟁을 묘사한 부분에서는 간헐적으로 등장하며, 예를 들면 전희식 병장에 비해 등장빈도도 떨어진다. 이는 변진수가 사소한 인물이라는 뜻이 아니라 오히려 작가가 변진수의 역을 통해 말하려는 바가 다른 작중인물들의 삽화적 묘사에 의해 충분히 전달되고 있다는 뜻이다. 즉 이 소설을 끌고 나가는 힘은 어느 개인의 깨달음이 아니라 조직화된 상호 살육행위의 현장에서

158

어이없이 죽어가거나 혹은 영혼에 상처를 입는 전투원들의 집단체험이다. 화자는 작중인물에 대해 거의 예외없이 그들의 소박한 과거, 미래의 꿈, 그리고 괴팍스런 모습까지 우리에게 실감나게 들려준 다음 한 사람씩 전사자로 소설 밖으로 퇴장시킨다. 그러므로 변진수는 오로지 화자 한기주, '백정' 민정기, '색골' 진승각, '봉골' 채무겸, 전희식 병장, 윤명철 병장 등 같은 소대원의 '파괴된 영혼'을 가장 극단적으로 드러내는 역할을 담당할 따름이다.

이에 비하면 화자가 베트남 현장에서 경험한 삶의 아이러니를 내적 독백의 형태로 끊임없이 (베트남전쟁 아닌) 전쟁 일반으로 환원하는 부분은 읽기 딱하다.

> 전쟁은 주인공들이 달라질 뿐 내용은 항상 똑같은 연극이다. 연출자는 뒤로 물러나서 눈에 보이지 않고 무대 위에서는 의식조차 없는 꼭두각시들이 무언극을 벌인다. (206면)

실존주의는 또 하나의 철학이 아니라 인간존재의 본질적 모순을 이론화한 것이라는 견해도 있지만,[9] 사실은 특정한 역사적 상황과 연관된 담화 양식이며, 따라서 실존주의적 해명은 일정한 방향성을 지니고 있다. 실존주의의 명제가 틀렸다는 것이 아니다. 그것을 모든 유형의 삶을 해명하는 일반적 진실로 격상시킬 때 왜곡이 발생한다는 의미이다. 화자가 자신의 명제를 정당화시키는 과정에서 슬쩍슬쩍 베트남의 상황을 주관화시키는 것은 그 왜곡의 대표적인 형태에 속한다. 예를 들면 베트남은 종종 화자의 저쪽에 있는 알 수 없는 타자로 일방적으로 묘사된다.

> 언덕을 오르면서 뒤를 돌아다보니 쓰레기하치장 왼쪽, 새로 쓰레기를 버린 듯한 자리에 오글오글 모인 월남인들은 쓰레기더미를 쑤시고 있었다. 깡통과

---

9) William Spanos ed., *A Casebook on Existentialism*, New York: Crowell 1966, v면.

커피찌꺼기와 알록달록한 포장지가 열기를 뿜어내는 들판의 여기저기를 파헤치는 월남인들은 페스트가 휩쓸고 간 마을에서 가족의 시체를 찾는 유령들처럼 괴이했다. (41면)

더욱이 실존주의적 명제는 이 작품에서 전쟁에 국한되지 않고 삶의 전반적 상황으로 일반화된다. 작가는 격자소설의 기법을 섬세하게 활용하여 월남에서의 상흔을 한국에서의 무기력하고 의미없는 삶과 병치를 시키면서, 또 어떤 때는 전자를 후자의 직접적 원인으로 제시하는 구도를 사용하여, 전쟁의 상황과 서울의 삶을 실존주의적 '인간조건'의 논리 아래 하나로 수렴한다. 그러나 이 고리는 작품에서 가장 취약한 부분이다. 우선 한국의 한기주와 월남의 한기주는 세상으로부터 피해를 보고 있다는 점에서 동일하지만, 그 원인은 근본적으로 다른 곳에서 출발하기 때문에 양자 사이에 인과관계를 설정하기 어렵다. 한기주는 귀국 후 시를 쓰는 한편 출판사 부장으로 생계를 꾸려나간다. 상업성만을 따지는 출판사에서 "틀린 글자를 찾아내는" 일에서 그는 아무런 삶의 의미를 찾지 못한다.

남들이 해놓은 일의 뒷설거지를 하느라고 하나밖에 주어지지 않은 삶을 소모시키는 평균치의 삶. 평균 이하의 인간이 살아가는 평균치의 삶. 아니, 평균 이상의 인간이 살아가는 평균치 이하의 삶인지도 모른다. (22면)

이해되는 일이다. 그러나 서울에서의 한기주의 삶은 독자의 공감을 사기에는 지나치게 자기중심적이어서 좌절을 그를 둘러싼 세계의 부조리만으로 돌리기 힘들다. 한기주의 이기성은 무엇보다 아내와의 관계에서 잘 드러난다. 아내는 비록 속물적이고 정결한 여자는 못 되지만 그녀의 간통행위에는 사랑에의 갈망이 담겨 있는 데 비해, 한기주는 끊임없이 피해의식에 사로잡힌 모습만 보일 뿐 누구에게도 단 한번도 진정한 사랑의 행위를 보이지 않

는다. 그러기에 그의 실패를 베트남전쟁의 상흔으로 인과관계를 설정하거나,
둘을 묶어 모두 '인간조건'으로 일반화하는 것은 지나친 자기변명이다. 무엇
보다 한기주의 전쟁의 상흔은 집단적 체험임을 상기한다면. 한기주가 전쟁
의 상흔이 너무 커서 정신적 파탄에 이른 변진수를 총으로 쏘는 종결 장면
은 작품 내에서 그의 유일한 보시행위인데, 작가는 여기서 베트남과 서울을
은밀하게 연결시키고 있다. 한기주와 변진수가 전쟁을 상흔을 함께 겪었다
는 점에서 사실상 동일인물의 측면을 지니고 있음을 고려한다면, 변진수를
향한 총격은 결국 한기주 자신의 무의미한 삶을 향해 발사한 일종의 자살행
위이며, 이 두 사람의 삶의 실패에 대해서는 전쟁(그리고 우리의 삶의 조건)
이 책임져야 한다고 작가는 말하는 듯하다. 이는 대단히 멋있는 종결이지만
위에서 지적한 대로 그의 모든 실패가 다 전쟁의 탓만은 아니라는 점에서
일종의 과잉변명일 뿐이다. 더구나 베트남전쟁에 대한 실존주의적 자기합리
화는 원하든 원하지 않든,[10] 어차피 피해자와 가해자의 양쪽에 동시에 설
수밖에 없었던 한국군 참전자를 피해자로만 일반화시킴으로써 우리의 체험
을 편향적으로 제시한다는 점도 말하는 김에 지적해야 할 것이다.

6. 『무기의 그늘』: 방관자의 절망

『하얀 전쟁』의 화자는 일인칭이다. 『머나먼 쏭바강』은 삼인칭 화자이지만
곳곳에서 일인칭으로 전환한다. 모두 내가 겪은 '진실'을 말하고 싶었기 때
문일 것이다. 그런데 진실이 오히려 '저쪽'에 더 가까이 있다면?『무기의 그

---

10) 영문판 『하얀 전쟁』에는 한기주가 자신이 용병임을 회고하는 부분이 나오는데, 미국의
서평자들은 이 구절을 종종 인용하고 있다. 그러나 미국인의 기호에는 맞을지 모르나 사실
작품 전체의 논지와는 유기적 연관 없이 그냥 스쳐지나가는 발언이다. Ahn Junghyo, *White
Badge: A Novel of Korea*, Soho 1989, 40면을 참조할 것.

늘』의 작가는 작품의 의도를 "미국의 참모습"과 "아시아인의 투쟁의 정당성"을 보여주려는 것이라 했는데, 이 때문에 『무기의 그늘』은 시종일관 삼인칭 화자를 사용하면서 언제나 집합명사로서 또는 이름없는 유령으로서만 표현되었던 저쪽에 고유한 이름을 부여한다. 동시에 소설의 줄기를 한국・미국・월남정부・해방전선으로 사분하여, 서로의 체험을 비교할 수 있도록 소설을 구성하였다. 그 결과, 베트남정부 측은 부패했으며 외국 탈출의 기회나 엿보고 있으며, 미국인은 개인적으로는 기능적이고 순진해 보이지만 집단적으로는 치밀한 각본을 가지고 전쟁을 조정하고 있고, 한국군은 오욕의 전쟁에서 그냥 살아남기 위해 발버둥치고 있으며, 오로지 해방전선만이 작중인물 구엔타트의 말대로 "이 싸움에 책임감을 가지고" 있다는 것이 이 작품이 보여주는 큰 구도이다.

작가는 이 구도의 정당성을 확보하기 위해 경험의 대비에 상당한 노력을 기울였는데, 그러나 작가의 의도가 선명하게 드러나는 대목은 오히려 박진감이 떨어진다. 예를 들면 작가는 팜민이 해방전사로 변신하는 과정에서 가족으로부터 오해를 받고 연인과 헤어지는 등 그가 겪는 인간적 고뇌를 상세히 다루고 있으나, 이 모든 묘사들은 팜민의 이념적 정당성을 강조한 나머지 그는 살아 있는 인물보다는 일종의 유형적 인물에 더 가까워진다. 미국을 묘사할 때는 해방전선과 대비를 선명하게 하기 위해 미군의 잔학행위를 보고 서로 인용하는 형식을 취했으나 소설의 진행과는 직접 연관 없는 외삽이다. 작가가 강조하는 미국의 음험한 제국주의적 의도는 이제 상당히 알려진 것이어서, 그 자체는 오늘의 독자에게 소설을 끌어가는 톡톡한 재미(!)를 주기 힘들 것이다.

이런 관점에서 보면, 『무기의 그늘』의 이념적 대비를 실속 있는 독서로 만드는 것은 오히려 이 작품이 선택한 탐정소설 형식 덕이라는 점을 지적하고 싶다. 즉 안영규와 토이를 중심으로 한국군 수사대는 암시장 거래의 추적을 통해 한국군, 미군, 월남정부군, 마침내 해방전선을 하나로 엮어나가는데,

162

이 추적과정의 곳곳에 끊임없이 복선을 설치하여 독자를 자극하고, 또 독자는 안영규와 함께 암시장의 얼크러진 모습을 스스로 그려나가 마침내 베트남전쟁의 어떤 진실을 포착하게 만드는 형식이다. 그런데 작가가 설정한 대립구도가 이 형식을 통해서 한국군 참전을 거시적 맥락 속에 위치시킴으로써 앞서의 작품들보다 '우리의 진실'을 밝히는 데 한걸음 더 나선 것으로 보인다.

한국 측의 주요인물인 안영규는 전투현장에서 후방 군수사대로 전출되는 과정에서 베트남전쟁의 전혀 다른 모습을 보게 된다. 한마디로 베트남전은 어디까지나 당신들의 전쟁이며, 한국군은 돈 벌러 왔을 따름이다. 더구나, 무기의 그늘에는 전투현장에서 죽어가는 군인들을 담보로 이득을 보는 장사치들만이 득실대고 있다. 처음 군수사대로 도착하는 날 선임자는 상황을 아래와 같이 요약한다.

여기선 모두 제 속만 차린다. 조심해, 아무두 믿지 말구. 결국 책임지는 건 쫄병뿐이니까. (중략) [근무에] 익숙해지면 너는 장사꾼들과 파묻혀 살아야 한다. 선임자의 충고를 절대로 잊지 마라. 공연히 도덕책 들추지 말라 그거야. 여긴 쓰레기통 속이야. 너는 오물에 목까지 깊숙이 빠졌어. 헤엄치면 살지만 허우적대면 더 깊이 빠져 죽는다. (상권 43~44면)

따라서 '용병'으로서 안영규의 딜레마는 믿지도 않는 이념적 정당성을 딛고, 쓸모없는 그러나 위험한 일을 수행해야 한다는 점이다. 군수사대는 수사대 자체 경비조달을 위해, 이보다는 각자 각자가 한몫 잡기 위해 암거래에 개입해왔는데, 원래는 해방전선의 거래선을 파악하기 위해서 묵인된 수사관행이었다. 그러나 해방전선과 부딪히는 것은 대단히 위험스러운 것이다. 그에게 근무의 대원칙은 무엇일까.

"일어나. 여기서 잠깐 걸어나가면 사방에 시체가 깔렸다. 너나 나나 시간 때우고 얼른 이 나라에서 꺼지면 되는 거야. 이번 근무는 중요한 거야. 임마, 왜 시키는 대루 안해. 나두 가면 옷 벗구 끝이지만 소대루 쫓겨가구 싶지 않아. 그건 너두 마찬가지겠지? 양놈들이 우릴 좆으루 뭉개지 않도록 해야 한다."
(하권 36면)

안영규의 입장에서 미군 측과 월남정부군 측의 거래선을 파악하는 것은 단지 그들이 한국군의 '블라드 마니'를 빼앗으려 할 때 사용하기 위한 일종의 협상용 카드를 확보하기 위한 방어전술이다. 그러므로 안영규의 업무를 관통하는 원칙은 자유수호의 행위는 물론 아니고, 제국주의와 싸우려는 적극적 윤리도 아닌 오직 살아남기 위한 자기방어의 소극적 윤리이다. 요컨대 진실이 저쪽에 있을 때 용병인 그가 할 수 있는 일이란 오직 부정에 '적극적으로' 개입하지 않는——작품 전체를 통해, 그는 연합군 측의 인물로는 돈에 대해 가장 깨끗하다——방관자로 있다가, 때가 되면 이 오욕의 현장으로부터 깨끗이 벗어나는 일이다. 안영규의 적극적 행위자로의 욕망은 용병으로서의 한국군의 범주 바깥에서 순간적으로 표출된다. 예를 들면, 반전주의자인 스태플리의 베트남 탈출을 도와주는 일인데, 그러나 스태플리의 탈주는 실패로 끝나고 그의 감정이입적 저항은 좌절을 겪는다.

안영규의 방관자적 태도는 냉전구도의 허위를 파악한 한국군 참전자가 자아의 피해를 최소화할 수 있는 자기합리화의 한 방편이다. 안의 처지의 어려움은 무엇보다 그가 암시장 거래를 통해 알게 된 정보를 상부에 매우 선별적으로 보고하는 데에서도 잘 나타난다. 그는 부패한 정부군 장교 팜꾸엔을 해직시키는 단서를 제공하지만 해방전선의 아지트를 알고도 이를 수사대에 보고하지 않았는데, 이는 방관자적 입장을 적극 활용한 일종의 도덕적 선택인 셈이다. 그러나 작품의 결미에서 토이가 해방전선 측에 살해당하자 그는 토이의 복수를 갚으려 게릴라 소탕에 나선다. 그 결과 작품에서 가장 긍정적으로 그려진 팜민을 사살하는 일에 가담하게 되는 것은 안영규의 소극적 개입을 통한 윤리적 선택이 다다른 가장 큰 아이러니이다.

> "비번이 되기 전에 내게 [게릴라에 관한 정보를] 얘기해줄 걸 그랬어."
> 영규는 핸들을 잡고 헤트라이트 불빛이 뻗어나가는 공간에 무수히 내리꽂히는 빗줄기를 응시하고 있었다.
> "책임지고 싶지 않아서요……."
> "지금은 왜, 달라졌나?"
> "토이는 내 짝이었습니다."
> 그러나, 영규는 스태플리의 죽음에서와는 다른 느낌에 젖어 있었다. 스태플리와 같은 행동은 자신에게 주어지지 않을 것이다. 선택의 여지도 없었다. 그러나 토이의 죽음은, 무수히 죽고 다쳐서 한줌의 재로 아니면 팔다리를 잘리고 병신이 되어서 실려간 다른 한국군 병사의 것처럼 욕스러운 것이었다. 영규는 자기연민 때문에 자신을 향하여 화를 내고 있는 것 같았다. 영규의 뺨 위로 뜨거운 것이 흘러내렸다. 나는 이제 지쳤다라고 그는 속으로 중얼거렸다. 목이 아팠다. (하권 315면)

여기서 안이 자신의 일부로 파악하는 존재가 해방전선이 아니라 오히려 그 배반자라는 사실은 작가가 공들여 배치한 장치일 것이다. 어차피 공적 윤리가 무력한 상황에서는 누구든 같이 오랜 생활을 했다는 개인적 관계가 중요한 것이며, 안이 방관자의 자세를 취하면서 '정당한' 이념이라는 헛된 명분의 틈입으로부터 보호하려 했던 것도 넓게 보면 바로 자신을 둘러싼 개인적 차원의 관계이기도 하다. 토이의 죽음은 명분이 없기에 오로지 욕된 것이다. 그러나 바로 이 지점에서 소설의 전체 구도는 명분 없는 전쟁의 피해자가 되지 않으려는 노력이 마침내 '정당한 아시아인'을 피해자로 만들어버리는 아이러니를 보여준다. 아마 『무기의 그늘』의 가장 큰 성과는 한 한국군 참전자가 자아를 보호하기 위해 취했던 소극적 방관자의 태도가 전체의 대결상황 속에서 결코 그의 행위를 정당화할 수 없음을 보여준 점일 것이다. 그러나 작가가 안을 너무 연민의 정으로 그리고 이 사건을 안의 눈을 통해서만 묘사하기 때문에 자기객관화의 자세를 끝까지 지키지 못한다. 그 결과 이 아이러니는 독자에게도 잘 보이지 않는다. 소설의 끝에서 오혜정이 팜민의 죽음을 애석해할 때 안영규는 다만 모든 것을 잊고 싶어할 뿐이다.

그는 여기서 알았던 그 어느 얼굴과도 다시는 마주치고 싶지 않았다.

이 환멸은 당연한 것이다. 다만 죄의식이 함께해야 진정한 의미의 자기성찰이 될 것이다. 작가는 여기에 대해서 아무런 언급을 하지 않지만.

7. 결론: 용병의 한계

지금까지 살펴본 세 작품을 통해 내가 밝히려고 한 것은 참전의 객관적 형상화는 언제나 자기합리화의 위험을 동반하는 어려운 작업이란 점이다. 영문학의 예를 빌려서 말하면, 1차대전의 경험은 장교/사병, 남자/여자, 군인/민간인 등 기록자의 신분이 달라지면 그 체험의 의미가 다르게 나타난다. 그렇기에 베트남에서의 우리의 체험의 모습을 제대로 보려면 훨씬 더 많은 글이 쓰여져야만 한다. 이러한 경우에만 오늘날 너도나도 무의식적으로 동의하는 용병론을 제대로 검토할 수 있을 것이라 나는 믿는다. 이미 지적한 대로 베트남에서의 우리의 모든 경험을 다 용병의 경험으로 환원할 수 없으며, 우리가 피해자이면서 동시에 가해자였다는 측면을 잊어서는 안될 것이다. 동시에 우리들 가운데 누가 얼마큼 가해자였고 얼마큼 피해자였나 하는 사실 또한 거론되어야 마땅한 일이다. 더구나 전쟁문학은 거의 언제나 참전자들의 체험에 기반하지만, 세월이 지나면 형상화된 문학에서 전쟁의 체험을 재구성하게 되는 문화적 현상을 고려한다면 더욱 꼼꼼히 검토해볼 필요가 있을 것이다.

그런데 우리는 과연 베트남의 체험으로 얼마큼 훌륭한 소설을 쓸 수 있을까? 이 글을 끝내면서 베트남전쟁이 지닌 경험의 특수성에 비추어 얼핏 대단히 어리석어 보이는 이 질문을 제기하고 싶어진다. 영문학의 경우에는, '자유민주주의를 성취하기 위한 마지막 아마겟돈'의 희망을 품고 참전하였다가 전선의 참호에서 이념의 허구를 체험하고 환멸로 이어지는 긴 과정을 그린 1차대전의 문학적 기록들이 아직까지 전쟁문학의 전범이 되고 있다. 이에 비하면 2차대전 이후 참전자들은 선배들과 달리 처음부터 환멸을 지닌 채 참전하였다. 그들의 전쟁문학이 선배의 작품만큼 강렬한 인상을 주지 못하는 것은 이와같은 체험의 거리가 상대적으로 짧았다는 점에 기인하는 바가 크다. 한국군이 용병이었다는 사실은 여기서 중대한 의미를 지닌다. 예이츠는 1차대전 이후에 전쟁시의 개념에 반대를 표명하며, "수동적 고통은 시의 주제가 될 수 없다"[11]고 주장한 적이 있다. 그러나 수동적 고통의 문제는 시보다도 서사장르인 소설에 더욱 중대한 문제일 것이다. 이 글의 서두에서 전쟁의 아이러니에 대해 이야기했지만, 아마 베트남전쟁과 6 · 25를 결정적으로 갈라놓는 체험은 6 · 25는 어쨌든 '우리의 전쟁'이었지만, 베트남전쟁의 참전자들은 선택의 여지 없이 큰 구도 속에서 용병의 역할만을 하도록 조건지어졌다는 점이다. 한국군 참전자는 『광장』의 이명준처럼 제3의 체제를 선택할 수도 없었고, 『무기의 그늘』에서의 스태플리처럼 탈주할 수도 없었다. 베트남전쟁을 다룬 작품에 상상력의 폭을 제한하는 선이 있다는 뜻이다. 아마

---

11) 1차대전의 문학적 체험은 윌프레드 오웬, 지그프리드 새순, 아이작 로젠버그 등의 시에서 뛰어나게 형상화되었다. 이에 비하면 새순, 로버트 그레이브즈, 프레드릭 매닝 등의 소설적 형상화는 시의 업적에 전혀 미치지 못한다. 전쟁시에 관한 예이츠와 허버트 리드의 논쟁에 관해서는 Bernard Bergonzi, *Heroes' Twilight: A Study of the Literature of the Great War*, New York: Coward-McCain 1966, 8장을 참조할 것.

우리가 베트남의 체험으로 『무기의 그늘』보다 훌륭한 문체를 가질 수는 있으나, 안영규의 (죄책감에 사로잡힌) 절망을 뛰어넘는 심리상태를 창조하기는 어려울지도 모른다. 이런 점은 바로 이 작품의 형식에도 반영되어 있다. 어떤 진지한 영웅서사를 기대한 독자라면, 아니 이를 『객지』와 비교해보더라도 이 소설에는 기묘하게도 클라이맥스가 없다는 느낌을 가질 법하고, 따라서 작가는 애를 썼지만 종국에는 헛발질을 보여준다고 안타깝게 생각할지도 모르겠다. 그렇다면 우리가 이 용병의 체험에서 배우는 가장 쓰라린 교훈은 타인의 의지로 참여한 전쟁에서는, 즉 우리가 우리의 주체임을 포기한 때에는 문학적으로도 뛰어난 성취에 도달하기 어렵다는 사실일 것이다.

[보론] 이 글은 1993년에 쓴 글이다. 이 글 이전에 베트남전쟁 소설을 다룬 글로는 최원식, 김철 등의 평론이 있는데, 이를 읽어보니 제법 중복되는 면도 있다. 당시는 이 사실을 알지 못해 이 점을 반영하지 못했다. 지금 읽어도 무난한 글이라 생각되어, 앞의 두 작품은 표현만 일부 고쳤고, 『무기의 그늘』은 최근에 읽은 느낌을 반영하여 내용을 보강했다.

21세기 초 아시아-태평양지역의 안보

동남아 평화 · 자유 · 중립지대(ZOPFAN)로부터 아세안 지역안보포럼(ARF)까지

응웬 반 릭(Nguyen Van Lich)

1. 냉전과 동남아: 냉전 속의 지역안보에 대한 몇가지 재인식

제2차 세계대전 후 얄타 양극체제의 국제질서가 형성되었다. 자본주의와 사회주의 두 세계체제의 정점에는 미국과 소련——이제 막 야심만만하게 세계정치판에 부상한 두 나라——이 있었고, 냉전시대가 그 막을 열었다.[1] 1940년대 후반 미 · 소 두 초강대국은 미주, 유럽, 그리고 소련과 가까운 아시아 지역에서 자신의 세력을 강화하고, 영향권을 배치 · 분할하는 데 집중했다. 1949년이 되어서야 국제질서의 안배가 마무리되었다. 미국은 서유럽에서 중유럽까지 자신의 영향권을 확립했다. 경제적으로는 1947년 6월경부터 시작된 마셜플랜을 내세워 총 170억 달러를 유럽자본주의를 재건하는 데 쏟아부었다.[2] 1949년 4월, 미국은 소련과 사회주의권을 봉쇄하기 위해 북대

---

1) J. J. McCormick, 『반세기의 미국: 냉전을 전후로 한 미국의 대외정책(*Nước Mỹ nửa thế kỷ: Chính sách đối ngoại của Hoa Kỳ trong và sau chiến tranh lạnh*)』, 하노이: 국가정치 출판사 2004, 141면.

서양조약기구(NATO)의 창설을 제창했다. 한편 소련은 1949년 1월 경제상호원조회의(SEV, 코메콘)를 창립했고, 1955년 5월에는 나토에 대항하기 위해 바르샤바조약기구를 창설했다.

미국 세계전략의 중심은 유럽-대서양 지역으로 '유럽 최우선' 정책이었다. 태평양전쟁을 종결하기 위해 미국은 일본에 두 개의 원자폭탄을 투하했다. 아시아에서 미국은 일본군의 무장해제를 위해 일본과 남한을 점령했다. 미국은 또한 쟝제스의 중화민국에 인공호흡을 시도했다. 왜냐하면 루즈벨트에서 트루먼에 이르기까지 일본이 아닌 중국이 아시아의 평화를 유지할 수 있다고 믿었기 때문이다.[3] 전쟁 전후로 미국은 중화민국 군대에 10억 달러에 이르는 무기와 군사장비를 원조하였고, 한때 국민당 군대도 450만에 달하기도 했으나, 결국 내전에 패배해 타이완으로 쫓겨나고 말았다.

중국혁명의 승리, 1949년 10월 중화인민공화국의 탄생과 중화민국의 실패는 미국의 실패이기도 했으며, 결국 아시아-태평양 지역에서 미국의 전략과 정책을 뒤엎게 만들었다. 1947년부터 쟝제스의 패배 위기에 직면하여 미국은 일본에 대한 정책을 응징에서 재공업화에 대한 지원으로 수정했다. 중국의 상실, 이어 한국전쟁 발발(1950. 6) 등의 사건 이후, 미국은 일본과의 관계를 적에서 친구로 전환했고, 1951년 샌프란씨스코 평화조약과 미-일 상호방위조약을 체결했다.

1950년이 되자 냉전은 동남아로 확산되었다. 1950년 3월부터 7함대 소속 미 전함들이 싸이공 근해에 모여들었다. 1950년 5월부터 미국은 인도차이나에서의 프랑스 전쟁에 공식 개입했다. 미국은 또한 타일랜드의 파시스트 정권에 압력을 가해 바오다이(Bao Dai) 정부를 공인토록 했으며, 쌍방간에 여러 협정을 체결하고 군사원조를 했다. 이처럼 미국은 동남아대륙과 중국의 남쪽 옆구리에 양다리를 걸쳤다. 그러나 미국의 개입도 프랑스 식민세력을

---

2) 같은 책 174면.
3) 같은 책 136, 210면.

구할 수는 없었다. (1954년 미국은 인도차이나에서 프랑스 전쟁비용의 80%를 전담했다.) 디엔 비엔 푸(Dien Bien Phu) 전투의 패배로 프랑스는 1954년 제네바협정에 서명해야만 했다. 베트남은 17도선을 경계로 잠정 분단되었다. 그러나 미국은 이에 서명하지 않았으며, 이후 제네바협정을 파기하고 자국의 전략목적 실현을 위해 프랑스를 대체한 응오 딘 지엠(Ngo Dinh Diem) 정권을 수립하였다. 미국의 정책결정자들은 일본에서의 미국의 목표와 동남아에서의 그들의 목표를 결코 떼어놓을 수 없는 것으로 간주했다. 1954년 9월 미국은 영국, 프랑스, 호주, 뉴질랜드, 필리핀, 파키스탄을 끌어들여 동남아시아조약기구(SEATO)를 결성했고, 남베트남과 인도차이나 각국을 그 보호 아래 두었다.

냉전시기 미국의 대외정책을 연구한 존스홉킨스대학의 토머스 매코믹 교수는 이렇게 말하고 있다. "베트남 문제 자체만으로는 실질적 가치를 거의 갖지 못한다. 베트남 문제는 이른바 도미노 이론이라 불리는 배경 속에서만 중요성을 갖는다. 즉, 베트남의 상실은 전체 인도차이나(라오스와 캄보디아)의 상실로 이어질 것이고, 그것은 필리핀과 인도네시아군도의 상실로 이어지며, 결국 도미노의 마지막 패쪽인 일본 상실의 시발이 될지도 모르는 요소인 것이다. 전체 아시아가 자본주의 체계에서 사라질 수 있다."[4] 따라서 미국은 남베트남을 동남아에서 자유세계의 전초기지, 반공산주의의 전초기지로 삼았다. 베트남의 전략적 가치는 '전초기지'로서의 위치, 도미노의 첫번째 패쪽이라는 데 있었다.

이 전략목표를 실현하는 과정에서 미 집권자들이 만난 유일한 장애물은 동남아에서 여러 형식으로 존재하는 민족주의(또는 민족해방운동)였다.

미국은 신식민정책을 처음 실험하는 장소로 동남아를 선택했다. 미국은 바로 자신의 식민지에서 실험을 시작했다. 미 독립 170주년 기념일인 1946

---

4) 같은 책 250면.

년 7월 4일, 미국은 필리핀에 형식적인 독립을 주고, 1951년 미-필리핀 상호방위조약을 체결, 필리핀의 쑤빅만과 클라크에 미군 기지를 구축했다. 마닐라는 미국이 SEATO를 창설한 장소이며, 이듬해 SEATO는 타일랜드 방콕에 정식으로 본부를 설치했다. 1950년대 중반에 이르러 구식민세력인 네덜란드, 프랑스, 영국 등이 차례로 실패하고 물러나게 되자 미국은 그들을 대체한 가장 강력하고 부유한 세력으로 등장했다. 미국은 1940년부터 45년까지 모든 동남아국가들이 경험한 바 있는 서방 제국주의와 대동아공영권을 주장한 일본 군국주의에 대해 아직 식지 않은 동남아인들의 증오심을 부추겼다.

그리하여 미국은 동남아에 깊이 개입할수록 전쟁의 수렁에 더 깊이 빠져들게 되었다. 남베트남에서의 전쟁은 인도차이나 3개국으로 확산되었고, 미국은 호주, 뉴질랜드, 한국 등과 함께 동남아국가인 타일랜드와 필리핀까지 전쟁에 끌어들였는데, 오히려 그 부작용으로 동남아 지도자들과 인민들의 민족의식과 지역의식을 자극하는 효과를 낳았다.

20세기 동안, 인류는 제국주의적 야망에 의해 두 차례의 참혹한 세계대전(1914~18, 1939~45)과 수백 번의 다른 전쟁을 치러야 했다. 1946년부터 89년까지 인간의 언어에 '냉전' '대리전' 등의 새로운 개념이 등장했다. 1950년부터 냉전은 동남아까지 확산되었고, 1954년부터 75년까지 미국은 베트남에서 4개의 전쟁전략을 수행했으나 모두 실패했다. 베트남전쟁은 200년 미국 역사에서 가장 긴 전쟁이었으며, 미국의 한 세대에 걸쳐 '베트남 증후군'을 남긴, 가장 크고도 유일한 패배였다.

냉전에 대한 몇가지 재인식이 필요한 것은, 우리가 특히 젊은 세대들이 '냉전'이라는 용어를 오인하거나 남용하지 않게 하기 위해서다. 전지구적인 범위에서 45년간 지속되었던 미소 대립과 동서 대립은, 양 진영이 패권을 장악하기 위해 총력을 동원하고 격렬하게 대립했지만, 한번도 직접 충돌하지는 않았으며, 제3차 세계대전도 발발하지 않았다. 그러나 동남아와 베트남에서 냉전은 '냉'전이 아니라 '열'전이었으며, 그 단어가 가지는 정확한 의미에서의 전쟁이었다. 미국은 모든 이론과 전략전술을 적용했으며, 원자폭탄을 제외한 가장 현대적인 무기들을 투입했다. (미국은 수차 원자폭탄의 사용을 고려했으나 이 방안은 미 집권자들에 의해 거부되었다.) 미국의 뉴멕시코주보다도 작은 면적을 가지고 있는 북베트남에 대한 파괴만 따지더라도, 미국은 두 차례의 세계대전과 한국전쟁에서 사용한 총 폭탄량을 훨씬 능가하는 수백만 톤의 폭탄을 투하했다. 이 얼마나 가혹한 전쟁인가! 우리 세대는 이 전쟁에 직접 참여하고 겪어낸 세대이기 때문에 '냉전'은 단지 말장난이며 조소에 지나지 않는 것이라고 감히 말할 수 있다. 3백만 명이 넘는 미국인들이 동원된 베트남전쟁이 어찌 '차가운' 전쟁이란 말인가?

2. 아세안과 ZOPFAN의 관점: 냉전 속의 지역안보에 대한 새로운 접근방식

제2차 세계대전 직후 동남아에서는 민족해방운동이 거세게 타올랐고, 그로부터 불과 10여 년 만에 미국, 네덜란드, 영국, 프랑스 등의 식민세력을 깨끗이 쓸어냈다. 동남아의 각 국가들은 독립과 주권을 되찾았다. 이어 1955년에는 인도네시아 반둥에서 아시아·아프리카 25개국 회의가 개최되어 평화5원칙을 통합한 반둥선언문을 채택함으로써, 비동맹운동(NAM, Non-Aligned Movement)의 기초를 놓았다. 반둥회의에 참가한 25개국 중에는 동남아 8개국이 포함되어 있었다.

독립 쟁취 이후, 동남아시아의 각 정부들은 메콩위원회(1957), 동남아연합(ASA, 1961), 마필인도(Maphilindo, 1963) 등의 지역협력조직 창설을 위한 발빠른 의식과 행보를 보여주었으나, 이 최초의 실험은 회원국간의 모순, 불일치 등으로 대부분 실패했다.

1960년대 중반 동남아지역과 국제정세에 있어 다음과 같은 변화들이 두드러지게 나타났다.

우선 마-소 갈등의 냉전체제가 고착되었다. 1966년 중국은 국내에서 '무산자 문화대혁명'을 발동시켰고, 모택동주의자 그룹들을 통해 동남아 일부 국가에 손을 뻗쳤다. (동남아에서―옮긴이) 미국의 전쟁이 정점에 달하고 50여만 명의 미군이 참전했으며, 제2차 인도차이나전쟁으로 확전되었다. 인도네시아에서 수카르노 정권이 전복되고 수하르토 장군이 정권을 잡아 '신질서'(New Order)를 확립하고 중국과의 외교관계 단절, 말레이시아에 대한 '대결정책'(Confrontation) 청산, 이웃국가들과의 화해 등 인근국에 대한 대내외정책을 조정했다. 프랑스와 영국은 SEATO 창설의 두 중심축이었으나 미국을 따라 베트남전쟁에 참여하지는 않았다. 프랑스는 '동남아 중립화가 필요'하다는 관점을 내놓았고, 영국은 1970년대부터 수에즈운하 동쪽에서의 모든 군사협약(영국과 호주, 뉴질랜드, 말레이시아, 싱가포르가 함께 서명한 공동방위협약)을 철회하겠다고 선언했다.

이러한 배경 속에서 타일랜드, 인도네시아, 말레이시아, 필리핀과 싱가포르 등 5개국 외무장관이 회의를 갖고 방콕선언을 채택했으며 동남아국가연합(ASEAN)을 창설하였다. 방콕선언은 다음과 같이 명시하고 있다.

동남아시아 국가간에 상호 관심과 공동문제가 존재함을 인식하고 지역 내의 기존 결속관계를 더욱 강화할 필요에 대해 신뢰한다. 동남아시아에서 지역적인 협력을 촉진하는 공동행동을 위한 확고한 기초를 세운다. 동남아 각국은 지역의 사회와 경제 안정에 대해 책임을 가지고 있으며 평화, 진보, 발전을 보장하고 어떠한 외부의 간섭으로부터도 지역의 안정과 안보를 지킨다.

선언은 또한 7가지 항목의 아세안의 목적과 강령을 제시하고 있는데, 40년이 지난 지금도 여전히 유효한 본래의 가치를 지니고 있다. 아세안은 위의

174

강령과 목적, 원칙에 동의하는 동남아지역의 모든 국가들에게 문호를 개방할 것을 다짐했다. 이 선언이 현실화하기까지 32년이라는 긴 도정이 필요했다.

아세안은 동남아시아 지역협력기구로서 자국 국민과 미래 세대들이 평화, 자유와 번영을 누릴 수 있도록 공동의 희생과 노력을 통한 친선과 협력을 바탕으로 서로 긴밀한 관계를 갖는 조직이다. 아세안 창설은 역사적으로 중요한 의미를 지니며, 아세안 각국 지도자(외무장관)들의 통찰력과 정치의지를 구현하고 있다. 동남아를 위에 말한 것과 같이 세계와 지역적 배경 속에 위치하게 할 때만 그것이 가지는 전체 의미를 볼 수 있을 것이다. 아세안의 목적을 실현하기 위해서는 인식에서 행동에 이르기까지 한 세대에 맞먹는 시간과 노력이 더 소요될 것이다.

방콕선언 4년 후인 1971년 11월 27일에는 말레이시아 콸라룸푸르에서 개최된 아세안 5개국 외무장관회의에서 '동남아시아 평화·자유·중립지대 선언'(Zone of Peace, Freedom and Neutrality in South-East Asia, ZOPFAN 또는 콸라룸푸르선언)이 천명되었다. 1968년 구정 대공세에서의 패배 이후 닉슨은 "베트남에서의 명예로운 철수"를 약속하고, 닉슨 독트린——미국의 아시아-태평양지역으로부터의 후퇴와 각 동맹국의 책임분담 호소——을 선포했으며, 소련은 아시아에서의 안전보장 확립을 제기하고 태평양함대를 강화했다. 위에 제기한 변화들과 함께 세계와 지역 정세의 새로운 진전 앞에서 정치가와 전략연구자들은 '동남아시아의 권력공백'을 예보했고, 이 권력공백을 메울 수 있는 세력들을 예측했다. 동남아시아의 많은 지도자들은 지역과 국제정치 상황의 변화에 민감하게 반응했다. 인도네시아 자카르타에 있는 전략 및 국제문제연구소(CSIS)의 연구자들도 이 문제에 대해 많은 논의를 벌였다. 몇가지 주목할 만한 논점은 다음과 같다.

1968년 1월 말레이시아 국회의원 툰 이스마일(Tun Ismail)은 미국, 소련, 중국 등 세 강대국으로부터 지역의 평화, 자유, 중립을 보장받고 이후 다른 강대국들의 공인을 촉구한다는 내용의 동남아선언을 제안했으나 말레이시아 정부와 국회에서 심각하게 논의되지는 않았다. 한편 인도네시아 외무장관인 아담 말릭(Adam Malik)은 일찍부터 (동남아시아의─옮긴이) 권력공백을 메우고 외부의 세력이 이것을 지역 내 국가들의 정치와 경제에 개입하기 위한 기회로 이용하는 것을 적시에 막아내기 위해서는 동남아시아 각국의 자체 역량을 강화, 결속해야 한다는 주장을 제기했다. 그는 외무장관의 자격으로 국내와 아세안, 국제연합의 포럼 등에서 이 문제에 대해 수차 언급했다. "이 새로운 지역협력체(ASEAN)는 각 제국의 개입을 막아내는 견고한 성벽을 구축하게 될 것이며, 동남아에서 백인에 의한 것이든 황색인에 의한 것이든 제국주의적 야욕을 감춘 외부적 개입과 지배적 영향을 종식시킬 것이며, 전세계적으로도 이 측면에서 결정적으로 안정을 가져다주는 요인으로 작용할 것이다."[5]

말레이시아 부수상 툰 압둘 라작(Tun Abdul Razak) 또한 아담 말릭의 이 관점에 공감을 표했다. "우리 대부분은 (동남아 각국─필자) 식민강국의 직접 또는 간접적인 지배를 받았으며, 오늘날까지도 여전히 외부 강대국의 지배 쟁탈전에서 완전히 벗어나지 못하고 있다. 따라서 우리 모두가 우리의 공동운명과 책임을 인식하지 못한다면, 외부의 간섭과 개입을 막아내지 못할 것이며, 우리 지역은 계속 갈등과 위험이 가득한 곳이 될 것이다."[6]

1970년 말레이시아의 외무장관 겸 수상이 되었을 때, 툰 압둘 라작은 툰 이스마일의 견해에 깊은 관심을 갖고 이를 지속적으로 발전시켰다. 자신의 위치에서, 또는 루사카의 비동맹운동회의, 국제연합 포럼, 영연방(Commonwealth) 등의 국내외 각종 포럼에서 동남아시아 평화, 자유, 중립 선언에 대해 언급했다. 그는 또한 아세안의 여러 동료들과의 소통과 설득에 있어서도 가장 적극적인 사람이었다. 이처럼 툰 압둘 라작은 1971년 쿨라룸푸르의 ZOPFAN

5) Nguyễn Văn Lịch, 『동암아시아국가연합(Hiệp hội các nước ĐNA(ASEAN))』, 호찌민 1995, 24~25면.
6) 같은 책 25면.

선언에 가장 중요한 역할과 기여를 한 인물이다. 1967년 방콕선언을 초안하고 서명했던 중심인물은 아담 말릭 인도네시아 외무장관, 툰 압둘 라작 말레이시아 부수상 겸 국방장관 겸 국가개발 장관(1967), 라자라트남(Rajaratnam) 싱가포르 외무장관, 타낫 코만(Thanat Khoma) 태국 외무장관(1967) 겸 국가행정회의 특사(1971) 등이다. 선언은 다음과 같이 주장하고 있다. "역외 강대국들로부터 어떠한 형식이나 수단의 간섭도 받지 않도록 동남아시아 평화 · 자유 · 중립지대가 존중되며 공인을 보장받는 데 필요한 모든 노력을 경주한다. 동남아시아 각국은 더욱 긴밀한 관계, 결속력과 역량 강화를 위한 협력의 영역을 넓혀가기 위해 함께 노력해야 한다."[7]

3. 아세안 지역안보포럼(ARF) 창설

1989년부터 1991년 사이 냉전시대는 막을 내렸다. 독일은 통일되었다. 소련과 동유럽 사회주의권은 해체되어 자본주의의 궤도 속으로 돌아왔다. 얄타 양극체제는 초강대국 미국을 정점으로 한 다극체제로 전환되었다.

클린턴 미대통령은 공공연히 환희의 표정을 드러냈다. "새로운 기원이 우리에게 도달했다. 냉전시대는 끝났다. 소비에트연방의 해체는 미국과 동맹국이 직면해 있던 안보환경을 확실히 바꾸었다. (…) 세계에서 미국의 지도력이 이처럼 중요한 적은 한번도 없었다."[8]

물론 이에 역행하는 일부 반대의견들도 있었다. "적수인 소련과 미국이 마치 우롱하듯 서로 공생하는 동맹국이 되었다. 소련과 미국 모두 냉전에서

---

7) 같은 책 48~49면. 평화 · 자유 · 중립지대에 대한 선언의 전문을 보려면, 같은 책 124, 127면.
8) W. J. Clintơn, 『개입과 확장의 국가안보전략 1995~1996(Chiến lược an ninh quốc gia. Sự cam kết và mở rộng 1995~1996)』, 국가정치 출판사 1997, 21, 23면.

패배하였으며, 구 강대국들의 두 축이었던 독일과 일본이야말로 이 냉전의 최대수혜자였다."9)

냉전의 종결은 세계와 동남아지역의 정치안보 상황을 완전히 바꾸었다. 식민주의는 근 500년간 동남아에 널리 영향을 끼쳤지만, 1992년 이후 이 지역에 식민지 또는 외국 군사기지는 모두 사라졌다.

심지어 서로 다른 정치·경제체제 방향에 따라 두 그룹으로 간접 분할된 이 지역에 더이상의 충돌도 없었다. 이러한 상황은 지역의 평화와 안보 그리고 협력을 위한 기회를 열어주었지만, 한편 개개의 모든 국가들은 내부로부터 또는 강대국들로부터 많은 도전을 받았다.

냉전의 종식뿐만 아니라 새로운 상황에 대한 도전은 아세안 국가들이 안보라는 새로운 영역에서 협력을 도모하고 확대하도록 부추겼다. 1992년부터 아세안은 안보에 대한 대화체계를 구축하기 시작했다. 1992년 1월 싱가포르에서 열린 제4차 아세안 정상회담에서 각국 정상들은 지역의 안보 강화를 위해 아세안 국가간 또는 역외 다른 국가들과의 안보협력에 대한 대화를 추진하기로 결정했다. 이러한 대화는 기존의 아세안 포럼들, 특히 아세안 외무장관회담(AMM-PMC, 아세안 확대 외무장관회의) 이후 회의체들의 토대 위에서 진행하기로 예정되었다.

그 결정에 기초하여 1993년 7월 싱가포르에서 열린 제26차 아세안 외무장관회담에서 아세안 각국은 아-태지역에서의 정치와 안보 협력을 논의하기 위한 창구로서 아세안 지역포럼의 창설을 공식 선언했다. 이 포럼은 아세안 6개 회원국과 7개 대화상대국(미국, 일본, 캐나다, 유럽연합, 호주, 뉴질랜드, 한국), 3개 옵서버국(베트남, 라오스, 파푸아뉴기니) 그리고 2개 협의대상국(러시아, 중국) 등 모두 18개국으로 구성됐다. 1994년 7월 27일 ARF의 첫 외무장관회의가 방콕에서 열려 아세안포럼의 새로운 방향——지역안보 강화를 위한 대화——

---

9) McCormick, 앞의 책 513~14면.

가 공식적으로 시작되었다. 이 회의에서 신뢰구축, 방어외교, 포괄적 비핵화와 대량살상무기 비확산 등의 문제들을 논의할 수 있는 ARF 각료회의를 해마다 진행하기로 합의했다. 그러나 이 포럼은 아직 유럽안보협력회의처럼 체계화되지는 못하였고, 단지 자문기구의 성격을 가질 뿐이었다. ARF 각료회의의 결정을 지원하고 전개해나가기 위하여 아세안 각국과 회원국들은 고위관료회의(ARF-SOM) 체계를 설립하기로 합의했다. ARF의 첫 고위관료회의는 1994년 5월 방콕에서 진행됐다. 그밖에 다른 국제포럼 또는 ARF의 정기회의에 앞서 안보문제에 관한 아세안의 입장을 조정하기 위해 국방과 외무 두 개 부처의 고위관료로 구성된 특별고위관료회의 체제를 설립하기로 결정했다. 특별고위관료회의는 신뢰구축 방안, 각종 안보협력 프로그램, 아세안 안보개념의 발전, 긴급구조 협력, 국제안보 포럼들이나 현재 지속되고 있는 안보협력 방식에 대한 각종 토론회 등에서의 아세안 공동입장 조정 등의 문제들을 논의한다.

제2차 ARF 회의는 1995년 7월에 브루나이에서 열렸다. 아세안에 공식 가입한 베트남 또한 ARF의 정식 회원국이 되었다. 1995년 12월 제5차 아세안 정상회담이 태국의 방콕에서 열렸다. 아세안 각국 지도자들은 동남아 비핵지대화 조약(SEANWFZ)에 서명했다. 동남아 비핵지대화로 가는 과정은 상당히 험난하였으며, 아세안 각국이 이를 현실화하기까지는 1985년부터 95년 말까지 10년의 세월이 걸렸다. 그럼에도 핵 강대국들이 동남아 비핵화 조약과 의정서를 승인하고 존중하기까지는 아직도 더 많은 설득과 시간이 필요하다. ARF는 지역의 안보, 정치영역, 신뢰구축, 공동안보를 저해하는 충돌 위기의 감소, 평화와 안정 유지를 위한 기여 등의 문제에 대한 아-태지역 국가들의 의견을 수렴하는 열린 대화의 장이다. 아세안은 ARF에 대한 지도적 역할을 승인받은 조직이다.

아세안의 발전과 함께 1999년에는 아세안 10개국(ASEAN-10)이 되었고 아세안의 대화상대국도 증가함에 따라 ARF 역시 아세안 10개 회원국으로 확대되었다. 대화상대국 10개국과 각 회원국은 파푸아뉴기니, 인도(1996), 몽골(1999), 조선인민민주공화국(2000), 파키스탄(2004), 동티모르(2005), 방글라데시(2006) 등이다. 2006년 ARF는 26개 회원국을 가지고 있다.

요약하자면, 냉전 이후 1990년대 초부터 동남아는 평화, 자유, 중립 그리고 비핵지대화에 대한 목표를 달성해왔다. 동시에 아세안은 아-태지역의 모든 강국들이 참여하는 ARF라는 집단안보체제를 제창하고 이끌어왔다. 초강대국과 대국 사이의 긴장완화 및 경쟁 추세를 이용하여 아세안은 안보-정치협력을 여는 세계에서 가장 큰 포럼의 제창자이며, 지도자, 조정자가 되었다. 이것이 바로 아세안의 특성이고, 아세안의 성장 및 이 조직의 유연성과 노련함을 보여주는 것이다.

4. 아세안과 21세기 초 아시아-태평양지역의 안보

냉전이 끝난 지 20년이 지나고 21세기에 들어선 지금도 세계정세는 예측하기 어려운 복잡한 변화를 계속 보이고 있다. 미국의 패권주의는 여전히 세계 지도자로서의 야심을 드러내고 있다. 강대국들은 자신의 대내외적 전략을 수정하고 있으며, 다극체제 추세가 더욱 뚜렷해지고 있다. 정보기술, 생물공학, 신소재 원료 같은 분야에서 이루어진 과학기술혁명에 힘입어 세계화 과정은 더욱 강력하게 진전되고 있다. 세계화는 기회를 여는 동시에 많은 시련을 가져다주고 있다. 발전국가들은 더욱더 부강해졌고, 제3세계 국가들 중에서 일부 잠재력을 지닌 국가는 적절한 기회를 잡아 빠른 성장을 했지만, 대다수 아시아-아프리카-라땐아메리카 국가들은 여전히 저발전의 극빈상태에 놓여 있다.

조지 부시가 대통령에 당선되어 미국의 제43대 대통령으로서 두 임기 동안(2001~2008) 미국호를 조종했다. 2001년 9월 11일, 미국의 패권과 경제력의 상징인 세계무역센터(ITC)의 쌍둥이 건물과 워싱턴의 주요 관청 건물들을 파괴하는 테러사건이 발생했다. 제2의 진주만 사건인가! 그러나 정보통신 시대에 이 사건은 60년 전 진주만 사건의 몇배가 넘는 큰 영향을 미쳤다. 9·11사건은 어느 한 나라도 예외없는 전세계에 안보문제를 제기하였고, 심지어 안보에 대한 개념을 뒤엎기까지 했다. 권력에 대해서 사람들은 강성권력과 연성권력으로 나누어 생각하게 되었고, 안보에 대해서도 전통 안보와 비전통 안보에 이르기까지 훨씬 풍부한 개념들이 생겨났다. 특히 비전통 안보라는 상당히 새로운 영역에서는 예전에는 없었던 새로운 문제들이 날이 갈수록 더 많이 생성·발전하였다. (예를 들어 전통 안보는 군사, 정보, 핵무기, 화학무기, 생화학무기 등의 살상무기 해제 등, 비전통 안보의 영역은 경제, 재정, 금융, 식량, 물, 에너지, 생태환경, 에이즈, 싸스, H5V1 조류독감, 배출가스가 지구 온실화를 가져오는 문제, 국가간 무기밀매, 마약, 여성, 아동 등의 문제를 포괄한다.)

동남아는 평화와 안정의 상징적인 지역이지만, 2002년 10월에는 끔찍한 발리 테러사건이 발생했고, 2003년 9월에는 자카르타 매리어트호텔 테러사건이 이어졌다. 많은 사람들이 동남아에는 이슬람교도가 인구의 다수를 차지하는 인도네시아, 말레이시아, 브루나이 3개국이 있고, 소수 무슬림 공동체를 가진 싱가포르(약 15%), 필리핀(6% 이하), 타일랜드(4% 이하) 3개국이 있음을 경고한다. 동남아의 각국은 다종족·다종교 국가이며, 그중 많은 공동체들이 빈곤하고 열악한 사회경제조건 속에서 살아가고 있다. 아세안의 신회원국인 베트남, 라오스, 미얀마, 캄보디아 등 4개국도 여전히 1인당 GDP가 약 200달러에서 700달러 수준에 불과한 가난한 나라들이다. 이것들이 바로 아세안의 평화, 안정, 안보, 번영과 발전을 위협하는 잠재적 위기요인들이다.

새로운 도전에 직면하여 발리 제4차 아세안 정상회담에서 각국 지도자들은 2020년까지 아세안 공동체(ASEAN Community) 달성을 위한 아세안 화합선언 II(ASEAN Concord II)에 조인하였다. 이 선언에는 아세안 공동체가 아세안 안보공동체(ASC), 아세안 경제공동체(AEC), 그리고 아세안 사회문화공동체(ASCC) 등 세 개의 하위 공동체로 구성된다고 밝히고 있다. 이 쟁점에 대해 이미 많은 연구성과들이 있으므로 여기서는 이 글의 주제와 관련된 몇가지 문제들만 제기하고자 한다.

ASC의 목적은 "정의, 민주 그리고 화해의 환경 속에서 회원국들의 세계와의 평화공존을 보장하기 위해 아세안 국가들의 정치안보 협력을 더 높은 차원으로 끌어올리며, ASC 회원국들은 평화를 통해 지역 내 이견을 해결하고 공동의 목적, 비전, 지리적 위치 등에 의해 봉합되어 있는 것과 마찬가지로 그들의 안보 또한 기본적으로 연결되어 있음을 인식하고,"[10) 아·태지역의 안보와 평화를 촉진하는 데 있다. ASC의 성격에 대하여 아세안은 한결같이 이것이 "하나의 방어체, 군사연맹, 또는 공동 대외정책"은 아니라고 규정하고 있다. 각 회원국들은 "자신의 국가 존재 보호권을 실현하며, 외부로부터의 내정간섭을 배제하며, 개별 방어선 배치, 개별적인 대외정책을 추구하는 권리를 유지할 것"이다. ASC 또한 동남아시아 지역 내 강국들의 정치와 안보이익을 침해하지는 않을 것이다. 따라서 ASC가 현실화하는 동안 ARF는 계속 운영될 것이다. 2004년부터 2007년 초까지 아세안 정상회담 X, XI, XII, 경제·외교 각료회의 등에서 아세안 공동체 건설을 촉진하여 5년 앞당겨 실현하고, 2015년까지 아세안헌장을 기초하자는 데 의견일치를 보았다. 라오스 비엔티엔에서 열렸던 제10차 아세안 정상회담(2004년 11월)에서는 주목할 만한 변화가 있었는데, ASC를 위한 6가지의 상당히 구체적인 일정과 실현방안 등을 제시한 비엔티엔 행동프로그램을 통과시킨 것이다. 이 프로그램에서 아세안은 처음으로 상당히 강한 논조를 사용했다. "비민주적이고 비합헌적인 정부로의 변화, 다른 회원국의 평화와 안정에 피해를 주는 행동

---

10) *Declaration of ASEAN Concord II*, Bali, Indonesia 2003. 10. 7.

을 위하여 다른 회원국의 영토를 사용하는 것을 용서치 않을 것이다."

아세안은 과거, 현재 그리고 미래에도 지속적으로 수많은 전통적·비전통적 안보문제들에 직면하고 또 이들을 해결해나가기 위해 노력할 것이다. 분명한 사실은 아세안이 앞으로도 ZOPFAN에서 ARF까지, 안보공동체(ASC), 경제공동체(AEC), 그리고 사회문화공동체(ASCC)의 세 중심축에 기초한 아세안 공동체에 이르기까지, 자신만의 독특한 '아세안 방식'(ASEAN Way)에 따라, 21세기 동남아지역 더 넓게는 아-태지역의 평화와 안보의 건설자로서 제 몫을 해나갈 것이라는 점이다.

[번역: 구수정]

동아시아 공동체의 전제

호앙 카 남(Hoang Khac Nam)

1. 여는 글

이제 지역협력의 강화는 동아시아에서 충분한 잠재력을 갖는 하나의 추세로 자리잡았다. 이러한 추세는 냉전의 종식 직후 시작되었고, 1997년 경제공황 뒤에 더 분명하게 부각되었으며, 그 징후는 여러 방면에 걸쳐 나타나고 있다. 경제적인 면에서는 역내 무역의 빠른 증가, 역내 투자의 발전, 역내 생산망의 형성으로 나타났으며, 작금 지역통화 및 재정 분야의 협력과 각종의 쌍무 또는 다자간 무역 우대협정이 체결되거나 또는 논의, 연구중에 있다. 정치안보 면에서, 이 추세는 역내 국가간 정치안보에 대한 대화의 증대, 제도화 경향의 강화, 지역분쟁 해결기구와 대응체제의 창출을 위한 노력들로 표면화되고 있다. 사회문화 면에서, 그것은 나날이 증가하는 문화교류, 인적교류 등 각계각층의 교류 확대였다.

이러한 협력 추세의 영향 아래 동아시아는 '하나의 지역'이 되었다. 전지구적 차원에서 동아시아는 세계의 한 지역으로, 세계경제의 세 중심 중의 하나로 받아들여지고 있다. 지역연계 차원에서, 동아시아의 각 국가 그룹들은 ASEM 내의 한 대상국이자 APEC 내의 한 '파벌'(faction)을 형성할 가능성이 있다. 지역 차원에서, 동아시아의 틀은 ASEAN+3과 경제지역화 과정에 의해 형성되고 있다. 국가적 차원에서, 동아시아의 협력은 역내 국가간의 우대정책으로 나날이 발전하고 있다. 개인 차원에서, 지역의식과 지역정서 또한 더욱 일반화해가고 있다.

이러한 추세는 어디로 흘러갈 것인가? 많은 사람들이 '동아시아 공동체'가 이 과정의 이상적이고도 궁극적인 목표인 것처럼 말한다. 그러나 지금까지 이 목표는 실천적이라기보다는 구호에 그치는 듯하다. '동아시아 공동체'로 나아가는 길에는 여전히 많은 어려움이 있다. 그것의 실현 가능성 여부는 언제나 문제가 되고 있다.

이러한 배경 속에서, '동아시아 공동체'의 노정과 가능성에 대한 연구노력들이 있었다. 물론 이 문제의 연구현황은 다양한 의견들에 의한 하나의 복잡한 그림이다. 이러한 다양성은 동아시아 틀에 대한 관념, 공동체에 대한 개념, 동아시아 공동체의 주요 내용에 대한 인식, 이 현상에 대한 접근법과 규정체계 등 이 주제와 관련된 거의 모든 연구에서 찾아볼 수 있다. 이 주제를 연구하는 일은 현재 동아시아의 실천에 대한 평가가 서로 같지 않은 것 때문에 더욱 복잡해진다. 서유럽과 북미에서의 실질적인 지역협력은 동아시아와는 다르기 때문에 기존 이론들의 적용도 어렵게 되었다. 그렇기 때문에 동아시아 공동체로 나아가는 원인, 가능성, 노정 등에 대해 서로 다른 관념과 평가가 나타났다.

지역공동체의 형성은 보통 일정한 전제들에 바탕을 둔다. 이러한 전제들은 국가간 양자관계를 촉진하는 데 기여하고, 역내 다자간 협력관계를 수립하는 데 도움을 주는 요소들이다. 이 전제들의 발전 정도는 지역공동체를 형성하는 과정에 영향을 줄 것이다. 이 전제가 일반적인 지역공동체를 위한 공동의 토대라 할지라도, 그것은 개별지역마다의 특수성을 또한 담고 있으며,

각 지역의 결속과정에서 서로 다른 운동을 만들어낸다. 여기에서 어떠한 모형의 연구와 전개에 있어서도 이러한 전제들에 대한 고려가 필요하다고 간주한다. 동아시아 공동체의 전제들을 고찰하는 것은 동아시아 공동체로 나아가기 위한 공동의 노력에 일부나마 도움을 줄 수 있을 것이다. 이것이 바로 이 글을 쓰는 목적이다.

동아시아 공동체의 전제는 이 공동체의 형성과 발전을 이루어내는 주요 요소들이다. 그것은 원인과 동력일 수도 있고, 그 과정의 조건이며 작용일 수도 있다. 전제의 역할을 떠맡기 위해서는, 이 요소들은 반드시 국가를 뛰어넘는 공간규모를 가져야 하며, 상대적인 견고성과 동아시아 공동체를 향한 진전과정을 촉진할 수 있는 충분한 힘이 있어야 한다. 그렇다면 어떤 요소들을 동아시아 공동체의 전제로 볼 수 있는가? 이 토론의 장에서 나는 동아시아 공동체의 중요한 전제들로서 지리적·역사적·사회문화적·정치안보적·경제적 요소들에 대해 언급하고자 한다.

2. 지리적 전제

지리적인 면을 살펴보면, 하나의 지역은 보통 지리적 특수성을 갖는 일정 지역에 위치한 국가그룹으로 규정된다.[1] 따라서 하나의 지역공동체 역시 하나의 일정한 지리적 공간을 가지고 있어야 한다.

지리적 친밀성은 역내 국가와 민족 간의 인문지리적인 관계를 만들어내기 때문에 지역공동체의 중요한 전제가 된다. 이에 기초해서, 공동근거지와 공동환경에 대한 의식, 지역이념, 공동정서 등이 형성된다. 서로 인접함은 이 나라의 정치지형이 바로 다른 나라의 직접적인 안보환경이 되기 때문에 긴

---

1) Edward D. Mansfield and Helen V. Milner, "The New Wave of Regionalism," *International Organization* 53, 3(Summer 1999), 590면.

밀한 상호작용을 만들어낸다. 안보에 대한 서로의 구속력이 날로 강화됨과 함께 국가의 생존이익 공간 또한 지역과 더욱 밀접해지고 있으며 또는 그 반대가 되기도 한다. 지리적 가까움은 또한 지역공동체 형성을 위한 경제지형의 토대가 된다. 인접 국가들간의 경제관계는 보편적으로 일찍 형성되며, 지리적 가까움은 오늘날 지역경제 연계에 훨씬 유리한 조건들을 형성해준다. 지역과 세계를 잇는 관계의 발전 속에서 지역성, 지역의 전략적 위치에 대해 역내와 역외로부터 더욱 강하게 인식되고 있다. 그렇기 때문에 지정학적인 전략요소는 지역 결속에 있어 지리적 가까움의 역할을 더욱 높이는 데 기여한다.

동아시아의 경우, 지리적 근접성은 이 지역의 공동체 형성에 여러 가능성을 제시한다. 물론 이 지리적 전제의 역할이 동아시아 공동체 형성에 있어 유리한 것만은 아니다.

첫째, 지역연구의 측면에서 보면, 아직 지역을 규정하는 지표가 통일되어 있지 않기 때문에 동아시아의 틀에 대한 서로 다른 관념이 존재한다. 동아시아의 틀을 규정하는 세 가지 방식이 있다. 첫번째 방식은 동아시아를 동북아와 동남아를 포함하는 것으로 보는 것이다.[2] 두번째 방식은 동아시아를 바로 동북아로 보는 것이다. 그밖에 동아시아를 남아시아까지 포함하는 것으로 보는 방식이 있는데 이는 보편적이지 않다.[3] 현재 첫번째 방식이 다른 방식에 비해 더 많이 인정되고 있으며 가장 보편적으로 사용된다. 세계은행이나 국제통화기금과 같은 국제기구에서도 모두 이 방식을 사용하고 있다. 물론, 첫번째 방식에서도 여전히 통일되지 않은 의견들이 존재한다. 동아시

---

2) John Ravenhill, "A Three Bloc World? The New East Asia regionalism," *International Relations of the Asia Pacific*, vol. 2(2002), 168면; Chia Siow Yue & Mari Pangestu, *The rise of East Asian Regionalism*, Mimeo(December 2003), 2면.

3) Eisuke Sakakibara and Sharon Yamakawa, *Regional Integration in East Asia: Challenges and Opportunities*, Part Two, *Trade, Finance and Integration*, World Bank East Asia Project, Global Security Research Center, Keio University 2003, 191면.

아는 바로 ASEAN+3인가? 아니면 북한, 타이완, 홍콩을 포함하는가? 또는 몽골, 러시아의 극동지역과 동티모르를 추가할 필요가 있는가? 이러한 상이함은 동아시아 공동체에 대한 관념과 지역협력 촉진 노력에 어려움을 가져다준다. 나는 지역공동체 연구목적과 함께 동아시아에 대한 가장 적합한 틀은 일본, 한반도, 중국(타이완, 홍콩 포함) 그리고 동남아의 ASEAN 10개국을 포함하는 것이라고 생각한다. 이들은 상대적으로 긴밀한 상호작용을 갖고 있고 지역협력 강화 추세를 따르고 있는 국가들이기 때문이다.

두번째 문제는, 이곳의 지리적 여건의 특수성이 동아시아 공동체에 대해 강한 작용을 하는 지리적 친밀성을 만들어내지 못하는 것이다. 국가들이 아주 넓은 면적에 흩어져 분포하기 때문에 많은 나라들이 서로 멀리 떨어져 있으며, 이것이 서로에 대한 이해를 감소시킨다. 높은 산, 바다 등 다양하고도 복잡한 지형이 통상과 교류에 장애가 되고 있다. 서로 다른 기후 역시 서로 다른 인생관과 삶의 방식을 형성하고, 공동의 가치와 특색을 가지는 데 한계가 되고 있다. 넓은 분포도와 지리적 이질성은 동남아지역 전체보다는 더 많은 하위지역을 형성해낼 가능성이 있다. 이와같은 지리적 조건들이 역사적 관계 발전을 미흡하게 했으며, 지역의식의 출현도 다른 지역에 비해 늦었다. 동아시아 협력을 위한 노력들은 20세기에, 주로 냉전 이후에 비로소 표면에 떠오르기 시작했을 뿐이다. 동남아지역에 대한 의식——동아시아 지역주의보다 동남아 지역주의가 훨씬 뚜렷한——조차 단지 현대시기의 상품에 불과할 뿐이다.

분명한 것은, 지리적 친밀감이 지역을 규정하는 유일한 요소는 아니며, 동아시아 지역공동체에 완전히 이로운 점만은 아니라는 것이다. 그렇다면, 이것이 동아시아에 크게 존재하는 다양성의 지속 가능성과 어떤 연관이 있는 것일까? 동아시아의 틀과 범주는? 동아시아 지역주의의 개방성은? 지역적 유대의 느슨함은?

3. 역사적 전제

역사적 요소는 한 지역 내의 각 공동체/국가간에——지역공동체의 중요한 기초——여러 방면의 연계를 형성하고 공고히하는 역할 때문에 지역공동체의 전제의 하나로 간주된다.

지리가 공간이라면 역사는 한 지역공동체의 시간이다. 지리적 친밀감은 기나긴 역사 속에서 각 국가/민족간의 관계를 일찍 형성하고 그것을 유지하는 조건이 되었다. 오랜 역사관계는 그들간의 여러 연계들을 만들어내는 데 도움을 주었다. 긴 역사과정은 서로의 이해와 상호작용을 강화시켰고, 지역 결속 가능성을 높였다. 정치적 상호작용, 경제교환, 문화교류, 이주 등의 과정은 인접 공동체/국가간의 공동가치와 지역의 개별적 특성을 형성하는 데 기여했다. 역사는 바로 지역의 국제관계 속에서 개별의 특수성과 문제, 개별의 관념, 개별의 행동양식을 만들어내는 중요한 요소이다. 현시대에서 강약의 정도는 다를지라도, 역사는 여전히 지역협력과 지역공동체 형성에 대한 관념과 지역의식을 형성하는 데 지속적인 영향을 미친다. 그렇기 때문에 지리적으로 인접한 국가간의 오랜 관계가 지역공동체 형성에 있어 고려해야 할 전제가 되는 것이다.

실제, 역사가 모든 지역의 결속에 똑같은 전제의 역할을 한 것은 아니다. 많은 학자들이 역사의 이러한 전제로서의 역할을 높이 평가하지 않는다. 이것은 현재 지역협력의 촉진 행태가 대부분 경제나 정치영역에서 이루어지는 것으로 보아 합리적인 것처럼 여겨진다. 물론 동아시아의 경우, 역사의 역할이 쉽게 받아들여진다. 이곳의 공동체들은 상당히 오랜 역사관계를 갖고 있다. 수천년 전에 이미 형성된 관계들도 있다. 이 관계는 두 개의 통로, 즉 국민과 국민, 국가와 국가 모두를 통해서 존재했다. 그들간의 연계는 경제, 정치로부터 문화, 사회에 이르기까지 삶의 많은 영역에서 일어났다. 이러한 관계의 과정은 이 지역에 대한 식민주의의 침투로 방해받을 때까지 지속되었다. 물론 서방 식민국가들의 간섭은 이러한 역사관계에 지역정서와 연대의 필요성을 강화시키는 데 일조하기도 했다. 냉전시기 외부로부터의 강력한 개입의 역사가 이러한 의식을 더욱 공고히했다. 동아시아의 이념은 정작 식민주의 시대에 출현하였고, 냉전 이후 지역주의가 실질적인 행동으로 바뀌게 되었다.

이러한 관계의 발전과정은 동아시아의 지역공동체 형성의 전제로서의 역사의 역할을 되돌려주었다. 그러나 그것은 일방적인 작용이 아니다. 동아시아의 역사는 세계의 다른 지역만큼 빠르고 순조롭게 이 지역의 공동체가 형성되고 발전할 수 없는 조건들을 많이 담고 있다. 첫째, 이 지역의 이른 국가 형성은 동아시아에서 국가주의가 강력한 생명력을 갖도록 했다. 강력한 국가주의는 대외정책에서 과도한 이기주의로 나아가거나 지역주의와 대립하게 된다. 국가주의는 지역경제 연계에 있어 여전히 존재하는 보호주의의 근원이다. 두번째는 다자간 경험이 거의 없는 오랜 독립과 분리 과정이다. 오랜 분리 과정은 내부로 향하는 자세를 유지하고 지역화합을 향한 사명감을 감소시켰다. 다자간 경험의 부족은 역내 다자간 협력——지역공동체의 중요한 기초——의 방식, 모형을 찾아내고 확정하는 데 어려움을 주고 있다. 세번째는 지역 내 국가들간의 충돌의 역사이다. 국가들간의 오랜 충돌과 전쟁의 역사는 오늘날까지 존재하는 영토분쟁뿐만 아니라 민족적 적대감과 심리적 불신, 큰 나라들과의 관계 속에서 여러가지 민감한 문제들, 역내 국가들간의 역사적 난관들을 남겨놓았다.

따라서 역사는 동아시아 공동체 형성의 전제일 뿐 아니라 여러가지 장애 요소들을 담고 있기도 한 것이다. 이것이 우리가 미래 동아시아 공동체로 나아가는 길에 부딪히게 되는 수많은 문제들 중에서 우선적으로 해결해야 할 문제이다. 지역결속 과정에서 역사심리적 문제는? 다자간 관계의 발전 속에서 쌍방간의 문제들에 대한 조화로운 처리는? 지역체제 안에서 강대국과 약소국의 관계 문제는? 지역 내 분쟁해결기구의 설립 문제는?

4. 사회문화적 전제

이 지역을 다른 지역과 구분하는 데 도움을 주는 특징일 뿐만 아니라 여러 요소들 중에서도 사회문화적 유사성은 지역을 규정하는 기초로 간주된다. 더 중요한 것은, 이 유사성이 그 국가들간의 감정, 의식 그리고 행동을 연계하는 끈이 된다는 것이다. 지역공동체는 보통 이와같은 유사성 위에서 형성된다.

역사와 함께 사회문화는 이러한 유사성을 가져다주는 전제이다. 사회문화적 전제는 공동의 특색, 가치, 정서 등 일반적인 특징을 형성해낸다. 특색은 지역의식과 '우리 것'에 대한 의식을 만들어낸다. 가치의 공유는 서로 또는 외부에 대처하는 과정에서 동조를 만들어낸다. 또한 정서는 공동체를 형성하기 위한 긴밀한 끈이다. 이 모든 것들은 역내 국가들이 더욱더 서로를 향하게 하는 경향을 가지고 있다. 이러한 기초 위에서 지역공동체는 쉽게 형성되고 더욱 발전하게 된다.

동아시아에는 그 정도와 작용에 있어 다른 지역과 같지는 않지만, 이러한 사회문화적 전제가 존재한다. 구성주의자들(constructivists)은 동남아 지역주의에 대해 다른 요소들과 함께 이 가치들을 강조한다. 문화적 측면에서, 역내 많은 국가들 사이에서 유교의 전파, 그리고 중국과 인도 문명의 교차가 오래도록 그리고 강하게 진행되어왔다. 유교의 일정한 영향과 이러한 문명의 교차는 동아시아 지역의 개별적인 특성을 형성하는 조건을 만들어주었고, 각 민족공동체간의 이해와 교류를 형성하는 데 도움을 주었다. 종족적인 측면에서 비록 이곳의 주민들이 하나의 순수혈통을 갖고 있지는 않다 할지라도 역내 많은 국가들이 지역 내에서 하나의 종족에 속해 있고, 여러 종족들은 서로 일정하게 혼합되어 있다. 여기서 주목할 만한 것은 다소 차이는 있다 하더라도 지역공동체의 아주 큰 장애물인 종족차별주의가 아직 존재하지 않는다는 점이다. 사회적 측면에서, 역내 공동체들간의 오랜 이주과정은 전지역 내에 동족관계들이 서로 얽혀 있는 분포형태를 만들어냈다. 이 과정은 물질문화는 물론 정신문화가 서로 접촉하고 교환될 수 있는 조건을 형성해주었다. 언어적 측면에서, 동아시아에서는 오랜 관계와 문화교류가 또한 서로간의 언어침투 현상의 보편화를 가져왔다. 심지어 중국어의 경우처럼, 주변의 많은 국가와 민족의 언어에 상당한 비율로 침투되어 있는 언어들도 있다. 종교적인 측면에서, 동아시아에서는 불교나 이슬람교의 예처럼 넓은 지역에서 국경을 뛰어넘는 종교적 보편성이 각 공동체들간에 유사한 종교를 갖는 특성을 가져다주었다. 종교의 여러 가치는 민족적 가치가 되었고, 나아가 국가를 결속시키는 공통점이 되었다.

위에 언급한 모든 것들은 세계의 나머지 부분과 다른 지역으로서 동아시아를 인식하는 데 도움은 줄지언정 지역의 공동가치와 개별적 특성, 전체 지역의 공동체 정서를 형성하는 데 아직 큰 도움은 되지 못한다. 동시에 동아시아의 사회-문화적 전제는 동아시아 공동체를 형성하는 데 불리한 점들을 많이 담고 있다. 첫째로, 동아시아에는 각 민족의 국가를 관통하여 협력을 조장하는 일반의 철학사상이 존재한 적이 없다. 유교, 불교, 회교 등이 일정한 역할을 하고는 있지만 동아시아 전체를 아우를 만큼의 영향을 주지는 않는다. 사상의 상이성과 학파의 다양성은 전체 지역의 공동사상, 그중에서 대외관념과 인식을 형성하는 데 장애가 되었다. 둘째로, 중국-인도 문명의 교차는 전체 지역에 고르게 작용한 것은 아니어서 지역의 공동가치를 형성하는 데는 많은 도움을 주지 못했다. 이러한 현상의 원인은 내부로부터 생겨났을 가능성이 많으며, 두 문명의 보수적 성격, 영향이 미치는 서로 다른 길, 하위지역에만 미치는 영향범위의 한계, 현지 문화의 다양성과 서로 다른 '지방화' 과정 등이다. 셋째는, 이 지역의 유사성과 다양성 간의 관계에 있다. 유사성은 작용의 강도에 있어 여전히 한계를 가지고 있고, 전체 지역보다는 그 하위지역 단위에서 주로 보여진다. 반면 이곳의 문화다양성은 아주 커서 지역 결속과 동아시아 공동체 형성을 더디게 만들었다.

192

사회문화의 전제는 동아시아 공동체를 위한 강력한 동력은 아닐 수 있지만, 그것은 언제나 이 과정을 둘러싸고 있는 대기권과 같다고 할 수 있다. 하위지역의 유사성, 새로운 공동가치의 출현, 다양한 사회문화의 상호보완 가능성으로부터 동아시아의 공동가치 형성을 기대해볼 수도 있겠지만, 이 지역의 사회문화 공동체의 형성 가능성 앞에는 여전히 많은 질문이 놓여 있다. 이 공동체의 사회문화적 기초는? 지역의 공동가치와 민족적 특색 간의 관계 처리는? 동아시아 공동체에 이익 또는 해가 되는 사회문화 요소들은? 역내 사회문화 교류를 촉진할 수 있는 방법은?

5. 정치안보적 전제

정치안보는 모든 국가의 기본적인 문제이기 때문에 보통 인식, 행위 그리고 그 나라의 대외정책에 강력하게 작용한다. 지역 환경과 국가의 정치안보의 관계가 날로 긴밀해지는 배경 속에서 정치안보 보장은 지역공동체로 가는 추세의 동력이 되었다. 실제 정치안보는 공개적이든 비공개적이든 언제나 이 공동체의 목표이다. 따라서 정치안보야말로 지역공동체 형성으로 가는 추세의 중요한 전제가 된다. 이 전제가 이 추세에 작용하는 영역은 국제정치와 국내정치 두 가지 측면이다.

동아시아에서 국제정치와 국내정치에 일고 있는 여러 변화들은 동아시아 공동체로 향하는 추세가 그 어느 때보다도 유리한 국면임을 보여주고 있다. 세계 권력배분의 변화에 근거해서 신현실주의자들(Neo-realists)은 유럽과 북미에서의 지역주의의 부상이 동아시아 국가들로 하여금 국제사회 속에서 자국의 위상을 높이기 위해서는 결속을 할 수밖에 없는 구속력을 만들어낸다고 보고 있다. 패권 이론을 바탕으로 다르게 설명하자면, 현재 미국의 패권 권력이 그 패권에서 비롯되는 부작용을 제한하기 위한 동아시아 지역의 결속을 자극하고 있다고 보는 것이다.[4] 지역의 차원에서 또다른 견해는 지역 패주(覇主)의 부상이 그 이익을 나눠 갖는 한편 집단이익에 의해 패주를 제어하고자 하는 작은 나라들을 끌어들여 지역 조정사업에서 패주와 협력하게 만들 것이라고 보는 것이다.[5] 이 지역의 정치안보적 특수성에 의거한 또다른 논점은 외부로부터의 역사적 간섭과 역내 국가간의 충돌위기가 국가의 발전과 지역의 안정을 위협하고 있으며, 따라서 지역공동체가 이 위기를 막는 효과적인 방식이라고 보는 것이다.

국가적 차원에서 볼 때, 동아시아에는 지역공동체를 향한 추세에 있어 긍정적인 변화들이 나타나고 있다. 발전을 위한 안정된 환경 조성에 대한 요구는 각 나라 안의 정치세력들을 일정 정도 통일시켰다. 정치계와 지도자들의 지역주의에 대한 관심이 날로 고양되고 있는데, 이는 역내 모든 국가들이 지역협력의 강화와 제도화 과정에 뛰어들고 있는 것을 볼 때 입증된다. 각 국가의 정책결정 과정에서 이러한 추세와 이익이 반영되도록 하는 데는 경제계의 기여도 날로 증가하고 있다. 과학계 또한 동아시아 지역주의화를 고무하는 일에 적극 참여하는 사회세력이다. 각 국가들의 대내정치 안에 나타나는 이러한 변화들은 동아시아 공동체에 대한 더 많은 관심을 불러일으키는 데 유리한 조건을 만들어주고 있다. 그것은 냉전 이후, 특히 1997년의 경제공황 이후 동아시아의 지역협력 과정에 다수의 정치세력들과 서로 다른 사회계층이 참여하고 있고, 참신한 의견들이 제시되며, 여러 관계들이 만들어지는 것으로 입증된다.

물론 정치안보 영역 또한 동아시아 공동체를 향한 길에 많은 문제점을 안고 있다. 첫째, 그것은 역내에 잠재되어 있는 분열과 불안정한 위기들이다. 여기에서 충돌위기는 권력쟁탈에서 영토분쟁에 이르기까지, 경제경쟁으로부터 사상투쟁에 이르기까지 모든 형태로 존재한다. 이 지역은 또한 한반도의

---

4) Ravenhill, 앞의 글.
5) 같은 글 169면.

핵무기 문제, 타이완 문제, 동지나해(베트남의 동지나해, 즉 남중국해—옮긴이) 등과 같은 전략적 충돌위기를 갖고 있는 곳이다. 거기에 더해 테러문제와 반테러 투쟁 등이 동아시아의 안보상황을 더욱 복잡하게 만들고 있다. 둘째, 그것은 각 강대국들간의 경쟁위기인데, 만약 그런 위기가 발생한다면 동아시아 공동체 형성의 추세를 질식시키고 말 것이다. 현재까지 이러한 모순들은 여전히 잔존하고 있고, 각 국가들의 지역정책과 동아시아 공동체로 나아가는 추세에 적지 않은 영향을 미치고 있다. 그밖에 이러한 배경 속에서, 역내 작은 나라들이 큰 나라들에 대해 가지는 신뢰 또한 부족하며, 외부의 전략적인 관계 속에서 '다양화'를 추구하는 것도 동아시아 지역의 결속을 희석시키고 있다. 셋째, 그것은 동아시아 국가들간에 현저히 드러나는 세력 불균형이다. 국제적인 위상에서 나타나는 차이는 지역협력에 있어 그 등급과 층을 나누게 될 뿐만 아니라 지역과 세계에 대한 관점, 대내적 이익과 대외적 이익, 지역정책과 문제인식 등에 있어 서로 다른 차이를 만들어낸다. 이러한 불균형은 지역협력의 방향을 아주 쉽게 일그러뜨리게 된다. 넷째는 동아시아 내의 이데올로기, 정치제도, 정치체제의 다양성이다. 이러한 다양성은 동아시아의 국가들간의 세계관, 인식, 가치와 이익에 대한 굴절을 만들어내는 데 기여한다. 그리고 그로부터 지역관계 안에서 우선영역, 정책선택, 진행방식 등의 차이가 나타나게 된다. 이 모든 문제들은 역내 국가들간의 상호작용의 안정성을 미흡하게 만들고, 동아시아 협력에 어려움을 초래한다.

일반적으로 볼 때, 냉전 이후의 변화와 함께, 정치안보적 전제는 동아시아 공동체 형성 가능성에 있어 적극적인 역할을 하고 있다. 물론 동아시아 정치안보 환경의 복잡성과 불확실성은 여전히 동아시아 공동체로 가는 길에 어려움을 안겨주고 있다. 동아시아 공동체 안에서 공동안보의 위치, 방향, 노정은? 동아시아 공동안보의 내용은? 이 공동안보에 적합한 체제 모형은? 동아시아 역외 강대국의 참여 가능성은? 지역협력에 있어 영토 문제는? 작은 나라들의 신뢰 문제는? 바로 이러한 문제들이야말로 우리의 관심이 필요한 문제들일 것이다.

6. 경제적 전제

경제는 모든 사회구성원들의 발전은 물론 국가발전 요구와도 밀접하게 연관된 기본 이익이기 때문에 언제나 대외정책의 주요한 목표가 된다. 경제는 모든 역사와 시대 속에서 각 국가/공동체들이 대외관계를 넓히는 기본 동력이었다. 경제의 본질은 지속적 성장과 멈춤 없는 시장의 확대다. 이 두 가지 모두 경제협력 강화 요구를 이끌어내고, 지리적·역사적·사회문화적 관계 그리고 생산비용 절감 등의 이점 때문에 가까운 시장을 우선하게 된다. 경제는 또한 지역공동체를 위한 조건이다. 국가를 관통하는 경제관계의 형성과 발전은 공동체 정서와 지역의식을 고양시키는 조건을 만들어준다. 그리고 경제적 연계는 또한 다른 영역에서의 협력을 촉진한다. 현재의 배경 속에서, 경제는 보통 역내 무역협정들에 기초해서 지역을 규정짓고, 지역의 범위를 조정하는 가장 강력한 요소이다. 분명한 것은, 최소한 현대시기에서 경제는 지역공동체를 형성하는 데 있어 가장 중요한 전제라는 것이다.

동아시아에서는 정치안보와 함께 경제가 동아시아 공동체 형성 추세에 강한 작용을 하고 있다. 첫째로, 동아시아 경제지역화 과정에서 비롯된 작용이다. 이 과정은 80년대 중반부터 분명하게 정형화하였으며 날로 발전하고 있다. 이 과정은 주로 다국적기업(MNC)들인 시장역량으로부터 출발하였는데, 점점 정부들의 관심을 얻어가고 있으며, 특히 1997년 경제공황 이후 더욱 두드러진다. 역내 국가들간의 상호 경제구속력이 강화되고, 동아시아 경제체제를 형성하는 조건이 만들어질 때, 경제지역화는 동아시아 공동체로 향하는 추세에 상당한 작용을 하게 된다. 두번째는 국내 경제에서 비롯된 작용이다. 오늘날 동아시아의 모든 국가들은 경제발전을 우선시해 시장개방정책을

196

시행하고 있으며, 지역경제 공간을 강조하고 있다. 역내 경제협력 촉진은 대외경제정책에서 우선시하는 사항 중의 하나가 되었다. 이러한 관념과 이익은 동아시아 공동체 추세에 중요한 동력이 되었다. 그밖에 역내 몇몇 국가들의 경제적 어려움 또는 발전 지체상황은 그들로 하여금 지역 경제협력의 증가를 하나의 탈출구로 바라보게 하였다. 지역경제 참여가 국내 경제개혁에 새로운 힘을 가져다줄 것이라고 기대하는 것이다. 세번째는 국제경제에서 비롯된 작용이다. 유럽과 북미에서의 지역주의 발전은 동아시아의 지역주의를 부추겼다. 유럽연합(EU)의 유럽 확장과 북미자유무역협정(NAFTA)의 미주 확장 가능성 앞에서 동아시아의 국가들은 세계경제 속에서, 전지구적 경제체제 안에서 자신의 목소리를 높이기 위해 재결속이 필요하게 되었다. 이러한 결속은 또한 수출시장 확대와 위의 두 시장에 대한 예속을 줄이는 데 도움이 된다. 네번째는 1997~98년 금융위기로부터 직접 비롯된 작용들이다. 그 사태는 현행의 지역체제와 동아시아 국가들간의 기존 경제협력이 충분하지 못했다는 것을 보여준다. 서방과 APEC의 미온적인 반응에 대한 실망은 지역정서를 강화했다. 공황은 역내 무역에 있어서 규제완화와 자유화를 옹호하는 각국 내 집단들의 목소리를 키웠으며, 그것이 동아시아 지역주의에 대한 정부의 관심을 높이는 데 기여했다.[6] 그때부터 사람들은 동아시아 각국간의 협력이 그 어느 때보다 강화되는 것을 목격할 수 있었다. 많은 학자들은 이 작용이야말로 동아시아 공동체 추세를 이끌어낸 직접적인 원인이라고 믿는다.

비록 동아시아 공동체 형성 추세에 있어 가장 중요한 역할을 하고 있다 하더라도 경제적 전제는 결코 적지 않은 장애를 내포하고 있다. 첫째, 일본과 같은 경제 초강대국에서부터 최근 아세안에 가입한 회원국들과 같은 저개발국가들까지 역내 국가들간 발전수준의 격차가 너무 큰 것이다. 서로 다

---

6) 같은 글.

른 경제발전 정도는 서로 다른 국내경제 문제와 상황을 가져오고, 그로부터 지역협력 정책에 있어 서로 다른 우선과제와 이익들이 파생된다. 서로 다른 공동이익 실현 능력은 서로 다른 소득결과를 불러오고, 이에 따라 서로 다른 협력의지를 갖게 한다. 불균형한 발전 정도는 국가간 상호협력의 비대칭성을 심화함과 함께 새로운 불평등 위기를 낳고 지역경제관계의 제도화에 여러가지 어려움을 초래한다. 동아시아 공동체가 더욱 어려운 것은 바로 지역협력 의지와 이익 안에서의 불균형 때문이다. 둘째, 그것은 동아시아 지역체제 형성과 결속에 대한 외부로부터의 방해이다. 이 불리한 작용들은 서로 대립하는 세 개의 경제블록 형성 가능성, 무역차별 강화, 전지구적 경제세력의 역할 약화, 미국의 영향 감소, APEC의 분열 등에 대한 두려움에서 비롯된 것이다. 동아시아경제그룹(EAEG)과 아시아통화기금(AMF)을 창설하려는 시도가 불발한 것은 외부적 장애요인들의 작용을 입증해준다. 셋째로 그것은 역내 국가들 내부로부터 비롯된 또다른 장애들이다. 많은 나라들의 지역정책에 있어 경제이기주의는 선의를 침식할 뿐만 아니라 이익충돌을 가져올 수 있다. 여러 유사한 경제기구들의 특징은 시장경쟁과 외국투자 위기를 조성하는 것이다. 경쟁과 충돌에 대한 합리적인 제어가 없다면 동아시아가 새롭게 분열될 것이다. 국내의 여러 경제적 어려움, 발전 지체, 또는 미흡한 경제법률 등에 대해서는 아직 언급하지 않았으나 이것들 또한 국가간의 협력이나 지역주의에 불리하게 작용하는 것들이다. 위의 모든 것들은 동아시아 공동체 운동에 있어 아주 중요한 장애들이다.

경제는 동아시아에서 지역공동체를 위한 가장 가시적인 영역이 되었다. 그러나 그것은 평탄한 길이 아니다. 이 길 위에는 여전히 무수히 많은 문제가 놓여 있다. 동아시아 경제공동체의 내용과 노정은? 협력영역과 방식은? 경제협력 체제화 문제는? 경제 세계화와 지역경제 화합 간의 조화는? 위에 언급한 장애들을 극복하는 문제는?

198

7. 결론

이상으로 지리, 역사, 사회문화, 정치안보와 경제, 다섯 가지 영역에서 동아시아 공동체를 실현하기 위해 유효한 전제들을 살펴보았다. 그중에서 앞의 세 가지 전제는 조건으로서 주요한 역할을 하며, 뒤의 두 전제는 동아시아 공동체를 향한 추세에 있어 조건인 동시에 원인으로서의 역할을 한다. 이러한 전제들은 동아시아 지역공동체가 현실화할 가능성에 대한 희망을 던져준다. 이러한 추세의 가장 분명한 표현은 현재 일고 있는 동아시아 지역주의의 부상이다.

그러나 희망은 항상 신중함과 함께 가야 한다. 이러한 전제들이 동아시아 지역공동체 형성에 상당히 유리한 조건들을 제공해준다 하더라도 또한 적지 않은 장애를 함께 내포하고 있는 것이다. 동아시아 지역주의가 이미 부상하고 있다 하더라도 여전히 허약하며, 서유럽이나 북미의 지역주의만큼 공식성을 갖고 있지 못하다. 이곳의 경제연계나 제도화는 여전히 느슨하며 EU나 NAFTA처럼 아직 깊지 못하다. 협력규모 역시 한계가 있다. 지역공동체를 위한 운동도 사실적(de facto)이라기보다는 법적(de jure) 행위에 가깝다. 동아시아 지역결속을 촉진하려는 노력에 있어서도, 정치 프로젝트보다는 경제 프로젝트에만 집중하는 태도, 국가주권 문제에 대한 신중한 태도, 개별국가의 경제과정에 대한 존중, 지역주의의 개방성 등을 볼 때, 파블로 버스텔로(Pablo Bustelo)의 설명처럼 그 '회피성'이 분명하게 드러난다.[7]

동아시아 공동체의 미래에 대해 아직 긍정할 수 없을지라도, 앞으로 이러한 추세 속에서 그 운동이 계속될 것으로 보인다. 이러한 추세는 국내 세력들과 역내 정부들에게 각인되고 있으며 외부에서도 인정받고 있다. 그리고 동아시아 지역 안의 국제관계는 분명 이러한 추세로부터 상당한 영향을 받

---

7) Pablo Bustelo, "The Impact of the Financial Crises on East Asian Regionalism," http://www.ucm.es/info/geeao.htm, August 2000, 11면.

게 될 것이다.

　필자가 여기서 제시한 단상들은 동아시아 지역주의에 대한 우리의 논의가 지속될 수 있도록 문제를 제기해본 것에 지나지 않는다. 동아시아처럼 복잡하고 다양하며 많은 이질성을 갖는 지역에서는 일방적이거나 속전속결의 방책으로는 그 장애들을 극복할 수 없다. 필자의 문제제기와 우리들의 토론이 최소한 이 주제에 대한 상호 이해를 돕고 지속적인 학술교류와 협력을 가져오는 데 기여하기를 바란다.

[번역: 구수정]

[참고문헌]

Bae, Geung-Chan, "ASEAN+3 Regional Cooperation: Challenges and Prospects," *Korean Observations on Foreign Relations* 3, 1(Korean Council on Foreign Relations, June 2001), 106~21면.

Bustelo, Pablo, "The Impact of the Financial Crises on East Asian Regionalism," http://www.ucm.es/info/geeao.htm, August 2000.

Chung, Sang-Ho, "A Move toward an East Asia Community and its Future Outlook," *The Journal of East Asian Affairs* XV, 2(Fall/Winter 2001), 397~420면.

Do Hoai Nam and Vo Dai Luoc, eds., *Hướng tới Cộng đồng kinh tế Đông Á*(『동아시아 경제공동체를 향하여』), 하노이: 세계출판사 2004.

EASG, *Final Report of the East Asia Study Group*, submitted to the ASEAN+3 Summit(Phnom Penh, Cambodia, 4 November 2002).

Feng Lu, "Free Trade Area: Awakening Regionalism in East Asia," Working Paper No. E2003010, China Center for Economic Research, Peking University 2003. 10.

Hook, Glenn D., "Globalization, East Asian Regionalism, and Japan's Role in Euro-Asian Interregionalization," *Japan Review*, No. 12, Bulletin of the International Research Center for Japan Studies 2000, 5~40면.

Mansfield, Edward D., and Helen V. Milner, "The New Wave of Regionalism," *International Organization* 53, 3(Summer 1999), 589~627면.

Pangestu, Mari and Sudarshan Gooptu, "New Regionalism: Option for China and East Asia," *East Asia Integrates: A Trade Policy Agenda for Shares Growth*, 79~99면.

Ravenhill, John, "A Three Bloc World? The New East Asia regionalism," *International Relations of the Asia-Pacific*, vol. 2(2002), 167~95면.

Richard Stubbs, "ASEAN Plus Three: Emerging East Asian Regionalism?" *Asian Survey* XLII, University of California Press 2002. 5/6, 440~55면.

Sakakibara, Eisuke and Sharon Yamakawa, *Regional Integration in East Asia: Challenges and Opportunities*, Part Two, *Trade, Finance and Integration*, World Bank East Asia Project, Global Security Research Center, Keio University 2003.

강태웅│광운대학교 일본학과 교수

백영서│연세대학교 사학과 교수. 사회

신윤환│서강대학교 정치외교학과 교수

최병욱│인하대학교 사학과 교수

최원식│인하대학교 한국어문학과 교수

응오 민 오안(Ngo Minh Oanh)│호찌민시 교육대학 교수

응웬 띠엔 륵(Nguyen Tien Luc)│호찌민시 국가대학 인문사회과학대 일본연구센터 소장

응웬 반 릭(Nguyen Van Lich)│호찌민시 국가대학 인문사회과학대 교수

호앙 반 비엣(Hoang Van Viet)│호찌민시 국가대학 인문사회과학대 동방학과 교수

호앙 칵 남(Hoang Khac Nam)│하노이 국가대학 인문사회과학대 국제관계학과 교수

백영서 본격적인 토론에 앞서 제1부의 발표와 토론을 전체적으로 정리해보는 차원에서, 그리고 저 역시 개인적으로 궁금한 점이 있어서, 두 가지 점만 말씀드리고자 합니다.

첫번째는 동아시아라는 지역의 범위에 대한 문제입니다. 각 나라마다 여기에 대한 의견이 많기 때문에 이는 중요한 토론거리라고 생각합니다. 제 생각에는 동아시아라는 개념은 엄격하게 규정된 지역 개념이라고는 생각되지 않습니다. 앞서 많이 언급된 것처럼 동아시아라는 개념은 아직 형성중이라고 한 것은 정확한 표현인 것 같습니다.

두번째로 한국에서 동아시아라는 말은 좁은 의미로는 동북아시아를 뜻하

고, 넓은 의미로는 동북아와 동남아를 포함하는 개념으로 사용됩니다. 오늘 이 자리에서 사용하는 동아시아란 당연히 넓은 의미의 동아시아, 즉 동북아와 동남아를 포함하는 개념입니다. 하지만 이것도 고정된 것이라고는 생각되지 않습니다. 이는 간단한 예만 들어도 쉽게 이해될 수 있을 것입니다. 일례로 최근 열렸던 '동아시아' 정상회의에 인도, 호주, 뉴질랜드가 포함되었는데, 동아시아라는 말 속에 이들 국가들이 포함되는 것도 가능할 것입니다. 따라서 여기서는 각자가 생각하는 동아시아라는 개념을 사용하되, 그것에 대해서 정의를 명확하게 한 상태에서 토론을 진행하면 좋을 것이라고 생각합니다.

덧붙여 오늘 오전 발표가 동아시아 국가간의 관계, 정치안보, 국제관계에 치우친 면이 있었습니다. 이것 외에도 시민단체간의 관계, 민간차원의 관계에 대해서도 토론해주시면 좋을 것 같습니다. 오전에 발표된 한국과 베트남측의 발표내용을 보면, 한국 쪽에서는 비교적 시민사회 쪽의 관계에 대해서 관심을 가졌던 것 같습니다. 특히 최병욱, 신윤환 선생께서는 민간 차원의 접근에 관심을 보이셨습니다. 앞으로 이런 쪽의 이야기가 더 많이 나왔으면 좋겠습니다.

강태웅 저는 정치나 외교 문제보다는 문화 쪽에 관심이 있습니다. 현재 베트남뿐만 아니라 동남아시아 전체에서 한류 드라마나 영화 등이 굉장히 인기가 있습니다. 역시 문화적인 관계에서 한국 내에서는 베트남 신부들을 둘러싼 문제들이 발생하고 있고, 현재 이러한 내용을 다룬 한국 드라마「황금신부」가 방송되고 있습니다. 또한 최근「므이」라는 베트남 전통 귀신이야기를 차용한 영화가 한국에서 상영된 바 있습니다. 따라서 한류가 베트남에만 영향을 주는 것이 아니라, 동시에 베트남이 한국문화에 영향을 주는 이러한 바람직한 현상이 나타나고 있는 것이 아닌가 하는 생각이 듭니다.

아까 신윤환 선생께서 말씀하셨듯이 어쩌면 한국인이 베트남에 친밀감을 느끼는 이유는 한국군의 참전 때문이 아닐까 싶습니다. 그러나 한국인이 가진 베트남에 대한 이러한 이미지는 할리우드 영화들이 중요한 소재로 활용했던 그 이미지로부터 기인된 것이기도 합니다. 그러나 이러한 것은 이미 지난 시대의 것들입니다. 이제 할리우드 영화들도 더이상 베트남전에 대한 영화를 거의 만들지 않고 있고, 지금 한국의 젊은 세대들은 더이상 한국의 베트남전 참전에 대해 관심이 없습니다.

그래서 지금의 한국인들에게 베트남이라는 국가가 어떻게 다가올까라는 점에 대해 생각해보았습니다. 첫째로, 솔직히 말씀드리면 다른 동남아국가와 크게 구별되지 않습니다. 관광, 쇼핑 등의 소비대상으로서 다가오고 있는 것이 아닌가 하는 생각이 듭니다. 또 하나의 이미지는 역사적·정치적 입장보다는 가상 세계지도 속에 있는 베트남 대한 것입니다. 최근 한국에서 인기가 있는 「배틀필드 베트남」이라는 오락물이 있습니다. 여기에서는 본인이 베트남인이 되거나 미군이 되어 베트남전에 참전할 수 있는데, 그러한 비주얼한 오락물이 한국에서 인기가 있습니다. 이러한 세계에서 살고 있는 젊은이들이 지금 한국에 살고 있습니다.

이에 따라 질문하고 싶은 것은, 오늘의 베트남 젊은이들에게 한국은 어떤 모습인가? 한국의 베트남전 참전이라든가 이런 것을 생각했던 이전 세대와 다른 점은 어떤 것인가? 이러한 것에 대해 베트남 측의 이야기를 듣고 싶습니다.

호앙 반 비엣 여기서 제가 말씀드리고 싶은 것은 두 가지입니다. 하나는 동아시아라는 개념에 대한 문제이고, 다른 하나는 한반도 통일문제를 동아시아의 맥락에서 어떻게 볼 것인가 하는 문제입니다.

베트남에서는 동아시아라고 하는 개념보다는 동아(Dong A)라는 개념을 더 많이 사용합니다. 동아라는 개념은 아시아와 거의 동일한 개념이라고 볼 수 있습니다. 문화적 측면에서 동아시아라고 하면 북아메리카라든지 라띤아메리카까지 포함하는 개념으로 넓게 바라봅니다. 그 다음에는 정치적 지형으로 동아시아를 이해하는 것이 있는데, 이 경우에는 아세안에 속하는 국가들뿐만 아니라 아세안에 포함되지 않는 국가, 호주나 뉴질랜드와 같은 국가 등을 포함한다고 볼 수 있습니다. 다음은 동북아와 동남아를 포함한 개념으로 보는 것으로, 동남아시아의 11개국, 동북아시아의 4개국을 포함한 개념으로 이해됩니다. 경제적 지형에 기반한 개념으로서 아태지역이라는 용어는 경제학 쪽에서 많이 사용하는 것 같습니다.

우리가 동아시아라는 개념을 지나치게 폭넓게 사용하면 오늘의 토론이 굉장히 어려워질 것 같습니다. 따라서 여기서는 동아시아라는 개념을 동남아와 동북아를 포함한 개념으로 전제해서 토론하자는 제안을 해봅니다.

두번째 문제로 한반도 통일문제를 언급하고자 하는 까닭은 그것이 베트남의 안보문제와 관련이 있기 때문입니다. 한국은 분명 베트남보다 경제적으로 발전한 나라이지만 부족한 것도 많습니다. 한국은 베트남과 달리 천연자원이 매우 부족합니다. 인구에 있어서도 약 5천만 명의 인구를 가진 한국(여기서 한국은 남한만을 지칭한다)과 달리 베트남은 8천만 명, 곧 1억을 앞두고 있습니다. 현대 베트남은 세계에서 출산율이 가장 높은 나라 중 하나인데, 이런 점에서도 베트남은 앞으로 한국보다 성장 가능성이 높습니다.

한국이 베트남보다 경제적으로 압도적으로 앞서 있음에도 불구하고, 한국은 위에서 말한 인적·물적 자원 외에도 부족한 점이 여러가지 많은데, 그중에서도 가장 심각한 문제가 남북분단 문제입니다. 게다가 통일에 대한 전망도 굉장히 어두워 보입니다. 베트남은 무력통일을 한 경우인데, 한국은 베트남과 같은 통일방식으로 통일할 수 없습니다. 또한 한국 같은 경우에는 중국, 일본, 미국과 같이 매우 거대한 강대국들과 인접해 있어 한반도에 살고 있는 한민족의 의지만 가지고는 통일을 이루기가 힘들 것입니다. 강대국들의 의지에 따라 통일문제가 난항을 겪을 가능성이 큽니다. 한반도 통일이 무력적인 방식으로 이루어지지 못한다면, 결국은 대화나 평화적인 방식으로 이루어져야 하는데, 이렇게 가기 위해서는 굉장히 오랜 시간이 걸릴 것으로 생각됩니다.

206

응웬 띠엔 륵 일본 같은 경우에는 동아시아를 동북아와 동남아를 포함하는 개념으로 받아들입니다. 또 일본은 동아시아 공동체를 어떻게 건설할 것인가에 있어서 상당히 기계적으로 접근하고 있는 것 같습니다. 여기서 역사·문화적 개념으로 동아시아라는 개념에 접근해볼 수도 있는데, 대체적으로는 중국문화의 영향을 받은 권

응웬 띠엔 륵

역을 지칭한다고 볼 수 있습니다.

아까 한국과 베트남만큼 유사성을 가진 나라를 찾기 어렵다는 말씀들이 있었습니다. 특히 한국과 베트남은 역사발전 단계로 볼 때 유사성이 큽니다. 그런데 여기서 이러한 질문을 하고 싶습니다. 왜 한국과 베트남 사이에 이러한 유사성이 나타나게 되었는가? 우스갯소리지만, 한국인들은 좀 통통하고 우리 베트남 사람들은 좀 날씬합니다. 한국도 베트남과 마찬가지로 중국문화로부터 기계적인 영향을 받았기 때문에 한국과 베트남이 겪었던 역사적 과정도 굉장히 유사한 양태를 보일 수밖에 없었습니다. 그런데 중국의 영향을 받았던 다른 나라, 가령 일본과는 차이가 많이 나타납니다. 따라서 베트남과 한국은 중국의 영향을 어쩔 수 없이 받아들일 수밖에 없었다고 표현하는 것이 좋을 것 같습니다. 반면 거리가 좀 떨어져 있었기 때문인지, 일본은 이것과는 좀 다른 양상인 것 같습니다. 또 정치적인 면에 있어서는 한국과 베트남이 정치적·전략적으로 굉장히 중요한 지정학적 위치를 가진 나라들이기 때문에 주변 강대국들의 영향을 받을 수밖에 없었던 점도 있습니다. 그래서 제가 보았을 때, 한국과 베트남은 정치적으로 굉장히 민감할 수밖에 없는 그런 나라들인 것 같습니다.

양국 관계와 관련된 또 한가지 점은, 한국과 베트남이 수교한 지 15년밖에 되지 않았는데 세계적으로 한국과 베트남만큼 빠르게 관계의 진전을 보이는 경우는 거의 없습니다. 오늘도 많은 분들께서 한류 이야기를 해주셨지만, 한류가 국가간의 갈등을 무효화하는 효과를 보인다고 생각하지는 않습니다. 그러나 역시 한류가 한국과 베트남 관계에서 일정한 역할을 하는 것 같습니다. 왜 한국과 베트남의 관계가 이토록 빠른 속도로 발전하는가에 대한 연구와 논의가 더 필요합니다.

그리고 오늘 제가 신윤환 교수의 발표내용을 아주 재미있게 들었습니다. 여기서 친구라는 개념이 나왔는데, 베트남에서 친구라는 의미는 여러 각도로 해석될 수 있습니다. 먼저 우호관계라고 이야기할 수 있습니다. 베트남에서는 이러한 친구 개념을 전략대상으로서 안고 가는 경향이 있습니다. 예를들면 중국, 미국, 일본하고도 관계를 맺지만, 미국은 아직까지도 우리 베트남이 다가서기 어려운 면이 있습니다. 일본 같은 경우에는 베트남에 도움을 많이 주긴 하지만 아직까지는 전략대상국이라 할 수 있습니다. 그렇다면 누구와 진정한 친구가 될 것인가 하는 문제가 제기될 수 있습니다. 결국 모든 국가들을 협력대상으로 보고 있습니다. 물론 그중에서 중요한 대상국, 전략적 대상국을 나눌 수 있겠지만 전반적으로 모든 국가들을 협력대상으로 보고 있습니다.

마지막으로 저희가 궁금한 것은 한국인들의 동아시아 관념은 어떤 것이냐 하는 것입니다. 두번째로 한국은 동아시아 안에서 스스로 어떠한 역할을 할 것으로 기대하고 있는가, 세번째는 세계가 한국의 역할에 대해서 어떻게 받아들이고 있다고 생각하고 있는가, 이런 문제들에 대해 한국 측에 질문을 던지고 싶습니다.

최원식 릭교수께서 한반도 통일의 문제를 언급하셨는데, 그 문제에 대해서 한말씀 드리고 싶습니다.

오전 발표에서 릭교수께서 잘 지적하셨듯이, 냉전 개념은 서구에서 지어냈지만, 그것은 20세기 동아시아에서 오히려 엄청난 열기로 폭발되었습니다. 그 첫번째가 한국전쟁이고, 두번째가 베트남전쟁입니다. 이렇게 된 이유는 지정학적 위치에 있습니다. 한국은 동아시아로 들어가는 동북쪽에 위치해 있다면, 베트남은 동아시아로 들어가는 동남쪽에 위치해 있습니다. 따라서 바다로 나아가기 위해서든 대륙으로 진출하기 위해서든 두 나라가 굉장히 중요한 위치입니다. 한국전쟁이 1953년에 마무리되었고, 그것이 다음으로 베트남전쟁으로 가서 1973년에 종결돼 사실상 동아시아는 지금 오랜만에 긴 평화와 공존의 기간을 맞이하고 있습니다.

아까 륙선생께서 한반도 통일문제를 제기하셨는데, 사실상 한국에서 동아시아 문제가 제기된 것은 통일문제와 관련이 있습니다. 한국에서는 한반도의 통일문제와 동아시아 문제를 밀접한 관계로 보고 있다고 말씀드리고 싶습니다. 한반도의 통일이 한반도 내부의 합의로만 이루어질 수 없다는 지적은 대단히 정확한 것이라고 봅니다. 한반도의 분단이 국제적으로 이루어졌기 때문에 한반도 분단의 해소도 국제적으로 이루어질 수밖에 없다는 사실을 한반도 사람들은 냉엄하게 받아들이고 있습니다. 바로 그 때문에 동아시아 차원에서 한반도 통일문제를 해결할 수밖에 없다는 생각을 가지고 있습니다.

조금 전에 비엣 선생께서 예전에는 동아시아는 지역이 아니었지만 이제는 지역이 되어가고 있다고 하셨는데 여기에 기본적으로는 동의합니다. 그러나 예전에도 지역이 아니었던 것은 아닙니다. 동아시아라는 개념이 물론 서구의 침략이라는 지점에서 성립되었지만, 동남아나 동북아나 중화체제 안에서 일정한 지역질서가 작동하고 있었기 때문에 완전히 신체가 없는 그런 개념은 아니라고 생각합니다. 그렇게 따진다면, 유럽 역시도 그렇게 동일한 지역만은 아니라는 점을 지적하고 싶습니다. 하나의 비전을 만들어가는 과정에서 유럽공동체가 성립되었듯이, 기왕에 동아시아에는 일정한 지역질서가 작동하고 있었습니다. 그것은 이제 기존의 중국이나 미국 중심의 패권적 지역질서를 넘어서 자유롭고 새로운 지역공동체를 향해 나아가야 합니다. 따라서 어떤 이상적인 공동체 모델을 가지고 나아가야 한다고 생각합니다.

그리고 통일에 대해서는 하나였던 나라가 어느 날 나누어졌다가 갑자기

하나가 되는 것이 아닙니다. 현재의 적대적인 상태의 해소, 심지어는 하나가 아니어도 좋은 지금의 상태가 아닌 통일, 독일이나 베트남 식이 아닌 평화와 대화로 이루어나가는 형태, 그 때문에 아까 오히려 전망이 어렵다는 이야기가 나오기도 했지만, 그래도 그런 형태를 꿈꾸고 싶습니다. 동아시아라는 새로운 지역질서, 중국이나 미국 어느 국가도 중심이 아닌, 그런 보편적인 이상 안에서 새로운 한반도의 통일이 이루어질 수 있다는 기대를 계속 가지고 있습니다. 그것을 형성해나가는 데 있어서, 동남아국가 중에서도 베트남이 우리에게 큰 도움을 줄 수 있으리라 믿기 때문에 말씀을 드려보았습니다.

백영서 제가 사회자이긴 하지만, 지금 언급하신 통일문제에 대해 조금 자세하게 말씀을 드리고 싶습니다.

지금 한반도 남쪽에서 통일을 이야기한다고 해서, 예전처럼 모든 사람들이 통일을 원한다고 보기는 어렵습니다. 예전 사람들에게 통일은 한민족이 하나인 상태로 되돌아가는 것, 1948년 이전 상태로 되돌아가는 것을 의미한다면, 요즘은 그런 부분에 대해 부정적인 의견이 많다고 이야기할 수 있습니다. 아까 최교수님께서 말씀하셨듯이 지금 남쪽에서 통일을 이야기할 때는 적어도 정신적인 통합과정을 말하는 것입니다. 즉 대화와 평화를 통한 점진적인 통일을 이야기하는 방향이지 독일이나 베트남과 같이 어느 날 갑자기 통일되기를 바라는 것이 아닙니다. 이것은 한국적 통일방식이라고 이야기할 수 있을 것입니다. 단적으로 이야기하면 2000년 남북한 정상이 6·15선언에서 연방제나 국가연합의 형태를 이야기했는데, 이때 이미 느슨한 국가적 결합을 이야기한 바 있습니다. 세번째로 이야기하고 싶은 것은 북한이 갑자기 망할 경우 어떻게 되느냐에 대해서인데, 이 점에 대해 이야기하게 되면 너무 복잡해지므로 다른 기회에 이야기를 하고 싶습니다.

또한 한국에서의 동아시아 구상이 어떠한가라는 질문에 대해 최원식 선생께서 대답해주셨는데, 보충해서 이야기하고 싶은 부분이 있습니다. 한국에서 동아시아라는 개념이 활발하게 사용되기 시작한 것은, 한반도 통일이 남북

210

한간의 문제만이 아닌 6자회담과 같이 다자적 관계가 병행되어 진행되어야 했기 때문입니다. 또한 정부가 이야기하기 전에 시민사회에서 이미 동아시아에 대한 논의가 나왔다는 점도 강조하고 싶습니다.

한국에서 동아시아 혹은 동양이라는 용어를 사용하기 시작한 것은 19세기 말에서 20세기 초였습니다. 그 이후에는 사용하지 않다가 90년대 이후 냉전이 끝나면서 이 지역을 독자적으로 생각하게 되면서 처음으로 이 용어를 쓰게 되었습니다. 주로 인문학자들이 이러한 논의를 시작했습니다. 오늘 베트남 측에서 논의되는 것을 보면 동아시아 공동체를 정부간에 진행되는 것으로 생각하시는 것 같은데, 그것은 동아시아를 좁은 의미로 논의하는 것으로 들립니다. 한국에서는 좀더 넓은 의미로 국가간의 결합만이 아닌 민간 사이의 결합이라는 차원에서 새로운 지역질서를 만들면서 그 안에서 한반도 통일에 대해서도 생각하고 다른 지역에 대해서도 생각하는 그런 의미로 사용되고 있습니다.

청중 1(여성) 제 이름은 얀입니다. 호찌민시 인문사회과학대학 한국학과에 다니고 있습니다. 제가 한국학과에 간 이유는 한류의 영향이었습니다. 처음에는 드라마만 보다가 어느 날부터인가 한국의 사회, 역사, 정치 이런 부분들에 대해서도 관심을 갖게 되었고, 한국을 더 알고 싶다는 생각에 한국학과에 들어가게 되었습니다. 한국에도 2개월 정도 다녀왔는데, 한국은 발전한 국가였지만 베트남에서 생각했던 것처럼 그렇게 무지하게 발전한 나라는 아니다라는 것이 내 첫 인상이었습니다.

그리고 물론 어느 나라나 좋은 나라 나쁜 나라가 있겠지만, 제가 만난 몇 몇 사람들은 제 수준에서는 이해하기 어려운 부분이 있었습니다. 그리고 우리가 베트남에 온 한국 학생들에게 대하는 것과 달리, 한국의 젊은이들은 우리 베트남 학생들을 그다지 반기지 않는 것 같다는 느낌을 받았습니다. 일부였지만 우리를 가르치는 선생님들에게도 그런 느낌을 받았습니다. 그리고 개인적인 경험이긴 한데, 한국에 갔더니 노인들이 차를 타도 자리를 양보를 안해서 오히려 우리가 양보했던 경험도 있습니다. 그런데 베트남인들 같은 경우에는 양보를 했을 때 굉장히 감사하는 농도가 짙은데 한국에서는 감사의 표현 같은 것도 별로 없었던 것 같습니다. 어쨌든 한국에 가서 느꼈던 것들은 한국이 특히 도로나 이런 것들이 많이 발전되어 있구나 하는 점을 느꼈습니다.

청중 2(여성) 제가 한국학과에 들어간 1992년도에는 지금처럼 한국과 베트남의 관계가 발전되지 않았을 때였습니다. 당시는 대학에 한국학과도 별로 없었습니다. 한국은 같은 아시아인데 우리가 한국에 대해서 모른다는 사실 때문에 더 많은 호기심이 생기기도 했습니다. 그래서 제 경우에는 여기 계신 여러 교수님들이 좋은 지도를 해주셔서 그랬겠지만, 한국에 대해서 배울수록 한국이라는 나라가 가진 매력에 심취하게 되었습니다. 그것은 단순히 한국의 문화만이 아니었습니다. 한가지 예로 언어공부가 주는 매력은 매우 컸습니다. 속담의 경우 우리 베트남 사람들이나 한국 사람들은 어떤 속담 하나만 들어도 어떤 말인지 이해할 수 있습니다. 다른 나라 같은 경우에는 안 그렇습니다. 그래서 한국에 대해 배울수록 한국에 대해서 심취하게 되었습니다.

물론 저도 이상한 사람들을 만나기도 했습니다. 저 같은 경우에는 한국에서 공부하면서 많은 것을 느꼈는데, 예를 들면 한국의 경제적 발전을 보면서 우리가 한국의 경험을 배우면 많은 것을 얻을 수 있겠다는 생각을 했습니다. 가령 박정희 대통령 같은 경우 그를 독재자로 보는 사람이 있고, 반대로 그로 인해 한국경제가 살아났다고 생각하는 사람이 있습니다. 그런데 서울에서 아래로 내려갈수록 박정희에 대한 인식이 상당히 좋아지고 있다는 것을 느꼈습니다. 또한 박정희 대통령이 했던 말 중에서 제가 가장 인상 깊었던 말은 나라의 도로는 사람의 허리 같다는 말입니다. 나라가 발전하기 위해서는 도로부터 잘 닦아야 한다는 말이었습니다. 그래서 왜 우리 베트남에는 이런 말이 없을까 하는 생각을 하게 되었습니다. 어쨌든 한국의 발전된 모습을 보면서 우리 베트남이 한국과 같은 발전을 하기 위해서는 한국으로부터 많

은 것을 배워야 하지 않는가 하는 것들을 생각
하게 되었습니다. 약 3년 동안 한국에 있었고 한
국에 대해 좋은 인상을 가지고 돌아오게 되었습
니다.

신윤환

백영서 앞서 나온 질문, 한국과 베트남의 역
사적 유사성, 또 왜 최근 15년간 한국과 베트남
관계가 이렇게 진전될 수 있었는지에 대한 답변
을 신윤환 선생께서 해주시면 좋겠습니다.

신윤환 관심 가는 논의들이 많았지만, 여기서는 요청받은 질문에 대해서
만 이야기하겠습니다. 한국과 베트남이 왜 이렇게 유사한지, 그리고 양국이
어떻게 진정한 친구가 될 수 있는지에 대해서만 말씀드리겠습니다.

어떠한 요인이 얼마만큼 영향을 미쳤는가에 대해서는 사실 엄격하게 검토
할 필요가 있을 것입니다. 한국과 다른 나라와의 관계보다 한국과 베트남 양
국에 유사성이 더 많은 데는 다양한 요인들이 작용한 것 같습니다. 아까도
이야기가 나왔지만, 베트남전쟁조차도 결과적으로는 양국을 가깝게 만드는
데 기여를 했던 것 같습니다. 근현대사의 경험이 중요한 것 같습니다. 같이
식민통치를 받았고, 분단국가로서 내전을 겪었고, 또 다같이 가난했고, 지금
은 우리 모두가 경제발전에 몰두해 있는 것이 같습니다. 한국은 조금 앞서
있고, 베트남이 조금 뒤에 있고. 이러한 역사적 경험에 있어서의 유사성이
정서나 느낌이나 이런 것을 비슷하게 만들고 있지 않은가 생각합니다.

아울러 과거 양국이 유지한 중국과의 문화적 거리가 유사했다는 점을 제
글에는 써두었는데, 이 기회에 설명드리고 싶습니다. 제가 들은 바로는 처음
한국 드라마가 왔을 때, 북베트남에서 매우 인기가 있었다고 합니다. 같이
웃기도 하고 울기도 하고. 사실 그런데 그러기가 쉽지 않습니다. 그래서 우
리 드라마를 처음 본 느낌이 정서적으로 비슷한 것 같다고 말하는 것을 들
었습니다. 정서적으로 비슷하다는 것은 참 중요한데, 이는 아까 말씀드렸던

친구라는 말과도 관계가 있습니다. 왜 이러한 유사성이 나타나는가? 아까 한 젊은 학생이 말하기를 한국에 가서 버스를 타보니까 노인이 타도 임산부가 타도 사람들이 일어나지를 않더라고 했습니다. 그런데 제가 어릴 때만 해도 다들 잘 양보했습니다. 정서가 비슷한 이유를 생각해보니까, 문화적인 것이 있지 않은가 하는 생각이 듭니다. 그것은 문화 중심은 쉽게 바뀌지만, 그것을 받아들인 주변부가 오히려 더 원형을 고수하려는 경향이 있다는 것이고, 그 중심과 거리가 비슷한 변방들은 유사한 전통적 문화요소들을 많이 공유하게 된다는 주장입니다. 우리 양 국민 모두 중국인들보다 더 많은 옛날 것을 고수하고 있는 측면이 많습니다. 유교가 특히 그렇지만, 그 예는 언어에서도 나타납니다. 중국어의 발음이 바뀌어 표준어에서 ㄴ, ㄹ, ㅇ 외의 모든 받침 발음이 다 사라져버렸습니다. 그러나 베트남말과 한국말은 모두가 원래의 발음인 당음(唐音)을 거의 고수하고 있어서 ㄱ, ㄷ, ㅁ, ㅂ 등의 받침도 살아 있다는 것입니다. 양국간에 정서가 비슷한 것도 바로 이런 문화전파론으로 설명할 수 있지 않을까 생각합니다.

아까 륵선생께서 다시 한번 제기해주셔서 진정한 친구가 어떻게 될 수 있는지에 대해 보충적으로 말씀드리고 싶습니다. 진정한 친구라는 것은 감정적인 차원의 문제입니다. 따라서 이것은 정말 어려운 이야기라는 점에 저도 동감합니다. 소위 국제적인 관계는 현실주의적 사고가 지배하고 있는 것이기 때문에 국제관계에서는 진정한 친구는 없다고 할 수 있습니다. 그러나 베트남과 한국은 서로 진정한 친구가 될 수 있는 세 가지 요소를 갖고 있다고 생각합니다. 첫째, 친구관계란 평등해야 합니다. 그래서 저는 베트남과 라오스는 친구가 아니지 않을까 하는 생각이 듭니다. 한국과 미국도, 한국과 중국도 아직은 친구가 되기엔 이르다고 봅니다. 베트남과 한국은 앞서 비엣 선생께서 말씀해주신 것처럼, 서로 보완할 장단점을 갖고 있어 관계가 평등하다고 볼 수 있습니다. 두번째는 국민들 상호간에 호감을 가지고 있어야 합니다. 국민 대 국민이 서로 상대에 대해 가지고 있는 호감. 예를 들어 아까 말

214

했던 정서적 차원이 여기에 포함됩니다. 오늘 계속 얘기한 것처럼 베트남과 한국인들 간의 호감은 특별할 정도입니다. 마지막으로 정치적·경제적 이해관계에서 서로 합치해야 합니다. 그런 세 가지 요소를 갖추어야 합니다. 이런 점에서 베트남과 한국은 친구가 될 수 있는 많은 점을 공유하고 있고, 그래서 장차 동아시아 공동체를 만들어가는 데 좋은 친구가 될 수 있지 않을까 생각합니다.

응오 민 오안 저는 지금까지 한국에 8번 정도 가보았습니다. 한국에 가서 여러 한국 대학들을 돌아보았는데, 그때마다 제가 느꼈던 것은 호감이었습니다. 방금 정서적인 호감이 있어야만 양국의 관계가 발전한다고 하셨는데 베트남에 한국어 교육에 대한 관심이 높아지고, 한국에서도 베트남에 대한 관심이 높아진 것은 이러한 정서적 교감 혹은 호감이 있었기 때문이라고 생각합니다. 그리고 최원식 선생께서 말씀을 하셨던 부분인데, 한국의 발전과 통일에 대해서 한국인들이 가지고 있는 이상들은 동아시아라는 개념 안에서 출발하는 것이 아닌가 하는 생각이 듭니다. 아까 많은 분들이 말씀하셨듯이 한반도의 문제는 한반도의 문제만이 아니라 결국은 동아시아의 문제입니다. 이러한 인식들 속에서 우리가 좀더 가까워지고 있는 것 같습니다.

또한 이미 LG나 삼성 등의 한국의 그룹들이 한국 차원의 기업이나 아시아 차원의 기업을 뛰어넘어 세계 차원의 규모로 경쟁에 뛰어들고 있습니다. 그럼에도 불구하고 서양하고는 발전양식이 조금 다릅니다. 서양 같은 경우에는 철저히 이윤추구 중심이라고 한다면, 한국 기업들 같은 경우에는 경제적인 이익을 찾아가는 과정에서 인문적인 부분들에 대해서도 고려를 합니다. 예를 들면 이윤을 떼어 베트남에 지원을 한다든지, 이런 부분들이 한국 기업이 다른 서양 기업과 다른 점입니다. 한국 기업이 발전할 수 있었던 것은 베트남의 투자환경이 좋았던 이유도 있지만 결국에는 한국 나름의 특성을 가지고 있었던 것도 영향을 미쳤다는 이야기를 들었습니다. 저희 선생님들도 많이 이야기하는 것이지만, 예를 들면 한국은 다른 나라에 비해서 천연

자원도 거의 없는 굉장히 어려운 나라입니다. 또한 1960년대까지 가난한 나라였습니다. 이런 한국이 현재는 2만 5천 달러 수준으로 발전을 했습니다. 그러나 베트남 같은 경우 여전히 710~720달러 수준에 머무르고 있습니다. 우리가 생각하기에 한국이 이러한 발전을 한 것에는 지식이 영향을 끼친 것이 아닌가 합니다. 한국이 아랍국가들처럼 석유 같은 것이 쏟아지는 나라도 아니고 천연자원에 대해서는 여러가지 어려움들이 있는 나라임에도 불구하고 이렇게 발전을 할 수 있었던 것은 지식이나 지혜 이러한 것들의 작용이 있었던 것으로 생각됩니다. 더구나 이런 상황에서 30년 이상 꾸준히 발전해 온 한국의 발전과정을 우리는 기적이라고 이야기할 수 있습니다. 결국 한국이 이렇게 발전할 수 있었던 것은 교육 덕분입니다. 한국이나 일본만큼 교육에 대한 투자가 높은 나라는 없다고 생각하는데, 이러한 교육에 대한 투자 때문에 한국의 현저한 발전이 있었던 것 같습니다.

조금 전에 최원식 선생께서 기조연설에서 베트남이 중국, 프랑스, 미국까지도 이긴 나라였다는 점에 대해서 존경심을 갖는다고 말씀하셨습니다. 그런데 그것이 사실, 우리가 이들 나라를 이겼다는 생각이 그동안 베트남 사람들을 오만하게 만들었던 것 같습니다. 지난 세월 동안 다른 나라에 문을 열지 않고 다른 나라로부터 무엇을 배우려고 하지 않았던 이유는 이러한 오만 때문이었던 것 같습니다. 이런 점들을 볼 때, 한국이 오늘날과 같은 발전을 이룰 수 있었던 것은 한국만이 가진 특징 때문이 아니었나 생각합니다. 또 한국 같은 경우에는 일본과 달리 북한을 징벌해야 한다거나 그런 생각을 가지고 있지 않은 것 같습니다. 오히려 북한의 문을 여는 데 유연한 역할을 한국이 하고 있습니다. 제가 보기엔 이런 방식이 지금 한국의 상황에서 할 수 있는 가장 최선의 방식이 아닌가 하고 생각합니다.

한국의 지식인들 중 열의 여덟아홉은 서구에서 공부한 사람들입니다. 저는 그것도 한국이 발전할 수 있었던 하나의 요인이라고 생각합니다. 가령 예를 들어 롯데그룹 같은 경우 재일교포가 만든 것인데, 밖에 나가서 배워서 자국을 발전시키는 역할을 하고 있습니다.

그밖에도 여러가지 이야기가 나왔는데, 한국 드라마가 지금 베트남에서 인기가 많습니다. 그런데 한국 드라마의 발전은 다른 나라와 조금 다릅니다. 한국 드라마는 처음에 팔겠다는 생각으로 만든 것이 아니었습니다. 그런데 그것이 나중에 자연스럽게 한류로 연결된 것입니다.

응웬 반 릭 오전에 발표를 하면서 오후에는 꼭 이야기하겠다고 생각했습니다. 아까 오전에 신교수께서 동아시아에 대한 베트남의 인식이 어떠한가에 대해 이야기를 하시면서 베트남과 미국의 관계, 베트남과 중국, 베트남과 일본의 관계에 대해 많은 이야기를 해주셨는데, 그 안에서도 베트남과 조선의 관계, 베트남과 고려의 관계를 역동적인 관계라고 표현해주셨던 것 같습니다. 이런 점에서 볼 때, 한국과 베트남이 물론 완전히 똑같은 것은 아니지만 유사성이 아주 큰 나라임은 분명한 것 같습니다. 여러 분들이 말씀하셨지만, 저는 한국과 베트남의 이러한 유사성이 두 나라 관계에 있어서 충분한 전제가 된다고 생각합니다. 여기서 두 나라의 관계가 발전한다고 하는 것은 두 나라가 어떤 전략적인 파트너로서 관계가 발전을 하든지, 아니면 친구의 관계로 발전하든 간에 이러한 유사성이 충분한 전제가 될 수 있을 것이라고 생각을 합니다.

제가 베트남에서 학생들을 가르치면서 가장 당혹스러울 때가 한국이 언제 통일될 것 같으냐고 질문을 받을 때입니다. 지난 15년간 제가 한국인 학생, 한국인 교수, 많은 한국인들을 만나면서 한반도의 문제에 대해서 많이 공감했던 사람이고 한반도의 문제에 대해서 같이 나누고 싶은 그런 사람입니다. 이러한 질문에 봉착할 때, 지금 한반도 분단이 이미 60여 년간 고착되어왔음에도 불구하고 저는 이렇게 대답합니다. 한국이 통일될 것을 나는 믿고 있다고 말합니다.

1992년 이전에 그러니까 한국과 베트남이 공식적으로 수교하기 이전에, 한국에 갈 기회가 있었습니다. 제가 한국에 간 것은 그때가 처음이었습니다.

응웬 반 릭

그때 사람들이 저를 머리끝부터 발끝까지 살펴보았습니다. 공산주의 국가에서 온 사람이었기 때문입니다. 그때 제가 만났던 교수 한 분이 일정이 끝날 무렵에 저에게 이렇게 말씀하셨습니다. 정말 공산주의자가 맞아요? 그분은 그동안 공산주의에 대한 어떤 선입견 같은 것을 가지고 계셨는데 저를 만나보니까 전혀 다르지 않다고 하셨습니다. 그때는 수교 이전이었고, 수교가 된지 15년이 흐른 지금 한국과 베트남의 관계는 아주 빠르게 발전하고 있습니다. 여기에 저는 한가지를 더 추가하고 싶은데, 한국과 베트남의 관계만큼 이렇게 좋은 결실을 가져온 관계도 세계에서 찾아보기 힘들다고 이야기하고 싶습니다. 앞서 여러 분들이 말씀하셨듯이 이 관계가 단지 15년의 관계가 아니라 역사적으로 매우 깊은 근원을 갖는 그런 관계였기 때문에 그런 발전이 가능했던 것이라고 생각합니다. 따라서 사실 제게 있어서는 이와같은 빠른 양국관계의 발전은 그리 놀라운 일은 아닙니다. 제가 그동안 만나온 한국의 교수들, 정부관계자들, 공직자들뿐만 아니라 외교관을 비롯해 베트남에 나와 계신 많은 분들을 만났는데, 이러한 실제적인 만남을 통해서도 이런 것들을 느낄 수 있었습니다.

그래서 저는 이런 말을 했습니다. 한국은 베트남을 어떤 다리 역할로서 선택한 것 같다. 지금 저희 학교에 많은 다른 나라 사람들이 베트남어나 베트남 문화를 공부하러 옵니다. 이러한 외국인 학생 중에서 한국인 학생이 90% 정도를 차지하고 있습니다. 이것만 보더라도 지금까지 우리가 이야기했던 것들이 확실하게 나타나고 있음을 알 수 있습니다. 제가 지금 맡고 있는 일이 이런 만큼, 이 분야에서 한국과 베트남 관계에 대해 제가 할 수 있는 역할이 있을 것이라고 생각합니다. 어쨌든 이 자리에서 이야기하고 싶은 것은, 아까 많은 분들이 말씀하셨지만, 이러한 관계의 진전은 국가와 국가 간의 공식적인 관계에서만 비롯되는 것이 아니라는 것입니다. 즉 아까 이야기했던 것처럼 정치적 관계나 경제적 관계 덕분만이 아닙니다. 그야말로 국민과 국민 간의 교류라든지, 이런 차원의 것들이 잘 이루어져야 합니다. 우리 베트남에서는 이런 관계를 인민간의 교류라고 이야기합니다.

최병욱 베트남과 한국의 역사에서 동질성, 특히 문화적 동질성을 이야기하고자 합니다.

베트남의 전래신화들을 보면 한국과 유사한 게 많습니다. 제가 알기로는 전세계에서 건국신화에 알 신화를 가진 민족은 이 두 민족밖에 없습니다. 또한 문화 면에서 베트남 같은 경우에는 김치, 한국인들은 쌀국수에 열광하는 상태입니다. 성격도 그렇습니다. 제가 보기엔 아주 비슷합니다. 겉으로 보기엔 점잖은 것 같지만 실제로는 그렇지 않습니다. 그렇다면 한국 사람과 베트남 사람은 왜 이렇게 비슷한가? 그래서 저는 때로 유전자 검사까지 해보아야 하지 않는가 하는 생각까지도 해봅니다.

저는 매학기마다 동남아시아와 베트남 역사에 대해서 강의를 하기 때문에 아마도 제가 이런 부분에 대해서 가장 많이 이야기하는 대여섯 한국 사람 중 한 명일 것이라고 생각합니다. 일반적으로 중국의 영향을 많이 이야기하는 데 그 말이 맞습니다. 중국의 영향을 받았다고 한다면, 중국의 영향을 받은 다른 나라들도 많은데 왜 하필 한국과 베트남만 그러한가? 중국이나 일본에 비해서도 한국과 베트남 간에 유사성이 더 많다고 합니다. 사실 이 질문에 답하기란 쉽지가 않습니다.

그렇지만 다른 점도 많습니다. 그 점에서 한국은 중국의 영향을 받아온 역사지만, 그러나 베트남은 중국의 문화를 아래쪽, 즉 동남아시아 쪽으로 전달한 역사를 가지고 있습니다. 저는 이것이 굉장히 큰 차이라고 봅니다. 같은 한자문화권, 같은 문화권이라고 말합니다. 그러나 제가 굉장히 의심스러

호앙 칵 남

운 것은 베트남 사람들이 다른 동남아시아 사람들을 만나면 자신의 아이덴티티를 어떻게 이야기할 것인가 하는 점입니다. 여기에 모이신 분들의 아이덴티티는 동북아의 일원에 가까운가, 아니면 동남아의 일원에 가까운가에 대해 대답을 요청드리고 싶습니다.

또 한가지는 한국에서 최근 동아시아에 대한 이야기가 많이 되고 있는데, 제게 흥미로운 것은 이것이 베트남에서도 최근 1~2년 사이에 유사하게 나타나고 있다는 점입니다. '동아'라는 제목을 가진 많은 저술들이 출판되고 있는 것입니다. 그런데 의미가 좀 다릅니다. 초기에는 한자문화권이라 해서 베트남을 포함한 네 개의 나라를 다루더니, 요즘에는 우리처럼 동북아와 동남아를 합쳐서 '동아'라고 많이 이야기합니다. 그런데 아까 베트남 분들이 저희에게 질문을 했습니다. 왜 한국에서는 '동아시아'를 말하느냐고 질문하셨습니다. 저도 마찬가지로 베트남 분들에게 질문하고 싶습니다. 왜 최근 베트남에서는 '동아'를 이야기하는지.

호앙 칵 남 저는 조금 전에 최교수께서 던지신 질문에 대한 대답을 해보겠습니다.

첫번째 질문에서 우리 베트남인의 진정한 아이덴티티가 동남아에 가까운지 동북아에 가까운지를 물어보셨는데, 제 개인적인 답변을 드리자면 정치적인 입장에서 베트남은 아세안의 한 회원이라고 주로 대답을 합니다. 그 이유는 지금 현재 베트남이 동아시아를 상정하고 그것을 추구하고 있다고 하더라도, 우리 베트남 현실에서 주로 중요한 것은 어떻게 아세안을 유지하느냐 이런 것이기 때문입니다. 따라서 정치적인 면에서는 아세안의 한 회원으로서 인식하고 있다고 할 수 있습니다. 문화나 역사 등 다른 면에 있어서는 답변하기가 참 어렵습니다. 우리 북부 베트남 같은 경우에는 중국의 영향을

220

많이 받았지만, 남부 베트남 같은 경우에는 동남아의 영향을 많이 받았기 때문입니다. 그래서 이것은 쉽게 대답할 수 있는 그런 문제는 아닌 것 같습니다. 그래서 첫번째 질문에 대해서는 여기까지 대답을 드리겠습니다.

두번째는 한국에서처럼 지금 베트남에서도 '동아'를 언급하는 이유는 무엇이냐에 대한 것이었습니다. 베트남에서 동아시아가 이야기되기 시작한 것은 제가 봤을 때는 2001년에서 2002년 사이였던 것 같습니다. 학계를 중심으로 이런 얘기들이 진행이 되었습니다. 그때 당시 동아시아라는 개념은 동북아와 동남아를 포함하는 것으로 이야기되기 시작했습니다. 그것에 대해서는 두 가지 차원이 있습니다. 그런 차원에서 이야기가 나왔다고 하더라도 베트남에서 동남아는 여전히 아세안이고, 동북아에 대해서는 동북아에 속한 국가들에 대한 개별적인 관심이 더 많았습니다. 예를 들면, 한국이라든가 일본이라든가 이런 식의 관심이었습니다. 동북아시아 전체보다는. 이렇게 동아시아를 베트남에서 이야기하게 된 것은 어찌되었든 동남아와 동북아 사이의 교역이 활발하게 이루어지면서부터였습니다.

그럼에도 불구하고 베트남 같은 경우에는 이런 점이 있습니다. 이렇게 동아시아를 이야기하지만, 이것은 정치적으로 안돼, 왜냐하면 그것이 베트남의 현실이야라는 식입니다. 동아를 이야기하기 시작했을 때도 그 개념은 굉장히 혼란스러운 상태였습니다. 어쨌든 지금 같은 경우, 대다수의 학자들이 이제는 동남아와 동북아를 합쳐서 동아시아로 이해하고 있습니다. 예전처럼 동아시아는 동북아다라는 식의 논의는 사라져가는 상황입니다. 어쨌든 동아시아에 대해서 이야기를 할 때, 저 같은 경우에는 이렇게 봅니다. 베트남이나 한국이나, 아니면 아세안의 각국이나 우리는 모두 한 지붕 아래에 있습니다. 저는 이 정도로 동아시아의 개념을 개인적으로 보았습니다. 왜냐하면 이 개념 자체가 워낙 외부로부터의 영향이 굉장히 강한 것이기 때문에, 동아시아라는 개념 속에 여러가지 것들이 존재하게 되는 것입니다.

동아시아 공동체가 한국이나 베트남을 위해서나 이 지역의 안정을 위해서

나 굉장히 필요한 것이라는 점은 분명한 사실입니다. 예를 들어 한국 같은 경우에는 한반도 문제를 안고 있습니다. 베트남 같은 경우에는 경제발전 문제를 안고 있습니다. 한반도 문제를 한국이 혼자 해결할 수 없듯이, 베트남도 그러합니다. 따라서 동아시아에서 동아시아 문제를 풀기 위해 동아시아 공동체와 같은 것으로 나아가는 것이 옳다고 생각합니다. 다만 이 과정으로 가는 데 앞서 어떤 분이 말씀하신 것처럼 힘들고 오랜 시간이 필요할 것이라고 생각됩니다. 그럼에도 불구하고 그렇게 하지 않을 수 없는 것이 우리의 상황인 것 같습니다.

어쨌든 제가 마지막으로 덧붙이고 싶은 것은 동아시아 공동체로 간다는 것은 다자간 관계로 나아가는 과정인데, 결국은 양자 관계가 좋아야만 다자간 관계도 좋아진다는 점입니다. 그래서 한국과 베트남도 동아시아 공동체로 나아가기 위해서는 결국은 쌍방 관계가 좋아져야만 한다는 것이 제가 이야기하고 싶은 요지입니다. 예를 들어 앞서 굉장히 많이 말씀을 하셨듯이 베트남과 한국은 역사적으로 유사성이 많아서 서로 이해하기 쉽습니다. 제가 한국에 가서 개인적으로 인상적이었던 것은 한국이 자랑하는 문화유산들이 굉장히 규모가 작은 것들이었다는 사실입니다. 베트남도 마찬가지입니다. 우리 베트남과 한국이 굉장히 유사한 역사를 가지고 있다는 것은 이러한 문화유산에서도 나타납니다.

지금 한국 분들이 이렇게 밀려오는 것도 어떤 문화소통의 한 방식이라고 봅니다. 그럼에도 불구하고 여기 있는 젊은 학생들에게 물어보고 싶은 것은 한국에 호감이 있다고 말하는데, 그것이 단순히 한국이 좋기 때문이냐, 아니면 이러한 역사적·문화적 유사성에 공감하기 때문이냐, 이런 것을 묻고 싶습니다. 그런데 후자는 아마도 아닌 것 같습니다. 젊은이들이 한국에 공감한다면 드라마나 그런 것들일 것입니다. 이것이 우리의 과제입니다. 예를 들면 일본에 대해서 소개한 책들은 베트남에 굉장히 많은데, 한국에 대한 것들은 별로 없습니다. 특히 일반인들을 대상으로 해서 한국에 대한 이해를 돕는 책들은 없습니다. 이런 것들은 오늘 이 자리에 앉아 있는 우리들의 책임이 아닌가 하는 생각이 듭니다. 이 정도로 이야기를 마치고자 합니다.

백영서 제가 사회자로서 세 가지 정도로 간단하게 정리하고 마무리하도록 하겠습니다.

첫번째는 왜 한국에서, 서남재단에서 여기에 오게 되었느냐와 관련된 것입니다. 이것은 단순히 한국과 베트남의 대화를 위한 것이 아니고 아시아적 맥락에서 그리고 동아시아적 시각에서 한국과 베트남을 보자는 것이었습니다. 우리 모두에게는 동아시아적 시각이 필요하다는 것을 먼저 강조하고 싶습니다.

두번째는 이 회의의 특징은 제국의 교차로에서 동아시아를 보고자 하는 것입니다. 저희들이 이곳에 오기 전에 일본의 오끼나와에서 회의를 가졌습니다. 그리고 이번에 호찌민시에서 회의를 한 뒤, 9월에는 타이뻬이에서 회의를 하려고 합니다. 이렇게 세 군데 장소를 택한 것은 이 세 장소가 강대국들이 서로 교차하는 중요한 지역이라고 생각을 했기 때문입니다. 중국, 미국, 일본 등의 강대국들이 교차하는 지역이기 때문에 이 지역들에서 현지의 목소리를 들어서 동아시아의 새로운 질서를 만드는 데 기여할 것이라고 생각합니다. 바로 한국과 베트남도 그런 역할을 할 수 있지 않을까 하는 기대에서 이곳에 왔습니다.

마지막 세번째는 이런 회의들을 통해서 동아시아 지식인들의 네트워크를 만들고자 하는 것입니다. 특히 그동안의 한국, 중국, 일본의 지식 네트워크를 넘어서, 베트남을 포함한 동남아 지식인과의 네트워크를 형성하고자 합니다. 이것이 결코 쉬운 일이 아니라 할지라도 우리는 노력해야 할 것입니다. 저는 마지막으로 호앙 깍 남 선생의 발제문 중의 한 구절을 인용하는 것으로 회의를 마치고자 합니다. "희망은 항상 신중함과 함께 가야 한다." 우리도 희망을 갖되 신중하게 나아가면 우리의 꿈이 조금씩 이루어지지 않을까 생각합니다.

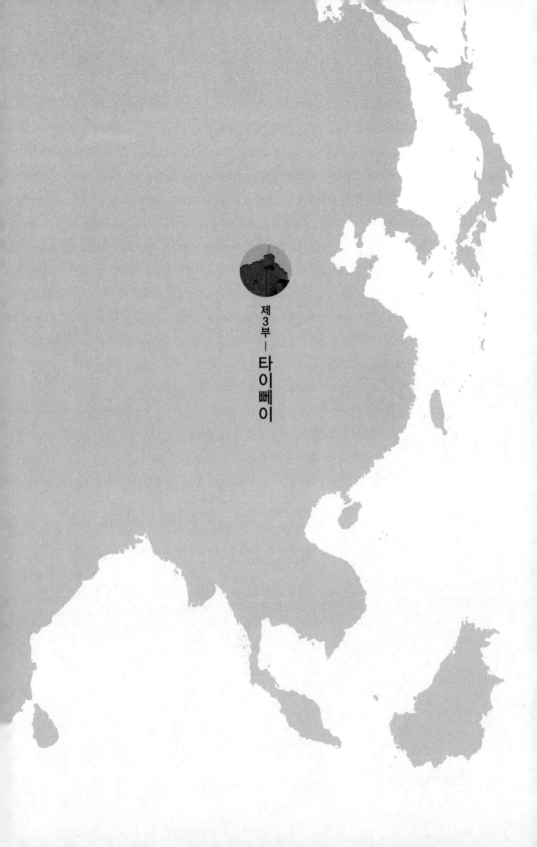

제3부—타이뻬이

다중적 식민경험과 타이완 민족주의

양태근

서남포럼은 오끼나와, 호찌민시를 거쳐 타이뻬이에서 제3차 동아시아 순회토론회를 가졌다. 한국 측 참가자들은 지난 9월 3일 타이뻬이시에 위치하고 있는 국립정치대학교 타이완문학연구소에서 열렸던 본회의 외에도 1일부터 5일까지 타이완의 문화를 탐방할 기회를 가질 수 있었다. 그중에는 스페인과 네덜란드 식민지 경험이 담겨 있는 홍마오성(紅毛城, 붉은 털을 가진 오랑캐가 만든 성)과 일본 식민지 경험이 그대로 남아 있는 총통부, 국민당이 타이완을 접수하고 난 뒤에 발생한 2·28사건 기념관, 국민당이 공산당과의 중국 쟁탈전에서 패퇴하면서 당시 뻬이징 자금성에 있던 국보들을 기초로 설립된 고궁국립박물관 등을 둘러보는 기회를 가질 수 있었다.

한국과는 달리 여전히 일본을 상징하는 날일(日) 자 형식으로 건축된 총독부 건물을 총통 사무실로 사용하고 있는 것을 보며 한국과 타이완의 차이점을 느껴볼 수도 있었다. 하지만 현재 타이완 독립운동을 지지하는 민진당 정부가 주도하여 장개석 기념관을 '타이완 민주운동 기념관'으로 바꾸기 위해 진행하고 있는 보수현장은 여전히 사용되고 있는 총독부 건물과는 극명한 대비를 이루고 있는 것 역시 사실이었다. 탈중국 타이완 독립노선을 견지하고 있는 민진당의 입장은 고궁박물관에서도 느껴볼 수 있었다. 중국의 역사유물들의 비중을 점차 줄이면서 주목받지 못하던 이슬람문화 등의 전시품목의 비중을 늘리고 있는 새로운 모습을 통해 중국의 역사유물들을 다원화된 타자의 하나로 간주하려는 시각을 엿볼 수 있었다.

왜 이러한 현상들이 존재하는 것일까? 물론 다가오는 총통 선거를 대비하여 민진당 자신의 지지층 결집을 위한 정치적 의도 역시 놓쳐서는 안될 것이다. 이번 회의기간 방문한 2·28사건 기념관은 사건 발생 당시 타이완 라디오방송국이었으며 시위 내용을 보도한 역사적 현장이었다. 기념관 곳곳에서 보여지는 역사의 면면들과 상처는 타이완 민족주의운동이 왜 당위성을 가져야 하는지에 대해서 충분히 설명해주었다. 특히 국민당의 패퇴와 타이완으로의 전면적 후퇴 및 50년간에 이르는 장기적 독재체제를 일본의 식민지 지배와 같이 보게 되는 결정적 이유가 2·28사건에 기인하고 있음을 잘 설명해주고 있었다. 국민당의 독재를 식민지 통치로 인식하면서 일본과 중화민국 모두 식민지배를 실시한 타자들로 전환될 수 있었으며 그들의 통치에 대해 일본의 통치가 더 나았다는 평가를 할 수 있게 되었던 것이다.

그렇다면 국민당은 과연 식민지 지배자들이었으며 타이완은 중화민국의 식민지였을까? 이에 대해 회의에 참가한 우루이런 교수가 지적한 2차 세계대전의 청산과정에서 보여준 국민당의 모습은 사뭇 남다른 의미를 가지고 있었다. 국민당은 타이완의 일본 협조자들에 대해서 전범재판과 민족배신자를 골라내는 이중적 잣대를 동시에 강요하였는데, 즉 타이완인은 국민당에 의해서 전범으로 재판을 받은 사람도 있었다. 또한 이와는 달리 민족배신자인 간첩이나 협조자들로 재판에 회부된 사람도 있었다. 이러한 국민당의 태도는 2차 세계대전 당시 비록 상당수는 강요에 의한 것이었겠지만 일본군에 자원한 타이완인이 60만 명에 이른다는 사실에 격분하였던 결과라고도 볼 수 있을 것이지만, 국민당에 당시 타이완인은 동족이라고 보기에는 미덥지

홍마오성.
1629년 스페인에 의해
처음 건립되었고,
1642년 스페인을 몰아낸
네덜란드에 의해 개축되었다.

않은 타자, 타인일 수도 있었다는 사실을 인지해야 할 필요가 있겠다. 또한
이러한 비극의 배후에는 일본의 식민지 지배를 통해 생성된 타이완과 중국
간의 단절이 중요한 역할을 하고 있었음을 반드시 기억해둘 필요가 있겠다.

그럼에도 타이완 민족주의자들에게는 스페인, 네덜란드를 비롯하여 일본
제국의 식민지 경험과 국민당의 독재정치를 모두 타자로 인식하게 되었으며
그중에서도 일본제국의 통치가 타이완인들을 더 존중하였다고 인식하고 있
는 듯했다. 하지만 이러한 친일정서와 현 민진당 정부의 친일정책은 타이완
내부에서도 국민당을 위시한 여러 정파들의 공격을 받고 있는 것 역시 사실
이다. 즉 타이완은 중화제국과 일본제국, 심지어 국민당을 통해 받아들여진
미국의 제국주의적 정치·문화 전반의 영향에서 벗어나 진정한 자신의 모습
을 어떻게 찾아가야 할 것인가를 고민하고 있었다.

동아시아 역사 속에서 중화제국의 멸망과 일본제국의 흥기를 가장 적나라

하게 보여주고 있는 일본의 식민지, 한국과 타이완 모두 이러한 역사의 질곡을 거쳐왔다. 자신들이 조국이라고 생각했던 중화제국으로부터 일본으로 할양되었으며 일본의 식민지 지배를 당하게 된 타이완은 식민지 지배를 통해 타이완인이라는 정체성의 자각 경험을 갖게 된다. 이러한 자각을 바탕으로 국민당의 장기 독재정치 속에서 타이완 민족주의운동을 통해 타이완인이 주축이 된 민족국가 건설의 꿈을 꾸기 시작했던 것이다.

'피해를 혜택으로': 식민지 제국주의 극복의 현장에서

타이완의 민족국가 건설의 꿈은 실현이 가능할까? 또한 그들은 현재의 국제정치 현실 속에서 자신들의 미래에 대해 어떠한 생각들을 가지고 있을까? '제국의 교차로에서 탈제국을 꿈꾸다'라는 주제를 통해 우리는 타이완의 지식인들과 솔직하고 진솔된 토론을 나눌 수 있었다. 이번 회의에는 한국에서 논문 발표자로 백영서(연세대 사학과 교수), 양태근(한림대 아시아문화연구소 연구원), 그리고 토론인으로 최원식(인하대 한국어문학과 교수), 김도희(한신대 중국지역학과 교수), 강태웅(광운대 일본학과 교수) 등이 참여하였다. 타이완에서는 논문 발표자로 천팡밍(국립정치대 타이완문학연구소 소장), 우루이런(중앙연구원 타이완사연구소 연구원), 뤼샤오리(국립정치대 역사학과 교수), 그리고 토론인으로 린뤠이밍(국립성공대 역사학과 교수), 우페이첸(동오대 일본학과 교수), 호이런(국립타이뻬이교육대 사회과교육학과 교수) 등이 참가했다.

먼저 이번 회의를 공동으로 주최한 국립정치대학 천팡밍 교수는 한국 지식계의 현장탐방을 통해 타자의 역사를 체험하고 이해하려는 시도에 깊은 감명을 받았음을, 그리고 부러움을 언급하며 타이완 지식계가 여전히 자신들의 문제들에만 관심을 가지고 있는 편협된 시각을 비판하기도 했다. 미국 유학중 반국민당 운동에 참여하여 블랙리스트에 올라 타이완으로 돌아오지 못하다가 민진당 창당 초기 선전국장을 맡기도 했던 천팡밍 교수는 타이완 민주화 운동의 성과가 천슈이벤(陳水扁) 총통의 개인 비리와 무능으로 커다란 위기에 봉착한 현실을 강도 높게 비판하고 있었다. 그럼에도 불구하고 천광밍 교수의 말처럼 타이완의 역사가 간직하고 있는 수차례의 식민지배의 "피해를 어떻게 혜택으로 바꾸어내느냐" 하는 것이 바로 타이완이 추구해야 할 가치임을 역설하였다. 스페인에서 국민당 정부까지 수많은 타자들의 지배를 받으면서도 그러한 제국주의적 피해가 단순히 피해일 뿐만 아니라 동시에 이를 극복할 수 있는 혜택으로 바꾸어나갈 수 있는 계기로 삼으려는 긍정적 사고가 타이완의 미래가 어둡지 않다는 것을 상징적으로 보여주고 있었다.

냉정한 국제정치 현실 속에서 타이완에는 어떠한 출로도 없음을 개탄하며 회의 내내 타이완의 장래에 대해서 암울한 비관적 태도를 견지했던 우루이런 교수는 "동아시아 담론에서 과연 타이완은 구성원인가?"라는 질문에서 시작하여 "2차 세계대전 후 민족국가 열차에 올라타지 못한 타이완은 아무것도 할 수 없는 천민"이며 중국의 굴기에 대하여 "타이완이 할 수 있는 것은 오직 묵묵히 준비하는 것"이라는 말로 중국과 미·일 대결구도 속에서 타이완의 행보가 쉽지 않음을 토로했다. 이에 대한 백영서 교수의 "모든 사회가 국민국가를 달성하는 것, 부강한 나라를 만드는 것이 최고의 목표가 되어야 하는가?"라는 질문은 타이완은 물론 한국 학자들 역시 다시금 되새겨볼 필요가 있는 화두였다.

이번 타이뻬이행의 첫번째 방문지로 타이뻬이시에서 가장 유명한 사원 중의 하나인 롱샨스(龍山寺)는 불교와 도교, 심지어 유가의 인물들을 모두 함께 모시고 있었는데, 여러 식민지 지배를 받아들이며 이를 새로운 창조력의 원동력으로 삼고 있는 타이완 문화의 개방적 태도를 잘 보여주고 있었다. 한국과는 달리 이민사회라고 규정될 수 있는 타이완 사회는 원주민 고산족, 객가인, 복건인, 국민당 패퇴와 함께 온 외성인, 그리고 최근 동남아시아 신부들로 인해 형성된 신이민(新移民) 등으로 구성되어 있다. 어쩌면 이러한 다문화적 요소가 그들의 이러한 개방적, 그리고 타문화에 대한 포용적인 태도를 가능하게 했고 식민지 지배 역시 타자로서 비교와 평가를 하면서 받아들이기에 한국과는 근본적인 차이를 가지고 있는 것인지도 모른다.

이러한 논의의 전개과정을 지켜보며 최원식 교수가 지적한 것처럼 "'문화의 실력' 혹은 '문화의 생명력'은 '문학의 생산' 또는 새로운 문화를 창출해낼 수 있는 능력에 기반하고 있다"는 것을 확인했다. 또한 현장에서의 짧은 관찰이었지만 "분출하고 있는 타이완 문화의 생명력을 목도하였다." 과거의 또한 현재의 고난을 열악한 국제적 환경 속에서 자신의 문화와 문학의 생산을 통해 중국의 굴기에 대비하며 묵묵히 타이완 자신의 길을 걸어가는 것, 어쩌면 그것이야말로 현재 타이완의 위치를 가장 잘 보여주고 있는 것이 아닐까?

현장을 떠나서는 타이완에 대한 이러한 투철한 인식이 진행되지 못했을 것이다. 현장을 향해 나아가고 그 속에서 비로소 깊이있는 진정한 지적 교류가 진행됨을 절실히 경험하였다. 이러한 지적 시도가 또한 타이완 지식인들의 부러움을, 또 다음에는 자신들도 이러한 주제를 가지고 한국을 방문해야겠다는 자성을 일으킨 것처럼 이번 회의는 진정한 의미에서 서로를 이해할 수 있는 동아시아 공동체의 일원으로 나아가는 첫걸음이었다.

평화에 대한 상상력의 조건과 한계

동아시아 공동체론의 성찰

백영서

1. 동아시아적 맥락에서의 평화와 소통이란?

동아시아인의 상호소통에서 언어가 문제라는 것은 동아시아 교류활동에 참여해본 사람이라면 누구나 느낀다. 그런데 이 문제는 단순히 통역이라는 기술적인 차원에서 해결될 것이 아니다. 언어로 표현된 내용의 사회적 맥락에 대한 이해가 무엇보다 중요하다. 이것이 동아시아 상호이해의 첫걸음이자, 이로부터 '인식공동체'로 가까이 다가가는 길이 열릴 터이다.

지금 '평화'란 말은 동아시아에서 서로 다른 맥락에서 사용되고 있는 것 같다. 중국대륙에서 '화평굴기(和平崛起, 평화적 궐기)'란 말을 통해 지향하는 국제질서에서의 평화, 일본에서 '평화헌법'을 개정하려는 세력이 추구하는 '보통국가' 일본이 추구하는 평화, 그리고 분단된 한반도 남쪽(대한민국)의 일부 진보세력 사이에서 논쟁되고 있는 '평화국가'가 지향하는 평화가 서로 같지는 않다. 따라서 그 각각이 어떤 의미인지, 그리고 그것들이 우리가 희구하는 동아시아 평화에 얼마나 기여할 수 있는 것인지를 제대로 따져보려면 평화란 어휘가 사용되는 사회적 맥락을 이해하는 작업이 필수적이다.

평화를 연구하거나 실천하는 사람들은 평화가 지상에서 획득 가능하고 소망스러운 것이란 인식을 기반으로 평화가 결여된 현실을 변혁하려는 지향을 갖고 있다. 그래서 전쟁의 부재와 같은 소극적인 정의를 넘어서 군사주의, 빈곤, 환경파괴, 가부장제 등에서 야기되는 모든 구조적 억압을 제거하는 것으로 평화를 규정하려는 경향이 강하다. 어찌 보면 평화의 궁극적 실현이 대동(大同, 또는 유토피아)의 도래인 듯이 간주되는 것이다. 그러다 보니 평화운동도 노동·환경·여성운동 등과 결합된 포괄적 차원의 운동으로 발전해 가는 것 같다.

이러한 추세는, 근본주의적 발상이 대개 그러하듯이, 일상생활 속에서 무디어진 평화에 대한 우리의 감수성을 일깨우는 데는 매우 효과적이지만, 세계사적 연관성을 간과하게 만드는 한편 일반대중의 욕구를 도외시하기 쉽다. 따라서 발표자는 평화에 대한 근본주의적 관점에서 벗어나, 당면한 동아시아적 맥락에서 획득 가능하고 소망스러운 평화란 어떤 모습인가를 논의해 보고자 한다.

동아시아의 화해와 평화에 이르는 경로로 최근 관심을 끌고 있는 것이 동아시아 공동체라 할 수 있다. 동아시아 공동체에 관한 담론 가운데는 그것을 마치 동아시아의 유토피아로서 상상하는 경향도 없지 않으나, 여기서는 특정한 역사적 조건에서 나타난 사회현상으로 파악하려고 한다. 그래서 이 발표에서는 1997년 ASEAN+3(한중일) 체제가 출범한 이래, 특히 '평화·번영·발전'을 추구하는 '동아시아 공동체'(East Asia Community, EAC) 비전이 채택되는 2001년 ASEAN+3 정상회의를 전후해 동아시아에서 급물살을 탄 다양한 동아시아 공동체 논의의 현단계를 평화의 관점에서 점검하는 데 중점을 둘 것이다.

여기서 잠시 돌이켜보면, 한국에서 1990년대부터 동아시아 지역을 하나의 분석단위로 논의하는 이른바 '동아시아 담론'이 흥기하여 지금은 "한국사회의 주류담론인 민족담론과 통일담론에 비견할 새로운 지적 공론(公論)으로서 담론권력을 얻고 있다"고 평가될 정도이다.[1] 그런데 처음 그 논의를 주도한 사람들은 주로 인문학자들이었고, 그들은 1990년대에 변화한 나라 안팎의 상황, 즉 국내의 민주화 진전과 세계적인 탈냉전의 상황에 맞춰 새로운 이념 모색을 하는 과정에서 '동아시아'를 사실상 발견하여 그로부터 새로운 이념과 문명적 가능성을 찾고자 했다. 물론 1990년대에 이미 일부 사회과학자들이 동아시아 신흥발전국가들(NICs)을 설명하기 위해 '발전국가(Developmental State)'론을 원용하고 유교자본주의론을 들고 나와 동아시아 담론에 참여했으며, 1997년 ASEAN+3 체제 출현 이후 더 많은 연구자들이 이 주제에 달려들어 정치경제 영역에서 국가간 협력체를 구축하는 데 관심 갖기 시작함으로써, 동아시아 담론이 한층 더 구체화되고 풍성해졌다. 그런데 양자의 논의는 대체로 평행선을 달리다가 가끔 교차할 뿐이다. 그래서 (위에서 방금 언급했듯이) 그들이 동아시아 공동체에 관해 똑같이 말한다 해도, 인문학자들은 그것을 동아시아 시민이 자발적으로 추진하는 인격적 유대·결합의 유토피아로서 상상하고 그 실천의 길을 모색하는 경향이 있다. 잘 알려져 있듯이 공동체 (community)란 개념에는 본디 인격적인 개개인들의 자발적 결합체라는 강한 의미가 있다. 그래서 공동체가 해체된 근대사회에서도 종종 공동체적 인간관계의 재구축을 추구하는 움직임이 나타나고는 한다. 그것을 국가를 넘는 지역 차원에서 구현하려는 것이 넓은 의미의 동아시아 공동체라 하겠다. 바로 이것을 인문학자들이 추구한다면, 사회과학자들은 좁은 의미의 공동체에 주목한다. 그들은 국가나 자본이 주도하는 정치경제 영역에서의 날로 긴밀하게 상호의존하는 지역적 현실과 그것에 기반한 지역협력체제의 제도화 가능성을 분석하는 데 치중하는 경향이 있다. 따라서 앞으로의 동아시아 담론은 이런 분

---

1) 장인성 「한국의 동아시아론과 동아시아 정체성」, 『세계정치』 제26집 2호(2005), 4면. 그 밖에 한국의 동아시아 담론의 배경 및 유형에 대한 요긴한 개관은, 박명규 「동아시아 담론의 현주소」, 김시업(외) 편 『동아시아학의 모색과 전망』, 성균관대학교 출판부 2005 참조.

기 현상을 어떻게 통합적 시각에서 파악할 것인가 하는 것을 과제로 삼아야 한다고 필자는 생각한다.

이같은 한국에서의 동아시아 담론의 특징에 대한 발표자의 문제의식에 입각해 동아시아 공동체에 대한 한중일의 논의에 비판적으로 개입하려는 것이 이 글의 목적이다. 동아시아 공동체가 그것을 추구하는 사람들의 기대대로 평화의 공동체로서 실현되려면, 이 지역을 구성하는 국민국가의 밖에서 이루어지는 국가간 통합과정과 국가 안에서 구성원 개개인의 참여를 극대화하는 방향으로의 내부개혁 과정이 雙方向的으로 추동(推動)되어야 한다고 본다. 발표자는 바로 이 雙方向性을 기준으로 삼아 아래에서 여러 갈래의 동아시아 공동체 논의를 검토해볼 것이다. 이 작업을 통해 분열과 갈등의 동아시아 현실로부터 평화를 위한 상상력이 그 힘을 새롭게 길어올릴 수 있기를 기대한다.

2. 중국의 화평굴기와 동아시아 공동체

20세기 초 중국에서 (동)아시아에 깊은 관심을 가진 적이 있었지만, 그후로는 그에 대한 논의가 거의 없다시피 했다. 그래서 1999년에 필자가 '중국에 아시아가 있는가'란 질문을 중국과 한국 논단에 던진 바 있다.[2] 이렇게 도발적으로 보이는 문제제기를 한 이유는 중국인에게 주변의 (동)아시아 국가와 사회에 대한 수평적 관심이 결여되어 있지 않은지 묻고 싶어서였다. 특히 중국인 독자를 염두에 둔 글에서는 그들의 중국중심주의 내지 대국주의

---

2) 白永瑞 「世紀之交再思東亞」, 『讀書』 1999년 8월호; 「在中國有亞洲嗎?: 韓國人的視覺」, 『東方文化』 2000년 제4기; 「중국에 아시아가 있는가: 한국인의 시각」(1999), 『동아시아의 귀환』, 창작과비평사 2000에 재수록. 그 일본어본은 孫歌・白永瑞・陳光興 공편 『ポスト'東アジア'』, 作品社 2006에 실려 있다.

성향을 지적하면서 그로부터 벗어나기 위한 길의 하나로 (동)아시아라는 주변 지역에 관심 갖기를 제안하였던 것이다.

그로부터 7년이 된 지금 돌아보면, 그간 필자의 논지에 대한 직접적인 반응을 포함해 중국 논단에서 동아시아에 대한 논의가 조금씩 진행되더니, 이제는 '동아시아 공동체'란 (중국어로서는) 낯선 용어를 키워드로 삼아 정면으로 거론하는 논의들까지 활기를 띠고 있다.

중국대륙에서의 이런 변화를 지켜보노라면 필자는 7년 전 중국 소설가 한샤오꿍(韓少功)이 필자의 위의 글에 대해 언급한 논평을 떠올리게 된다. 그는 중국인에게 아시아 의식이 비교적 결여되었다는 필자의 주요 논지에 동의하면서도, 그것을 뒤집어서 "만일 중국인에게 아시아주의가 싹튼다면 이 아시아 의식이 또 어떤 양상을 드러낼 것인지 생각해보았는가" 하고 되물었던 것이다. 그는 "머지않아 중국에는 아시아 의식이 있게 될 것이 분명하다"고 전망하면서 그런 현상이 "일종의 패권 형식을 띠게 되지 않을지 심각하게 고민할 필요가 있다"고 주의를 환기시켰다.[3]

당시 그의 지적을 들으면서 예술가다운 날카로운 통찰이라고 느낀 바 있다. 그런데 과연 지금 중국에서 활발한 동아시아 공동체 논의에 그의 판단이 그대로 적용될 수 있을까. 이 물음에 답하려면, 현재 진행중인 논의들을 검토해봐야 할 것이다.

중국이 동아시아 지역협력에 관심 갖기 시작한 것은 1990년대 후반 아시아 경제위기부터이다. 그전에는 그것이 중국에 제약을 가할 것으로 우려했지만, 전세계적으로 지역화가 진전되고 동아시아에서도 지역협력이 활성화되자, 중국은 지역강대국으로서 지역협력의 움직임을 활용해 도약의 발판으로 삼고자 동아시아와의 연계를 강조하게 되었다. 중국의 동아시아 공동체 논의의 핵심적 특징을 쥬젠룽(朱建榮)의 글[4]이 잘 보여주고 있어 그로부터

3) 한샤오꿍의 토론문, 『발견으로서의 동아시아』, 문학과지성사 2001, 400~401면.
4) 朱建榮 「中國はどのような'東アジア共同體'を目指すか」, 『世界』 2006년 1월호

논의를 시작하겠다.

그에 따르면, 중국의 지역공동체 구상의 내용은, 첫째 동아시아 공동체를 향한 과정은 먼저 경제분야를 베이스로 추진해야 한다는 발상, 둘째 복잡한 동아시아 지역현실에 상응하여 미래의 지역공동체를 향해 다원중층적(多元重層的)으로 추진해야 한다는 구상, 셋째 지역공동체의 추진에 임하여 중국 자신이 리더십을 갖지 않고 또 역외대국(域外大國)에 대해 개방적이어야 한다는 주장으로 요약된다.

첫째 구상은 신자유주의적 세계화에 대한 지역주의적 공동대응 방안으로서 우리가 쉽게 알 수 있는 내용인데, 중국정부가 현재 진행중인 양자 및 다자간 자유무역지대(FTA) 논의 등 경제통합에 특히 주력하고 있는 것과 관련된다. 그 다음, 둘째 구상에서 말하는 다원중층성이란 것은 동북아시아 지역에서는 미일동맹, 한미동맹이란 양국간 동맹과 병행해서 미·일·중·한의 4개국에 의한 안보대화(安保對話)의 메커니즘을 구축하며 현행의 6자회담의 구조를 발전시켜가는 중층적 접근의 도입을 가리킨다. 이러한 중층적인 노력이 동남아시아 등의 지역에서도 거듭되어가면 동아시아 '공동의 집'을 만드는 공통목표에 훨씬 더 가까이 다가갈 것으로 예상된다. 셋째 구상은 미국에 대한 태도와 중일관계에 관한 것이다. 미국에 대해서 중국이 '개방적' 자세를 취한다는 방침인데, 이것은 어디까지나 미국과의 대항을 피하기 위한 것이지, 동아시아 공동체의 추진에 미국을 어떻게 위치시킬 것인가가 명확하게 설명되어 있지 않다고 한다. 아마도 미국을 공동체의 정식 멤버로는 넣지 않지만 공동체의 중요한 협력상대, 파트너 내지 옵서버로 생각하는 것은 아닐까라고 그는 추측한다.

이상과 같이 정리된 중국의 동아시아 공동체 구상은 매우 기능주의적이고 실용주의적 입장에서 나온 것으로 보인다. 여기서 이 글의 관심사인 평화의 시각에서 다시 보면, 그 논의는 국가전략적 선택에서 나온 것이고 거기에서 말하는 '평화'란 중국의 지속적인 경제발전을 위한 주변 지역의 안정이란 의미에서의 평화이다. 바꿔 말해 기본적으로 중국이 자국의 국력신장에 합당한 강대국으로서 지위와 영향력을 확보하고 경제를 발전시켜 국민국가를 공고화하기 위해 국제사회에 좀더 협력적이고 평화지향적인 태도를 견지해야 한다는 전략이다. 이것이 바로 중국 지도부가 내세운 화평굴기(和平屈起, 2004년 4월부터는 和平發展으로 용어가 바뀜)란 구호에 압축되어 있는 전략의 핵심이기도 하다. 이에 기초해 동아시아 공동체 창설에 적극 나서 유럽공동체와 미국과 더불어 세계를 삼분하여 경쟁과 협력의 균형상태를 이루는 새로운 세계질서를 형성하려고 한다.5)

그런데 중국이 자국의 부상에 따라 자부심을 확인하려는 의도에서 공세적 민족주의를 확대해가고 있고, 평화를 내세우는 외교전략의 이면에서 중국의 이러한 새로운 민족주의가 주변국과 갈등을 조장하기도 한다는 사실을 우리는 간과할 수 없다.

그렇다면 중국의 '공동체' 구상이 자국 내부의 개혁에 대해서 어떤 영향을 미칠까. 이에 대한 논의를 찾기는 매우 힘들다. 단지, 동아시아 경제통합이라는 '외력(外力)'을 빌려 국내개혁의 촉진을 기대한다든가,6) '효율·공평·자유·민주의 국가체제'를 만들되 유교문화에 기초한 정치제도 즉 '일종의 비(非) 서방식 중국 민주정치'7)를 기대하는 등, 원칙론 차원의 단편적인 언급만이 간혹 눈에 띌 뿐이다.8)

중국이 민주주의가 아닌 대일통(大一統)의 역사기억을 되살려 권력의 정

---

5) 張毅君 「亞洲和平崛起與國際社會」, 『和平與發展』 2005년 제3기.
6) 馮昭奎 「建設東亞共同體的十大關鍵要素」, 『外交評論』 2005년 제8기, 15면.
7) 丁磊 「'東亞共同體'與'東亞中國主義'」, 『山東社會科學』 2006년 제4기, 139면.
8) 이 글의 논지와 직접 관련되지 않아 거론하지 않았지만, 중국대륙에서 소수의 인문학자들이 중국대륙에서 아시아론을 말하는 것의 어려움을 토로하면서 아시아론의 사상적 가능성을 타진하는 작업을 하고 있다. 賀照田 『當代中國的知識感覺與觀念感覺』, 廣西師範大學出版社 2006 및 孫歌 『亞細亞意味著什麼』, 臺北: 巨流 2001; 汪暉 「亞洲想像的系譜」, 『現代中國思想的興起』 하권 제2부, 北京: 三聯書店 2004 참조. 이것들을 타이완의 陳光興 『去帝國: 亞洲作爲方法』, 臺北: 臺社 2006과 비교해볼 것을 권하고 싶다.

당성을 추구하고 민족주의를 발전동력으로 삼는 근대화 모델에 몰두한 나머지, 동아시아의 평화에 기여하는 국가발전전략을 세워 내부개혁을 강화하지 못한다면, 주변 국가가 중국을 위협적으로 받아들일 가능성은 잠재해 있다.[9] 이와 관련해, 지난해(2006년) 11월 13일부터 24일까지 뻬이징의 중앙텔레비전(CCTV)에서 방영되어 큰 반향을 불러일으킨 12부작 다큐멘터리 「대국굴기(大國崛起)」의 내용과 그에 대한 중국 안팎의 반응이 눈길을 끈다.[10] 이 다큐가 탐색해낸 '대국'의 비결에 어울리는 국민자질과 소프트파워를 갖춘 중국이 제도개혁까지 이룩할 수 있을 것인지 지켜볼 필요가 있다.

3. '보통의 국가' 일본과 동아시아 공동체론

일찍이 아시아에 주목해 다양한 아시아론을 개발했고 20세기 중반 '대동아공영권'까지 수립했던 일본이었지만, 패전 후 그들에게 동아시아는 '상실된' 지역 개념이었다. 그 이유는 "전후 과정에서 아시아에 대한, 특히 동아시아에 대한 시점(視點)을 갖는 것을 스스로 억제했다기보다는 아시아 문제에 대한 국가적 판단을 정지한 채 지내왔"기 때문이다. 이러한 판단 정지는 2차대전 종결 직후 형성된 냉전의 영향으로 전전(戰前)의 동아시아 이웃을 침략하면서 만든 '동양'(내지 '東亞') 개념이란 유산을 청산할 기회를 갖지 못한 채 지내온 탓에 초래된 것인데, 그 결과 일본이 동아시아에 대해 가질

---

9) 발표자는 중국이 적어도 지역적 강대국이 될 수는 있다 해도 신판 중화제국으로의 부활이 당장은 가능하지 않을 것으로 판단한다. 그럼에도 불구하고, 제국부활론이나 중국위협론이 대두하는 이유는 무엇일까. 이와 관련해, 발표자는 중국이 과연 주위에 위협적일 정도로 강대국이냐 아니냐 하는 현재의 실체에 대한 규명과 역사적·문화적 기억 속의 대국 이미지의 존재를 일단 구별해야 한다고 주장해왔다. 이에 대한 발표자의 언급은 孫歌·白永瑞·陳光興 공편, 앞의 책 18~19면 참조.

10) 『亞洲週刊』 2006년 12월 10일자 특집 「中國探索大國崛起」 참고.

수 있었던 관점은 아메리카의 전략적 관점을 따르는 것일 수밖에 없었다.[11]

그러나 일본이 경제부흥과 더불어 다시 부강해짐에 따라 '대동아'의 일부였던 남방을 '동남아시아'라고 고쳐 부르고 그것을 주요 부분으로 한 새로운 '아시아' 개념이 부활하였고, 1990년대 들어서면서 '아시아'는 일본에서 담론의 중요한 주제로 떠올랐다. 다양한 갈래의 동아시아론이 여러 분야에서 제기되었는데, 동아시아 공동체에 대해 직접 거론한 논의는 일본정부가 2002년에서 2004년에 걸쳐 동아시아 지역통합의 움직임 곧 ASEAN+3 체제에 높은 관심을 갖기 시작하면서 아연 활기를 띠었다.

그것은 중국의 동아시아 공동체 정책과 마찬가지로 대체로 경제협력을 추동력으로 삼는다. 그리고 점진적이고 기능적인 협력 강화를 통해 동아시아 공동체의 기반을 공고히하면서, 역외 협력파트너인 인도·호주·뉴질랜드·미국 등을 포함할 필요성을 강조한다. 정부 구상의 핵심은 전 외교부 고위관리 타나까 히또시(田中均)의 논의에서 압축적으로 제시되어 있으니 그 내용을 검토하는 것으로 족할 듯하다.[12] 즉 무역이나 투자, 금융을 비롯해 에너지, 환경보존 및 대테러대책 같은 비전통적인 안보보장 관련 분야로 이어지는 기능적 협력을 축으로 기능공동체(機能共同體)를 지향하다가, 한 걸음 더 나아가 가치공동체(價値共同體)로 가는 동아시아 공동체 구축과정을 제안한다. 또한 동아시아 공동체를 열린 지역주의로 파악한다. 그의 구상이 중국의 것과 눈에 띄게 다른 점은 공동체에의 참여범위이다. 그는 인도, 호주, 뉴질랜드를 포함시키자고 한다. 이 방안은 현재 일본의 정책이기도 한데, 중국에게는 이것이 중국의 영향력을 견제하기 위한 것, 나아가 멤버 틀을 대폭 확대한 뒤 미국의 정식가맹 통로를 열어주기 위한 조처라고 비칠 수 있다(朱建榮, 앞의 글 161면).

11) 子安宣邦「昭和日本'東亞'槪念」, 『環: 歷史·環境·文明』 2001년 봄호, 특히 339~40면.
12) 田中均「동아시아의 미래를 향하여」, 한림대 일본학연구소 주최 한일 국교정상화 40주년 기념 국제심포지엄(서울: 2005년 11월 5일) 발표문.

이런 기능적이고 현실주의적인 구상은 아시아를 중시하는 외교부 관리들과 경제계 일부에서 공감을 얻고 있는 것으로 안다. 그들의 관심의 핵심은 전 유엔대사 타니구찌 마꼬또(谷口誠)의 저서에 잘 정리되어 있다. 즉 그는 전지구화(globalization)가 가속되는 21세기 세계에서 NAFTA·EU·아시아의 삼극구조(三極構造)가 출현하게 될 터이니, 일본은 장기 경제침체에서 벗어나기 위해서라도 먼저 동아시아 경제공동체를 만들고 이어서 동아시아 공동체를 구성한 뒤 '아시아 공동체'로까지 발전시키는 데 적극적으로 나서야 한다고 역설한다. 그러기 위해서는 중일간의 신뢰관계 구축이 관건인데, 지금 일본정부는 대미 배려에 매달려 중국과 갈등을 일으킴으로써 기회를 놓치고 있다고 그는 비판한다.[13] 이와같은 정책입안 차원의 동아시아 공동체 구상은 민관의 지적(知的) 협력을 추진하는 '동아시아 공동체 평의회(CEAC, 2004년 5월 창립)' 같은 기구에 의해 앞으로 더 집약적으로 제출되지 않을까 예상된다.

이런 흐름과 출발점이 다른 논의도 시민사회에서 다양하게 제기되고 있다. 이 현상은 중국에서 찾아보기 힘든 것인데, 그 가운데 와다 하루끼(和田春樹)[14]의 '동북아 공동의 집' 구상은 주목할 만하다. ASEAN+3의 진행보다 앞서 그에 의해 제안된 '동북아 공동의 집'은 북핵 위기 등 안전보장 위기의 극복, 긴급사태에 대비한 상호원조체제의 정비, 공동의 환경보호, FTA 등의 경제공동체 형성, 국가간의 문화교류 등을 골격으로 하며, 궁극적으로 정치안보 공동체로 발전할 것을 구상한다. 얼핏 보면 위에서 본 타나까 히또시의 기능적이고 현실주의적인 구상과 유사한 듯하나, 그 스스로 '개혁적 유

---

13) 谷口誠 『東アジア共同體: 經濟統合のゆくえと日本』, 岩波新書 2004. 2006년 9월 21~22일 샹하이에서 열린 '제2차 세계중국학논단'에 참석한 그는, 동아시아 정상회의 (EAS)에 인도나 호주를 처음부터 참가케 함으로써 공동체의 integrity를 손상시킨 일본정부의 정책을 비판하였다.
14) 和田春樹 『東北アジア共同の家: 新地域主義宣言』, 平凡社 2003. 한국어 번역본은 『동북아시아 공동의 집』, 일조각 2004.

242

토피아주의'라고 이름붙인 데서 드러나듯이 동아시아의 화해와 평화를 실현하려는 강렬한 의지가 담긴 이상주의이다. 특히 자신의 구상을 실현할 중추적 역할을 한국과 동북아 각 지역에 살고 있는 코리언에 기대하는 것은 한국 민주화운동과의 연대활동 체험에서 나온 독특한 주장이므로 그의 이상주의는 '실천적 이상주의'라 할 수 있을 것 같다.

와다 하루끼와 마찬가지로 한반도의 역할을 축으로 '동북아 공동의 집'을 설계한 인물로 강상중(姜尙中)이 있다.[15] 그는 21세기 일본을 위해서는 일미안보의 쌍무적인 2국간 안전보장씨스템을 기축으로 하면서도 아시아의 다극적인 안전보장씨스템을 만드는 것이 필요하고, 이를 통해 미중 패권경쟁에서 어느 쪽에도 편중되지 않고 중재적 역할도 수행할 수 있는데, 그 관건은 한반도정책 여하에 달렸다고 본다. 그렇다면 왜 한반도인가. 그는 한반도가 동북아에서 현실적으로 가장 불안정한 요인을 안고 있기 때문에 한반도 남북의 화해, 평화공존과 통일이 동북아 공동의 집의 핵심이 된다고 본다. 그 목표를 위해 일본이 한반도에서 해야 할 일은 '한국에 대한 일종의 햇볕정책'을 실행하여 한반도의 영세중립화를 추진하는 것이다.

강상중과 와다 하루끼 모두 '동아시아'가 아닌 '동북아', 그리고 '공동체'가 아닌 '공동의 집'이란 개념을 사용한 것을 주목해야 한다. 두 사람 다 경제문제보다 안보문제를 더 중시하다 보니 한반도와 밀접한 동북아를 축으로 지역협력체를 구상하게 된 것으로 보인다. 그러다 보니 동북아시아 제국연합(諸國聯合)과 같은 동북아시아 지역의 협력관계 구축과 병행해서 동아시아 공동체를 형성해나가야 한다고 본다. 그리고 이 지역에 미국과 러시아도 참가함으로써 간접적으로 동아시아 공동체는 역외로 열린 지역통합으로 나아갈 것이고, 이에 의해 미중의 전략적인 파트너십은 한층 더 확대되어갈 것으로 전망한다. 특히 강상중은 현재의 일본의 논의처럼 일미동맹인가 아니

---

15) 姜尙中 『東北アジア共同の家をめざして』, 平凡社 2001. 한국어 번역본은 『동북아시아 공동의 집을 향하여』, 뿌리와이파리 2002.

면 동아시아 공동체인가라는 양자택일적인 선택을 요구하는 것은 사실상 의미가 없으니, 일미관계에 한발을 딛고 또 한발을 동아시아에 두는 것 같은 한층 더 다원적인 외교 안전보장의 전략을 제안하고 있다.[16]

일본이 그가 기대하는 방향으로 가게 하려면 일본에서 내부개혁이 진행되어야 한다. 강상중은 와다 하루끼와 달리 '동북아 공동의 집' 구상을 일본 사회개혁과 연결시키는 방책을 모색했다는 점에서 주목된다. 즉 일본이 남북한 공존체제 수립에 적극적인 역할을 수행하면서 발언권을 강화하기 위해서는 일본의 국내개혁이 단행되지 않으면 안된다고 주장한다. 그 연결고리는 일본의 엔화가 가질 수 있는 중요한 역할이다. 그는 엔화가 아시아에서 신뢰를 얻어 국제화(國際貨)처럼 되려면 특히 일본의 경제구조가 개혁되어야 하며, 아시아 경제를 활성화하게 만드는 일본 경제구조의 개혁은 단기적으로는 그 타격을 직접 받는 영세기업이나 농업부문(및 이를 지지기반으로 삼는 자민당 '보수파')의 반발에 부닥치겠지만, 길게 보면 아시아로부터의 혜택이 주어질 것이고 그에 힘입어 국내개혁도 촉진될 것이라고 순환론적으로 전망한다.

그러나 그가 '공동의 집' 추진과 내부개혁의 연결을 설명하기 위해 일본에 '혜택'을 가져다준다는 차원에서 설득하다 보니, 내부개혁의 방향을 철저하게 제시하지 못한 느낌이 든다. 이에 비해, 모리시마 미찌오(森島通夫)는[17] 비록 일본과 한국의 경제력과 기술을 이용해서 중국과 북한의 오지를 개발하겠다는 데 중점을 둔 구상이긴 하지만, 동아시아 공동체 결성이 일본을 신생(innovate)시킨다는 점을 한층 더 적극적으로 주장한 바 있다.

이와 관련해, 사까모또 요시까즈(坂本義和)[18]가 동아시아의 긴장완화와

---

16) 姜尙中「日本のアジア化が問われている」,『世界』 2006년 1월호, 127~28면.
17) 森島通夫『日本にできることは何か: 東アジア共同體を提案する』, 岩波書店 2001.
18) 坂本義和「憲法をめぐる二重基準を超えて」, 世界編輯部 編『戰後60年を問い直す』, 岩波書店 2005.

군축, 또는 동아시아 '부전(不戰)공동체'(security community)의 형성 등을 한걸음이라도 더 진전시킬 수 있는 구체적인 대항정책(對抗政策)을 제시해야 한다고 강조하면서, 활헌론(活憲論)에 입각해 일본 개혁의 과제를 제안한 것을 주목하고 싶다. 그는 일본헌법에 의거한 평화주의가 안고 있는 딜레마 또는 이중기준——평화헌법과 자위대, 미일 안보조약의 병존, 반핵과 핵우산의 병존 같은——을 정면에서 다루지 않으면 안된다고 본다. 보수세력은 이제까지의 이중기준의 총결산으로서 '보통의 국가'에의 회귀와 (평화조항인 제9조를 바꾸는) '개헌'을 내세우는 데 비해 진보세력은 '호헌'이란 이름의 현상유지에 매달린 것이 아닌가 하고 날카롭게 지적한다. 그리하여 "지금 먼저 변하지 않으면 안되는 것은 헌법이 아니라 현실인 것이다"라고 선언한다. 따라서 헌법 자체가 아닌 전후(戰後)의 원점에서 민의 자기결정을 실현하기 위해 정치·외교·경제·사회·교육의 양상을 한걸음 한걸음 변혁해가야 한다고 주장한다.

이와같은 근원적인 내부개혁이 진행되지 않고 일본의 다원적 전략도 좌절될 경우 냉전이 붕괴되었음에도 불구하고 동아시아 지역에서는 일미 양국간 동맹이 중국 등과 서로 대치하는 신냉전시대에 돌입할 가능성이 높다. 그렇게 되면 일본은 미국을 지지하는 주니어파트너로서 집단자위권을 위해 무력행사도 마다않는 '보통의 국가'로 변모해갈 수밖에 없다. 이런 상태에서 동아시아인을 향한 일본의 평화에 대한 호소가 설득력을 가질 리 없을 것은 너무나 명확하다.

4. '동북아시대' 한국의 평화로의 길

한국에서는 20세기 초 동아시아에 대해 높은 관심이 있었다. 그러나 일본의 식민지를 거쳐 냉전진영의 편입으로 분단되어 온전한 국민국가 수립도 못한 조건에서는 이 지역을 독자적으로 상상한다는 것이 사실상 불가능했다. 그러다가 1990년대 초 탈냉전의 상황에서 동아시아가 재발견된 셈이다.[19] 처음에는 주로 인문학자들이 논의를 주도하여 지식인의 논단에서 여러 갈래의 동아시아론이 유행을 이뤘는데, 노무현정부가 출범하여 4대 국정 과제의 하나로 21세기 '평화와 번영의 동북아시대' 신구상을 내세우면서 그에 대한 관심이 사회과학자들을 포함한 다양한 영역으로 확산되었다.

노무현정부의 지역구상은[20] 남북한관계를 포함한 한국문제 해결을 위한 전략이자 주변 국가들의 동북아 통합 움직임에 대한 대응전략이다. 처음에는 중일 정부측의 구상과 마찬가지로 경제에서 출발하여 '번영의 공동체'를 이룩한 뒤 '평화의 공동체'를 달성하겠다는 비전을 제시하였지만, 점차 경제 중심의 발상에서 벗어나 평화가 번영을 보장하고 번영이 다시 평화를 창출하는 선순환 구조를 강조하게 된다. 그것을 실현하기 위한 방법으로 자주국방과 한미동맹 및 동북아 다자주의를 중시한다.

이 구상의 특징으로 먼저 검토할 것은 지역범위이다. 노무현정부는 동아시아가 아닌 동북아란 개념을 선호한다(대통령 직속 자문기구의 명칭이 '동북아시대위원회'이다). 아마도 동남아가 이미 ASEAN을 중심으로 지역통합의 이니셔티브를 선점하였기 때문에 지역범위를 동아시아로 넓힐 경우 한국의 역할이 제한될 것이라고 우려하는 동시에, 안보공동체로서의 지역통합을 중시하다 보니 동남아를 포함하는 것이 그다지 혜택이 크지 않을 것으로 예상했을 가능성이 높다. 그러나 이것은 구상의 한계가 아닐 수 없다. 한국에서 제기한 전략으로서 한국의 주도적 역할을 부각시키기 위해서라도 주변 국가들과의 협력을 끌어내 강대국인 중일간의 경쟁을 조정하는 평화의 중개자 내지 촉진자 역할을 수행하는 것이 중요한데, 동북아로 지역을 제한함으로써 자신

---

19) 이에 대한 좀더 상세한 논의는, 최원식·백영서 공편 『동아시아인의 '동양' 인식 19~20세기』, 문학과지성사 1997 참조
20) 박명림 「노무현의 '동북아구상' 연구」, 『역사비평』 2006년 가을호.

의 우세한 기반 속에서 스스로 눈감는 결과를 빚고 있다.

이와 더불어 동북아 통합의 방법으로 자주국방, 즉 군사적 자주가 강조되는데, 국력의 구성요소에서 군사력에 대한 지나친 강조는 지역평화 구축이란 비전과 충돌하기 쉽다. 이보다는 한국정부가 '동북아시대' 구상을 국가적 과제로 제기하게 된 근거가 중견국가(中堅國家) 한국의 현실적 국력과 더불어 도덕적 우위에 대한 자부심인 만큼 동아시아의 인권과 민주주의 증진을 위한 프로젝트를 제시하는 것이 더 효과적인 방법이 아닐까 한다. 물론 한국정부의 구상이 일본의 보통국가론, 중국의 화평발전론 및 북한의 선군주의(先軍主義)・강성대국론(强性大國論)에 대한 대응책이기에 현실적으로 불가피하다고 변호될 수도 있겠지만, 평화의 동아시아 구축에 장애가 되기 쉽고, 내부개혁에도 역효과가 날 수 있다.

이 점에서, 작년(2006) 한국의 시민운동단체인 참여연대 평화군축센터(2003년 3월 설립)에서 제기하여 논란을 일으키기 시작한 '평화국가' 구상의 의의가 돋보인다.[21] 사실 현행 한국헌법이 이미 침략전쟁 포기와 전수방위형(專守防衛型) 평화주의 원리를 담고 있으므로, 한국이 기존의 안보국가에서 평화국가로 국가의 정체성을 바꿔야 한다는 의제 설정이 그다지 새롭지 않은 것으로 보일 수도 있다. 그러나 구상의 핵심이 한미동맹이 재조정되는 시점에서 북한에 대한 군사력 우위를 점하는 남한의 선도적인 군축에 있기에 과감한 문제제기라 할 수 있다. 대체로 군축을 동북아의 평화가 정착되거나 남북한의 상호신뢰가 구축된 '결과' 이뤄질 수 있는 것으로 생각하는 데 익숙해왔기 때문이다.

'평화국가'란 발상을 통해 자주국방과 안보 개념에 대하여 한층 더 근본적인 문제제기를 하면서, 끊임없이 안보위협을 재생산할 수밖에 없는 남북한의 지배담론에 맞서 한반도 평화의 실현을 위한 대항담론을 형성하려 한 것은

---

21) 참여연대 평화군축센터 발족 3주년기념 심포지엄(2006년 8월 10일) 발표문.

21세기 한반도를 향한 참신한 진로 모색이라 하겠다. 더욱이 그 구상이 한반도에 머물지 않고 한반도 문제가 동아시아 지역 문제임을 부각시켜 분단체제를 극복하면서 동북아 평화체제를 추동하는 길을 모색하고 있다. 구체적으로 (재작년에 한국이 주도해 포괄적 협상안을 이끌어낸) 4차 6자회담의 9·19 공동성명에서 나타난 것처럼 한반도 평화체제와 동북아 다자간 안보협력을 연계하는 방식을 중시한다. 또한 이를 궁극적으로 뒷받침할 동북아 시민사회 형성에 한국이 촉매제 역할을 할 것으로 설정한다. 이처럼 평화국가는 동아시아를 향해 소통의 가능성이 열려 있는 비전이라고 할 수 있다.

그런데 이 구상이 근본적인 과제에 대한 주의환기에 그치지 않고 구체적인 정책을 산출해나가려면, 만만치 않은 문제에 봉착할 것이다. 특히 구상의 요체인 남한의 선군축론에 있어서 그 적정 수준에 대해 남한 내부에서 합의를 얻기도, 또 한미동맹의 틀 안에서 조정하기도 쉽지 않다는 것은 누구나 예상할 수 있다. 이 문제는 남한이 먼저 '평화국가'가 되고 남북한의 상호작용을 통해 북한 또한 평화국가로 전환해야 한다는 단계설정에서 초래된 것으로 볼 수 있다. 평화체제가 분단영구화로 귀결되지 않도록 통일의 전망 속에서 평화의 제도화를 추구해야 할 것이다.

이 문제와 관련해, 2000년 6월 15일 남북한 정상회담에서 발표된 6·15 선언에서 합의된 대로 남북이 지속적인 화해와 교류를 축적하여 '국가연합 혹은 낮은 단계의 연방'에 도달하는 것, 즉 "남과 북이 함께 (평화국가라기보다는) '평화적 안보국가'로 전환하는 것이 최선의 실현 가능한 길"이라고 주장한 견해가 설득력 있게 들린다.[22] 이 길을 따르면 '현재 진행중인' 남북의 점진적인 통합과정이 동북아의 긴장을 완화하고 평화와 통합에도 기여할 수 있는 만큼 주변 국가들이 평화적 안보국가로 전환하는 데 용이하다. 따라서 남한만의 평화국가 만들기보다 더 믿음직한 방안이 되는 것이다.[23]

---

22) 유재건 「남한의 '평화국가' 만들기는 실현 가능한 의제인가」, 『창비주간논평』 2006. 8. 22.

그러나 정부의 정책구상에서는 더 말할 나위도 없지만, 시민사회 내부의 논의에서도 동아시아 공동체와 한국 내부의 개혁이 어떻게 서로 연동되는 것인지를 설득력 있게 규명한 내용이 아직은 적은 편이다. 노무현정부 출범을 전후해 활발해진 사회과학자들의 동북아공동체 논의는 정부의 동북아 구상에 기초해 중급국가(中級國家) 한국의 중재자 역할을 통한 한국의 발전과 위상정립을 21세기 국가발전전략 비전으로 구체화하는 데 집중하고 있다. 그 내용은 주로 정책적·제도적 제안들로 이뤄져 있다. 이에 비해 인문학자들은 국가발전전략과 연관된 (이 글에서 말하는 좁은 의미의) 동아시아 공동체 논의가 국가와 자본에 종속될 위험을 경계하면서 초국경적인 개인들의 자발적인 연대로 이뤄질 동아시아를 중시한다. 이같은 논의구도 속에서 필자가 간여하는 창비그룹은 한반도에서 진행되는 '남북의 점진적 통합과정과 연계된 총체적 개혁'의 필요성을 강조하고 그 총체적 개혁운동이 동아시아 평화 구축에 핵심적 의미를 갖는다는 시각에서 세부적인 논의들을 시작하고 있다.[24] 예컨대 한국사회의 양극화 문제를 해결하는 방안으로 한반도 단일 경제권, 동아시아 분업관계 및 네트워크형 전략적 투자를 결합시킨 발전전략이라든가, 한국의 문화공간을 동아시아적 감수성을 키우는 동아시아 공동체의 문화적 체험장으로서 재편하자는 주장 등이 나왔다. 한반도의 통일이 한반도 안의 관심사에 그치지 않고 동아시아적·세계적 차원의 평화체제 구축에 기여하는 것임을 이론적으로 또 실천적으로 입증하는 일은 앞으로 더

---

23) 2006년 10월 9일 북한 핵실험 사태 이후에 이런 관점의 유효성은 오히려 더 커졌다는 것이 필자의 입장이다. 이와같은 입장은 백낙청 「북의 핵실험으로 한가해졌나?」, 『창비주간논평』 2006. 10. 24 및 백낙청 「한반도 시민참여형 통일과 전지구적 한민족 네트워크」, 『역사비평』 2006년 겨울호에서도 볼 수 있다. 이 관점을 둘러싼 논의의 정리는, 박순성 「북핵실험 이후, 6·15시대 담론과 분단체제 변혁론」, 『창작과비평』 2006년 겨울호 참조.
24) 그 작업의 일부는 『창작과비평』 2006년 봄호 특집 「6·15시대, 무엇을 해야 하나」와 2007년 가을호 특집 「신자유주의, 바로 알고 대안 찾기」에 실려 있다. 이 논의의 일본어판은 http://japan.changbi.com에서 볼 수 있다.

심화되어야 할 과제이다.

5. 주변적 지성의 결집: 한국과 타이완의 소통

한중일 세 국가에서 나타난 지역공동체에 대한 담론을 비교해보면, 정부 주도의 논의에서는 경제통합이 추동력으로 작동한다는 점이 먼저 공통점의 하나로 떠오른다. 또다른 공통점은, 대체로 미국과의 관계를 우선시하면서도 그런 구조적 제약 안에서 동아시아의 상대적 자율성을 확보하기 위해 다자주의를 중시하는 열린 지역주의와 중층적 지역질서를 추구한다는 것이다. 이러한 공통점은 동아시아가 냉전시기의 분열된 지역에서 벗어나 통합된 지역을 스스로 만들어 평화와 번영을 이룩하겠다는 의지에서 나온 것이다. 그 방향은 1990년대 들어 진영간 대립이 종식되고 그에 따라 각 진영의 내부결속이 이완되고 있는 동아시아의 변화된 상황이 허용하고 요구하는 것이다.

그런데 이와같은 공통점의 이면에 지역공동체를 추진하는 데 각 국가가 어떤 역할을 수행할 것인가를 두고 차이도 분명히 존재한다. 이것은 정부 차원의 지역통합이 주도권의 유혹으로부터 자유롭지 않기 때문에 불가피할지도 모른다. 각 정부로서는 지역이익과 국가이익이 충돌할 경우 국가이익의 관점을 선택할 가능성이 높은 것이다. (이러한 우려는 ASEAN+3 체제를 자신의 지배력 행사에 유리하다고 보는 중국과 ASEAN+6 체제, 즉 호주·뉴질랜드·인도까지 끌어들인 2007년 1월의 동아시아 정상회의 체제에서 자신의 영향력을 발휘할 가능성이 크다고 보는 일본과의 갈등에서 잘 드러난다.) 더욱이 동아시아에서 국가들간의 국력에 커다란 차이가 있기 때문에 갈등의 여지가 그만큼 더 크고, 평화의 가능성은 그만큼 더 적어질 수 있다.

그렇기 때문에 동아시아 시민사회가 국가중심의 지역전략을 규율하고 견제할 수 있는 가능성에 기대를 걸게 된다. 동아시아 지식인들이 '비판적 지역주의'에 대한 활발한 논의를 통해 국가중심적 사고를 극복하고 지역으로 인식의 지평을 넓히는 데 기여하면서 여러가지 형태의 연대활동을 시도하고 있다. 또한 다양한 영역에서 벌어지는 시민연대운동이 가능한 범위에서 점진적이고 실질적인 통합을 이뤄가는 방식도 중요하다. 동아시아에서 각 국가의 시민사회의 성숙도에 차이가 있고, 이제까지의 연대운동의 경험도 분산된 나머지 제대로 축적되지 못했지만, 그럴수록 연대의 경험을 계승하고 공유하는 일이 더욱 소중해진다.[25]

그런데 이러한 방식이 혹 국가의 역할을 배제한 채 여러 수준에서 교류가 확대되면 공동체가 형성될 것으로 믿는 기능주의적 통합에 기댄 것이라면 안이한 발상이라고 비판받을 수도 있겠다.[26] 이런 비판은 평화를 위한 공동체의 형성이 본질적으로 정치적 결정의 산물일 수밖에 없다는 관점에서 나온 것일 터인데, 비록 이것이 동아시아 지역통합의 다면성과 역동성을 간과한 정태적 관점이긴 하나, 그냥 무시해서 될 일은 아니다. 이 비판을 수용하면서 넘어설 길을 찾아야 한다. 여기서 그 해결책으로 정부 차원에서의 국제적인 협력과 시민사회 차원의 초국가적 연대라는 두 개의 층을 '민주적인 책임(accountability)'을 매개로 해서 연결하려는 시각에 주목하고 싶다. 이를 통해 정부와 시민사회는 긴장과 협력의 관계를 유지할 길이 열릴 것으로 기대된다.[27]

---

25) 발표자가 참여하는 한국의 서남포럼에서는 2005년 12월 '동아시아 연대운동의 현황과 전망'이란 워크숍을 연 이후 매년 '한국의 동아시아 연대운동 백서'를 간행하기로 했다. 2006년 12월 그 첫 권이 나왔다. 이런 사업을 동아시아 차원에서 정기적으로 추진하는 것도 고려해볼 만하다.

26) 최장집 「동아시아 공동체의 이념적 기초」, 『아세아연구』 47권 4호(2004), 109면.

27) 坂本義和 「세계시장화에 대한 對抗構想: 동아시아 지역협력과 시민국가」, 『翰林日本學硏究』 제3집, 1998. 11. 그의 아이디어를 기구 차원에서 구체화하는 방법도 여러 각도에서 생각해봄직하다. 예컨대 이단계적 또는 이중적 지역협치(governance) 형태의 동아시아 통합도 하나의 방법일 수 있다. 먼저 경제나 안보, 역사, 인권, 환경, 노동, 시민단체 등의 분야에서 영역별로 개별 국민국가들이 참여하는 연대기구를 만들고, 다음으로 이들 영역별 연

이제 남은 과제는, 평화의 동아시아(나아가 세계)를 이룩하기 위해 동원할 수 있는 모든 자원[28]을 활용하여 동아시아 공동체의 틀을 새롭게 구성하는 것인데, 여기서 동아시아의 주변적 지식인들을 널리 결집시키는 일이 참으로 중요하다. 그리고 그들이 동아시아 공동체를 실현하는 과제를 수행하는 일이 동시에 해당 국가에서 민의 참여를 극대화하는 방향으로의 내부개혁을 추동할 수 있어야 한다.

이 관점에서 타이완에서의 동아시아 담론을 다시 보고 싶다. 타이완에서도 1990년대 중기 이후 '동아'가 유행어가 되기 시작했다고 한다. 그런데 그들의 논의는 중국대륙과의 관계에서 비롯되는 '국가와 비국가의 중간'에 놓인 그들의 독특한(또는 애매한) 위치에서 새로운 집단적 정체성을 추구하는 내부적인 노력과 연관된 시도로서 흥미를 끈다.

그들의 논의를 제대로 이해하기 위해서는 그들의 통(일)/독(립) 논쟁부터 살펴봐야겠지만, 여기서는 이 문제를 길게 다룰 여유가 없고 단지 이 글의 주제인 동아시아론과 관련지어 간단하게나마 살펴본다면, 독립론자들은 대륙으로부터의 구별을 중시하다 보니 해양에 관심 갖고 해양문화랄까 해양질서를 주도해온 일본에 호감을 갖는 경향이 두드러진다. 실제로 식민지 근대에 대한 긍정적인 역사해석, 그리고 그 연장에서 중국중심의 대륙아시아가 아닌 일본중심의 해양아시아에 자기를 동일시하려는 지향은 타이완 지식인 사회에서 일정한 공감을 얻고 있는 듯이 보인다.

중국문명을 황색 대륙중국으로 해석하는 데 반대하면서 남색 해양중국을

대기구들과 역내 국민국가들이 함께 통합적 지역연합기구 혹은 정상조직을 만드는 것이다. 이것은 국민국가와 지역연합 사이의 새 형태인데, 유럽연합보다는 낮지만 국민국가를 뛰어넘는 중위(中位) 통합인 셈이다. 이 단계를 거쳐 공동체를 형성한다. 『창작과비평』 2005년 가을호 좌담 「탈중심의 동북아와 한국의 '균형자' 역할」에서의 박명림의 발언(35~36면).
28) 그 하나로 역사연구자인 발표자는, 한국과 일본 사상사에 나타난 소국주의와 중국의 분권지향인 연성자치론(連省自治論)과 연방제를 중시하고 있다. 이에 대해서는 孫歌·白永瑞·陳光興 공편, 앞의 책 편자 좌담회 24면 참조.

252

강조하는 관점이 주로 해외 중국계 학자들로부터 제기되고 있지만, 타이완에서 논의되는 해양사관은 타이완을 중심에 두고 있다는 데 특징이 있다. 1980년대에 이미 자주적 본토문화를 세우기 위해 해양문화에 주목한 관점이 제기된 바 있다.29) 타이완사를 연구하는 우미차(吳密察)가 바로 이런 사조를 가장 잘 보여주는데, 그의 아시아적 해양사관에서는 타이완섬을 중심에 놓고 있다.30) 이런 유의 관점이 민족주의를 넘어선다 했지만, 지구화된 자본주의 논리에 순응한 채 위계화된 동아시아 질서의 중심으로 진입하길 원하다 보면 자민족중심주의로 환류하기 십상이다.

천꽝싱(陳光興)은 타이완의 대표적인 (동)아시아론자로 꼽아 손색이 없을 것이다. 타이완의 내성인과 외성인 간의 성적(省籍) 갈등이 표출된 통/독의 분열을 타이완섬 내부의 문제 또는 양안의 문제로 파악하지 않고 동아시아의 냉전세력과 식민주의세력이 연동된 결과라고 분석하는 데서 그의 아시아론의 핵심이 드러난다.31) 성적 갈등을 동아시아에서의 식민주의와 냉전의 중첩이란 시각에서 분석한 만큼 그가 제시한 해결방안 역시 동아시아적 상황에서의 탈냉전과 탈식민 과정에서 찾는 것은 자연스럽다. 그래서 동아시아 비판적 지식인의 연대 즉 '비판권(批判圈)'의 활성화에 관심을 쏟는다. 국가가 주체가 된 정치적·경제적 연대가 진행되고 있는 현실에 별반 의미를 부여하지 않는 대신, 국경을 넘는 문화적·사회적 단체의 연대를 추진하면서, "제3세계/아시아 내부의 상호 '비교'를 통해 서로의 '참조체계'로 삼음으로써 "비로소 '우리 자신'의 특정한 문화 주체성에 대해 새로운 비판적 인식을 가질 수 있게" 되기를 바라고 있다.

그의 아시아 연대에 대한 열정은 자연스럽게 미국의 패권에 대해 비판

---

29) 陳芳明 『台灣人的歷史學意識』, 敎理出版社 1988, 14면.
30) 吳密察 「臺灣的位置」, 『中國時報』 1994. 3. 3; 「臺灣史的成立及其課題」, 『當代』 제100기, 1994. 8.
31) 陳光興 『去帝國: 亞洲作爲方法』, 臺社 2006. 특히 제3장 「去冷戰」.

적인 자세를 취하게 한다. 그러나 미국의 동아시아에서의 존재를 매우 중요한 정치적 현실로 간주하더라도, 미국에 대해 직접적으로 비판하기보다는 동아시아의 상호 이해를 중시하는 관점에서 동아시아 개별 사회가 미국과의 양국간 관계만을 중시하는 반면 서로서로 경시하는 경향을 타개하려 한다. 같은 시각에서 80년대 이후 중국 지식인들도 날카롭게 비판한다. "중국이 세계에 동참하는 주된 힘을 미국에 집중함으로써, 오랫동안 간직해왔던 제3세계적 지식 전통과 아시아관(觀)을 너무 쉽게 포기해버렸고 오히려 전통적인 민족주의 입장이라 할 수 있는 '중/서' 대립의 세계관으로 회귀하고 말았다. 그리하여 정서적으로는 반미이지만, 또 한편으로는 미국에서 유행하고 있는 지식과 분석적 시각을 채용하느라고 애쓰고 있다. 만일 대륙의 지식인 집단이 이러한 전통적인 '미국 따라잡기의 욕망'을 계속해서 견지한다면 아시아와 제3세계와는 거리가 점점 멀어질 것이며 지역의 진정한 평화에도 이바지하지 못할 것이다"(234면).

일본도 그의 비판에서 벗어날 수 없다. 패전 직후 미국의 차(次)식민지에 빠져버린 역사적 상황은 일본에 식민지 문제를 이해할 수 있는 가능성을 제공해주었지만, 급속한 경제성장 덕에 '일등국가'가 됨으로써 사상·문화에서 '남을 납득시킬 만한' 역사적·미래지향적·반성적 관점을 제출하지 못하게 되었는데, 과거 역사에 대해 전면적으로 다시 사고하지 않는 한 동아시아의 화합은 극히 곤란하게 될 것이라고 힘주어 말한다(238면).

사실 이같은 중국과 일본에 대한 비판은 어찌 보면 새로운 내용이 아닐 수도 있다. 그러나 그 자신이 속한 타이완에 대해서도 일관된 자세를 견지하고 있기에 돋보인다. 그는 타이완인들이 중국 지식인들의 사고방식을 그대로 계승하여 중서(中西)대립이라는 거대담론에 빠져 아시아와 제3세계를 시야에 두지 않았던 점과 더불어 중국대륙을 대할 때는 소(小)주체의 불안감과 초조감을 드러내는, 상대에 따른 이중적 태도를 꼬집는다.

그의 관점은 동아시아 비판적 지식인사회에서 상당히 널리 읽히는 편이다. 그런데 이 글의 기본주장인 "국민국가의 밖에서 이뤄지는 국가간 통합 과정과 국가 안에서 구성원 개개인의 참여를 극대화하는 방향으로의 내부개혁 과정이 쌍방향적으로 추동되어야 한다"는 관점에서 다시 볼 때, 그의 (동)아시아론이 해당 국가 즉 타이완에서 민의 참여를 극대화하는 방향으로의 내부개혁을 얼마나 추동하고 있는지 따져야 한다. 이것은 일차적으로 타이완 지식인들의 작업이고 그로부터 우리는 우리 자신을 돌아볼 지적 자원을 축적할 수 있을 것이다.

이런 작업처럼 서로의 사회적 맥락에 대한 이해에 힘을 기울이는 것은 동아시아 상호이해의 첫걸음으로서 우리가 진정한 상호소통에 이르는 소중한 경험이 될 것이다.

타이완 민족주의를 통해 본 중국

양태근

1. 서론

최근 중국의 '평화적 궐기[和平崛起]'와 '평화적 발전[和平發展]'[1]론과 관련한 논의가 동아시아 각국에서 커다란 반향을 일으키고 있다. 특히 미국, 일본이 주도하고 있는 '중국위협론(中國威脅論)', 한국과는 '고구려공정(高

---

1) 공산당 중앙당교 부교장인 정삐졘(鄭必堅)이 2003년 10월 중국이 주관하는 아시아 보아오포럼에서 최초로 주장한 것이다. 이후 2003년 12월 미국 하바드대 강연에서 원쟈빠오(溫家寶) 총리가, 12월 마오쩌뚱 탄생 110주년 기념대회에서 후진따오(胡錦濤) 총서기가 강조하면서 주목을 받았다. 중국은 '평화적 궐기'를 추구하며 중국의 부상은 아시아와 세계의 평화와 발전에 기여한다는 것이 이 주장의 핵심내용이다. 그런데 2004년 4, 5월 무렵부터 중국은 '평화적 궐기' 대신 '평화적 발전' 개념을 사용하고 있다. 예컨대 2004년 4월에 개최된 아시아 보아오포럼 강연에서 후진따오는 '평화적 발전'으로 중국의 대외정책을 설명했다. 2004년 8월 떵샤오핑 탄생 100주년 기념대회에서 행한 후진따오 연설도 마찬가지다. 이것은 '평화적 궐기'론이 패권화를 추구한다는 우려를 일으키는 것에 대한 대응책으로 보이며 이러한 개념변화는 주변국들과 평화적 관계를 유지하며 함께 발전을 도모한다는 '평화적 발전'이 사실상 중국 외교정책의 새로운 지도이념으로 채택되었다는 것을 보여준다.

256

句麗工程)', 타이완과는 '하나의 중국'²⁾을 둘러싼 '타이완 독립운동(臺灣獨立運動)'과 동시다발적인 충돌을 빚고 있다. 중국의 경제발전을 계기로 자신감을 회복한 중국 공산당의 팽창주의적 사고가 동아시아 각국과 충돌을 야기하고 있는 것이다. 물론 이러한 충돌은 동아시아 각국의 경제적·국제적 지위의 향상으로 인해 지역 내 국가간의 민족주의 경쟁이 본격화되고 있기 때문일 것이다. 그러므로 이것이 중국만의 문제는 아니며, 어디까지나 관련된 국가들간의 상호작용 속에서 되짚어봐야 할 문제일 것이다. 일례로 독도 문제로 야기된 한일간의 민족주의 충돌에서 볼 수 있듯이 동아시아 내부 민족주의 충돌이 꼭 중국과의 경쟁으로 야기된 것은 아닌 것이다. 하지만 중국의 경이로운 경제발전이 가져온 중국사회 내부갈등을 중국 당국이 민족주의적 시각으로 무마하려는 의도는 주변국들에게 커다란 우려를 가져다주고 있는 것도 사실이다.

백년 전 중국은 '아편전쟁' '의화단사건', 그리고 청일전쟁을 거치면서 민족주의의 결정체라고 할 수 있는 구미 제국주의의 침략과 동아시아 신흥강국으로 부상한 일본과의 전쟁 등에서의 일련의 패전을 겪게 된다. 이를 기점

---

2) 1972년 2월 21일 닉슨은 미국 대통령으로서는 최초로 중화인민공화국을 방문하였으며 28일 중국과 미국은 역사적인 '샹하이 공동성명(上海公報)'을 통해 '하나의 중국' 노선에 대한 서로 다른 입장을 천명하였다. 미국과 중국은 타이완 문제에 대해 상당히 극심한 의견대립을 보여 합의문 작성에는 실패하였으나 서로 자신의 의견을 천명하는 것으로 합의를 대신하였다. 이곳에서 중국의 주요 입장을 정리하면 다음과 같다. ① 타이완 문제는 중미 양국관계 정상화의 가장 중요한 문제이며, ② 중화인민공화국은 중국의 유일한 합법정부이며, ③ 타이완은 중국의 일개 성으로서 타이완 문제는 중국의 내정이므로 외국은 간섭할 권한이 없으며, ④ 미국은 타이완으로부터 자신의 군사시설과 무장을 즉각 철수하여야 한다. 미국측은 ① 타이완해협 양쪽의 모든 중국인들은 하나의 중국이 있고 타이완은 중국의 일부분이라고 여기고 있다는 사실을 인지하고 있다. ② 미국정부는 이러한 입장에 이의를 제기하지 않는다. ③ 미국은 타이완에서 모든 미국 군사시설과 무장 철수를 최종 목표로 삼는다. 이와 관련한 한국에서의 연구논문은 다음을 참고할 수 있다. 이태로 「중국의 대외정책과 '하나의 중국' 원칙」, 『중소연구』 Vol. 19, No. 3(1995), 135, 158면.

으로 자국의 존속을 걱정해야 하는 약소국의 서러움을 겪기도 했었다. 이제 이른바 '평화적 궐기'를 통해 과거 중화제국의 화려한 모습으로 부활을 꾀하고 있는 현재, 중국인은 중대한 역사적 전환점에 서 있다고 할 수 있겠다.

이러한 역사적 전환기에 비록 평화를 전제로 하고 있음에도 불구하고, 여전히 주변의 우려를 불식시킬 수 없는 이유는 특히 타이완 문제를 통해 보면 쉽게 이해할 수 있다. 중국 공산당은 여전히 '하나의 중국 원칙'을 기초로 '무력사용을 배제하지 않는다'라는 입장을 견지하고 있는데 여기서 볼 수 있듯이 주변국들의 '중국 궐기'에 대한 우려는 여전히 심각한 현실문제이며 중국 공산당이 이에 대한 우려를 직시하지 않고 있는 태도는 결코 동아시아 지역의 불안정성을 해소하는 데 적당한 대응책은 아닌 것이다. 또한 일본과의 '남사군도'와 관련한 영토문제는 차치하더라도, 최근 한국과 간도를 둘러싼 영토문제를 이른바 '고구려공정'이라는 역사 만들기를 통해 민족주의적 시각으로 역사문제에 접근하면서 공격적 태도를 보이고 있는 것은 주변국들의 이러한 우려가 결코 기우에 그치지 않음을 증명하고 있는 것이다.

국제법의 관점에서나 혹은 이론적 논의에서 '하나의 중국'이나 '타이완 지위 미정론(臺灣地位未定論)'[3] 등의 첨예한 논의는 뒤로 미루더라도, 단순히 국가의 구성원인 개개인들의 직접적인 의사를 바탕으로 이러한 양안 문제를 바라볼 때 이 문제의 핵심이 바로 중국 민족주의와 타이완 민족주의의 충돌구도에 기인한다는 것을 부인하기는 어렵다. 양안 모두 절대 양보할 수 없는 것처럼 보이는 이 두 민족주의의 대립은 여전히 진행중이며 한반도 긴장완화를 위한 각종 노력이 진행되는 지금, 장차 동아시아 평화구도에 또 하

---

3) '타이완 지위 미정론'에 대한 논의는 다음을 참조할 수 있겠다. 陳鴻瑜「戰後有關台灣法律地位之爭論」(http://www.peaceforum.org.tw/onweb.jsp?webno=3333333705&webitem_no=548); 林呈蓉「舊金山和平條約與台灣地位未定論」(http://www.twhistory.org.tw/20010910.htm); 林滿紅「界定台灣主權歸屬的國際法: '中日和約'」(http://www.phys.sinica.edu.tw/~tsongtt/c-writing-Lin-2.htm).

나의 위협요소이기도 한 것이다.

때문에 이 글은 이러한 양안간의 민족주의 대립이 서로 상호적으로 연관되어 있다는 것을 기초로 현재 중국 민족주의와 타이완 민족주의의 전개과정에 대한 고찰을 하려고 한다. 또한 이러한 양안간의 긴장과 해결책에 대한 이해를 통해 동아시아에 불고 있는 각국의 민족주의가 어떠한 방향성을 제공해줄 수 있을지 가능성 있는 대안을 찾아보려고 한다.

우선 양안간의 민족주의에 대한 논의를 진행하기 앞서 필히 이해해야 할 것이 있는데 그것은 바로 중국 민족주의에 대한 개념정립이다. 단순히 중화인민공화국을 대상으로 하는 연구라면 이른바 '중국 민족주의'가 결코 문제될 것이 없지만, 타이완 민족주의와 함께 양안의 민족주의를 논의할 때는, '중국 민족주의'가 타이완에서는 두 가지 다른 대상으로 보여진다는 것이다. '타이완 민족주의'라는 이론과 운동의 실체화 과정에서 그들의 적대적 대상으로 제기된 '중국 민족주의'는 타이완 내부의 '중국 민족주의' 즉 국민당의 통치세력으로 대변되는 보수세력을 가리켰다는 것이다. 물론 현재에 이르러서는 양안이 공유하고 있는 중국문화에 대한 정체성을 바탕으로 통일에 비교적 거부감이 없는 비교적 온화한 '중국전통주의' 혹은 '중국문화주의'자들을 포함하기도 한다.

타이완 독립을 주장하는 시각에서 본다면 그들이 지칭하는 '중국 민족주의'는 초기에는 단순히 국민당의 삼민주의 이데올로기로 포장된 '중국 민족주의'에서 이제는 중국 공산당의 '중국 민족주의', 또 이와는 별도로 중국문화정체성을 바탕으로 한 '중국전통주의' 혹은 '중국문화주의'를 포함하는 개념이라는 것에 주의해야 할 필요가 있다. 본인이 제기한 이 세 가지 용어는 타이완 내부에서 바라보는 중국 민족주의를 세분화하여 심도있는 분석에 적당한 도구로 사용될 수 있기에, 이 글에서는 이와같은 개념을 이용해 논의를 진행하려고 한다. 또 하나 언급해야 할 것은 바로 '중국 문화주의'인데, 이것은 또다른 측면에서는 타이완, 중화인민공화국 심지어 해외 화교들을 망라 할 수 있는 개념이라는 것이다.

2. 민족주의: 발명/발견/재생

민족주의와 관련해 우리가 먼저 주목해야 할 것은 민족주의(Nationalism)
라는 용어가 가지고 있는 특수성과 강압성이다. 이것은 문명(Civilization), 혹
은 근대, 현대(Modernity)라는 개념처럼 다분히 의도적이며 이데올로기적인,
심지어 선동적 의미를 가지고 강압된 개념일 수 있다는 사실이다. 홉스봄(E.
J. Hobsbawm)은 자신의 저서에서 민족의 의미를 되짚어보기에 앞서 현대적
의미의 '국가' '민족' 그리고 '국어'라는 개념들이 1884년 이후의 어휘들이
며 1884년을 기점으로 '민족'의 개념이 질적인 변화를 보이고 있음에 주목했
다.[4] 그는 민족이라는 개념이 영구적인 사회실체를 의미하는 것이 아니며 특
정한 환경의 산물일 뿐 아니라 근세의 발명이라고 보았다.[5] 홉스봄은 겔너
(E. Gellner)가 주장하듯이 민족주의를 자연이나 신이 부여한 인류 구분론이
나 그와 관련한 정치적 운명론으로 이해하는 것은 적절치 않다고 보았다. 민
족주의는 기존의 문화 속에서 때로는 발명을 통해 때로는 기존의 문화를 대
체하거나 정리하면서 생성된다고 보았다.[6] 이러한 민족 개념을 통해 그는
1884년 이후 민족이라는 개념이 현대적 의의로서 전환을 겪으면서 민족과
국가 개념의 동일화 과정을 겪은 것으로 이해했던 것이다. 이와는 달리 앤더
슨(B. Anderson)은 자본주의의 생산체제, 인쇄기술과 언어의 분화로 민족의

---

4) E. J. Hobsbawm, *Nations and Nationalism since 1780: Programme, Myth, Reality*, Cambridge:
Cambridge University Press 1990, 14~15면.

5) Hobsbawm and Terence Ranger (eds.), "Introduction," *The Invention of Tradition*, Cambridge:
Cambridge University Press 1983, 1면.

6) E. Gellner, *Nations and Nationalism*, Ithaca: Cornell University Press 1983, 48~49면.

형성을 보았는데, 특히 이를 '인쇄자본주의'라고 개념정리하였다. 인쇄자본주의는 17세기 각 지방의 방언(vernacular)들이 통일화 과정을 거치면서 자연스럽게 더 작은 지방언어(dialects)의 소실을 가져오면서, 새로이 같은 언어끼리의 동질성이라는 상상으로 연결되었다고 보았다.7) 이와같은 현대 민족주의 이론들을 간략히 되짚어보면 이들의 이론적 시각이나 논점의 출발점이 서로 다르다고 하더라도 동일한 방향성을 가지고 있음을 알 수 있는데, 그것이 바로 민족주의가 자연적인 것이라기보다는 재구성의 특성을 가지고 있다는 것에 대한 중시라고 할 수 있겠다. 민족은 단순히 혈연, 종교, 역사, 문화의 공동체만은 아니며 현대화라는 과정을 거치면서 재구성된 것으로 볼 수 있다는 것이다. 때문에 스미스(A. D. Smith)는 민족주의는 고고학(archaeology)의 일종일 수 있으며 민족주의자들은 사회적 혹은 정치적 고고학자들로서 민족의 역사에 대한 재발견(rediscovery)과 재해석(reinterpretation)을 통해 민족의 재생(regeneration)을 이끌어낸다고 보았던 것이다.8)

이러한 논의를 통해 결국 현대 민족주의의 태생은 역사적·문화적 재생과 재생산을 통한 현대적 산물로서 이의 강압적 혹은 억압적 전파와 흡수를 통한 일련의 과정을 통해 발견되고 발명된 것으로 볼 수도 있을 것이다. 때문에 이러한 민족주의의 현대적 전환기에 발명, 발견, 혹은 재생에 관여한 사람들에 의해 조작되어 정권의 정당성을 옹호하거나 혹은 오도시킬 수 있음에 그 위험성이 존재한다.

그렇다면 19세기 말부터 진행된 동아시아 각국 근대민족주의 운동의 전개방향은 현재 우리에게 어떤 시사점을 던져주고 있을까? 특히 현재 첨예하게 대립되고 있는 중국과 타이완의 민족주의는 어떠한 특성을 가지고 있을

---

7) B. Anderson, *Imagined Communities: Reflections on the Origin and Spread of Nationalism*, 2nd ed. London: Verso 1991, 44~45면.

8) Anthony D. Smith, "Gastronomy or geology? The role of nationalism in the reconstruction of nations," *Nations and Nationalism* 1, no. 1(1995), 3면.

까? 그것은 발명된 것일까? 아니면 재발견 혹은 재생된 것일까? 아니면 정권의 정당성을 옹호하는 쪽으로 위험성이 확대되고 있는 것은 아닐까? 현재동아시아 각국의 모순이 첨예화되어가고 있는 상황을 바라보면 이러한 민족주의 사고의 확대가 결코 긍정적인 방향으로만 전환되고 있는 것은 아니라는 것을 쉽게 파악할 수 있다. 민족주의적 팽창의 극대화라는 면에서 제국주의를 바라본다면 전통적 동아시아 조공체제의 제국적 질서를 가졌던 중화제국과 근대적 국가 전환기에 실질적 동아시아 제국을 건설하려다 실패한 일본, 이러한 대결구도 속에서 과연 타이완은 어떤 역사적·공간적 제약 속에서 존재하여왔는가를 알아보는 것이 우리가 동아시아 제국주의의 대결구도를 이해하는 데 필수불가결한 요소가 아닌가 싶다.

3. 타이완 민족주의

아시아의 고아

한국의 동학농민운동으로 촉발된 청일전쟁의 패배로 청 황조가 1895년 시모노세끼조약에 의거하여 타이완을 일본에 양도한 후, 잠시나마 타이완은 타이완 민주국(1895. 5. 25 성립, 148일간 유지)이라는 이름으로 일본 점령에 항거한 적이 있었다. 하지만 타이완은 곧 일본에게 점령당하였으며 일본의 식민통치가 시작되어 무려 50년간의 식민지배를 받게 되었다. 이러한 식민지배의 역사 경험은 한국과 비교될 수 있는 것일 터인데, 50년이라는 시간이가지는 중국문화와의 단절은 결코 쉽게 건너뛸 수 없는 문화적 거리감을 만들기에 충분한 시간이 아니었나 싶다. 이 시기의 타이완인들의 고뇌를 가장 상징적으로 표현하고 있는 것이 바로 1943~45년 사이에 쓰여진 『아시아의 고아』라는 소설이다. 듣기에도 너무나 처량한 『아시아의 고아』는 원래 일본어로 출판된 작품이며 작자는 1946년 『호태명(胡太明)』,[9] 1956년 『아시아

의 고아(亞細亞的孤兒)』, 1957년『뒤틀린 섬(扭曲的島嶼)』으로 제목을 변경
하였다. 1962년에야 드디어 중국어 번역본이 출판되었고, 『아시아의 고아』
가 제목으로 사용되었다. 이러한 제목의 변천에서 볼 수 있듯이 우리는 작가
가 타이완인으로서 가지고 있는 공간적·현실적 제약 속에서 가지고 있는
의식세계와 깊은 고뇌를 느낄 수 있다. 이 소설에 대하여 "고아의식을 극복
해야 한다"는 비판10)이나 "타이완인에게 처음으로 거울 속의 자신을 보게
하였다"11)는 타이완인의 자아발견의 시작이라는 상반된 평가는 차치하고라
도 "아시아의 고아"가 내포하고 있는 타이완의 고뇌와 이를 둘러싼 지정학
적 혹은 식민주의와 탈식민주 논쟁의 상징적 가치는 결코 폄하될 수 없는
중요성을 가지고 있다고 볼 수 있을 것이다.12)

　　하지만 이 두 가지 상반된 논의에서 주의를 기울여야 할 것은 바로 타이
완인의 모습이 버려진, 유기된 고아라는 비극적 시작을 모티브로 하고 있다
는 것이다. 고아의식을 극복하여 중국인으로 돌아가야 하는 것이든, 혹은 식
민지 타이완, 그리고 일본, 중국 어디에서든 주체로서의 모습을 찾으려고 노
력하는 주인공을 자아발견의 시작이라고 보든, 우리는 이곳에서 자신의 정
체성을 찾기 위한 반항과 투쟁의 중심에 서야 할 주인공 대신 식민지 타이
완, 그리고 일본, 중국이라는 동아시아 역사공간 속에서 어느 곳에서도 받아

---

9) 주인공의 이름을 책제목으로 사용한 것으로, 이름에서 알 수 있듯이 주인공은 明을 자신
　의 민족의식의 지향점으로 삼고 있음을 알 수 있다. 원래는 호지명(胡志明)이라는 주인공의
　이름을 사용하다 1962년 중국어 번역본에서는 호태명(胡太明)으로 주인공의 이름을 고쳐
　사용하기 시작했다. 동명인으로 인한 문제로 개명을 하였다고 저자는 1962년판 서문에서
　이야기하고 있는데, 아마도 호지명이라는 이름이 호찌민(胡志明, 1890~1969)과 동명이었
　기 때문으로 보여진다.
10) 陳映眞 「試評『亞細亞的孤兒』」, 『台灣文藝』, 1976, 256면.
11) 宋澤萊 『台灣人的自我追尋』, 台北: 前衛出版社 1988, 19면.
12) 이에 대해 더욱 깊이있는 논의는 다음을 참고할 수 있다. 莿子馨·鄭力軒 譯 「在濁流中
　『亞細亞的孤兒』中的三重意識與殖民歷史學」, 『成爲'日本人': 殖民地台灣與認同政治』, 台
　北: 麥田出版 2006, 233, 277면.

들여지지 못하는 주인공의 모습을 통해 해결되지 못하고 있는 타이완인들이 가지고 있는 정체성의 상실감을 체험하게 되는 것이다. 이러한 체험이 타이완인에게 독립된 자아를 추구하게 되는 계기가 되었다는 것은 의심의 여지가 없을 것 같다. 또한 이러한 추구의 원동력이 바로 일본의 식민지 지배로부터 기인한다는 사실 역시 잊어서는 안될 것이다. 타이완인이라는 호칭이 청대에는 단지 타이난(台南) 지역의 일부 한족(漢族)을 일컫던 말이었으나 1920년대 들어서면서 전체 타이완섬 주민을 일컫는 호칭이 되었듯이,[13] 식민지 경험과 이에 대한 저항, 혹은 극복의 노력이야말로 타이완인의 독립된 자아 추구의 가장 커다란 원동력이었던 것이다.

『아시아의 고아』의 주인공 호태명은 교사로서 식민지 지배를 받고 있던 타이완에서는 이른바 지식인이라고 할 수 있는 사람이었다. 일본인 여교사를 사모하다 신분을 넘어서는 사랑을 이루지 못하고 일본으로 유학의 길을 떠나게 된다. 그러나 일본에서 유학중 타이완인이 가지는 일본인도 아니고 중국인도 아닌 현실을 절감하며 타이완으로 돌아온다. 하지만 식민지 2등국민으로서의 생활에 적응할 수 없게 되고 결국 중국으로 떠나게 된다. 하지만 중일전쟁이 발발하자 일본 식민지 타이완에서 온 신분 때문에 연금에 처하게 된다. 결국 학생의 도움으로 가까스로 도망을 나와 타이완으로 돌아오지만 역시 식민지 현실에 적응하지 못하고 미쳐가게 된다. 역사문화적 전통 아래 식민지 지배자인 일본인이 될 수도 없었으며 그렇다고 중국인으로 받아들여지지도 않는 현실을 아시아의 고아라는 제목으로 고발하고 있는 것이다. 이 소설이 일제시대 타이완인의 자아상과 아픔을 잘 묘사하고 있다면 해방 직후인 1946년에 발생한 2·28사태는 타이완인으로서의 고난을 압축적으로 보여준다.

---

13) 陳芳明 『臺灣人的歷史與意識』, 台北: 敦理出版社 1988.

2 · 28사건

타이완은 일본 식민지 지배에서 벗어나 중화민국으로 반환되었다. 당시 타이완의 대다수 지식인들은 중국 표준어인 북경화를 구사할 수 없었다. 비록 강요 속에 습득한 일본어가 지식사회를 구성하는 주요 언어였지만 조국으로의 복귀는 식민지배를 받던 열등국민이 아닌 자랑스런 중국인으로서 새로운 삶을 살기를 희망했으리라. 하지만 이들의 희망은 국민당 군대의 진주와 고압적인 통치에 직면하자 당혹감에 휩싸이기 시작한다. 동포애로 가득한 조국의 통치를 기대했지만 정작 그들을 기다리고 있던 것은 마치 또다른 식민정부처럼 가혹한 자원징수를 통해 중국 내전을 지원하는 국민당 통치였기에, 타이완인들은 차라리 일본 통치가 나았다는 자조적인 상황으로 내몰리지 않을 수 없었다. 이러한 불만의 폭발은 바로 2 · 28사건으로 촉발되었는데, 타이완인들이 당시 타이완 국민당정부의 강압적인 통치에 내재되어온 감정이 폭발한 것이었다. 처음에는 담배 팔던 할머니를 구박하던 군인들에게 보다 못한 주변 시민들이 항의를 하자 위협을 느낀 군인들이 시민에게 총격을 하게 되었다. 이에 격분한 타이완인들은 중국 본토에서 온 사람들에 대한 살인과 파괴를 진행하였다. 사태가 진정된 후 이에 대한 보복조치로 국민당은 군대를 증파해 강압진압하면서 타이완 전역에서 당시 지역안전을 유지하려고 노력하던 상당수 지식인들을 학살하였다. 피로 물들여진 참혹한 상황 속으로 내몰리게 된 타이완인들은 아시아의 고아라는 자신들의 운명을 더욱더 처절히 느낄 수밖에 없었다. 그들은 더이상 일본제국의 이등국민일 수도 그리고 중국인일 수도 없게 되어버린 것이다. 이러한 인식이 바로 타이완인이라는 정체성과 타이완 민족주의 운동의 또 하나의 주요한 원동력이 된 것이다.

『아시아의 고아』의 작가인 우쭈어류(吳濁流)는 이러한 역사적 비극을 목격하면서『무화과(無花果)』『타이완연교(台灣連翹)』[14] 등의 작품을 통해 타이완 현대사의 굴곡과 아픔을 표현해내었다. 그중에서 주의를 기울여야 할 것은 바로 그가 일제시기 타이완의 저항운동과 2·28사건의 타이완 사회를 이야기한 부분이다. 그는 『타이완연교』에서 말하길 "2·28사건의 공포는 일반민중들로 하여금 꿈속에서의 정치열기를 냉각시켜버렸다. 모두들 자신의 생활의 안정을 위해 노력하는 것만이 안전하다는 생각을 하게 되었다. 그러면서 본성인의 공동정신은 분열되었으며 다음의 네 개의 파벌로 나누어졌는데, 바로 초월파, 타협파, 이상파, 저항파였다. 그것은 일본이 타이완을 침략할 당시와 일본군정의 압력으로 본섬의 주민들의 사상이 분열되었던 것과 하나도 다름없었다."[15]

그는 또한 이 사건으로 인하여 새로운 타이완 민간사회의 구성원인 외성인과 본성인의 관계가 "마치 일본시대 본섬의 주민들과 일본인의 관계처럼"[16] 나누어졌다고 기술하고 있다. 이런 의미에서 본다면 타이완인에게 중국 국민당의 지배이데올로기와 외성인들은 마치 일본 식민지 지배하의 지배자들처럼 보였다는 것이다. 중국 국민당의 진주와 그들의 강압적 통치행태가 일본 식민지 지배하에서 타이완인이라는 주체의식을 발아시킨 타이완 민중들에게는 마치 식민지 정부와 다를 바 없이 보였으며 이러한 비교 속에서 타이완인에게는 국민당이 대변하는 강압적인 중국 민족주의가 극복의 대상으로 간주될 수밖에 없었던 것이다.

하지만 이러한 상황에서 우리가 주의를 기울여야 할 것은 바로 2·28사건이 단순히 본성인만의 비극이라고 할 수는 없으며 어떻게 보면 외성인(특히 지배계층에 합류하지 못한)에게도 타이완 사회와 격리되는 그래서 자신의 고향인 중국대륙으로 돌아갈 수 없었던 현실 속에서 그렇다고 새로운 사회에 흡수될 수도 없는 새로운 문제를 야기하게 되었음을 이해해야 할 필요

---

14) 이와 관련하여 상세한 논의는 다음을 참고하였다. 陳芳明「吳濁流的自傳體書寫與大河小說的企圖」, 『左翼台灣: 殖民地文學運動史論』, 臺北市: 麥田出版 2007, 243, 261면.
15) 吳濁流 『台灣連翹』, 台北: 前衛出版社 1991, 222면.
16) 같은 책 223면.

가 있다는 것이다. 또한 이러한 격려는 어떻게 보면 중국 국민당의 지배이데 올로기가 유지되고 쟝졔스(蔣介石), 쟝징꿔(蔣經國) 독재정권이 유지되는 데 일조하였음을 기억해야 할 것이다.

타이뻬이인?

아시아의 고아와 2·28사건의 간략한 소개를 통해 우리는 타이완인이라 는 주체에게는 일본 식민지주의와 고압적인 국민당이 주도하는 중국 민족주 의 모두 극복의 대상일 수밖에 없는 현실을 파악할 수 있었다. 그들에게는 일본과 중국 국민당 모두 억압적 지배자들이었으며 그러한 피식민 경험의 극복이야말로 타이완인이 자아를 재발견하고 확립해가는 유일한 해결책이었 는지 모른다. 하지만 패퇴한 국민당과 함께 타이완으로 건너온 이른바 '외성 인'들은 과연 '아시아의 고아'와 같은 자아의식의 고뇌와 아픔을 어떻게 받 아들일까? 그들에게는 타이완인들과는 또다른 주체의식의 혼란과 혼돈이 없 었을까? 이러한 외성인들의 모습을 우리는 1965년부터 71년까지 단편소설 로 출판된 뒤, 『타이뻬이인(臺北人)』이라는 소설집으로 재출간된 빠이셴융 (白先勇)의 작품을 통해 살펴볼 수 있다.

타이뻬이시 지도를 펴보면 알 수 있듯이 타이뻬이시의 행정구역이 마치 대륙과 비슷하다는 이유로 타이뻬이시의 거리 명칭은 중국대륙의 각 지방의 상대적 위치를 감안하여 재명명되었음을 알 수 있다. 타이뻬이시 거리 명칭 은 '타이뻬이시 도로명패 및 문패 제정법(台北市道路名牌暨門牌編訂辦法)' 제4조에 "반드시 중국 본토의 상대적 위치를 감안하여 중국의 각 성, 도시, 명산대천의 이름으로 정한다"라고 명기되어 있다. 이러한 명명법은 1960년 대 타이뻬이시 초대 공무국장 후짜오후이(胡兆輝)에 의해 시행되어 현재까 지 사용되고 있다. 즉 타이완의 행정중심인 타이뻬이시는 원래 토속적인 자 신의 거리명과 지명을 사용하지 못하고 국민당의 '반공복국(反攻復國)'이라 는 정치적 목적 아래 중국 각 지역의 이름을 사용하게 된 것이다.

이것처럼 빠이셴융의 『타이뻬이인』은 원래 타이뻬이의 역사적·문화적 배경과는 아무런 상관이 없는, 이름만 중국의 각 성과 도시로 채워진, 마치 허구로 만들어진 타이뻬이시에서 살고 있는 외성인들을 주인공으로 한 단편 소설집이다. 이 소설 속의 주인공들은 중화민국의 역사를 농축해놓은 듯한 인물들로 구성되어 있으며[17] 신해혁명, 5·4운동, 북벌, 항일전쟁, 국공내전 등을 거친 각종 사회계층의 주인공들이 쏟아내는 과거의 이야기들로 구성되어 있다. 이 소설집의 주인공들은 자신의 과거 속에 안주하고 과거 속에서만 살아 있는 듯한 인물들일 뿐이다. 그들에게는 휘황찬란했던 과거만 있을 뿐 현실세계인 타이뻬이와는 격리된 모습으로 그려진다. 소설집 제목이 상징하고 있듯이 현실공간인 타이뻬이는 그들에게 대륙의 향수를 주는 고향의 이름들로 가득 채워져 있지만, 여전히 외성인들이 타이완에서 느끼는 고립감, 과거에 대한 향수, 현실세계로 편입되지 못하는 모습들을 상징적으로 그려내고 있는 것이다. 작가 자신이 이야기하고 있는 것처럼 소설 창작시기는 당시 중국 문화대혁명의 고조기로서 그에게는 중국문명이 완전히 파멸의 길을 걷고 있는 것처럼 보였으며, 그래서 그의 소설들은 어떤 의미에서는 전체 중국 역사와 문화에 대한 애도와 반성을 말한다[18]고도 볼 수 있을 것이다. 하지만 그보다 더 중요한 상징적 의미를 발견할 수 있는데, 그것은 바로 타이완의 현실공간과 단절된 외성인들의 모습인 것이다. 새롭게 적응해야 할 타이완 사회로부터 자의적이든 타의적이든 격리된 그런 외성인들에게 타이완 민족주의는 어떤 모습이었을까?

타이완 민족주의의 성장과정을 보면서, 이번에는 외성인들의 반응이 마치 우쭤어류가 정리하고 있는 일제시대와 2·28사건 이후 국민당 강압통치에 대한 타이완인들의 네 가지 대응태도, 초월파, 타협파, 이상파, 저항파를 연상하게 되는 것은 역사의 아이러니일까? 외성인들의 2, 3세대는 이미 상당수

---

17) 夏志淸「白先勇小說論(上)」,『現代文學』39기(1969. 12), 3면.
18) 白先勇「臺北人是對歷史文化反思」,『聯合報』제14판, 1999. 3. 15.

자신이 타이완인이라는 의식을 가지고 있는 것에서 볼 수 있듯이 이런 문제들도 결국 새로이 사회에 편입된 이민자들의 문화가 현지문화 적용에 걸리는 문화적 고통처럼 시간이 해결해주는 것일지도 모른다.

하지만 타이완 민족주의자들이 일제시기에는 좌익 일본과, 국민당 통치시기에는 자유주의 국민당세력과의 결맹[19] 경험이 있듯이 외성인들의 정치세력인 현 국민당 역시 상당수 타이완인들의 지지를 받고 있음도 역시 주의를 기울여야 할 부분일 것이다. 즉, 타이완 현실을 단지 외성인은 국민당을 지지하고 타이완인은 타이완 민족주의 세력을 지지하고 있다는 식으로 인식한다면, 이것은 타이완 정치현실 파악의 장애물이 될 수도 있다. 이미 2000년 민진당의 집권으로 타이완 민족주의를 정치화하는 노력이 기본적으로 성공을 거둔 현실을 보면, 이제는 단순히 민족주의적 구도에서 벗어나 누가 더 민주주의적 발전을 이룩할 수 있느냐는 목표를 두고 경쟁하는 구도로 바뀌어가고 있는 것이 아닌가 싶다.

그런 의미에서 2004년 타이뻬이시 친민진당 타이완연합 소속 황스쭈어(黃適卓) 등이 타이뻬이 시의회를 통해 타이뻬이시 지명을 예전의 명칭으로 개명하려고 시도하였으나 당시 타이뻬이 시의회 친국민당 계열의 과반수 반대를 넘어서지 못하고 결국 무산되고 말았던 것은 우리가 주의를 기울여야 할 부분이다. 또한 이들의 담론에서 일본 식민지시기에도 현지 지명을 존중했다며 국민당은 일본보다 못하다는 논의를 보면서, 우선 이들에게 일본과 국민당 통치는 식민지배자들이며 그래도 일본 지배가 차라리 나았다는 기본적 생각들을 엿볼 수 있다. 하지만 이러한 부분이 바로 현재 타이완 민족주의를 주창하는 정치세력들의 식민성에 대한 의식의 모순, 일본 식민지 지배의 긍정적 태도를 여실히 보여주기도 하고 있는 것이다. 이에 대해 우루이런(吳叡人)은 자신의 논저에서 이러한 논점이 중국 민족주의에 의해 비판받고

---

19) 吳叡人「台灣後殖民論綱: 一個黨派性的觀點」,『思想』3, 臺北: 聯經 2006. 10, 99면.

있으며 때문에 "타이완의 주체성 논술은 반드시 중국과 일본에 대해 동시에 자주성을 건립하는 기초 아래 진행되어야 한다"고 보았다.[20] 지명을 둘러싼 이러한 논의가 식민지 경험의 세계적 환경 속에서 보여지는 보편적 현상일 수도 있음을 상기할 때[21] 『타이뻬이인』이라는 소설집이 표현하고 있듯이, 허구화된 대륙의 이미지 속에서 살고 있는 타이뻬이인의 상당수가 외성인 비율이 높으며 여전히 이러한 구도를 지지하고 있는 현실, 외성인들은 과연 이러한 지명들을 사수해야 하는 걸까? 아니면 타이완 민족주의자들의 의견을 따라 타이완 지명을 받아들여야 할까? 또 타이완 민족주의 운동진영에서는 이러한 생각들을 외성인에게 어떻게 이해시키고 받아들이게 할 수 있을까? 이것은 타이뻬이에 살고 있는 타이뻬이 시민뿐만 아니라 타이완 모든 구성원들이 함께 고뇌해야 할, 여전히 진행중인 문제일 것이다.

타이완의 이름 바로 세우기

타이완에서는 현재 '이름 바로 세우기[正名運動]'가 진행되고 있다. 그것이 가지고 있는 탈중국 타이완 독립이라는 시각에서 돌아보면 이러한 시도가 가지고 있는 상징적 의미를 결코 간과할 수 없을 것이다. '이름 바로 세우기'를 통해 타이완은 독립의 길에 다가갈 수 있을까? 독립과 통일이라는 정치이분법 속에서 제3의 길은 존재하지 않는 것일까? 최근 타이완 친구들을 만나면 왜 한국의 수도 서울의 중국어 표기를 '한성(漢城, 중국어 발음 한청)'에서 '수이(首爾, 중국어 발음 서우얼)'로 바꾸었냐는 것을 물어보곤 한다. 왜 그것이 그들에게 중요한 문제일까? 바로 '이름 바로 세우기' 때문이다.

---

20) 같은 글 102면.
21) B. Anderson, 앞의 책 187, 191면. 이와 관련하여 타이뻬이시와 중국 그리고 지명에 관한 논의는 다음을 참고할 수 있다. 李振亞 「歷史空間/空間歷史: 從童年往事談記憶與地理空間的建構」, 林文祺·沈曉茵·李振亞 編 『戲戀人生: 侯孝賢電影研究』, 台北市: 麥田 2000, 113, 139면.

비록 실제 사실과는 거리가 있지만 타이완인들은 이 문제를 보면서 '한국은 수도의 이름을 바꾸는 것이 중국의 영향을 제거하려는 것이 아닌가? 그런데 왜 중국은 아무런 항의를 하지 않나?'라는 의문을 가지게 된다는 것이다.

한국은 최근 금융위기에서 벗어나 2006년 일인당 국민소득이 타이완을 추월하여 타이완 언론의 주의를 받았다. 1998년 아시아 금융위기 사태가 발생한 당시 한국의 일인당 국민소득이 약 11,000달러에서 7,335달러까지 추락하였을 때, 타이완의 일인당 국민소득은 약 12,000달러를 유지할 수 있었다. 그러나 2007년 현재 한국의 일인당 국민소득이 20,000달러를 눈앞에 두고 있는 데 반해 타이완은 여전히 약 14,000달러에 그치고 있다. 이 때문에 최근 한국을 바라보는 타이완의 시각은 바로 "한국은 할 수 있는데, 왜 우린 못하는가?"라는 자조 섞인 질문에 농축되어 있다. 이른바 중국과의 관계개선을 도모하는 국민당 등의 야당 인사들은 한국은 중국과 적극적인 경제교류를 통해 커다란 경제이익을 도모하고 있다. 그런데 왜 우린 타이완 독립노선을 걸으면서 중국과의 소모적인 대립을 통해 경제적 손실을 보고 있느냐며 따진다. 이와 반대로 타이완 독립을 주장하는 입장에서는 한국은 수도 이름도 바꿀 수 있고, UN에도 가입하고, 심지어 사무총장도 배출하는데 왜 우린 하지 못하나? 바로 중국의 압력 때문 아닌가? 독립을 해야만 한국처럼 될 수 있다고 여기고 있는 것이다. 또한 최근 타이완이 UN에 중화민국이 아닌 타이완이라는 명의로 가입을 신청한 것 역시 '이름 바로 세우기'의 일환으로도 볼 수 있을 것이다. 이 두 가지 아전인수격 해석을 보면서 분열된 타이완의 모습을 적나라하게 볼 수 있다.

최근 '이름 바로 세우기'의 시작은 2006년 9월 6일, 장졔스(蔣介石) 국제공항을 현지 지역이름을 사용하여 타오위엔(臺灣桃園) 국제공항으로 개명한 것에서 시작되었다. 2007년 1월 29일에는 정부에서 발행하는 고등학교 국정 역사교과서 개정안에서 중국 역사와 타이완 역사를 분리하면서 손중산(孫中山, 즉 孫文)을 국부라고 표기하지 않고, 한나라가 흉노를 정벌한 것이 아니라 공격한 것이며, 진나라가 6국을 멸하고 천하를 통일했다는 표기를 6국을 멸했다는 식으로 고쳐놓았다. 중국과 타이완은 서로 다른 독립국가이며 민감한 통일이라는 표현들을 제거한 것이다. 이와 더불어서 2007년 2월 12일에는 중화우체국(中華郵政)을 타이완우체국(台灣郵政)으로 바꾸고, 중국이 들어간 국영업체의 이름을 타이완으로 바꾸었다. 이에 대해 중국은 겉으로는 반대입장을 표명하였으나 재빨리 중국우체국(中國郵政) 웹사이트에 타이완우체국을 삽입하여 타이완은 중국의 한 지방일 뿐이라는 자신의 일관된 주장을 강조했다. 타이완의 '이름 바로 세우기'가 결과적으로 '타이완은 중국의 일부분'이며 '타이완은 중국의 일개 지방정부'에 불과하다는 선전에 악용될 수도 있음을 보여주고 있다. 이를 어떻게 극복하느냐 하는 것도 '이름 바로 세우기' 운동이 극복해야 할 과제인 것이다. 미국은 이에 대해 특별한 관심을 표명하면서 기본적으로 '이름 바로 세우기'에 반대하고 있음을 밝혔다. 또한 이것이 국가 명칭을 바꾸는 독립운동의 시발점이 되어서는 안될 것이라고 우려를 표명했다. 야당인 국민당은 우체국 등 관공서 이름의 변경에는 국회 동의가 필요하다며 반대의사를 분명히하고 있다. 물론 현재 진행되고 있는 '이름 바로 세우기'가 다가오는 대통령선거를 위한 명분축적용이며 선거전략의 일환이라고 볼 수도 있겠으나 이 글에서 언급한 것처럼 타이완 민족주의의 필연적 방향이라고 볼 수도 있을 것이다.

중국은 기본적으로 이러한 '이름 바로 세우기'에 반대하면서도 여권이나 관공서의 이름에 타이완이 들어가는 것이 결국 타이완이 중국의 일부분이고 한 지방에 불과하다는 일관된 자신의 정책에 부합되는 측면을 잘 이용하고 있는 것으로 보인다. 그렇다면 타이완 정부는 왜 이런 '이름 바로 세우기'를 하고 있는 것일까? 이에 대한 심층적 이해를 위해서 우린 타이완이 사실 중국과 일본 그리고 미국의 대결선상에 있음을 주목해야 한다.

4. 중국 제국주의와 미일 제국주의 사이에서

비록 중국이 평화적 굴기, 평화적 발전, 조화로운 사회 건설 등의 정치적 과제를 추진하고 있지만, 타이완 문제를 통해 보면 오직 '하나의 중국'이라는 정책을 통해 통일이라는 일관된 목표를 가지고 있음을 알 수 있다. 즉 타이완의 입장에서 중국과 마주하였을 때에는 이른바 '무력사용도 배제하지 않는다'는 강압적인 중국, 확장주의적인 즉 제국주의적인 중국을 상대해야만 하였던 것이다. 타이완과 중국의 관계개선 역시 오직 이러한 틀 속에서만 가능한 것이었으며 타이완에게는 어떠한 선택권도 주어지지 않았다. 중국의 발전이 상당히 더디던 시기에는 이른바 '삼불정책'이라고 하여 중화인민공화국을 완전히 무시하는 정책을 사용하기도 하였으나 90년대 이후 경이적인 중국의 경제발전으로 인해 중국에 대한 투자를 뒤로 미룰 수 없게 되자, 1992년 중국과의 협상을 통해 간접적인 통상이 가능해졌다. 하지만 여전히 직통으로 연결되는 해운과 항공은 허용되고 있지 않으며, 타이완 독립이라는 선택권을 포기할 수 없다는 민진당 정부의 노선은 이들에게 오히려 중국의 조건을 받아들일 수 없는 상황으로 내몰았다. 경제적으로 절실한 중국시장 진출 및 협력과는 반대로 정치적으로 대립된 현실에서 민진당 정부는 더더욱 친미친일 노선을 걸을 수밖에 없었으며, 가능한 한 미국과 일본의 대중국 정책이 타이완 독립을 지지하는 방향으로 전환되도록 노력을 경주하고 있는 것이다. 때문에 최근 미국과 일본의 우경화는 타이완 독립을 기대하는 민진당 지지자들에게는 유일한 돌파구인 것으로 보였으며 미국과 일본 우파와의 연계를 통해 중국을 견제하려는 정책을 당면과제로 여기게 되었다. 이러한 여러가지 시도 속에서 간과할 수 없는 몇가지 문제점들이 드러나기 시작하였는데 우리나라에서도 커다란 이슈가 되었던 위안부 문제, 식민지 근대화 문제, 영토문제를 포함한 교과서 개정 문제, 신사참배 문제 등이 그것이다. 이러한 동아시아 각국간의 첨예한 대립에서 타이완 민진당 정부는 반

중국 친일본이라는 정책노선을 견지하고 있다.

실제적인 예로 2006년 7월 11일 천슈이볜(陳水扁) 총통은 일본 차기 총리로 유력한 아베 신조(安倍晋三) 관방장관의 측근인 하기다 코니치 중의원을 접견한 자리에서 1997년 중국이 타이완해협에 미사일을 발사한 것을 예로 들며 "북한이 일본해역 근처에 미사일을 발사한 것이 자신의 일처럼 느껴진다"며 "타이완해협의 문제도 미일 공동전략의 일환이 된 것에 지지를 표명한다"고 덧붙였다. 이런 발언은 타이완해협에 전시상황이 벌어지면 주일미군 등의 개입을 용인한다는 의미로 받아들여질 수 있는 것이었다. 또한 일본 문부성이 독도와 댜오위다오(釣魚台, 일본명 센까꾸열도)가 자국 영토라는 내용을 고교 교과서에 명기할 것을 지시한 검정결과에 대해, 한국이 독도 문제로 일본과 심각하게 대립하고 있는 것과는 달리, 타이완 민진당 정부는 역시 침묵으로 일관한다. 타이완 정부는 현재 이에 대한 공식 항의성명조차 내놓지 않고 있다. 또한 2006년 3월과 8월 타이완 정부는 댜오위다오 일대에서 일본 자위대가 미군과 함께 군사훈련을 실행한 것을 묵인하고 있는데 이러한 태도 역시 타이완해협이 미일 공동방어계획에 포함된 것을 타이완이 지지하고 있기 때문에 비롯된 것이라고 할 수 있겠다. 미일연합을 통해 중국과의 대결구도를 타이완 독립에 이용하려는 민진당 정부의 노선을 극명하게 보여주고 있는 것이다.

또한 미일의 안보동맹에 참여하기 위해 민진당 정부는 대규모 미제 무기 구매를 계획하고 있으나 야당인 국민당의 반대로 몇년째 지연되자 타이완에 대한 미국의 압박이 거세지고, 이를 둘러싼 타이완 내 논란도 커지고 있다. 한국의 균형자론에 대해 미군철수론을 거론해 논란을 빚은 리처드 롤리스 미 국방부 아태담당 부차관은 "무기 구매 특별예산안의 입법원 통과 여부는 타이완이 미국을 우방으로 보는지 부채로 여기는지를 가늠할 것"이라며 타이완을 압박하기도 하였다. 이러한 미국의 고압적인 태도에도 불구하고 타이완 정부는 자신의 독립을 위해 중국과의 대결구도에 적극적인 지지를 보내고 있는 것이다.

타이완의 독립이라는 절대과제를 위해 민진당 정부가 걷고 있는 친미·친일 노선을 이해 못하는 바는 아니지만, 위안부 문제, 야스꾸니 신사 문제 등 국제적 인권과 관련된 문제에 대해서도 맹목적으로 일본을 지지하는 타이완을 보면서 조금은 안타까운 마음을 금할 수 없다. 하지만 현 민진당 정부가 맹목적 친미·친일 노선을 걷고 있는 것 역시 어떤 면에서는 중국의 제국주의적 압박에 의해 야기된 것이라는 상황적 인식을 놓쳐서는 안될 것이다. 만약 중국이 진정한 평화를 갈망하고 있다면 왜 타이완에게 조그마한 국제적 생존권을 주려고 하지 않을까? 타이완은 중국의 일부이며 무력을 사용해서라도 통일하겠다는 '하나의 중국'에 대한 의지의 천명은 타이완으로 하여금 미국과 일본에 기댈 수밖에 없는 상황으로 내몰고 있는 것이다.

중국과 미국, 일본의 제국주의적 확장노선 한가운데에 위치하고 있는 타이완, 독립을 위해서라면 전쟁도 불사하겠다는 민진당과 통일을 위해서라면 무력 사용도 배제하지 않는다는 중국, 어찌 보면 너무나도 닮은 모습은 아닐까? 이렇게 극단으로 치닫는 강대국간의 대결구도를 평화적 구조로 되돌릴 수는 없을까? 이것이 우리가 왜 타이완에서 동아시아 질서를 논해야 하는지를 설명해주고 있다. 타이완은 과연 어디로 갈 것인가? 이 물음을 던지면서 같은 동아시아의 일원인 우리는 어떤 관점을 통해 깊이있는 이해를 해야 할지 고민할 필요가 있겠다.

5. 극복/용인

최근 한국사회의 단일민족사상 고취에 대해 UN 인종차별철폐위원회(CERD)에서 우려를 표시한 것처럼 한국인들의 사유에서 혈통이 가지고 있는 의미는 남다르다고 할 수 있겠다. 그래서 한국 대학생들에게 타이완에 대한 역사와 이해를 돕는 강의를 하게 될 때마다, 심지어 일반대중이나 지식인들 사이에서도 제일 먼저 부딪히는 문제는 바로 "그들 역시 중국인 아닌가요?" "중국 문자를 사용하고 역사적·문화적 공간을 공유하고 중국 혈통을 가지고 있지 않나요?"라는 질문들이다. 10여 년 전 나 자신도 가졌던 의문들, 그래서 '타이완과 중국은 다르다'라는 것을 설명하는 것이 쉽지 않은 것 역시 현실이다.

최근 타이완의 F4라는 네 명의 미소년 보컬그룹이 한국에서 진행한 대담 중 '우리나라 타이완을 위해 최선을 다하겠다'라는 말을 해서 중국 인터넷상에서 비판과 공격을 당한 사실이 한국에서 보도되었었다. "타이완은 중국의 일부분이며 국가가 아니다"라는 것이 그들의 주장이었는데, 타이완의 연예인들이 해외에서 '우리나라'라는 이야기도 할 수 없는 상황에 내몰리는 현실, 이것이 과연 정상적인 상황일까? 여기에서 우리는 중국과 타이완이 서로 다르다는 것을 명확히 확인할 수 있다.

타이완 민족주의의 성장은 일본 식민지 지배와 국민당 일당독재를 거치면서 자신의 정체성을 찾아가는 과정이었다. 굴곡 많은 역사를 돌아보면, 타이완 민족주의가 극복해야 할 대상들이 일본에서 국민당으로 전이되었음을 알 수 있다. 하지만 이미 민진당으로 평화적 정권교체가 이루어진 현재, 또 하나의 극복대상을 대면하지 않으면 안되었는데, 그것이 바로 중화인민공화국이다. 그들이 대변하는 또 하나의 중국, 그것이 문화적·역사적 혹은 혈통과 전통의 굴레이든, 국제사회에서 생존공간을 끊임없이 압박하고 있는 현상황의 타개야말로 타이완 민족주의의 향후 가장 커다란 문제임에 틀림없다.

이러한 문제의 해결을 논의하기 전에 우린 먼저 타이완이 민주주의를 바탕으로 타이완인들의 정부와 언론을 통해 자유를 향유하며 생활을 영위하고 있다는 사실을 상기할 필요가 있다. 타이완은 원주민, 객가인, 민남인, 외성인, 심지어 신이민(新移民)22)이라고 불리는 결혼이민을 통해 새롭게 타이완에 삶의 터전을 일구어가는 이들의 생활공간인 것이다. 타이완의 문제는 민

276

주주의적 방식을 통해 타이완인들이 해결해야 할 문제인 것이다. 너무도 당연한 이 명제들을 우리는 쉽게 잊어버리곤 한다. 즉 타이완은 타이완 민족주의자들만의 타이완이 아니며, 또한 중국 문화전통주의자들만의 타이완, 원주민들만의 타이완도 아니라는 것이다. 그들 모두가 타이완을 구성하는 하나의 구성원이라는 현실을 인정해야만, 일본 제국주의와의 연합이든 중국제국으로 편입 혹은 통일론의 외침이든 타이완 사회가 짊어지고 있는 역사적·문화적 연결고리를 직시할 수 있을 것이다. 루쏘의 '강요로서의 자유'(forced to be free)라는 개념과 관련된 무수한 논의 속에서 우리는 어떠한 사상이든 강요되어짐의 위험성을 인지할 수 있는데, 타이완 민족주의가 현재 타이완의 민주주의 현실 속에서 소개되고 이해될 수는 있어도 강요될 수 없는 것처럼 중국 민족주의의 팽창적 사고 역시 결코 강요되어서는 안될 것이다. 강요로서의 자유보다 소개되는 자유(guided to be free)가 되어야 하지 않을까? 평화적 토론장소에서 서로 경쟁하고 소개되는 것이 평화적 동아시아를 바라는 우리들의 요구에 부합되는 것은 아닐까? 이것이 최근 중국의 텔레비전 다큐멘터리 「대국굴기」에서 혹은 지식인들 사이에서 회자되는 연성권력(soft power)과 일맥상통하는 것이 아닐까? 중국 역시 타이완의 이러한 현실을 이해해야만 비로소 이러한 문제에 다가설 수 있으며, 매번 선거 때마다 타이완을 향한 극단적인 자극은 결코 문제해결에 아무런 도움이 되지 않음을 이해해야 할 것이다.

타이완 민족주의에 있어서 중국의 굴기는 심각한 문제가 아닐 수 없다. 그렇지만 그들에게 대항하기 위해서 일본과 미국에 기대는 것이 과연 유일한 해결책일까? 좀더 자신을 갖고 타이완의 목소리와 자신을 재발견하고 재

---

22) 2004년 통계에 의하면 타이완 출생인구 216,419명 중 어머니가 본국인이 아닌 경우가 이미 28,666명으로 13.25%에 달하고 있다. 이와 관련하여 더욱 자세한 논의는 다음을 참고할 수 있다. 廖元豪 「全球化趨勢中婚姻移民之人權保障: 全球化, 台灣新國族主義, 人權論述的關係」, 『思與言』 44권 3기(2006. 9), 81, 129면.

생하는 노력이 필요하지 않을까? 타이완 민주주의 정치제도의 심화, 청렴한 정치 구현, 행복한 복지를 향한 노력 등 타이완 민족주의가 해결해야 할 문제들이 산적한 지금, 더욱더 많은 노력이 필요할 것이다. 또한 같은 동아시아의 일원으로서 타이완의 현실을 이해하려고 노력하는 우리들에게도 타이완 민족주의와 중국 민족주의 간의 충돌은 서로가 극복의 대상이 아니라 서로 이해하고 용인할 수 있는 전환기로 나아갈 수 있는 토대가 될 수 있도록 건설적인 사고가 필요한 시점일 것이다. 그런 의미에서 '동아시아론'과 연대의 노력이 이러한 문제해결에 또 하나의 전환적 관점을 제공하는 것은 아닐까 싶다.

동아시아의 미래와 타이완의 현재

한 문학연구자의 시각

천팡밍(陳芳明)

1. 동아시아의 타이완: 출석[在場]과 결석

동아시아 의식의 재굴기(再崛起)는 세계화시대의 도래와 밀접한 관계가 있다. 후기자본주의의 급속한 확산으로 동아시아 지역의 국가들도 빠른 속도로 경제력을 축적하게 되었다. 초국적 자본주의의 충격하에 동아시아 세계의 문화구조에도 근본적인 변화가 발생하고 있다. 오랫동안 영미(英美) 식 민주의의 위협을 받아온 동아시아는 자신의 역사를 다시 검토할 능력을 갖추기 시작하였으며, 오랫동안 억압받아왔던 창조력을 마침내 발휘할 수 있게 되었다. 세기의 전환기에서 동아시아 지역이 보여준 문화역량은 마치 구미사회로 하여금 서서히 자신들의 존재의의에 관심을 기울이도록 하는 것 같다. 동아시아의 특수한 역사적 의의는 현재 점차 지역적 공동의식을 만들어나가고 있다. 구체적으로 말하면, 역사적으로 구미의 냉대를 받아왔던 동아시아는 현재 소멸되어가는 중이며 그에 대신하여 자부심과 자주성을 가진 동아시아 의식이 생겨나고 있다.

그러나 구미 제국주의에 항거하는 동시에 동아시아 의식의 내부에는 사실 특수한 내재적 구조가 발생하여 변화하고 있다. 20세기에 있어서 이른바 동아시아 관념은 일본 식민주의와 상당히 밀접하게 관련되어 있다. 그러나 21세기에 들어서면서 동아시아의 의의는 완전히 새로운 명명(命名)을 받아들이기 시작하였다. 그 가운데 가장 중요한 관건은 중국세력의 대두이다. 경제중심의 이동은 전체 동아시아 지역의 정치권력을 재정비하였다.

타이완의 지식인들이 이러한 상황변화로부터 받는 느낌은 특히 강렬하다. 역사는 타이완에 우호적이었던 적이 없었다. 제국의 틈바구니에서 자신을 자리매김하는 것이 여타 탈식민사회(post colonial society)와 비교하여 여전히 힘들고 곤란하였다. 20세기를 전부 거치고 나서도 타이완은 여전히 실질적 의의의 국가신분을 추구하는 단계에 있다. 타이완은 20세기 전반에는 일본의 식민통치를 받았으며, 20세기 후반에는 계엄체제의 그늘하에서 사실상 미국의 패권적 지배를 받았다. 21세기에 들어서서 타이완은 또 중국의 '대륙굴기(大國崛起)'에 직면하여 있다. 동아시아의 시각에서 보면 타이완은 분명히 주변화되어 있다.

도대체 타이완은 동아시아라는 무대 위에 출석하여 있는 것인가, 아니면 결석한 것인가? 이는 생각해볼 가치가 충분히 있는 일이다. 실제로 타이완은 역사상 두 번의 출석기회가 있었다. 그러나 그것은 자주적인 선택에서 나온 것은 아니었다. 첫번째는 일본 제국주의가 확장하고 있던 상황하에서 타이완이 대동아공영권(大東亞共榮圈)에 편입된 것이다. 두번째는 미소냉전의 대치시기로, 이때 타이완은 동아시아 자본주의 범위의 반공방어선에 포함되어 있었다. 비록 타이완이 동아시아 역사에 개입할 기회를 두 차례 가졌지만, 그것은 사실상 피동맹자으로서의 역할을 한 것이지 어떠한 결정적인 정책에 대해서도 발언권을 가진 적은 없었다. 제국의 그늘 아래에서 전전의 일본이나 전후의 미국 중 어디에 속하였든지 막론하고, 동아시아의 구성원인 타이완은 정치, 경제, 군사, 문화상의 주도적 지위를 차지한 적이 없었다.

문학의 발전이란 시각에서 보더라도 타이완은 동아시아의 무대에 형식상으로는 출석하고 있었지만 실제로는 결석한 상태였다. 타이완 문학이 비록 동아시아의 중요한 문학활동에 참여하기는 하였으나 그 가시도(可視度)는 상당히 제한되어 있었다고 할 수 있다. 타이완 작가들은 전쟁기간에 대동아문학자회의(大東亞文學者會議)에 참가하도록 강요받은 적이 있었으나 사실상 줄곧 은둔자의 신분을 벗어나지 못하였다. 전후의 타이완 작가들도 때때로 국제문필활동에 참가하였으나 정식으로 인정을 받은 적은 없었다. 현재 타이완의 문학은 한걸음 더 나아가 중국으로부터 도전을 받고 있다. 중국은 타이완 문학의 존재를 인정하고 또 '타이완 문학사(臺灣文學史)'를 대거 서술하고 있지만, 그 목적은 오히려 타이완 문학의 해석권(解釋權)을 계획적으로 개편하려는 것이다.

지난 100년 동안의 역사적 경험에서 볼 때, 타이완 문학은 줄곧 자주적 해석권을 쟁취하려는 단계에 머물러 있었다. 타자에 의해 인도되고 해석당하는 위치에서 어떻게 하면 스스로 이끌어가고 해석하는 위치로 옮겨가는가 하는 것이 바로 타이완 문학이 직면한 역사적 곤경이었다. 타이완 문학의 해석권에 대한 박탈과 쟁탈은 바로 제국의 역량이 타이완 작가들에게 직접적으로 작용하고 있었음을 나타내주는 명확한 증거이다. 이 글에서 결코 복잡한 역사적 배경을 잘 정리할 수는 없다. 그러나 타이완 작가들의 역사적 기도(企圖)와 정치무의식(政治無意識)을 살펴볼 수는 있다. 그들이 어떻게 결석의 방식을 통하여 출석을 증명하는 길을 선택하였는가 하는 것이 이 글이 제시할 수 있는 해석이다.

2. 제국의 그늘하의 타이완 문학

타이완 작가들이 동아시아 문학의 영역에서 겪었던 초기의 저항에서부터 최근의 대량생산까지 장기간에 걸친 어려운 과정은 식민지문학의 역사적 굴레가 얼마나 가혹한 것인가를 잘 설명해주고 있다.

일본제국에 편입된 타이완 사회는 식민지경험을 통해 현대화의 맛을 보았다. 타이완 문학의 현대화 과정은 바로 식민지역사의 궤적을 따라 천천히 모색해온 과정이었다. 현대화의 초기단계에서 타이완 작가들이 가장 고뇌하였던 문제는 언어의 선택이었다. 현대화운동의 중요한 일환인 국어정책은 바로 타이완 작가들을 가장 혹독하게 채찍질하는 제국의 폭력이었다. 1920년대 타이완의 신문학운동이 시작된 이후 식민지 작가들은 모어(母語)와 국어(國語) 가운데 어느 쪽을 선택할 것인가에 대하여 끊임없이 정신적 갈등을 겪었다. 1920년대의 순수한 한어(漢語) 창작에서, 30년대의 한어와 일본어의 혼용을 거쳐, 40년대에는 순수한 일본어문학이 문단의 주류를 이루었다는 사실로부터, 타이완 작가들이 제국의 언어정책 아래에서 결국 일본어의 사용으로 완전히 기울었음을 분명하게 살펴볼 수 있다.

이는 고통스러운 역사적 사실이다. 타이완 작가들은 일본어를 사용하도록 강요받았지만 오히려 그렇게 함으로써 현대화 사상을 급속하게 받아들일 수 있었다. 마찬가지로, 타이완 지식인들은 일본어를 더 많이 받아들일수록 일본 문단에 참가할 기회가 더욱 많아졌으며, 아울러 모르는 사이에 동아시아에 대한 시야를 넓혀나갔다. 이뿐만이 아니다. 타이완 작가들은 일본어를 사용할 수 있었기 때문에 일본어 번역물을 통하여 서구 현대사조를 더욱 쉽게 접할 수 있었다. 제국의 언어는 타이완 작가들에게 다리를 놓아주었으며 번역의 현대성이 무엇인가를 인식하도록 해주었다.

일본어의 사용은 타이완 작가들이 일본 작가와 영향을 주고받도록 도와주었다. 사회주의의 전파를 예로 들면, 타이완의 좌익작가 양쿠이(楊逵)의 일본체류 경험은 그의 시야를 넓혀주어 농민운동의 실상과 사회주의 문학의 내용을 이해하도록 해주었다. 양쿠이는 좌익문학을 타이완에 소개하였으며, 동시에 계급의식을 갖춘 문학작품을 직접 창작하기도 하였다. 마찬가지로,

모더니즘 문학사조도 타이완 작가들에게 전대미문의 심미적 상상력을 일깨워주었다. 류나어우(劉吶鷗)는 신감각파 문학을 샹하이에 소개하였으며, 웡나오(翁鬧)는 현대소설을 타이완 문단에 소개하였다. 이러한 사실들로부터 우리는 타이완 작가들이 일본어를 사용함으로써 그들이 동아시아 지역에서 더욱 활발하게 돌아다니고 활동할 수 있었음을 알 수 있다.

그러나 타이완은 어쨌든 식민지이기 때문에 설사 어느정도 정신적 저항과 상상력의 일신(一新)이 있었다고 하더라도 그들의 문학적 추구는 여전히 제국권력에 의해 규정되었다. 바꾸어 말하면 순수한 예술적 성취 면에서 보더라도 타이완 작가들이 이룩한 수준은 결코 일본 작가를 초월할 수 없었다. 혹은 더 확실하게 말한다면 타이완 작가들의 현대성의 추구가 설사 동아시아적 시야나 세계적 격식을 가지고 있더라도 여전히 제국이 설정해놓은 게임의 법칙에 따라 문학창작활동을 진행해야만 하였다.

1940년대의 전쟁기간 동안 일본 지식인이 제기한 '근대의 초극'은 그 목적이 영미에 저항하고 영미의 문화의식을 초월하자는 것을 환기시키는 데 있었다. '근대의 초극'은 본래 백인과의 전쟁에서 승리할 것이라는 자신감을 일본제국에 불어넣어 일본제국이 성전(聖戰)을 받아들이도록 하기 위한 것이었다. 이러한 초극의 관념은 일본의 식민지(타이완, 한국 등), 조계지(샹하이 등), 점령지(만주, 뻬이징, 샹하이 등)로 전파되었다. 가시적이고 구체적인 동아시아 의식이 이 시기에 상당히 완전한 형태로 구축되었다. 대동아문학자회의가 토오꾜오에서 개최되었을 때 피정복지역의 모든 동아시아 작가가 한자리에 모일 기회가 있었다. 공동의 동아시아 의식도 아마 강력한 제국권력의 명명하에 그 원형이 만들어졌을 것이다.

각각의 식민지와 점령지에서 황민화문학(皇民化文學) 혹은 결전문학(決戰文學)을 전개할 때, 일본은 동아시아연맹의 책략을 제창하였다. 이 시기에 타이완 작가들은 동아시아 무대에 출석할 공간을 가지게 되었으나, 타이완 문학의 성취는 오히려 나타나지 않았다. 역사적 사실이 이미 증명하듯이 근대의 초극은 결코 일본이 영미를 초월하도록 만들어주지 않았다. 오히려, 동아시아 의식은 일본제국의 붕괴와 함께 종말을 고하였다. 식민지 작가가 처음으로 맛본 동아시아는 결국 씁쓸한 한바탕의 역사적 악몽이었다. 타이완 작가들은 마침내 동아시아에 등장하였으나 그들이 창조한 문학, 특히 전쟁이라는 국책에 개입한 황민화문학은 도리어 전후에 정신적 채찍질을 당하는 원인이 되었다. 이는 포악한 중화민족주의가 포악한 야마또민족주의(大和民族主義)를 대체하였기 때문이다. 동아시아는 결국 하나의 신화였다.

그러나 동아시아의 유령은 여전히 끊임없이 반복되었다. 1950년대 냉전체제의 형성, 특히 한국전쟁이 발발한 이후, 타이완은 정식으로 미국자본주의의 전선(戰線)으로 편입되어 소련과 중국이라는 사회주의국가의 대립면에 위치하게 되었다. 동북아에서 동남아에 이르는 전체 태평양지역이 미국제국의 내해(內海)가 되었다. 동아시아의 모든 민족국가는 모두 정치적으로 굴욕적인 대우를 받았다. 미군은 장기간 일본, 한국, 오끼나와, 타이완, 필리핀, 베트남에 주둔하였다. 이 일련의 긴 벨트는 일본의 대동아공영권의 복사판이었다. 다만 주도자가 더이상 일본이 아니라 전후에 굴기한 미국의 패권이라는 점만 달랐다.

이제까지 없었던 강력한 권력을 가진 미국의 동아시아에 대한 간섭은 정치·경제적 측면에만 한정되지 않았다. 문화사상적 측면에서 미국의 영향력은 이미 동아시아 지식인의 무의식 속으로 깊숙이 침투하였다. 서양을 숭상하고 외국에 아첨하는 것은 보편적 욕망이었으며 동아시아의 공통된 가치였다. 미국의 원조를 이용한다는 이름으로 모더니즘 사조가 미국문화의 가면을 쓰고 동아시아 작가에게 침투하였다. 타이완에서는 1950년대 후반부터 모더니즘운동이 맹아를 드러내기 시작하였다. 이것은 전후 동아시아 문학이 공유하고 있던 내재적 논리였다. 미군이 진주하고 있던 모든 지역에는 미국식 민주주의 생활방식과 모더니즘운동의 그림자가 나타났다. 일찍이 '근대의 초극'을 소리 높여 제창하였던 일본조차도 문화적 면책특권을 누리지 못하였으니 역사적으로 피식민지를 경험한 타이완과 한국이야 더 말할 것이 있었겠는가?

타이완의 모더니즘운동은 1956년 '중미 공동방위조약'이 체결된 이후에 최고조에 이르렀다. 반공방어선의 후방에서, 타이완 문학은 일본 문학의 영향에서 벗어났을 뿐만 아니라 중국 오사문학(五四文學)의 전통으로부터도 탈피하였다. 이른바 횡적인 이식은 1960년대 현대문학의 발전에서 증명된다. 새로운 문학사상이 이 시기에 가장 널리 보급되고 꽃을 피웠다. 지금 타이완 문학사에서 고전적인 작가로 간주되는 사람들 중에 모더니즘운동의 세례를 받지 않은 사람은 거의 없다. 이러한 시각에서 볼 때, 타이완 문학은 문화자주권을 철저하게 상실하였다.

그러나 역사의 기이함은 바로 여기에서 발생하였다. 타이완 문학이 전후 현대화의 길을 걷게 된 것은 미국 패권의 압박에 의해서이다. 현대문학은 맹아기에서부터 성숙기까지 미국 원조문화[美援文化]와 그 시종(始終)을 같이 하였다고 할 수 있다. 동아시아적 의의에서 보면, 타이완의 모더니즘 예술정신은 확실히 반공적인 형식과 내용을 띠고 있다. 다시 말하면, 타이완의 현대문학은 미국제국의 그늘의 산물이자, 냉전체제가 타이완에 반영된 것이라고 할 수 있다. 그러나 모더니즘운동은 타이완 문학이 심미예술(審美藝術)적인 측면에서 발전할 수 있도록 해주기도 하였다. 적어도 전통에 대한 타이완 작가들의 반항과 반역도 이 모더니즘운동의 전개에 따라 탄생하였다. 모더니즘운동은 타이완 문학의 하나의 단절점[斷裂點]이다. 그것은 한편으로는 미국 패권에 의존하여 새로운 미학을 건립하였고, 한편으로는 타이완 작가들의 심령(心靈)이 사회 내부에서 상당한 정도의 해방을 얻도록 해주었다.

일제강점기의 타이완 작가들처럼 식민지 작가들은 현대화 과정 속에서 정치권력으로부터 억압을 받으면서 내재적 심령의 해방을 추구하였다. 이것이 식민지 문학의 숙명이며 또한 식민지 작가의 정신적 출구이다. 그러나 전후 모더니즘문학의 자아해방은 일제강점기의 작가와 비교하여 그것이 개창한 격식은 더욱 방대하였다. 그러한 문화적 기상은 당시의 화문세계(華文世界) 중에서 가장 전위적이고 급진적인 것이었다. 만약 모더니즘운동이 없었다면 타이완 작가들이 국민당 문예정책의 속박에서 빨리 벗어날 수 있었을지는 상당히 회의적이다.

타이완 작가들의 창조력과 상상력이 일단 개발된 뒤에는 미국 원조문화와 냉전체제의 규범을 전적으로 좇을 필요는 없었다. 그들은 외래적 형식과 기교를 빌려 내면의 어둠과 고민을 쏟아내었다. 10년의 세월이 경과한 뒤에 현대미학은 이미 토착화되기 시작하였다. 다시 말하면, 원래 '서구'에 속해 있던 모더니즘이 타이완 작가들의 흡수, 개사(改寫) 및 단조(鍛造)를 거친 뒤에 새로운 '타이완' 모더니즘으로 완만하게 그러나 분명히 탄생하였다.

1970년대 미국이 자신의 반공정책을 바꾸기 시작하고 냉전체제가 점차 와해되어갈 즈음에 새로운 동아시아 형식이 다시 전개되었다. 독점자본주의가 만들어낸 위기를 해결하기 위하여 미국은 '대화로써 대항을 대체하는' 정책을 채택하고 공산주의진영과 평화회담을 진행하기로 결정하였다. 1972년 미국은 중국과 샹하이선언(Shanghai Communique)에 서명하였으며, 1979년에 워싱턴과 뻬이징은 정식으로 수교하였다. 이는 전체 동아시아 판도에 극적인 변화를 가져왔다. 동아시아 국가에 포위되어 있던 중국은 마침내 다시 동아시아 정치에 참여하게 되었다. 이는 타이완에게는 매우 커다란 충격이었다. 국제연합에서 퇴출되고 그 자리를 진정한 중국에게 내어주었을 뿐만 아니라, 동아시아 정치에서 퇴출되기 시작하였으며 심지어는 일련의 단교사건으로 말미암아 더 나아가 전세계에서도 퇴출당하였다. 한때 '중국을 대표하던' 타이완은 반공의 역사적 악몽 속으로 철저하게 버려졌다.

동아시아의 정치형세가 막 변화를 겪을 때 타이완 작가들은 처음으로 자신의 영토의 운명에 직면하게 된다. 역사상 한번도 검증받지 않았던 본토담론이 1970년대 이후 잉태하기 시작하였다. 역사적 경험에 기초한 타이완 의식도 객관적인 상황의 도전을 받고 점차 형성되고 성숙해져갔다. 정치적으

286

로는 풀뿌리 당외(黨外) 민주주의가 출현하였다. 문화적으로는 향토문학운동이 활발히 전개되었다. 전후 문학비평정신은 바로 이 쌍궤식(雙軌式) 본토운동의 충격하에서 만들어졌다. 타이완 작가들은 이러한 정신에 의지하여 국민당 반공체제와 미국 냉전체제의 허위적 본질을 폭로하기 시작하였다. 1960년대 모더니즘에 참가하였던 많은 작가들 가운데 상당수가 향토주의 문학운동의 대열에 참가하였다. 타이완 문학사에서 1970년대처럼 특정 시기 작가들의 작품에 강렬한 비판정신과 역사의식이 투영되었던 적은 없었다.

동아시아에서 타이완의 고립된 상황은 '아시아의 고아'라는 우쭈어류(吳濁流)의 말로 개괄할 수 있을 것이다. 그러나 타이완 작가들은 정치적 고립 상황에서 더욱 왕성한 창작의욕을 드러내었다. 1980년대 타이완 사회가 세계화의 조류를 받아들이기 시작할 때, 작가들은 이미 후기자본주의와 포스트모더니즘의 도래를 체험할 수 있었다. 정치적으로 버려진 타이완은 경제적으로는 여전히 미국과 일본의 영도를 따르고 있었다. 이는 전형적인 탈식민주의(post colonialism) 현상이며 또한 의존경제의 가장 구체적이고 명확한 증거이다.

개방적이고 해방된 타이완 문학은 1980년대 이후 끊임없이 분출하였다. 성별(性別), 족군(族群), 계급 등 어떤 의제를 막론하고 모두 작가의 중요한 관심대상이 되었다. 타이완 문단은 또 전세계에 개방되었는데, 거기에는 대척점에 위치한 중국까지 포함되어 있었으며, 많은 문학작품들이 판매되었다. 일본, 한국 및 구미 문학작품의 번역물도 타이완 시장에서 많이 팔려나갔다. 그러나 동아시아의 판도에서 타이완은 결석한 상태이다. 단지 결석한 상태일 뿐만 아니라 여전히 끊임없이 중국의 위협을 받고 있다. 중국의 군사적·정치적·경제적 위협은 21세기에 들어선 뒤에는 사실상 과거 냉전시기 미국 패권의 지배를 대신하게 되었으며, 타이완 작가들은 문화적 위협을 더욱 심각하게 느끼고 있다.

3. 탈제국: 신화 혹은 현실

중국은 동아시아 정치무대로 되돌아온 뒤에 조금도 쉬지 않고 타이완에 대하여 유형, 무형, 직접적, 간접적인 포위정책과 개편행동을 전개하였다. 가장 두드러진 것은 1980년대 이후 뻬이징이 학자들을 동원하여 타이완 문학을 연구하기 시작함과 동시에 많은 종류의 타이완 문학사를 저술한 것이다. 바꾸어 말하면, 중국은 타이완 사회 내부에 출석하지 않은 상태이지만, 문학 해석권을 쟁탈하려는 태도로써 자신의 출석을 증명하고 있다. 이러한 문화 담론은 일본 식민체제나 미국 냉전체제와는 완전히 다른 것이다. 일본은 타이완을 점령함으로써 타이완을 해석하였으며, 미국은 타이완을 보호함으로써 타이완에 영향력을 행사하였다. 중국의 제국적 이미지는 과거 두 개 제국의 경험과는 완전히 다르다. 그것은 타이완을 포위함으로써 타이완을 만드는 것이다. 이러한 행위는 에드워드 싸이드가 『오리엔탈리즘』에서 말한 '오리엔트 이미지[東方想像]'와 매우 흡사하다.

'오리엔트 이미지'란 역사현장에 출석하지 않은 패권이 텍스트[文本]를 구축하고 거기에 고유의 가치와 권력을 가공으로 부여한 뒤에, 그것을 이미지화하려는 대상 위에 덧씌우는 것을 말한다. 백인은 한번도 오리엔트에 온 적이 없지만 문건, 서신, 사진, 일기, 문서, 보고서, 사료 등의 텍스트를 통해 오리엔트의 '현실'을 만들어내었다. 텍스트 담론으로 역사경험을 대신하는 것은 '오리엔트 이미지'의 중요한 기초이다. 설사 백인이 이전에 오리엔트를 여행하여 오리엔트 사회의 진정한 생활과 문화현실을 직접 목도하였더라도 기존의 '오리엔트 이미지'를 전혀 바꾸지 않고 도리어 더욱 편집적(偏執的)으로 '오리엔트 이미지'로써 '오리엔트의 현실'을 대체하려고 한다. 『오리엔탈리즘』은 이러한 제국패권의 이미지화 방식을 '오리엔트의 오리엔트화'(Orientalizing the Orient)라는 말로 부르고 있다.

중국이 타이완 문학에 대하여 해석을 하는 것은 틀림없이 '타이완의 오리엔트화'를 실행하는 것이다. 특히 중국은 극단적 민족주의에 의지하여 타이완 문학을 해석할 때 조금도 거리낌없이 타이완을 음성화(陰性化), 동질화(同質化) 내지 공간화(空間化)시키고 있다. 타이완 문학은 타이완의 역사적 경험이 만들어낸 문화적 원료이며, 타이완 작가들은 이 원료의 생산자이다. 중국학자들은 이 원료들을 역사현장 이외의 장소로 운반하여 그것을 가공하고 있다. 그들은 타이완 문학의 원료에 중화민족주의의 요소를 첨가하여 가공한 뒤에 그 가공품을 다시 타이완, 동아시아 그리고 전세계에 판매하고 있다. 가공을 거친 후의 타이완 문학은 중국 문학의 지류가 되어버렸다. 이러한 포악한 제국적 행위는 일본이나 미국과 비교할 때 더욱 사리에 맞지 않고 야만적이다. 일본 식민체제는 타이완 문학의 존재를 인정한 적이 없었으며, 미국은 타이완 문학의 존재를 무시하였다. 21세기의 중국은 타이완 문학의 존재를 인정하고 있지만 오히려 그것을 해석하고 가공하여 중국 문학으로 개조하였다. 이러한 극단적 민족주의는 제국주의가 행하였던 문화적 위협과 비교할 때 한층 더 강력한 것이다.

대국의 굴기는 동아시아에 완전히 새로운 질서를 출현시켰다. 구제국인 일본과 신제국인 중국은 점차 정립(鼎立)의 형세를 만들어가고 있다. 제국의 틈바구니에 낀 한국은 현재 이들을 급속히 추격함으로써 제국의 구도에서 벗어나려 하고 있다. 한국의 경제력과 문화적 역량은 동아시아와 전세계에서 적극적으로 발언권을 쟁취하고 있다. 마찬가지로 식민지를 경험한 타이완은 21세기의 출발점에서 이미 뒤처지는 모습을 보여주었다. 이는 단지 계엄문화(戒嚴文化)의 후유증일 뿐만 아니라 국가신분의 불확정성으로 인하여 역사를 개조할 많은 기회를 상실하였기 때문이다. 타이완의 내부는 지금 중국의 민족주의 공격에 직면하여 통일과 독립이 대치하는 소용돌이 상태에 빠져 있다.

문학의 생산이란 측면에서 볼 때, 타이완 작가들은 결코 작업속도를 늦추는 모습을 보이고 있지는 않다. 타이완 문학에 대한 연구는 1990년대 이후 급속하게 진행되고 있다. 특히 '타이완문학연구소'의 설립으로 문학의 해석권을 더이상 중국의 수중으로 넘겨주지 않게 되었다. 문학생산과 문학해석의 주도권이 타이완의 수중에 있는 한, 제국의 간섭, 적어도 문화 방면에서의 간섭은 자연히 줄어드는 효과가 있다. 문학은 결국 개개 사회의 가장 아름다운 영혼의 총체적 표현이며 또한 역사적 기억의 집단적 표출이다. 이러한 시각에서 본다면, 타이완이 비록 제국에서 벗어날 수는 없다고 하더라도 적어도 정신적 측면에서 제국에 저항할 수는 있다.

타이완의 신문학은 20세기 초에 시작된 이래 줄곧 사회기층에 자리를 잡고 서서히 형성되어왔다. 식민지문학이 중요한 민족문화의 유산이 될 수 있는 것은 바로 그것이 저항과 창조의 정신을 짊어지고 있기 때문이다. 일제강점기의 작가들은 일본어의 사용을 강요받았으나 은미한 사고와 섬세한 기교를 빌려 타이완 사회의 특수한 생활방식을 표현하였다. 전쟁시기의 문학을 예로 들면, 타이완 작가들이 황민화문학을 저술하도록 동원되었을 때, 그들의 작품내용은 공교롭게도 같은 시기의 일본 작가의 작품과 커다란 차이를 보였다. 루허뤄(呂赫若)와 장원환(張文環)의 가족기억의 재현은 타이완에서 활동하던 일본국적의 작가들이 퍼뜨렸던 국족(國族)에 대한 서술과는 명확하게 구분된다. 타이완인의 가족생활은 그들만의 특수한 역사적 맥락이 있었기 때문에, 비록 일본이 거의 반세기 동안 타이완을 통치하였지만 타이완인의 서민생활에 가벼이 개입할 수는 없었다. 가족사에 대한 서술은 이러한 역사적 배경하에서 자연히 그것만의 독특한 정치적 의의를 표현하였다.

일본 작가들은 '외지문학(外地文學)'으로 자처하였으며, 또 '분사실주의(糞寫實主義)'로 타이완 작가들의 가족사소설을 개괄하였다. 이는 제국의 그늘 하에서 식민지 작가의 정신적 측면을 절대로 가벼이 바꿀 수 없음을 설명하고 있다. 더욱 중요한 사실은 전쟁기간에 일본 작가들이 '외지문학'의 관념으로 타이완 문학을 건립할 때 타이완 작가들을 완전히 배제하였다는 점이다. 이른바 '외지문학'은 타이완에서 활동하던 일본 작가들이 자신을 표현한 용어이다. 이러한 관념의 지도를 받는 문학사관은 단지 타이완에서 발생한 문학이 모두 일본에서 전파된 것임을 승인하는 것에 지나지 않는다. 일본인으로 말한다면, 진정으로 타이완 작가가 창조한 타이완 문학은 인정할 가치가 없는 것이었다.

제국패권은 여기에서 자신의 한계를 드러내었다. 식민통치자는 타이완섬의 정치적·경제적·사회적 자원을 장악할 수는 있지만 타이완인의 영혼은 장악할 수 없었다. 1940년대의 타이완 학자 황더스(黃得時)는 지금은 고전이 된『타이완문학사(台灣文學史)』와『타이완현대문학사(輓近台灣文學史)』씨리즈를 저술하였는데, 이는 분명히 일본인의 문학사관에 대한 우회적인 저항이었다. 그것은 또한 타이완 문학은 식민자들의 전파를 필요로 하지 않으며 고유의 전통을 가지고 있다고 선언하는 것과 같았다. 제국패권이 타이완인의 심령과 사고를 이해할 수 없다면 진정으로 타이완을 점령하였다고 할 수 없다. 문화의 비판력이 여기에서 명확하게 증명된다. 따라서 타이완이 제국에서 벗어날 수 없었다는 것이 역사적 사실이지만 정신적·문화적 측면에서 제국에 저항하였다는 것도 또 하나의 역사적 사실이다. 전후에 타이완 문학이 건립될 수 있었던 것은 그것이 제국에 의해 개편된 적이 없었기 때문이다.

동일한 논리로 현단계 중국의 타이완 문학사 서술을 관찰한다면 제국패권이 타이완 사회의 심령에 간섭할 수 없음을 더 잘 증명할 수 있다. 문학생산의 측면에서 볼 때, 타이완 작가들의 심정(心情)과 표정(表情)은 동시대 중국 작가들의 서술과 비교하여 이질적이다. 중국의 모옌(莫言), 자핑아오(賈平凹), 리루이(李銳) 등 수많은 현대작가들의 방언서술, 향토경험 및 역사경험 등은 타이완 작가와 상통하는 부분이 전혀 없다. 따라서 그들이 발전시켜온 문학적 맥락도 전혀 다르다. 중국 학자들이 타이완 문학사를 서술할 때는 자연히 상아탑 속에 갇혀서 역사적 이미지를 만들어내게 되는데, 그렇게 만들어진 이미지는 역사의 현장에서 완전히 동떨어진 문학사이다. 그들은 중국 현대문학과 타이완 현대문학을 상호 비교한 적이 없다. 따라서 그들이 만들어낸 타이완 문학사는 타이완에 대한 무지를 여실히 드러내고 있다. 마찬가지로 그들은 중국 현대문학의 특질과 참된 모습에 대해서도 결코 잘 알지 못한다.

동아시아의 신질서라는 현실로 볼 때, 중국은 앞으로 20년 동안 제국을 지향하며 지속적으로 발전할 것이다. 이는 타이완에서 탈제국에 관한 토론을 벌일 때 틀림없이 가지고 있는 위기감이다. 그러나 위기감이 결코 패배감과 동일하지는 않다. 타이완의 문학적 상상은 여전히 폭발적인 위력을 가지고 있으며, 타이완의 문학연구도 왕성한 해석력을 지니고 있다. 제국으로서는 이렇게 심령을 끊임없이 창조하는 타이완이 영원히 생소할 수밖에 없다. 문화적 창조는 적어도 만일의 경우에 제국에 항거할 수 있도록 하며, 또한 문화주체를 지킬 수 있도록 한다. 문학생산은 타이완 사회가 자신을 더 잘 인식하도록 하고, 외래의 제국이 타이완을 더욱 생소하게 여기도록 만든다. 이러한 양극의 발전방향은 제국에 항거하는 중요한 계기이다. 현재의 타이완 사회가 동아시아의 미래에 대하여 쉽게 예측할 수는 없다. 그러나 타이완이 동아시아의 미래에 참가하기 전에 문화생산을 중단해서는 안된다. 오직 온 힘을 기울여서 정치적·경제적·문화적 생산력을 축적해야 한다. 이러한 행동이 바로 타이완의 현재이다.

[번역: 장승현]

천민선언, 혹은 타이완 비극의 도덕적 의의

우루이런(吳叡人)

"세계사 속에서 오직 이미 국가를 형성한 민족만이 우리들의 관심을 받을 가치가 있다." (헤겔 『역사철학강의』)

"역사는 우리가 거기에서 깨어나고 싶은 악몽이다." (스티븐 디덜러스, 제임스 조이스의 『율리시즈』 중에서)

1

제국주의 시대에 강대국들의 틈바구니에 끼인 약소민족의 출로는 민족자결이었다. 20세기 두 차례 세계대전 시기 민족자결의 물결은 오늘날의 주권민족국가체계를 만들었지만 그것은 모순되고 위선적이며 보수적인 체계이다. 그것은 제국(帝國)이 강제로 그어놓은 경계선 안에서 민족의 독립을 선포하였다. 그것은 보편적 원칙을 세워두었으나 그 원칙들을 선택적으로 실천하였다. 그것은 제국의 와해로 탄생하였으나 오히려 기존의 국가경계선을 고수하였다. 따라서 2차대전 이후의 주권민족국가체계는 결코 민족주의 (nationalism) 원칙의 실현이 아니라 국가주의(statism) 이념의 확산이다. 이른바 국제연합(The United Nations)은 전인류의 영원한 평화를 수호하는 자발적인 민족연방이 아니라 국가형성권을 농단하고 현실의 권력균형을 유지하는 주권국가의 카르텔조직(cartel of sovereign states)이다.

현대 주권민족국가체계 내부의 권력분포는 극도로 불공평하지만 모든 구성원 국가들은 형식적인 평등을 누리고 있다. 따라서 약소국들은 설정된 게임규칙하에서 국가간의 합종연횡을 진행함으로써 대국 혹은 강권의 압력을 회피하거나 완화할 수 있다. 이는 과거 반식민(反殖民) 민족주의운동의 유산이다. 그것은 민족해방의 목표를 완성하지는 못하였지만 약소민족에게 독립주권국가라는 정치형식을 부여하여, 이들 약소민족들이 주권국가라는 보호막을 이용하여 지속적으로 민족해방투쟁을 진행할 수 있도록 해주었다. 이에 대하여 반식민 민족주의의 물결 속에서 아직 자신의 국가를 건립하지 못한 약소민족들은 대부분 현대 주권민족국가체계에서 영원히 배제되어 있으며 거기에서 벗어날 길이 보이지 않는다. 신제국이 민족국가라는 형식으로 다시 부활하고 아울러 민족 혹은 해방이라는 이름이 이들 '역사영토' 혹은 '무주지(無主地)'를 호시탐탐 노리고 있는 오늘날, 그들은 단지 곤경을 당하고, 발버둥을 치면서 앉아서 죽음을 기다리거나 혹은 제국의 갑작스런 붕괴와 같은 역사적 우연이 발생하기를 맹목적으로 기다릴 뿐이다.

제국의 틈바구니에서 약소한 자들은 반항을 시도한다. 국가가 있는 자들은 합종연횡을 도모하여 출로를 모색하고, 국가가 없는 자들이나 혹은 국가가 있더라도 주권국가체계로 인정받지 못한 자들은 고립무원의 상태에서 수모를 당하고 있다. 제국의 틈바구니 속에서 여러가지 형태의 약소자 민족주의가 현재 한창 무성하게 자라나고 있다. 노예는 여전히 반란상태에 있으나 이성은 아직 완성되지 않았다. 그러나 제국의 주재자들은 오히려 역사의 종결을 선포하기에 바쁘다. 이것이 바로 현대 타이완 비극의 세계사적 근원이다.

2

　마치 19세기 말 20세기 초의 유럽처럼, 현재의 동북아는 민족주의의 충돌과 민족국가의 대치상황이 잠복해 있는 위험지대이다. 아래 세 가지 중첩된 구조적인 요인이 현대 동북아 민족주의의 구조를 결정한다. ① 미완성의 지역성 민족해방 프로젝트, ② 점차 균형을 상실해가고 있는 다극체계 지정학 구조, ③ 불평등한 자본의 세계화.

3

　우선, 동북아에서는 민족국가의 형성이라는 역사운동이 아직 완성되지 않았다. 현대 동북아의 민족국가체계는 제국주의와 민족주의의 장기 교전의 산물이며, 19세기 중엽에서 20세기 후반에 걸친 1세기 반 동안 형성되었다. 일본은 서구 제국주의의 압력 아래 관방(官方) 민족주의의 형식으로 일찍이 1870년대에 민족국가로 전환하였으며, 아울러 주변 지역으로 제국주의적 팽창을 전개하고 쓰러져가던 중화제국을 대신하려고 시도하였다. 1945년의 패전으로 제국은 해체되었으며 일본 본토는 1945년부터 52년까지 연합국의 점령지가 되었다. 일본은 미국 주도의 외래통치하에서 평화헌법을 강요당하고, 군비권(軍備權)을 박탈당하였으며, 또 샌프란씨스코 강화조약을 받아들여 실질적으로 미국의 예속국이 되었다. 중국은 1895년의 청일전쟁에서 패전한 뒤에 비로소 제국에서 민족국가로 전환하였다. 그러나 반세기에 걸친 반제국 민중민족주의와 전쟁동원을 거친 후 1949년에야 비로소 통일민족국가의 틀을 완성하였다. 그러나 중국은 냉전시기에 줄곧 미국에 의해 동아시아 대륙을 포위당하여 자신의 포부를 펴지 못하였으며 또 타이완 합병이라는 목표도 달성하지 못하였다. 한국에서는 봉건왕국에서 민족국가로의 전환의 맹아가 19세기 말에 출현하였다. 그러나 현대한국의 민족의식은 일본 식민통치시기의 반일 민족주의운동 과정에 성숙되었다. 그러나 통일된 민족의식은 아직 통일된 민족국가를 건립하지 못하였다. 1945년 일본이 패전한 뒤에 한반도는 미국과 소련에 의해 분할점령되었으며, 1948년에 남한과 북한은 각각 미국과 소련의 주도하에 단독국가를 수립하였다. 타이완에서는 일본 식민통치가 1920년대에 최초의 타이완 민족운동을 불러일으켰다. 그러나 1945년의 강제적인 영토이전과 1949년 중국 국민당에 의한 중화민국 망명정권의 수립은 타이완 민족주의의 진일보한 발전을 제한하였다. 아이러니한 것은, 반세기 동안의 모국 없는 식민통치의 경험과 80년대 이후의 민주화를 겪은 뒤에, 망명한 중화민국은 점차 본토화하였으며 '타이완 속의 중화민국'이라는 절충적 형식의 영토국가를 형성하였다는 점이다.

민족주의의 관점에서 보면 동북아지역의 지난 1세기 반 동안의 국가형성은 좌절당하고 완성되지 못한 상태에 놓여 있다. 중국 민족주의는 상처받은 존엄성을 보상받고 제국시대의 영광을 회복하며 또 민족해방의 마지막 수순인 타이완 '수복'을 완성하기를 강렬하게 갈구하고 있다. 일본 민족주의는 미국의 종속국의 지위에서 벗어나고 침략자라는 오명을 씻고 자주국방역량과 자신의 경제력에 상응하는 정치적 위상을 갖춘 '정상적인 국가'가 되기를 갈망하고 있다. 한국 민족주의는 남북한의 통일이라는 염원을 이루어서 지역 내의 강대국의 길로 매진하기를 갈망한다. 타이완은 민족국가의식이 나날이 성숙하고 있는 가운데 주권민족국가체계 속에 받아들여져서 '정상적인 국가'가 되기를 힘써 추구하고 있다. 마치 19세기 말 유럽의 통합적 민족주의(integral nationalism) 시대처럼 21세기 초 동북아의 민족주의자들은 여전히 뜨거운 피가 끓어오르고 있다. 왜냐하면 좌절된 꿈을 반드시 이루어야 하고, 억압받은 열정을 반드시 쏟아내어야 하기 때문이다. 이들 좌절된 열정은 국가 정상화라는 공동의 주제를 지향하고 있다. 그러나 각국의 국가 정상화의 목표 사이에는 드러나거나 감추어진, 그리고 직접 혹은 간접적인 모순들

로 가득 차 있다. 동북아 민족주의자들은 서로 시기하고 방해하지만 우리들
은 여전히 역사의 정오(正午)로 걸어나가면서 두려워하며 폭력의 발생을 기
다리고 있다.

4

  다음으로, 동북아 지정학 구조는 현재 점차 제국의 충돌을 유발하고 있다.
중국의 경제력과 군사력은 날로 커져서 동북아의 지정학 구조를 90년대의
균형다극체제에서 불안정·불균형의 다극체제로 바꾸어놓았다. 바꾸어 말하
면 나날이 커져가는 중국은 상황으로 보아 장차 지역패권을 추구할 것이다.
잠재적인 지역패권의 출현은 새로운 합종연횡을 유발하기 시작하였다. 중국
이 동북아의 패자가 되는 것을 방지하기 위하여 미국과 일본은 현재 군사동
맹을 강화해나가고 있으며 또 타이완을 재편하고 있다. 타이완은 중국의 홍
기로부터 도피하기 위하여 미일간의 동맹에 들어가려고 하거나 혹은 그들의
종속국이 되려고 한다. 한국은 미국이 동북아 내지 한반도에 간섭하는 데 항
거하여 새로이 부상하는 중국과 동맹을 맺는 책략을 선택하고 있다. 전략학
자인 존 미어샤이머(John Mearsheimer)의 공세적 현실주의(offensive realism)
에서는, 국제정치의 무정부적 구조는 공격할 의도가 없는 강대국들로 하여금
반드시 공격을 방어의 수단으로 선택하도록 강요하고 있다고 주장하였다. 현
대 동북아의 불안정한 다극체계는 미국과 중국이라는 양 강대국이 점차 상
호 선제공격을 준비하도록 유도하고 있으며 또한 주변국들을 현재 진행중인
이 구조적 충돌 속으로 점차 끌어들이고 있다.

5

셋째, 불평등한 자본의 세계화는 세계적 규모의 자원과 부 및 권력의 불평등분배를 야기하였으며 주변에 위치한 신흥국가들의 발전을 어렵게 하여 중심에 대한 주변의 반발을 자극하였다. 중심에 대한 주변의 반발의 주요 형태는 바로 민족주의이다. 주변의 탈식민 민족주의는 두 가지 측면으로 나타난다. 하나의 측면은, 주변 지역의 정치엘리뜨들이 반드시 관방 민족주의와 민족국가를 이용하여 외래자본을 제약함으로써 본지(本地)의 자본축적과 사회통합을 추진한다. 또 하나의 측면은, 주변 지역의 민중들도 민족주의와 본지의 문화부호를 동원하여 아래에서 위로 국가를 향하여 정치참여와 경제재분배 및 사회정의를 요구한다. 민족주의는, 비록 엘리뜨에 의한 조종과 인민주의[民粹主義]라는 위험이 있기는 하지만, 여전히 식민지시대 이후 주변의 가장 합법적이고 가장 대중적 기초를 가진 이데올로기이다. 한국, 싱가포르 및 지난 20년 동안의 중국과 타이를 대표로 하는 동아시아의 발전국가(developmental state)는 바로 탈식민 민족주의의 일종의 특수형태이다. 날로 확장·심화되는 자본의 세계화에 직면하여 발전형 탈식민 민족주의는 아직 움츠러들지 않았다. 그것의 전형적인 책략은 세계화의 논리를 발전국가의 경제적 이익을 위한 도구로 유용하는 것이다.

6

동북아의 현대는 민족주의, 민족국가 및 제국의 시대이다. 장기간 억압받아온 지역적 민족주의의 에너지는 발산을 기다리고 있으며, 신제국의 확장은 구제국의 간섭을 야기하였고, 오만한 자본의 세계화는 재지(在地)의 관방(官方)과 민중의 민족주의를 끓어오르게 하였다. 동북아 민족주의의 틀 아래에서 국제정치의 게임규칙은 여전히 권력균형이라는 고전적인 현실주의 원칙이다. 강대한 제국들은 서로 시기하면서 각각 독자적으로 동맹을 맺고 또 수시로 약소국들을 협박하여 패권쟁탈의 바둑돌로 삼고 있다. 약소국의 선택은 서로 다른 강대한 제국들과 원교근공(遠交近攻), 합종연횡의 책략을 맺거나 협박, 겸병 혹은 지배를 받는 수밖에 없다. 동북아 민족주의의 틀 아래에서 약소국은 강대한 제국의 통제를 벗어날 길이 없다.

이것은 국제정치와 경제 및 역사발전의 구조적 논리로서 개인의 주관적 의지에 따라 바꿔지는 것이 아니며, 관념론자의 이론에 의해 구축되고 변화될 수 있는 것은 더욱 아니다. 타께우찌 요시미(竹內好)가 이상화한 '중국'과 '아시아'의 목적은 일본 민족주의, 이른바 '정상' 혹은 '건전'한 일본 민족주의를 다시 구축하는 데 있다. 그리고 현대 동북아 각국의 신아시아주의 혹은 '동아'론의 목적은 각국 민족주의 이데올로기의 기초를 다시 구축하여 상대적으로 진보적인 지역주의 혹은 민족국가동맹 형식의 길을 여는 데 있다. 예를 들면 역사적 은원(恩怨)을 버린 중·일·한 삼국을 핵심으로 하는 '동아공동체'가 그것이다. 타께우찌 요시미이든 혹은 부분적으로 타께우찌 요시미의 영향을 받은 신아시아주의이든 이들 모두는 진보민족주의의 변형이다. 이들 전후 아시아주의의 목적은 민족주의에 순종하는 데 있으며 그것을 버리는 것은 아니다. 그것들은 결코 주권민족국가체계가 국가형성권을 농단하는 것에 도전한 적이 없으며 또한 권력균형이라는 현실주의 원칙을 넘어설 수도 없다. 이것이 바로 전후의 각종 아시아주의의 주장 가운데서 타이완의 위치를 줄곧 찾을 수 없었던 이유이다. 왜냐하면 타이완은 심지어 아직 이 진보게임에 참가할 자격, 즉 주권국가의 신분(sovereign statehood)을 취득하지 못하였기 때문이다. 그러나 중국이 타이완을 영유하려는 영토회복주의(irredentism)를 포기하지 않는 한 타이완은 주권국가의 자격을 취득할 수 없으며 어떠한 형식의 동아공동체에도 참여할 기회를 갖지 못할 것이다. 포용적 아시아주의의 이상은 결국 강권정치의 현실에 순응하며 약자를 배제하고 미래의 제국의 확장을 합리화하는 또 하나의 이데올로기가 될 것임에 틀림없다. 이렇게 본다면 현대 아시아주의는 심지어 80년 전 쑨원(孫文)의 대아시아주의만도 못하다. 왜냐하면 쑨원은 '약한 자와 곤란한 자를 돕재[濟弱扶傾]'라고 주장함과 동시에 제국주의, 강권정치 및 주권국가의 원칙에 도전하였기 때문이다. 어쨌든 주지주의(intellectualism)는 뿌리깊이 얽혀 있는 역사정치적 문제를 해결하지 못한다. 정치문제는 결국 반드시 정치영역에서 해답을 찾아야 한다. 일찍이 30년 전에 해외의 중국 사상사가인 린위성(林毓生)은 이미 이런 예리한 견해를 제시하였다.

7

역사가 남긴 정치문제에 대하여 주지주의는 해답을 제시하지 못하였다. 동북아 민족주의의 틀 속에서 신제국은 부르면 금방 나타날 것 같고 구제국은 배회하며 떠나지 않고 있다. 그리고 약소국들은 혹은 그 틈바구니에서 기회주의적으로 합종연횡을 하면서 자신들이 또 하나의 대국으로 변모하기를 기다리고 있거나 혹은 근본적으로 탈출할 길이 없이 궁지에서 곤란을 겪고 있다. 강대한 제국들의 패권다툼이나 약소국가들의 활로 모색을 막론하고 이들은 피차의 민족주의를 날마다 강화하고 있다. 이것이 바로 동북아 근대사가 유산으로 남긴 정치적 난제이며 여러가지 복합적인 요인이 한데 모여서 형성된 구조적인 난국(難局)으로, 이에 대한 주지주의적 해결방안은 존재하지 않는다. 그렇지 않다면 일찍이 112년 전에 칸트가 『영구평화론: 하나의 철학적 고찰』(1795)에서 우리들을 위하여 미리 답안을 내놓았을 것이다.

8

　제국의 틈바구니에 끼인 약소자들은 제국의 선택에서 벗어날 길이 없다. 이미 주권국가의 형식을 갖춘 소국들은 '뱀과 전갈처럼 교활하고 비둘기처럼 온순하게' 강대한 제국들 사이를 맴돌면서 원교근공의 책략을 쓰며 때로는 제국의 보디가드나 문지기의 역할조차도 거리낌없이 수행한다. 그리하여 제국의 협박을 받는 더욱 약소한 자들이 살길을 찾는 것을 방지하고 있다. 아직 주권국가의 형식을 갖추지 못하거나 갖추었다 하더라도 여전히 주권국가체계로 인정받지 못한 이들 약소자들은 심지어 제국을 상대하여 동맹을 담판할 본전도 가지고 있지 못하다. 타인은 칼과 도마이며 자신은 생선과 고기이다. 그들의 운명은 제국에 의해 좌지우지되며 제국의 패권다툼의 바둑알에 불과하다. 그들의 민족생명사는 타율적이고 외부결정적이다. 그들의 민족주의는 본래 제국의 패권다툼과 연속적인 식민의 우연한 산물이며, 그들의 민주는 타율적인 숙명에 발버둥치며 자주(自主)를 추구하는 겸손한 갈망이다. 그러나 현대 약소민족의 민족주의는 완성되지 않았으며 완성할 수도 없는 것이고, 그들이 '날마다 실시하는 공민투표'를 통하여 건립한 민주는 틀림없이 완정(完整)되지 못하였으며 또 완정될 수도 없는 것이다. 왜냐하면 완정된 민족주의는 자신의 주권민족국가를 추구하며 완정된 민주는 자아결정(自我決定)하는 주권인민(sovereign people)을 추구하지만, 이는 지역의 권력균형을 깨뜨리고 제국의 패권다툼의 구조를 교란시키기 때문이다. 현대 제국주의자는 이러한 완성되지 않았으며 완성할 수도 없는 약소민족의 곤경을 '현상'(status quo)이라고 부른다. 반드시 이해해야 할 것은 현대 제국주의자가 반드시 타고난 악한은 아니라는 사실이다. 그들은 구조적인 유인하의 확장주의자이다. 비스마르크는, 프로이센은 반드시 "저들 폴란드인을 쳐부수어야 한다. 저들이 모든 희망을 상실하고 땅에 거꾸러져 죽을 때까지. 나는 그들의 처지를 매우 동정한다. 그러나 만약 우리가 생존하려고 한다면 우리들이 저들을 멸망시키는 것 외에 다른 선택은 없다"라고 말하였다. 이 말은 옳다. 제국의 틈바구니에 낀 약소민족은 혹은 협박당하여 패권쟁탈의 바둑알이 되기도 하고 혹은 자신과 무관한 패권쟁탈의 과정중에 승리를 쟁취한 제국에 의해 병탄되기도 한다. 이는 구조적인 존재의 비극이다. 착한 사람도 나쁜 사람도 없다. 선과 악을 초월하여 강자와 약자가 공동으로 연출하는 '출구 없는 공간'(huis clos)의 비극이다.

Formosissima Formosa!(Formosa는 뽀르뚜갈 선원이 타이완을 가리켜 붙인 이름이고, Formosissima Formosa는 더이상 아름다울 수 없는 타이완이라는 뜻—옮긴이) 세계사가 시작된 그 시각부터 타이완은 아름답지만 고달픈 고통받는 존재, 즉 영원한 천민의 역할을 하도록 운명지어지지는 않았는가?

9

타이완 비극의 도덕적 의의 중의 하나는, 주권민족국가체계에서 천민계급의 일원인 우리들과 기타 모든 배제된 천민들의 존재가, 국제정치 중의 견고하여 깨뜨릴 수 없는 현실주의라는 진리와 이들 천민의 처지를 무시하는 이상주의와 도덕교조의 위선을 입증하였다는 것이다. 타이완인으로서 우리들은 구조적인 회의주의자가 될 수밖에 없다. 우리들은 모든 고상한 가치들을 다시 평가하지 않을 수 없다.

10

타이완 비극의 도덕적 의의 중의 둘째는, 구조적 회의주의는 결코 허무주의를 야기할 수 없다는 것이다. 반대로 회의주의는 일종의 고통스럽지만 깨어 있는 생존욕망(생존희망이 아니라 생존욕망)을 불러일으킨다. 이뿐만이 아니라 그러한 생존욕망은 취한 상태가 아니라 고통스럽지만 깨어 있는 것이며, 초월한 것이 아니라 현세적인 것이다. 천민으로 받은 치욕과 유린은 그를 고통스럽게 하였으나 그 고통은 오히려 그를 깨어 있게 한다. 천민이 영원히 직면하는 멸망의 그림자는 그로 하여금 생명을 갈망하고 존재──이렇게 잔혹하고 무의미하고 황당한 그러나 또 이렇게 아름다운 현실세계에서의 존재──를 갈망하도록 한다. 이러한 고통스럽지만 깨어 있는 생존욕망은 무의미하고 잔혹한 현실세계에 대하여 의미와 인정(認定)을 요구하는 욕망이며 천민이 추구하는 '자유'의 형식이다.

"이 길이 방해를 받기 때문에 우리들은 이 길로 계속 전진해야 한다"(『알베르 카뮈 노트』). 이는 맞는 말이다. 왜냐하면 우리들은 선택의 여지가 없기 때문이다. 비록 세계가 우리들을 추방할지라도 우리들은 오히려 더욱 집요하게 세계를 지향해야 한다. 왜냐하면 그 세계 역시 우리들의 세계, 우리들의 유일한 세계이기 때문이다.

11

천민의 곤경은 그들을 강요하여 도덕적 민족으로 만들었다. 그러나 곤경의 도덕적 의의가 곤경으로 종결될 수는 없으며 도덕주의가 천민을 해방시키지도 못한다. 강대한 제국들의 눈에 천민의 곤경은 어떠한 실천적 의의도 가지지 못한다. 그것은 모종의 비극미학의 범주에 속해 있다. "필연적으로 멸망할 운명을 방관하며 우리들은 우리들 세상의 영혼이 정화되는 것을 보며 우아하게 감탄한다. 아! 천민의 비극은 제국의 추락을 구원하였다."

그렇다면 천민 자신은 어떤 출구가 있으며 어떻게 구원받는가?

12

비극의 운명은 비극식의 구원계시를 필요로 한다. 아이스킬로스의 「결박 당한 프로메테우스」가 그 예이다. 상고시대의 인류는 자신이 필연적으로 죽는다는 사실을 예견하였으나, 이는 그를 고통과 절망으로 몰아넣었다. 죽음의 고통을 예견하는 병을 치료하기 위하여, 프로메테우스는 인류에게 맹목적인 희망과 불이라는 두 가지 선물을 주었다. 맹목적인 희망은 인류가 더이상 죽음을 예견하지 않도록 하였으며, 불은 기예(技藝)를 가져다주었다. 그리고 그 기예는 해를 볼 수 없는 동굴에서 인류를 벗어나도록 하였고 사람들이 이성을 가지고 자신을 주재할 수 있도록 해주었다. 그러나 이것은 불완전한 이성이며 불철저한 구원이었다. 아이스킬로스는 프로메테우스의 입을 빌려 "기예는 필연(必然)보다 훨씬 취약하다"라고 하였다. 완정된 이성은 햇빛처럼 진실을 드러내지만 동굴에서 나온 인류는 단지 별빛 아래에서 애써 식별하였지 생명의 참된 모습을 통찰할 수는 없었다. 인류의 대표인 이오(Io)는, 지금 그녀는 더욱 고통스러우며 또 그 고통의 근원도 모르고 있다고 호소하며 프로메테우스에게 두번째의 구원을 요구하였다. 결박당하여 절벽에 매달린 프로메테우스는 두번째이자 진정한 구원은 미래의 왕자(王者)의 종족인 이오의 13대 자손으로부터 온다고 예언하였다. 그들은 프로메테우스의 예언을 기억하면서 각성하여 덕행과 예법을 익혔으며 아울러 도시국가의 질서를 이해하게 되었다. 그런 뒤에 제우스가 의존하는 강제와 폭력의 참정(僭政)을 뒤집고 최초의 도시국가 공동체를 건립하였다.

13

프로메테우스의 예언이 계시하는 것은 비극적 운명에서 빠져나오려면 반드시 두 번의 구원과 두 차례의 기예의 전승과 학습을 경험해야 한다는 것이다. 첫번째는 제작의 기예이고, 두번째는 도시국가의 기예, 이른바 정치술(statecraft)이다. 역사는 일찌감치 우리들에게 제작의 기예를 전해주었다. 그리하여 우리들은 이처럼 제작과 상업에 뛰어나다. 그러나 현재 우리들은 반드시 한걸음 더 나아가 정치의 기술을 학습해야 한다. 우리들은 반드시 정치 현실의 구조적 곤경 속에서 정치의 기술을 학습하고 단련하고 연마해야 한다. 우리들은 반드시 불공정한 세계에서 공정한 도시국가를 창조해야 한다. 그러나 공정한 도시국가가 천민들을 인솔하여 제국의 포위를 돌파할 수 있을까? 그것은 아무도 모른다. 다만 우리들이 확실히 알고 있는 것은 공정한 도시국가는 하나의 횃불로서 그것은 제국의 황폐함과 위선을 비추어준다는 사실이다. 우리들은 결코 하늘로부터 타고난 선량한 공민은 아니며 또 존귀한 왕자의 종족도 아니다. 곤경이 억지로 우리들로 하여금 미덕과 기술을 익히도록 하였으며, 포위가 강압적으로 우리들로 하여금 세계를 지향하도록 하였다. 핍박당하여 선(善)을 지향하게 된 것, 이것이 천민의 도덕계보학이며 노예가 복수하는 또다른 형태이다.

그러므로 천민이 기대할 수 있는 해방은 구조적인 해방이 아니라 정신적 자아를 지탱하는 것이며 존엄한 자아를 회복하는 것이다. 또 세력을 축적하여야, 즉 불가지한 미래의 역사를 위하여 세력을 축적하여야 한다. 제국이 돌연히 붕괴하거나 혹 제국이 군대를 동쪽으로 진군시킬 때를 대비하여……

자유를 위하여 세력을 축적하고, 혹은 존엄하게 죽기 위하여 세력을 축적해야 한다.

14

"자유로운 마음을 바람에 날려 보낸다[風吹自由心]." 이는 남명(南明) 주씨(朱氏)의 마지막 혈손이 1683년 타이완에서 함락당할 때 쓴 마지막 글이다. 내가 이 시구(詩句)를 이 부도덕한 세계에서 고통받는, 또 그렇기 때문에 핍박당하여 선을 지향하는 강인하고 자긍심을 가진 모든 천민에게 바치도록 허락해달라.

2007년 8월 31일 심야에 난강(南港)에서 초고 완성.
2007년 9월 30일 오후에 난강에서 수정(修訂).
이때 해가 비치는 가운데 바람이 불고 비가 내림.

[번역: 장승현]

【참고문헌】

Aeschylus, *Aeschylus II*, trans. by Seth Bernadette and David Greene, Chicago and London: The University of Chicago Press 1956.

Barry, Brian, "Statism and Nationalism: A Cosmopolitan Critique" in Ian Shapiro and Lea Brilmayer ed., *Global Justice*, New York and London: New York University Press 1999, 12~66면.

Cheah, Pheng, *Inhuman Conditions*, Cambridge, Massachusetts and London, England: Harvard University Press 2006.

Hegel, G. W. F., *Introduction to The Philosophy of History*, trans. by Leo Rauch, Indianapolis & Cambridge: Hackett Publishing Company 1988.

Kant, Immanuel, *Political Writings*, edited by Hans Reiss and trans. by H. B. Nisbet. Cambridge: Cambridge University Press 1991[1970].

Lin, Yu-sheng, *The Crisis of Chinese Consciousness: radical Antitraditionalism in the May Fourth China*, Madison: The University of Wisconsin Press 1979.

Maier. Charles S., *Among Empires: American Ascendancy and its Predecessors*, Cambridge, Massachusetts and London, England: Harvard University Press 2006.

Mearsheimer, John J., *The Tragedy of Great Power Politics*, New York & London: W. W. Norton & Company 2001.

Shin, Gi-wook, *Ethnic Nationalism in Korea: Genealogy, Politics, and Legacy*, Stanford, California: Stanford University Press 2006.

淺羽通明, 『ナショナリズム: 名著でたどる日本思想入門』, 東京: 筑摩書房 2004.

小熊英二, 『'民主'と'愛國': 戰後日本のナショナリズムと公共性』, 東京: 新曜社 2003[2002].

정보와 담론

타이완에서의 '아시아'에 대한 사고와 인식의 가능성

뤼샤오리(呂紹理)

1. 정보/담론, 생활세계/역사순간

이 글은 두 조(組)의 개념으로부터 어떻게 아시아 담론을 인식하고, 기존의 담론 중에서 어떻게 제국의 안광(眼光)을 탈피할 수 있을까를 생각해보려고 한다. 그 두 조의 개념은 첫째는 정보[資訊]와 담론[論述]이며, 둘째는 생활세계(生活世界)와 역사순간(歷史瞬間)이다. 정보와 담론 조의 개념은 피터 버크(Peter Burke)의 『지식』(*Social history of knowledge: from Gutenberg to Diderot*)에서 나왔다. 버크는 지식구조의 역사과정에 대하여 토론할 때, 19세기와 20세기에 제도화된 많은 과학체계와 담론, 예를 들어 상학(商學), 지리지도(地理地圖), 통계(統計) 내지 언어학 중의 '외국어문학' 등은 사실 16세기와 17세기에는 기껏해야 많은 잡다한 '정보[資訊]'로밖에 간주되지 않았고 근본적으로 어떤 틀을 갖춘 지식체계로 여겨지지 않았으며, 따라서 당시의 대학 내에는 이런 학과들이 전혀 존재하지 않았다고 하였다. 그러나 19세기에 시작된 제국의 확장과 근대 민족국가의 수립에 따라 '정보'로만 여겨졌던 이들 재료들이 새로운 학술전범(學術典範)의 제련(提煉)과 전환을 거쳐 모습을 일신하여 대학 내의 필수적인 학과가 되었다. 그리고 학과의 생산은 또한 제도화된 학술체계, 정치권력, 제국발전 등의 과제와 서로 뒤엉켜서 매우 복잡한 지식·권력계보를 형성하게 되었다.

생활세계와 역사순간은 주로 '역사감각'의 각도에서 출발하여, 사람들이 '구조'에 대하여 도대체 어떠한 인지(認知)의 경로와 가능성을 가지는가를 이야기하고자 한다. 사람들은 일상생활 속에서 사회의 '거대한 변화'나 '혁명' 혹은 더욱 추상적인 '구조'에 대하여 사실 무감각하다. 일반적으로 사람들은 거대한 변화를 직접 보고 들은 순간에 비로소 역사적 조류와 역량의 충격을 감지하며, 동시에 이러한 충격으로 인하여 이미 존재하고 있던 추상적인 '구조'를 발견하게 된다. 문제는 이러한 충격에 대하여 어떠한 방식으로 반응하며, 그로 인하여 드러난 구조에 대하여 갖게 되는 새로운 인식이 사람마다 다르다는 것이다. 일상생활의 각종 자료의 누적은 역사순간이 발생하였을 때 사람들이 행동을 선택하는 사상자원이 된다.

위의 두 개념이 이번 토론회의 주제와 어떤 관계가 있는가? 우선 이번 회의의 의제는 두 가지로, 하나는 '동아시아'이고 다른 하나는 '(탈)제국'이다. 이 두 가지 의제는 사실 아래의 문제와 연관되어 있다. 20세기 이래 '동아시아' 개념은 어떻게 생성되었는가? 어떠한 문화/정치담론에 의해 생산되었는가? 이 '동아시아' 담론 속에 포함되는 실체적 지리공간과 정치문화를 가진 단일국가는 이 동아시아 담론을 어떻게 바라보고 있는가? 일본, 중국, 미국의 세 강대국에 의해 차례대로 지배를 받았던 지역이 탈식민시대에 제국의 지배를 벗어날 수 있는가? 이러한 문제들은 위에서 언급한 '정보/담론'과 '생활세계/역사순간'의 시각에서 이들 담론이 생산된 맥락을 새롭게 추적할 수 있다. 아울러 이를 통하여 위에서 언급한 동아시아 담론의 형성과정에서 동아시아에 대한 타이완인의 인식은 어디에 위치하는가를 생각해볼 것이다.

2. '간극'의 생산

이번 대회의 주제는 두 가지로, 하나는 동아시아이고 다른 하나는 제국과 '탈제국'이다. 사실 '동아시아'와 '아시아'를 막론하고 이 두 용어는 모두 근대 '제국' 개념의 출현과 밀접한 관계가 있다. 주의할 점은 이 제국(최초는 일본)이 서양세계와 직면하였을 때 상상해낸 자아(自我)와 타자(他者)가, 자아는 일본제국을 가리키고 타자는 중국이라는 점이다. 19세기 후반에 일본이 전개한 일련의 '동양' '아시아' '동아시아' 내지 '대동아'와 관련된 담론의 배후에는 모두 중국이라는 그림자가 있었다. 바꾸어 말하면 우리들에게 익숙한 용어인 '동아시아' 혹은 '아시아'는 일본이 타자의 영상(影像)의 굴절에 직면하여 구성해낸 용어이다. 따라서 우리가 '동아시아'나 '아시아'를 이야기할 때, 그것이 문화적 측면이냐, 지리적 측면이냐, 혹은 지정학적 측면이냐를 막론하고, 우리들은 이미 일본제국과 그것이 만들어낸 가상의 도식에 따라 '아시아'에 대한 우리들의 인식과 상상을 구축하고 있는 것이다. 1945년 이전 타이완에게 아시아와 대동아(大東亞)는 곧 일본제국의 판도가 미치는 범위였다. 처음에 타이완은 이 '동아시아' 혹은 '아시아'를 열독(閱讀)의 방식으로 접촉하고 상상하였는데, 이러한 열독을 통해 인식한 동아시아 혹은 아시아는 실제로 '원방(遠方)의 타자'였다. 이 '원방의 타자'는 상당히 다른 두 가지 모습을 갖고 타이완의 서로 다른 역사적 장면에서 나타났다. 우선, 일본제국의 틀 속에서 타이완은 '남진(南進)'의 '기지' 혹은 '도약의 발판'이었다. 지리적 위치에 대한 이러한 비유는, 실제로 일본인의 눈에 비친 타이완의 동아시아에서의 위치는 (동북아시아에 위치한 일본이) 중국 화남(華南)지역과 동남아시아로 '진입'하고 '도약'하는 '경계지대[交界地帶]'라는 것이다. 아시아에 위치하면서 또한 아시아의 다중중심(多重中心)의 '경계적 위치'에 자리한 것은 이러한 지리적 구도를 따른다. 타이완인에 대하여 말한다면, 동아시아 혹은 아시아는 기본적으로 결코 당시 사람들이 일체화된 연대감을 느끼는 공간단위는 아니었다. 두번째 종류의 '원방의 타자'는 감정적인 면에서 타이완인과 모종의 연계를 가지고 있다. 1920년대 '타이완 문화협회'(이하 '문협')가 출현한 것이 바로 그 예이다. 문협의 기관지인 「타이완민보(臺灣民報)」와 그 뒤에 나온 「타이완 신민보(臺灣新民報)」는 식민정부에 대한 그들의 비판을 항상 게재하였으며, 또 아시아지역, 기타 피식민지역의 신문과 반식민활동의 동태를 항상 보도하였다. 식민은 타이완인에게 근대 제국의 생활을 경험하도록 해주었으며, 「민보(民報)」에 실린 아시아 식민지의 소식에 대한 기사는 타이완인에게 아시아를 상상할 수 있는 통로를 제공하였다. '피식민경험'은 타이완이 아시아 세계와 '상상의 공동체'를 건립하는 데 하나의 중요한 촉매역할을 하였다.

그러나 이들 언론기사를 읽는 것만으로는 단지 지리상의 상상만을 할 수 있을 뿐이며 실제로 접촉하고 인식할 수는 없었다. '대동아전쟁'은 아마 중요한 계기였을 것이다. 징발되어 '남양(南洋)'으로 떠난 타이완 지원병, 전쟁에 동원되어 '만주국'이나 샹하이, 꽝저우 등지로 간 타이완인은 직접 '동아시아'와 접촉할 기회를 갖기 시작하였다. 그밖에 제국의 경제·정치·문화적 네트워크의 확장에 따라, 타이완인들의 이러한 직접경험도 부단히 확대되었다. 표면적으로 위에서 언급한 경험들은 모두 '대동아공영권'의 구도 아래로 편성되었으며, 이로 인하여 타이완인들은 아시아에 대한 상상을 열독한 이후에 일본을 중심으로 구축된 아시아 의식 형태의 담론에 처음으로 편입되었다. 그러나 이러한 직접접촉을 통한 아시아(동남아시아)에 대한 인식이 도대체 민간에서 '아시아'에 대한 어떠한 종류의 인지(認知)를 만들어내었는가에 대하여는 아직까지 잘 정리된 견해가 없는 듯하다.

1945년 이후 타이완은 아시아에 대하여 전통적인 중국의 천하관을 계승한 것 외에 냉전시기 미국을 중심으로 발전된 아시아 개념을 더 추가하였다. 사람들에 의해 가장 자주 언급되는 것은 틀림없이 1970년대 이전에 '원동(遠東)' 내지 '아태(亞太)'라는 명칭이 이름 위에 붙은 각종 단체이다. 가장 유명한 예는 틀림없이 현재까지 타이완에 존재하는 기업집단인 원동그룹[遠東集團]일 것이다. 냉전시기의 또다른 아시아관은 사실 여전히 천하관을 계승하고 있으나 다만 아시아의 자유의 보루, 화교의 고향 및 중화문화 도통을 계승한 기지로 전환되었을 뿐이다. 총체적으로 말하면 타이완에서 아시아를 이야기하는 것은 사실상 중국, 일본 및 미국이라는 세 제국세력의 교착(交錯)과 유서(遺緒)를 체현한 것이다. 나는 이것 또한 전후 한국과 타이완이 공유하는 경험이라고 생각한다.

그러나 적어도 1987년의 계엄령 해제 이전에 우리들은 중화문화 도통을 계승한 최후의 기지라고 스스로 인식하고 있었기 때문에 결코 중국을 제국으로 인식할 수 없었다(인식하는 것이 불가능하였다). 그리고 미국은 냉전과 반공이라는 이중적인 요소로 인하여 중화민국의 오랜 맹방으로 인식되었다. 따라서 주관적으로 미국을 제국주의 국가로 보는 사람들은 소수였다. 그러나 일본은 중국과 8년 동안 전쟁을 하였기 때문에 당연히 제국으로 간주되었다. 그리하여 계엄령 해제 이전에 우리들이 인식하는 제국은 단지 일본이었다. 그리고 천하관의 영향으로 우리들은 줄곧 스스로를 아시아의 중심이라고 생각하였다. 그래서 엄격하게 말하면 1990년대 이전에 타이완은 아시아 담론을 토론할 어떠한 자격도 갖추지 못하였다. 그러나 만약 생활세계의 시각에서 본다면 우리들과 지리상의 아시아 사이에는 끊어지지 않는 관계가 있었다. 동아시아 지역에 흩어져 있는 '화교'는 일찍이 상인, 기업가, 유학생들이 동아시아와 접촉하는 가장 중요한 통로였다. 민간에서는 실효성과 실용성을 갖춘 이른바 동아시아 관련 '정보'를 상당히 대량으로 축적하고 있었다. 이들 정보는 타이완에서 도대체 어떠한 아시아관을 형성시켰는가? 이 문제는 아마 타이완이 새로운 아시아 담론을 형성하기 전에 반드시 먼저 해결해야 할 문제이다.

3. 중층중심(重層中心)의 중층주변[重層邊陲]

우리들은 줄곧 자신이 아시아 '사회'에 속한 일원이라고 부르는 데 익숙해져 있다. 그러나 오히려 역사적으로 타이완은 줄곧 아시아와 관련된 담론의 주변지대에 방치되어 있었다. 진제(陳第)의 『동번기(東番記)』에서 말하는 '동(東)'은 반드시 송말(宋末) 이래 '동/서'양이라는 지리문화적 구도 아래에서 이해해야 한다. 이러한 구도하에서 명청(明淸) 시기의 호시조공(互市朝貢) 체계는, 첫째는 정치의례(政治儀禮)적 측면에서 중화문명을 중심으로 하는 체계로 발전하였고, 둘째는 경제적 측면에서 중화제국을 중심으로 하는 호시무역(互市貿易) 씨스템으로 발전하였으며, 셋째는 이러한 양식을 기초로 하여 일본, 조선, 인도차이나반도에서도 각자 자신을 중심으로 하는 '소천하(小天下)'를 복제하고 발전시켰다. 그리하여 근대국가가 아직 형성되기 전에 아시아 세계는 여러 겹이 중첩된 중층관계(重層關係)의 구조를 가지고 있었다. 그렇다면 타이완은 이러한 다중중심 구조하의 아시아(동아시아) 세계 속에서 도대체 어떤 위치에 서 있는가? 최근 떵진후와(鄧津華)는 17세기부터 19세기까지 대청제국(大淸帝國)이 문자와 도상(圖像)으로 표현한 타이완을 면밀하게 고찰하였다. 그녀는 싸이드(E. Said)의 "제국주의는 한 세트의 태도와 권력관계이다"라는 말을 입론의 출발점으로 삼아 청조(淸朝)의 만주족과 한족의 관리와 사인(士人)들이 타이완에 대하여 언급한 글들에 관하여 개관하였다. 사실 그들의 글은 줄곧 종족주의와 문화주의라는 두 가지 논란의 궤도에서 배회하였다. 비록 떵진후와가 이 두 줄기 논변의 궤도가 대청제국으로 하여금 자신의 문화특질을 사고하도록 하였는가의 여부에 대하여 결코 진일보한 토론을 하지는 못하였지만, 그녀의 분석은 우리들로 하여금 아래의 문제를 다시 생각해보도록 하고 있다. 청대가 남긴 타이완의 각종 풍토문화 및 원주민과 관련된 언설과 태도가, 후일의 역사에서 한편으로 일본이 타이완 문화를 건설하는 데 어떠한 영향을 끼쳤으며, 다른 한편으로 타이완 문화에 대한 전후 국민당의 태도에 어떠한 영향을 끼쳤는가? 청일전쟁 이후 일본이 타이완을 통치한 역사와 관련하여 말한다면, 천웨이펀(陳瑋芬)은「'동아시아'에 대한 일본의 사고」에서 일본의 19세기 이후의 담론 가운데 '동아시아'와 '대동아'를 막론하고, 타이완은 이 정치・경제・문화 권역 가운데 하나의 독립된 단위가 아니었음을 명확하게 지적하고 있다. 기껏해야 타이완은 대동아 권역 가운데 '남방(경제권)' 혹은 식민지이지 결코 독립적인 문화체는 아니었다. 그렇다면 과거 '동양/동아시아/대동아' 담론에서 완전히 무시당하였던 타이완이 어떠한 역사(문화)적 전승(傳承)과 자원으로 '아시아'에서 자신의 위치를 논할 수 있는가? 혹은 시각을 바꾸어서 보면, 만약 과거 타이완을 다층(多層) 주변의 논의 속에 방치하였던 동양/동아시아/대동아 담론이라면 그것은 타이완의 위치를 명확하게 지적할 수 없을 것이다. 그렇다면 우리는 어떤 새로운 개념으로 아시아의 역사문화 가운데 타이완의 위치를 사고해야 하는가? 이러한 사고는 우리가 우리 자신을 새롭게 이해하는 데 어떤 도움이 되는가? 무엇이 '아시아'인가를 인식하는 것이 자신에게 또 무슨 도움이 되는가? 한걸음 더 나아가서 말하면, 이러한 사고는 어떠한 조건하에서 함께 아시아에 속해 있는 다른 국가/지역/인민들과 대화를 하고 더 나아가 서로에 대한 인식과 이해를 증진시킬 수 있는가? 또다른 방식으로 바꾸어본다면, 과거 동아시아 담론에서 종속, 심지어는 주변의 위치에 방치되었던 타이완이, 문화주체를 갖춘 제국이란 '가상적(假象敵)'과 비교될 때, 그 '틈새'적 처지를 활용해 방향을 전환할 수 있는 '틈'이 더 많음을 의미하는 것은 아닌가?

4. 중층주변의 다중중심

17세기 이후 300년 동안 타이완은 각각 네덜란드, 명정(明鄭, 명말 정성공), 청조(淸朝), 일본 및 중화민국 정부의 통치를 받았다. 각 정권이 타이완에 등장할 때마다 지난 정권이 남긴 것 중에 새로운 정권에 장애가 되는 요소들을 '정리'하고 통치에 유익한 일부 정책들을 남겨두었다. 과거 타이완의 역사서술은 대개 타이완의 정권교체가 타이완 사회에 끼친 '비극'을 슬픈 어조로 서술하고, 끊임없이 '외래정권'의 통치를 받고 있음을 언급함으로써 박해를 받고 있다는 의식을 조성하여 민족주의를 고취하는 수단으로 삼았다. 그러나 이러한 서술은 정권교체와 그에 따른 기존 정권에 대한 정리가 기존의 제국문화와 권력관계를 분리시킬 가능성과 그에 따라 모종의 '간극(間隙)'이 출현할 수 있음을 간과하고 있다. 1895년에 일본은 타이완을 통치하면서 정치권력관계에서 타이완을 대청제국과 '단절'시키겠다고 선언하였다. 그후 51년 동안의 역사를 살펴보면, 초기 20년간은 '기존의 관습을 그대로 보존시키는' 태도를 취하여, 타이완 사회의 언어·종교·생활방식 및 사회관계를 강압적으로 정리하는 일은 결코 하지 않았다. 그리고 이와 동시에 '문명개화'와 '식산흥업(殖産興業)'을 대대적으로 선양함으로써 타이완에 대한 대청제국의 영향력을 감소시키고 과거 청조 정권에 대한 역사적 평가를 바꾸려고 하였다. 이를 뒤이은 1920년대 동화주의(同化主義)의 강화와 신식교육체제 아래에서 육성된 새로운 지식인의 출현은 청조가 남긴 중국문화에 대한 타이완인의 중층적이고 복잡하며 애매한 태도를 만들어내었다.

1945년 이후 타이완은 일본의 통치에서 벗어났다. 국민당은 타이완의 통치를 접수한 뒤에 일본 제국문화에 대한 정리작업을 진행하였다. 그리고 비록 반공담론이 중국에 대한 정치적 주권을 강력하게 주장하였지만, 의식형태에 있어서는 오히려 타이완인들에게 중국대륙에 대한 생소함, 공포심 및 배척심이 생기도록 만들었다. 민진당(民進黨) 집권 이후에 또 한 차례의 정치문화 정리작업이 다시 전개되었다. 여러 차례의 선거조작을 거친 뒤에 '본토(本土)' 담론을 만들어내었으며 아울러 더 나아가 일련의 '탈중국화' 절차가 전개되었다. 이 절차가 유발한 격렬한 논쟁과 충돌은 우리가 토론하고자 하는 촛점이 아니다. 내가 지적하고 싶은 것은, 위에서 말한 정권교체가 만들어낸 기존 정권의 유산에 대한 각종 '정리'와 '선택적 보존'의 과정과 경험이 실제로 제국문화와 권력관계를 느슨하게 하는 작용을 하며, 따라서 타이완 사회로 하여금 일본과 중국에 대하여 일종의 미묘한 '상대감(相對感)'을 드러내도록 한다는 점이다. 예를 들어 일본의 타이완 통치시기부터 국민당을 거쳐 민진당의 집권에 이르기까지 각 정권의 기존 정치문화유산에 대한 정리의 결과로 타이완인들은 일찍이 점차 '중국'을 '상대화'하여 바라보게 되었다. 나의 경우를 말한다면, 이 '상대화 느낌'은 적어도 '제국'에 대한 우리들의 중국식 사고방식에서 '벗어나게' 하는 긍정적인 효과를 가져왔다. 예를 들면, 30년 전에 중화문화의 영향을 받은 우리들은 역사적으로 중국이 주변민족을 상대한 것은 '왕의 교화로 먼 지역을 안정시킨' 것이었지 주변민족을 '침략'할 의도를 가진 적은 없었다고 인식하였으며, 또한 역사적으로 중국이 '제국주의 국가'였을 것이라고 인식한 적도 없었다. 그러나 앞서 언급한 '상대화'의 감정작용을 겪은 후에는, 현재의 중국과 비슷한 민족주의 정서를 상실하였으며, 심지어는 '타자'의 시각에서 중국을 바라보고 있기 때문에, '제국'의 시각에서 중국을 바라보는 것을 배척하지 않게 되었다. 나는, 이러한 '상대화'의 특질을 갖춤으로써 타이완은 '탈제국'에 대하여 새롭게 생각해볼 유리한 위치를 차지할 수 있다고 생각한다. 그러나 우리들이 반드시 주의해야 할 것은, 선거를 통하여 만들어진 이러한 '탈중국화'와 중국제국에 대한 반감을 드러내는 논설들이 아직까지 '탈일본화'의 단계로는 결코 나아가지 않았다는 점이다. 달리 말하면, 중국과 일본이라는 두 요소는 타이완에서 줄곧 상호 견제하여왔으며, 또한 이러한 상호 견제를 통하여 자신의 역량을 키워왔는데, 계엄령 해제와 탈중국화의 과정 속에서 일본성(日本性)이 부지불식간에 성장할 수 있는 미묘한 관계가 만들어졌다. 타께우찌 요시미(竹內好)는 '심정(心情)'을 일본의 아시아관을 분석하는 하나의 측면으로 삼았는데, 나는 우리들이 '심정'적인 측면에서 이미 전환할 수 있는 역량을 갖추고 있지만 한걸음 더 진전된 담론을 생산하기 위해서는 더욱 세밀하고 많은 노력이 필요하다고 생각한다. 아울러 과거 타이완에 영향을 주었던 모든 제국의 역량과 문화에 대하여 동일한 수준에서 사고하고 검토하며 비판할 수 있어야 한다.

다음으로 내가 반드시 언급하고자 하는 것은 중국을 상대화하는 것은 또 다른 종류의 위험을 만들어낼 수도 있다는 점이다. 즉 상대화로 인하여 서로가 비슷한 능력을 갖추고 있음을 인식하지 못하고, 또 자신의 문화 중에 남아 있을 수 있는 '문화제국주의'의 그림자에 대한 반성을 하지 못할 수가 있다. 이러한 현상은 타이완 내부의 원주민, 신이민(新移民)과 외국인노동자, '혼인한 외국인 배우자'와 맞닥뜨릴 때 더욱 선명하게 드러난다. 우리들은 지난날 제국의 정치권력관계에서 벗어나고자 안간힘을 쓰고 있다. 그러나 부지불식간에 문화제국주의의 태도로 주변 아시아 국가들을 상대하고 있다. 특히 우리들이 '낙후'되고 '후진'적이라고 치부하는 국가의 인민들을 상대할 때 우리들은 자신도 모르는 사이에 제국이 남겨준 관점에 빠지게 된다.

5. '문화'를 통해 아시아를 생각하다: 결론을 대신하여

나는 이상의 토론을 사실상 하나의 방향으로 이끌고 가기를 희망한다. 과거 아시아와 관련된 토론은 불가피하게 모두 '제국'이라는 틀에 따라 무엇이 아시아인가를 사고하는 것이었다. 그러나 생활세계의 시각에서 본다면 제국의 경합과 관련된 이러한 아시아 담론은 종종 많은 미세하면서 매우 중요한, 일상생활에서 출발한 느낌, 정서 및 가치를 간과하였다. 일상생활의 느낌, 정서, 가치는 사실 지극히 복잡하며 또 종종 서로 모순된다. 그러나 나는, 모순은 바로 각각의 정권이 기존 제국에서 벗어나려 할 때 생겨나는 틈새현상이라고 생각한다. 이러한 틈새는 많은 가치의 모순과 충돌을 만들어내지만 낙관적으로 보면 오히려 이는 제국에서 벗어날 수 있는 틈새이자 계기인 것이다. 그러나 과거의 정권교체 과정을 돌아보면, 기존 제국의 유산을 '제거'하려는 방식은 종종 더 많은 모순과 충돌을 야기하였다. 내가 보기에, 지금 진정으로 '탈'제국을 진행하고자 한다면, 더이상 과거와 같은 '정리식'의 '탈[去]'제국 방식을 취해서는 안된다. 즉 기억, 감정, 가치에서 완전히 지워버리는 것이 아니라, 일종의 새로운 정리와 자리매김이 되어야 한다. 일상생활 속에서 원래 의식하지 못하였으며 또한 서로 모순되는 제국과 아시아에 대한 각종 인식과 정보를 다시 느낌, 정서, 가치의 세 가지가 서로 조화할 수 있는 관계에 두어야 한다. 이것이 아마도 제국에서 '벗어나서' 아시아로 '들어가기' 위하여 생각해볼 수 있는 길이 될지도 모르겠다.

그렇다면 '정보/담론'과 '생활세계/역사순간'이라는 두 조의 개념은 우리들에게 어떠한 시각을 제공해줄 수 있는가? 우선, 앞서 언급한 '동아시아'와 관련된 각종 언설(言說)은 사실 과거 100년 동안 점차 발전되어온 일종의 제국의 '패권담론'이었다. 그러나 이 패권담론은 1850년대 일본이 '흑선사건(黑船事件)'이라는 '역사순간'의 자극을 받아 생겨난 일종의 언설이다. 이 역사순간이 발생한 뒤에 일본은 구미 열강을 능가하기 위해 필요한 각종 정보들을 수집하기 시작하였으며, 아울러 그후 50년 동안 우리가 익히 알고 있는 아시아 혹은 동아시아 담론을 점차적으로 발전시켜왔다. 그리고 이 담론의 발전과정 속에서 동아시아 세계와 기타 지역의 정치사회 및 문화의 위계관계도 만들어졌다. 그러나 생활세계에서는, 한편으로는 많은 부분들이 위에서 언급한 '제국의 아시아 담론' 단계까지 정리되지 않은 채로 남아 있었고, 다른 한편으로는 결코 모든 사람들이 이 담론의 영향과 접촉하고 그것을 감지하며 접수하였던 것은 아니다. 우리들은 이러한 담론의 영향을 전혀 받지 않는 집단들을 일상생활 속에서 여전히 발견할 수 있으며, 또한 이 양자 사이에서 방황하며 방향을 잡지 못하는 고뇌하는 지식인도 발견할 수 있다. 물론 한결같이 이 담론을 추종하는 무리들도 발견할 수 있다. 이들 세 부류는 우리 사회에 동시에 존재한다. 바꾸어 말하면, 생활세계 내에서의 정보의

318

도식(圖式)과 정리된 담론 사이에는 종종 많은 '간극'이 존재한다. 이들 '간극'은 미래에 '탈제국'을 할 것인가에 대한 우리들의 앞으로의 사색의 중요한 자원이다.

[번역: 장승현]

【참고문헌】

Burke, Peter, *A Social History of Knowledge: From Gutenberg to Diderot*, London: Polity Press 2000.

Emma Jinhua Teng, *Taiwan's Imagined Geography: Chinese Colonial Travel Writing and Pictures, 1683~1895*, Cambridge Mass.: Harvard University Press 2004.

張崑將, 「如何從台灣思考東亞」, 『思想』 제3기(2006. 10), 177~201면.

周婉窈, 『海行兮的年代: 日本殖民統治末期臺灣史論集』, 臺北: 允晨文化實業公司 2004.

竹內好 著, 孫歌 編, 李冬木等 譯, 『近代的超克』, 北京: 三聯書店 2007.

陳培豐, 『同化的同床異夢: 日治時期臺灣的語言政策・近代化與認同』, 臺北: 麥田出版社 2006.

陳瑋芬, 「日本關於'東亞'的思考」, 『思想』 제3기(2006. 10), 151~76면.

黃美娥, 『重層現代性鏡像: 日治時代臺灣傳統文人的文化視域與文學想像』, 臺北: 麥田出版社 2004.

강태웅 | 광운대학교 일본학과 교수

김도희 | 한신대학교 중국지역학과 조교수

백영서 | 연세대학교 사학과 교수. 사회

양태근 | 한림대학교 아시아문화연구소 연구원

최원식 | 인하대학교 한국어문학과 교수

뤼샤오리(呂紹理) | 국립정치대학교 역사학과 교수

린뤠이밍(林瑞明) | 국립성공대학교 역사학과 교수

우루이런(吳叡人) | 중앙연구원 타이완사연구소 보조연구원

우페이첸(吳佩珍) | 동오대학교 일본학과 조교수

천팡밍(陳芳明) | 국립정치대학교 타이완문학연구소 교수

호이린(何義麟) | 국립타이뻬이교육대학교 사회과교육학과 부교수

백영서 첫번째 토론시간에는 미리 토론을 부탁드린 한국 측 세 분과 타이완 측 세 분을 교차하면서 한분 한분씩 토론을 부탁드리도록 하겠습니다. 그리고 두번째 토론의 장에서는 지금까지 논의되었던 쟁점에 대해서 중요한 것들을 몇개 묶어서 다같이 다시 토론하는 시간을 가져볼까 합니다. 그럼 먼저 첫번째 순서로 한국 측의 최원식 선생님의 토론부터 듣도록 하겠습니다.

최원식 제가 오전에 타이완에 오길 정말 잘했다고 말했는데, 타이완의 선생님들의 솔직하고도 깊이있는 논의를 들으면서, 우리가 추구했던 동아시아의론을 다시 재해석해야겠다 생각했으며, 정말 깊은 감명을 받았다고 말씀

드리고 싶습니다. 세 분의 말씀에서 공통적인 것은 '궐기하는 중국과 어떻게 살 것인가' 하는 것으로 요약할 수 있겠습니다. 솔직히 말씀드리면 한국은 어찌 보면 중국의 눈치를 보지 않을 수 없습니다. 어떡하든지 중국을 달래서 충돌은 줄이고, 혹은 한반도의 평화적 발전을 위해 중국을 잘 달래지 않을 수 없는 저희들의 고민이 있습니다. 사실 한국도 속으로는 21세기에 궐기하는 중국과 어떻게 살 것인가가 정말로 문제이기 때문에 타이완의 지식인들과 이 문제를 공통의 주제로 같이 대화하여 여러가지 방안을 모색해보면 좋은 결과가 나오지 않을까 기대해봅니다.

저도 문학연구자이기 때문에, 물론 한국문학 연구이긴 하지만, 천선생님의 여러 말씀에 동의하는 바가 굉장히 많았습니다. 천선생님 말씀 중에 제가 인상적인 것은 문화의 실력, 특히 타이완 문학의 실력을 키우는 것이 굉장히 중요하다고 하셨는데, 저는 '문화적 충실성' '문화적 건강성'이라는 것이 시대정신을, 한 시대의 아주 중요한, 흥기하느냐 또는 쇠퇴하느냐, 거의 그런 지표를 가르는 중요한 분기점이라고 생각하고 있습니다. 사실은 한국이 한반도의 평화통일이라든가 동아시아 역내의 평화체제를 구축하는 등 맡은 역할이 많은 데에도 불구하고, 사실 지금 한국문학의 활력은 떨어져가고 있다고 말씀드릴 수밖에 없기 때문에 이것이 큰 걱정 중의 한가지입니다. 타이완이 지금 맞이하고 있는 여러가지 상황을 제대로 돌파하기 위해서 타이완 문학의 실력이 굉장히 중요하다 할 것인데, 천선생님이 보시기에 지금 타이완 문화, 혹은 타이완 문학은 어느정도의 활력을 가지고 있는지 묻고 싶습니다.

뤼선생님의 발표를 듣고 여러가지 생각이 들었는데, 타이완의 후속 권력들이 앞의 권력들을 청산하는 과정에서 생기는 '틈새'가 바로 타이완의 탈제국의 꿈을 이룰 수 있는 것이 될 수 있겠다는 것이 굉장히 인상적이었습니다. 한인중심주의로부터 타이완이 일탈을 시작했는데 그렇다고 해서 이것이 일본으로 견인되는 것으로 가서는 안된다고 하셨는데, 제가 잘 몰라서 그러는데, 타이완이 과연 중국과 일본 사이에서 등거리를 유지할 수 있는지, 그

322

것이 동아시아 평화에서 굉장히 중요한데, 그 문제를 묻고 싶습니다.

우선생님의 발표를 들으면서 타께우찌 요시미는 저희 동아시아론 구성에서도 중요한 토론사항이었는데, 타께우찌 요시미에게 바로 타이완이 눈앞에 있었던 것을 오늘 우선생님의 발표 가운데 깨달았습니다. 한가지 대안으로 아시아주의 대신에 세계주의로 가자고 말씀하셨는데, 이때 아시아주의는 해석이 필요한 것 같습니다. 우선생님이 걱정하시는 아시아주의는 분명히 극복되어야지만, 세계주의에 대해 닫혀 있는 아시아가 아니라 아시아를 매개로, 오늘 칸트를 이야기하셨는데, 칸트가 꿈꿨던 우리가 함께 추구해야 할 세계주의는 세계와 소통하는, 아시아를 중심으로 세계로 나아가는, 아시아를 생략하고 세계주의로 나아갈 때 기존의 서구주의와 무엇이 다를 수 있는지 이런 점은 함께 생각해보면 좋겠습니다.

린뤠이밍 저는 죄송하지만, 오늘 여기에 와서야 주제가 '제국의 교차로에서 탈제국을 꿈꾸다'라는 것을 알게 되었습니다. 이 회의에 참석해 감명을 많이 받았는데, 첫번째로 한국의 서남재단이 이런 포럼을 지원해주고 있다는 것입니다. 타이완의 재단들이 왜 이런 포럼에 많이 지원해주지 않는가 궁금합니다. 그들은 그저 어떻게 돈을 더 많이 벌까만 생각하고 있는 것이 쑥스럽고 안타깝습니다. 아까 천꽝밍 교수의 논문을 읽었는데, 이 논문은 약소국이 살아남을 수 있는 방법에 대한 것이라고 생각합니다. 천교수님은 문학연구자로서 그 문장에서 자신감을 느끼게 합니다. 비록 타이완은 중국과 일본 사이에 끼어 있는 복잡한 문화를 갖고 있다고 할 수 있겠는데, 천교수의 입장에서 본다면 중국이 중국의 입장에서 타이완을 협소화시키고, 타이완 문학까지 협소화시키고 있지만, 천교수는 우리의 노력으로 타이완 문학은 더 발전할 수 있다고 생각합니다. 문학은 하나의 민족의 특징과 내적 심리를 포함하고 있는 중요한 요소이지요. 국민당이 장기적으로 집권한 이래 문화적 경직성을 탈피하기 위해 많은 타이완 학자들이 타이완 문학을 위해 많은 노력을 해왔습니다. 타이완문학 학과와 타이완문학연구소의 창립은 이런 위기를 벗어나는 출구라고 할 수 있습니다. 이런 점에서 타이완을 정말 알고 싶다면 타이완 문학을 꼭 알아야 합니다.

그리고 우교수의 문장에서 제국의 틈 사이에 끼어 있는 타이완을 봅니다. 우교수님은 비관적이라고 하셨지만, 그 논문에서 '강자의 비관'이란 것을 볼 수 있습니다. 글의 마지막에 '존엄 있게 대항하자'라고 하는 부분에서 우리의 생존의미가 있다고 볼 수 있습니다. 우교수의 '강자의 비관'에서 우리는 더 좋은 희망을 갖게 됩니다.

백영서 방금 이 포럼을 열 수 있도록 지원하는 서남재단에 대해 말씀해 주셨는데, 서남재단은 타이완에서 계시는 분은 잘 모르실 수 있는데, 초코파이를 만드는 것으로 시작한 기업인데, 지금 한국에서 초코파이뿐만 아니라 영화, 시멘트, 증권 등에 투자하고 있지요. 그럼 다시 토론으로 돌아가겠습니다. 다음은 한국의 강태웅 선생님의 토론을 듣도록 하겠습니다.

강태웅 이 자리는 동아시아 연대를 통해서 탈제국을 논의하는 자리라고 생각합니다. 그러기 위해서는 탈민족주의, 탈자국중심주의가 어느정도 필요하다고 생각합니다. 그런데 타이완으로서는 탈민족주의라는 것은 어떻게 보면 탈제국주의의 주체가 없어지는 그러한 것이 되어버립니다. 그래서 매우 어려운 문제에 봉착해 있다고 생각이 듭니다. 우선적으로 동아시아 연대에 있어서 문화의 힘이라든지, 혹은 문화교류가 논의되었지만, 여기에 꼭 문화교류가 해결책만이 아니라 어떤 문제가 될 수도 있다고 생각합니다. 무슨 이야기냐 하면은 타이완에서 지금 '한류'라고 해서 한국의 드라마나 영화 등이 유행을 해서 한국이라는 나라를 알려줌으로써 어떤 상호간의 이해를 높여주고 있다고 생각합니다. 그런데 중요한 것은 한국에서의 일부분의 사람들은 '한류'라는 것을 문화적인 상호교류라고 생각하지 않고, 한국의 영향력의 확대라고 생각한다는 것입니다. 어떻게 보면 한국이 제국으로서 행사하려는 경향이 있습니다. 그래서 저희의 '탈제국'이라는 제목은 제국을 비난하는 측면뿐만 아니라 한국이 스스로 반성하는 측면도 있지 않나 생각합니다. 그럼

여기서 화살을 타이완으로 돌려보면, 타이완이
정치외교적 요소를 제외하고 과연 약소국인가입
니다. 아시아에서 타이완은 경제적·문화적으로
굉장히 높은 위치에 있었고, 그러한 위치에 지금
까지 계속 있는데, 자신을 약소국으로 주장하는
것은 반성할 점이 있지 않나 생각합니다.

백영서

　두번째는 천선생님의 발표에서의 일본을 통
해 근대화를 받아들였다는 문제입니다. 이건 한
국도 마찬가지로 일본을 통해 근대를 받아들였고, 양국의 공통된 역사경험
이라고 할 수 있습니다. 그런데 다른 것은 한국에서는 일본문화의 유행이라
는 것을, 양국 문화의 공존이라고 생각하지 않고 일본문화가 들어옴으로써
한국문화를 침략한다고 생각하고 있습니다. 저는 물론 이것을 한국이 극복
해야 하는 인식이라고 생각하지만, 타이완에서 일본문화의 유행을 어떻게
생각하는지 알고 싶습니다. 타이완 문화의 정체성을 위협하는 그런 문화로
서 인식되었는가, 아니면 그런 인식이 있었는데 극복되었는가, 아니면 처음
부터 그런 의식이 존재하지 않았는가 하는 질문을 드리고 싶습니다.

　백영서　다음은 타이완 측의 우페이첸 선생님이 토론해주시겠습니다.

　우페이첸　저는 전공이 일본 근현대문학인데, 특히 메이지시대 일본 여성
문학이기 때문에 오늘 이곳에서 토론자로 발표하게 된 것을 상당히 황송하
게 생각합니다. 비록 오늘 가장 적합한 토론자는 아니지만 우선생님의 논문
을 읽을 수 있는 기회가 되어 수락하였습니다. 그의 논문 중에서 당대 주체
의 국가체계 속의 역할에 대해 말씀하셨는데, 제가 관심을 가지는 부분은 왜
타이완이 이런 사회적 구조상황 속에서 어떻게 이같이 비극적인 처지에 처
하게 되었는가 하는 것입니다. 우교수의 논문에서 동북아 민족주의에 대해
말씀하시면서 제국의 틈새에 끼어 있는 약소국을 세 부류로 말씀하셨는데,
어떤 부류의 약소국이든 제국주의 안에서 자유롭지 못하다는 것입니다. 대

부분 동아시아 담론은 중국의 쑨꺼(孫歌)가 타께우찌에 대해 해석한 데서 비롯되는 것이 많은데, 어떻게 타께우찌를 해석하든지간에 민족주의란 카테고리에서 벗어나는 것이 어렵다고 볼 수 있습니다. 따라서 왜 타이완이 동아시아 공동체에 진입해야 하며 그 공동체에서 어떤 위치를 차지해야 하는가 논의해보아야 할 이유가 여기에 있다고 생각합니다. 특히 타이완의 각도에서 아시아 신세계의 도래에 대해 말씀해주셨는데, 이중에서 상당히 첨예한 시각을 보여주고 있습니다. 제국패권 아래서 아시아 공동체 혹은 아시아 신질서를 논의한다는 것은 진정으로 제국주의를 벗어날 수 있는 것인지 아니면 또다른 제국주의에 휘말리는 것이 아닌가 하는 생각을 해봅니다. 일본 근대문학의 입장에서 볼 때 쑨꺼가 타께우찌 요시미를 해석하면서 나온 동아시아 담론이 활발하게 진행되고 있는데, 타께우찌 요시미가 전쟁시기에 전쟁을 고취하고 찬양했던 행위에 대해서 망각하고 있는 것은 아닌가 하는 생각을 하게 됩니다. 제 생각에는 타께우찌의 동학인 토오꾜오대 중문과 타께다 타이쥰(武田泰淳)이라는 학자의 예언식의 중국의 논술이 더 많은 시사점을 제공하지 않는가 생각합니다. 타께다는 1937년에 자기가 그렇게 바라 마지 않던 중국공략에 나서 참전했는데, 전쟁이 끝난 후 1942년에 『사마천』이라는 소설을 썼습니다. 소설 시작부분에 이런 내용이 있습니다. "사마천은 수치를 모르는 사람이다." 정치집단에서의 분열, 그러나 여전히 정치인생을 살아가고자 하는 사마천에 대한 이런 해석이 당시의 일본의 전쟁을 도발한 상황과 일본의 신상에 대해서 어떻게 대비되는지 의견을 제시하고 싶습니다. 이런 경우를 통해서 다시 타께우찌를 볼 때 전쟁 전과 후가 그 시각이 상당히 다르다는 것을 알 수 있습니다.

백영서 양국의 토론자들 가운데 한 분씩 여성학자분이 계신데, 다음은 김도희 선생님 차례입니다.

김도희 오늘 주제가 타이완이 가지고 있는 정체성이라는 생각이 들어서, 타이완의 세 분 학자들의 논문을 중심으로 해서 제가 궁금한 사항을 질문하도록 하겠습니다. 우선 첫째로, 타이완이 일본의 잔재를 청산했는가 하는 의문이 타이완에 유학하던 시절에도 들었고, 지금도 여전히 가지고 있습니다. 어제 2·28기념관에 가서 보니까 그런 독립운동이 상당히 활발하게 있었고, 그 당시에 타이완의 독립을 위해 사형당한 분들이 상당히 많다는 것도 알게 되었습니다. 그런데 한국 같은 경우가 일본에 대한 기본적인 저항이나 반감을 가지고 있는 데 비해, 타이완은 일본에 대한 반감을 가지고 있지 않은 이유가 무엇일까 궁금합니다. 이것이 물론 국민당의 통치가 더 악랄했기 때문에, 비교적으로 일본의 근대화 과정이 좋은 인상을 남겨서 일본통치에 대한 반감이 줄었다고 생각할 수도 있겠지만, 제가 보기에는 타이완이 자신의 정체성을 찾아나가는 과정에서, 지금은 국민당 정권에 대한 청산에 주력하고 있는데, 오히려 그보다 일본 식민지에 대한 청산이 우선되어야 하는 것이 아닌가 생각합니다. 또 한가지 문제제기로서 저는 중국을 연구하면서 제국의 시대와 마찬가지로 자본의 시대가 가지고 온 폐해가 굉장히 심각하다고 생각합니다. 그런데 타이완은 국민당으로부터의 타이완의 정체성을 강조하기 위해서 혈연이나 종족의 문제를 강조하게 됩니다. 그래서 저는 타이완에서 국민당 정부에 저항했던 하나의 기제와 한국에서 독재정권에 대항했던 민주화운동의 동력이 상당히 다르다고 생각합니다. 제가 이런 생각을 가지는 것은 제국주의에 항거하는 운동들이 일반적으로 제국주의에 억압받는 노동자들의 힘, 사회주의 사상이 가지고 있는 동력에 대해 이야기하는 것에 비해 타이완에서는 이런 것이 없다라는 생각이 들기 때문입니다. 아까 마찬가지로 타이완 지식인들에게 던지는 질문은 과연 사회주의 운동이 배제된 혈연 종족을 통한 저항, 국민당 통치에 대한 저항들이 다른 제3세계 국가들에서 일어나는 독재정권에 대한 저항보다 좀 명분이 약할 수 있다는 그런 오해를 불러일으키지 않을까 하는 생각이 든다는 것입니다. 제가 외람된 말씀을 드린다는 생각이 들긴 하지만 이 두 가지가 제가 타이완을 바라보면서 느끼는 생각들이고, 탈제국이라는 것이 제국주의로부터 이탈하는 것도 중요하지만 신자유주의적인 세계주의로부터 이탈하는 것도 굉장히 중요하지 않은가, 그런 관점으로 볼 필요가 있지 않을까 하는 생각도 듭니다.

백영서 이중에 사전에 부탁드린 토론자는 이제 한 분만 남았습니다. 그럼 호이린 선생님 부탁합니다.

호이린 저는 타이완 동오대학교 일본학과를 졸업했고 현재 타이뻬이교육대학교 타이완문화연구소에 재직하고 있습니다. 저의 학력이 타이완 민주화 과정 내지 타이완 역사교육의 축소판이라고 할 수 있는데, 타이완 역사에 대해 교육을 받은 적이 없지만 지금 현재는 타이완 역사를 연구하고 있는 역할을 담당하고 있습니다. 저는 이 분야의 전공자라고 말하기는 좀 쑥스럽지만, 그래도 제가 오늘 이 자리에 참석하게 된 것은 바로 백영서 교수님 때문이라고 할 수 있습니다. 제가 일본 유학시절에 만난 한국 유학생들은 대부분 일본 제국주의에 대해 비판을 하고 있었습니다. 그렇지만 제가 일본에서 타이완으로 돌아온 후 학생에서 교수로 신분이 바뀌며 백영서 교수님의 여러 저작들을 접하게 되면서, 한국에도 백영서 교수님과 같이 그저 일본을 비판하는 것이 아니라 동아시아의 문제를 사고하는 분이 있다는 것을 알게 되었습니다. 토론된 여러가지 문제 중에서 제가 가장 중점을 두고 싶은 것은 신아시아주의이든 탈제국주의, 제국주의의 비판이든 자아반성이든 가장 중요한 것은 역사에 대한 새로운 인식이라 할 수 있습니다. 많은 한국 학자들이 혹은 학생들이 타이완을 인식하는 과정에서 2·28사건을 냉전체제의 구축 가운데 발생한 사건이라고 인식하는데, 사실은 냉전체제 구축 이전에 발생한 사건이라는 것입니다. 2·28사건을 냉전체제의 구도에서 이해한다면 당연히 그 비판대상은 미국 제국주의가 될 것입니다. 2·28사건을 역사적 시간을 뒤로 늦추어서 바로 냉전체제에서 해석한다는 것은 두 가지로 이유를 찾을 수 있는데, 목적의식이 있는 일부러 잘못된 해석을 한다는 것이며, 이것은 타이완 사회에 어떠한 도움이 되지 않는다는 것입니다.

그럼 두번째로 뤼샤오리 교수의 논문에서 제시한 떵진후와(鄧津華) 교수

328

의 의견에 대해 제 의견을 말씀드리겠습니다. 떵교수의 비판을 국제정치사회의 맥락에서 볼 때 청제국은 전통적인 제국에 속하는 것이고 만약에 다른 제국을 나열해본다면 대영제국, 대일제국, 대미제국이라고 할 것입니다. 제가 이렇게 말하게 된 이유는 지나간 역사에 대한 검토에서 뤼교수가 제기한 여러 제국에 대한 동등한 검토, 이것이 과연 가장 좋은 방법인가 하는 문제를 제기하기 위해서입니다. 현재 타이완의 처지를 이해하기 위해서는 여러 제국을 동등하게 비교 비판하는 것이 아니라 대외적으로 타이완에서 현재 진행되고 있는 민족주의에 대해서 어떻게 브레이크를 거는가를 따져봐야 합니다. 그 다음으로 대내적으로 타이완 내부에서 어떻게 공감을 형성할 수 있는가, 이런 문제가 여러 제국을 동등하게 비판하는 것보다 더 실용성이 있지 않을까 생각합니다. 오늘 타이완 선배학자들이 발표하신 논문은 이전부터 쭉 논의해온 문제들인데, 타이완 학자의 논문내용 중에서 상당 부분 백영서 교수의 논점과 일치하는 부분이 있습니다. 가령 비정부 비국가간 네트워크 건립 등이 그것입니다. 제 개인적인 바람은 이런 자리 이런 기회가 더 많았으면, 이런 기회를 통해서 대화와 교류를 통해서 보다 나은 미래를 계획할 수 있지 않을까 생각합니다. 그래서 저도 아까 뤼웨이밍 교수가 말씀하신 것처럼 왜 타이완의 재단들은 이런 좋은 기회를 마련하는 데 도움이 되지 않을까 하는 감상을 가져보았습니다. 마지막으로 역사연구자의 입장으로 과거의 역사를 어떻게 연대하는가 하는 문제가 중요하지 않을까, 어떻게 솔직하게 하등의 가식도 없이 다른 목적도 가지지 않고 대면하는 것이 중요한 문제라고 생각합니다.

백영서 이제 마지막으로 제가 질문 하나 하겠습니다. 우페이첸 선생님께서 논평하시면서 타께다와 비교하시면서 타께우찌를 비판하셨는데, 그 내용이 정확히 이해되지 않았습니다. 타께다의 『사마천』이란 책을 저도 읽었는데, 타께다의 그 책을 통해 타께우찌의 어떤 점을 비판하고자 하시는지 알고 싶습니다.

우페이첸 비판이라기보다는 좀 비교를 하고 싶어서 제가 타께다를 거론했
는데, 이 두 사람은 토오꾜오제국대학 동창이면서 똑같이 중국문학 연구자
의 입장으로서 서로 다른 길을 갔다고 할 수 있겠습니다. 타께다의 경우에
1942년에 참전 후에 중국의 유명한 학자인 사마천의 전기를 자기가 새롭게
해석하고 새로 쓰면서 중국을 인식한 것이고, 타께우찌는 1963년에 아시아
주의를 발표하면서 그 아시아주의가 동아론의 그런 구상이라기보다는 전후
일본의 민족주의에 대한 수정이 아닌가 하는 생각을 했습니다. 그래서 비판
이라기보다는 비교를 해보고 싶고 동아론의 담론에서 타께우찌가 상당히 중
시되고 있는데 이것이 타께다에게는 불공평한 것이 아닌가 하는 생각이 들
었습니다.

백영서 타이완 학자 세 분 모두 질문을 받으신 것으로 알고 있는데, 답변
하실 수 있는 한도 내에서 발표하신 순서대로 천팡밍 선생님부터 답변해주
시겠습니다.

천팡밍 제가 대답할 수 있는 만큼, 기억하고 있는 문제에 대해 답변을 드
리겠습니다. 오늘 토론을 통해 타이완 문학연구자의 한 사람으로 많은 수확
을 거두었습니다. 먼저 최교수님이 타이완 문학이 어떻게 현재 이 곤경을 돌
파할 수 있는지 혹은 타이완 문학의 생산력을 키워갈 수 있는가에 대해 질
문하셨는데, 제 오늘 논문에서는 나오지 않았지만 다른 저의 여러 편 논문에
서 언급한 적이 있습니다. 제가 말씀드리고 싶은 첫번째 대답은 타이완 문학
이 지금까지 받아왔던 피해를 어떻게 피해자의 입장에서 수혜자의 입장으로
변화시키는가 하는 것입니다. 제국주의 시절 타이완은 중국의 문화, 일본의
문화, 미국의 문화를 접촉했습니다. 때문에 피해만 있는 것이 아니라 새로운
무엇인가를 창조해나갈 수 있는 원동력이 되지 않을까 하는 것입니다. 다음
으로 타이완 문학의 생산력에 대해서 말씀드리겠습니다. 가장 중요한 문제
는 타이완 문학에 대한 새로운 정리, 말하자면 타이완이 겪어온 역사에 대한
새로운 정리와 해석입니다. 타이완 역사에 대한 정리는 1990년대 이후 상당

히 많은 성과가 나와 있고, 그리고 1945년 이후
의 역사의 정리도 여러 편이 이미 나와 있습니
다. 그리고 미국의 영향 그러니까 1970년대 이
후부터 미국의 영향에 대한 역사의 재정리가 진
행되고 있고, 비록 이러한 상해를 받은 피해자의
기억을 정리하고 있지만 아직까지는 개별적인
차원에 머물고 있고, 전체적인 인식이라든가 총
체적인 인식 같은 것은 아직 나오지 않고 있습

쳔팡밍

니다만 이런 개별적 정리가 모아진다면 타이완 문학의 생산력에 상당한 도
움이 되지 않을까 생각합니다. 다른 한가지는 타이완 문학의 생산성을 지속
시킬 수 있는 방법으로 중국제국의 궐기에 대해서 그렇게 부정적으로만 보
지 않는다는 것입니다. 말하자면 중국제국의 궐기에 대해서 우리가 두 가지
방면으로 생각할 수 있는데, 하나는 장점으로 중국대륙의 풍부한 자원, 인력
자원 같은 것이 있겠습니다. 그렇지만 단점도 있습니다. 보수적이고 중앙집
권적인 그런 사고가 있는 것도 사실입니다. 제가 타이완 문학의 성과를 과장
하겠다는 것은 아니지만, 중국과 비교해볼 때 타이완 문학의 상상력, 개방성,
포용력 등은 중국 문학을 능가한다고 생각합니다. 타이완 문학의 우수성, 혹
은 타이완 문학의 장점을 유지해나갈 수 있는 방법으로 더욱 개방적이고 더
욱 창조적으로 중국보다 앞서나갈 수 있는 그런 분위기를 유지하는 것이라
고 생각합니다. 저는 타이완 지식인의 한 사람으로서, 민주화투쟁을 통해서
민진당이 집권을 했지만 8년간의 집권기간 동안 천슈이볜 총통이 그다지 개
방적이지 못하고 민주적이지 못한 방식으로 타이완을 통치했기 때문에 많은
시간을 낭비했다고 보는데, 이를 상당히 부끄럽게 생각합니다.

그리고 강교수님과 김교수님께서 제기한 문제를 종합적으로 답변을 드리
겠습니다. 먼저 일본문화의 영향이 타이완의 정체성 형성에 어떤 영향을 미
쳤는가 질문하셨는데, 일본문화의 영향은 당연히 타이완의 현대성에 상당한

영향을 미쳤습니다. 그렇지만 일본문화의 영향도 두 가지 측면에서 부정적인 영향이 있다고 생각합니다. 저도 문화침략이라고 생각을 하지만 핍박을 당한 것도 사실입니다. 그렇지만 또한 이런 핍박과 지배하에서 또다른 심성의 해방도 가져왔다고 생각합니다. 예를 들면 중국의 보수적인 생각으로부터 해방될 수 있는 기회도 제공된 셈이라고 할 수도 있습니다. 이것이 바로 식민지문학의 모순된 점이 존재하는 부분이라고 생각합니다. 타이완 문화의 정체성을 사고할 때 이러한 일본문화의 영향이 결코 일본에 견인되는 방향으로 흘러가는 것만은 아니라고 생각합니다. 우리가 진보와 개방의 시각을 확보할 때만이 타이완의 정체성을 유지할 수 있는 것입니다. 그리고 김교수가 말씀하신 왜 타이완에서는 항일역사에 대한 언급을 들을 수 없는가에 대해서는, 1950년대 이후의 국민당의 교육체제와 관련해서 말씀을 드릴 수 있겠습니다. 1950년 이래 국민당의 체제는 타이완 혹은 일본의 역사에 대해서 거의 교육을 하지 않았습니다. 국민당의 역사관은 국민당의 역사경험에 의한 역사였고, 그것이 결코 타이완 민중의 항일역사는 아니었습니다. 그렇기에 교육체제 내부에서부터 타이완 일반인들이, 타이완 학생들이 타이완의 항일거사를 접촉할 수 있는 그런 기회가 없었다는 것이 가장 중요한 요인이 아닐까 생각합니다. 바로 이런 점에서 국민당은 일본 식민주의의 공범이라고 할 수 있습니다.

그럼 마지막으로 김교수님이 지적하신 왜 타이완에서 사회주의가 배제되었는지에 대해서 답변하겠습니다. 가장 큰 이유는 바로 반공교육의 성공이라고 할 수 있겠는데요, 반공교육은 1950년대 백색테러리즘과 동시에 진행되었고, 그 기간에 일제시기의 사회주의 진전사항 혹은 발전사항에 대해서 이해할 수 있는 기회가 전혀 주어지지 않았습니다. 정규교육체계에서 그런 기회가 전혀 없었기 때문에 당연히 타이완 민중들은 무지할 수밖에 없었던 것입니다. 그렇기 때문에 제가 1997년에 『사설홍(謝雪紅) 평전』이라는 책을 썼는데, 사설홍이라는 타이완 여성공산당원을 통해 제가 표현하고 싶었던 의도는 타이완 국민당에 대한 반대의견이었습니다. 반공교육이 얼마나 성공을 거두었냐면, 민진당이 집권하고 있는 현재까지도 많은 사람들이 아직도 이런 반공체제에서 벗어나지 못하고 있다는 것입니다. 그래서 냉전은 이미 끝났지만 반공의 유령은 아직도 떠다니고 있다고 말씀드리면서 제 답변을 마치겠습니다.

백영서 다음으로 뤼샤오리 교수께서 답변하시겠습니다.

뤼샤오리 여러 교수님들께서 말씀해주셨는데, 제가 제기한 정권이전과 관련해서 나중에 출현한 제국이 구제국을 청산하는 과정을 통해 탈제국의 계기를 마련할 수 있다고 제가 말씀을 드렸습니다. 이 문제를 근대주의와 함께 들어온 민족주의라 말씀드리고 싶습니다. 아시아 민족주의는 다 아시다시피 일본, 영국 혹은 기타 제국주의의 핍박에 반항하면서 생겨난 것이라 볼 수 있습니다. 이 압박에 대한 저항이 바로 민족주의를 구성하는 가장 중요한 요소입니다. 이것이 또한 피 식민자간의 상호 연대감을 형성할 수 있는 계기가 될 수 있습니다. 그렇기 때문에 우리가 탈제국주의를 이야기할 때 반드시 근대 제국주의와 함께 들어온 민족주의, 제국주의에 대한 비판이 앞서야 한다고 생각합니다.

그럼 바로 전후 타이완의 상황, 1945년 이후의 타이완의 상황에 대해 집중적으로 말씀드리겠습니다. 타이완의 민족주의는 전후의 중국 민족주의를 통해서 일본을 정리하는 유효한 방법으로 등장한 것입니다. 그렇기에 처음부터는 1945년 초기에는 최교수님이 말씀하신 바대로 중국과 일본 사이에서 결코 서로 동일한 거리에 있었다고 말하기 어렵습니다. 비록 등거리관계는 아니지만 제국주의에 대항하며 생겨난 민족주의기 때문에 여러가지 사고할 수 있는 부분이 있다고 생각합니다. 그렇기 때문에 타이완, 일본, 중국, 이 삼자의 관계를 사고하기 위해서는 과거의 역사로 돌아가야 하고, 과거의 역사로 돌아가는 동시에 우리 내부에 남아 있는 중국 민족주의에 대해 사고해보아야 합니다. 뤼뤠이밍 교수님이 제기한 문제 가운데에서 제국주의에 관해서 말씀드리겠습니다. 뤼교수님이 지적하신 대로 청나라는 전통적인 제국이라고 말씀하셨는데, 그렇기 때문에 근대적인 제국주의와 동일한 수준에서 비교할 수 없지 않은가 하셨는데, 제 의견은 좀 다릅니다. 청나라가 타이완을 어떻게 서술하고 어떻게 서사했는가 그런 요소들을 볼 때, 그런 요소들이 이후 일본이 어떻게 타이완을 허구적으로 구성하는가에 계속 중복적으로 나타나기 때문입니다.

또한 강교수님과 김교수님이 제기하신 문제는 천선생님이 이미 답변하셨는데, 저는 그 답변에 기초하여 다시 저의 의견을 말씀드리도록 하겠습니다. 첫번째로 일본문화의 영향이 타이완의 정체성에 어떤 위협을 가하는가입니다. 천교수님이 말씀하신 것처럼 일제시기를 돌아볼 때 50년간의 일본통치를 두 가지 단계로 나눌 수 있는데, 첫번째 단계는 일본이 타이완 전통에 대해 어떤 제약도 가하지 않는 단계입니다. 처음 30년간은 일본은 타이완의 기존 습관을 그대로 유지했습니다. 이를 통해 타이완 민중과의 호응을 얻고자 한 것입니다. 그리고 일본 관리계급도 타이완에 잔존하고 있는 유교문화에 대해 상당한 이해를 가지고 있고, 이를 통해 타이완인을 회유하려는 목적을 가지고 있었습니다. 바로 이런 이유로 인해서 첫 10년간은 비록 무장반항이 있었지만 나머지 20년은 그런 반항이 점점 소멸해가는 과정이 있었습니다. 두번째 시기는 일본이 메이지유신을 통해 이룩한 현대화 경험, 문명개화 모토를 내걸고 타이완의 현대화를 진행하기 시작했습니다. 일본이 주도한 현대화 경험과 이론은 당시 신흥 지식인계층에 상당한 영향을 끼쳤습니다. 한국과 비교해볼 때 바로 이런 점이, 45년 이후의 발전상황을 볼 때 타이완에서 일본에 대한 감정이 적은 이유가 되지 않을까요?

이런 기초에서 저는 일본이 가져온 현대성이 타이완에 어떤 영향을 끼쳤는지 한번 사고해보고 싶습니다. 이 문제는 백교수님의 글 가운데 안데르센의 동화인 『빨간 구두』의 이야기처럼 빨간 구두를 신고 춤을 추던 소녀가 칭찬 때문에 춤을 멈출 수 없어 결국 발을 잘라야 했던 것처럼 현대화가 빨간 구두와 같은 역할을 한다고 생각합니다. 제가 보기에 현대성은 바로 근대 제국주의와 동시에 들어왔고, 동시에 확산되어갔습니다. 그리고 생활세계에서 여러가지 영향에서 자유롭지 못한 것도 사실입니다. 그렇기 때문에 우리가 몇 개의 대제국을 어떻게 탈피할 수 있는가보다는 생활세계에서 피부로 느끼는 현대성을 어떻게 극복할 수 있느냐가 더욱 중요한 것입니다. 저는 사

뤼샤오리

회생활사를 주로 연구하고 있기 때문에 생활세계에서 어떻게 복잡하고 모순적이고 그리고 다양한 현대성이 우리에게 어떻게 영향을 끼칠 수 있으며, 우리는 어떻게 이런 영향에서 벗어날 수 있는가가 더 중요하다고 생각합니다.

우루이런 이 기회를 통해서 많이 배우게 되었고, 한국의 학자분께서 제게 주신 질문에 감사를 드립니다. 그럼 최교수님께서 제게 주신 질문에 답변을 드리겠습니다. 최교수님께서 타께우찌의 학설에서 타이완 존재의 가능성에 대해서 말씀하셨는데, 제가 제기하고 싶은 것은 당대 아시아 사상가들이 타께우찌를 통해 무엇을 보고자 하는 것인가 하는 것입니다. 제가 호기심을 가지고 있는 것은 타께우찌의 '방법으로서의 아시아'라는 문장에서 아시아를 저항의 방법으로서 이해하고 있고, 저항의 방식으로 아시아를 볼 때 가장 이상화된 중국을 모델로 제시하고 있는 점입니다. 타께우찌의 학설 중에서 이상화된 중국을 또다시 실제적인 중국으로 바꾸고 본질적으로 중국을 이해하는 견해가 있는데, 이 문제에 대해서 저는 다른 의견을 가지고 있습니다. 이렇게 약자인 중국을 이상화하고 다시 본질화·실체화하면서 나타나는 무시할 수 없는 하나의 현상이 중국 내부의 피압박계층에 대한 사고를 박탈당하는 것입니다. 이 모순은 타께우찌 개인의 것만이 아니고 가령 마루야마 마사오(丸山眞男) 등의 전후 일본의 민주파·진보파 학자들 가운데 공통적으로 나타나는 현상입니다. 마루야마는 일찍이 전후의 일본 지식인층을 가리켜

'회한(悔恨)의 공동체'라는 의견을 제시한 적이 있습니다. 이 논리는 바로 회한을 통해서 피해자를 미화시키고 동시에 자기 내부의 또다른 피해자를 망각하는 모순을 가지고 있다고 생각합니다. 다시 최교수님의 질문으로 돌아가서 타께우찌의 학설에 있어서 타이완의 존재의 가능성이 있는가에 대해서 저는 그 가능성이 있다고 생각합니다. 무슨 말인가 하면, 이상화된 중국을 제기할 경우, 이상화된 중국이라면 아래서부터의 개혁을 성공했을 경우인데, 아래서부터의 개혁이 성공했을 경우에 타이완의 존재가치가, 혹은 존재의 입지가 생긴다고 생각합니다.

두번째는 아시아주의를 넘어서 어떻게 세계주의를 지향하는가 하는 것입니다. 먼저 말씀드리고 싶은 것은 어떤 경우에는 고의로 수사학적인 문장을 통해 문제를 제기하고 싶은 때가 있지 않습니까? 오늘날의 타이완 입장에서 친구를 사귀기도 어려운데, 어떻게 친구를 거절할 수 있겠습니까? 제가 걱정하는 것은 동아공동체 건설의 담론이 아니고, 이런 동아공동체의 논의가 진행되면서 이것이 중국의 패권을 인정하는 경향으로 흘러가거나 중국 패권이 타이완을 압제하는 또다른 변명이 되지 않을까 하는 것입니다. 만약 현재 논의되고 있는 동아시아 담론이 약자의 생존공간을 보장할 수 있는 그런 방식으로 진행된다면 저는 매우 낙관적으로 동북아 구상론에 찬성하는 바입니다. 그래서 타께우찌 요시미보다는 쑨원(孫文)을 논의하는 것이 더 합당하지 않는가 생각합니다. 제 생각에 1925년 일본에서 쑨원이 제기한 '대아세아주의'가 바로 약자를 포용하고 제국주의를 비판하며 주변 민족들을 함께 보다듬을 수 있는 생각을 했다고 봅니다. 이상이 최교수님과 김교수님의 질문에 대한 저의 답변입니다.

그 다음으로 강교수님이 타이완이 과연 약소국인가라는 질문을 제기하셨습니다. 저는 이 질문이 매우 합리적인 질문이라 생각합니다. 타이완을 순수한 약자로 보기에는 철학용어로 패러독스, 역설이지 않을까요? 타이완은 약자가 아닌 약자이고, 강자가 아닌 강자이며, 국가가 아닌 국가가 아닐까요?

그래서 우리는 100% 약소국은 아닙니다. 그렇지만 현재 타이완이 직면하고 있는 문제에 대해서 저희는 상당히 비관적이고 비애적인 감정을 가지고 있습니다. 그런데 이 처지가 바로 문화생산력, 문화의 힘을 발휘할 수 있는 또 다른 계기가 되지 않을까요? 이것이 우리 생존의 의지를 와해시킬 수도 있지만 현재 포스트모더니즘 같은 이론들이 현재 타이완과 일본에서 상당히 성행하고 있는데, 이런 사상들은 대부분 해체에 중점을 두고 있습니다. 가령 국경을 해체하자는 의견이 나오고 있습니다. 이런 사상들이 사상적으로는 해체가 가능하지만 실제 정치적으로 국민국가가 해체될 수 있겠습니까? 이런 진보적이고 숭고하고 세계주의적인 사상을 만약 타이완에 대입할 경우 우리 자신까지도 해체되지 않을까요? 그렇기에 타이완의 입장은 너무나 무력합니다. 우리는 진보적인 사상을 채택할 만한 처지도 될 수 없는 것입니다. 그렇기에 우리는 세계의 자유로운 지식분자들에게 비관적으로 말합니다. 우리는 현대주의에도 아직 도달하지 못했다고 말합니다. 화가 나지만 또 어쩔 수도 없는 일입니다. 이런 점에서 우리는 여전히 약소국이 아닐까요? 꿈을 꿀 자유도 사치가 되기 때문입니다. 우페이첸 교수님이 제기하신 질문은 방금 타께우찌에 대해 답변하면서 일부는 대답이 된 것 같습니다.

그리고 김도희 교수님이 제기하신 타이완 사회의 문제에 대해서 제 관점에서 답변하겠습니다. 왜 타이완은 한국처럼 일본을 그렇게 싫어하지 않을까요? 이 문제는 복잡하면서도 간단한 문제입니다. 간단히 대답하면 타이완과 한국의 역사가 다르다는 것입니다. 한국은 자유, 독립적인 국가를 추구하는 과정에서 일본의 식민지배를 받았습니다. 한국은 일본 통치를 받기 전에 이미 민족의식이 있었습니다. 때문에 한국인에게 있어 일본과의 합병은 치욕적인 사건이 아닐 수 없습니다. 그런데 반대로 타이완은 청제국주의의 주변으로서 타이완은 청제국에 의해서 일본에 할양된 것입니다. 교수님께서 아시다시피 왜 청제국이 타이완을 일본에 할양했을까요? 그 이유는 타이완은 중국에 의해 버림을 받았기 때문입니다. 그렇기에 한국과 타이완은 이렇

우루이런

게 시작점부터가 다른 것입니다. 해방 후의 국민당의 통치는 형식적으로 봤을 때는 동일민족의 통치지만 실제적으로는 식민통치의 연속이었습니다. 따라서 타이완인의 정체성이 혼동을 갖고 있는 것은 바로 이런 복잡한 역사적인 요소가 있는 것입니다.

　　이제 김교수님이 말씀하신 국민당의 청산도 중요하지만 일본 청산도 중요하지 않느냐는 질문에 대해 답변을 드리겠습니다. 김교수님께 드리고 싶은 말씀은 타이완은 일본에 대한 청산을 한 적이 없습니다. 1945년 전쟁이 끝난 후에 타이완에서는 일본 앞잡이에 대한 재판이 있었습니다. 전쟁이 끝난 후에 친일분자 혹은 앞잡이에 대한 재판은 두 가지로 진행되었는데, 친일분자에 대한 청산에서는 타이완인이 아닌 중국인의 입장에서 청산을 한 것이고, 전범(戰犯)에 대해서 청산을 할 때는 외국인으로서 심판을 했던 것인데, 타이완인은 전범과 친일의 두 가지 신분의 경험이 있다고 말할 수 있습니다. 이런 경험으로 볼 때 타이완은 중국, 일본의 정복야욕의 희생양이었고, 국민당 정권에 의해 희생당하는 대상이었다고 할 수 있습니다. 그렇기 때문에 많은 타이완인들이 불평과 불만의 감정을 가지고 있고, 국민당에 대해서도 국민당이 일본의 통치를 대신하면서 등장했기 때문에 그런 불평을 가지고 있다고 할 수 있습니다. 한국은 1945년 8월 15일을 광복절로 기념하고 있는데, 아무도 이에 대해 반론을 제기하지 않습니다. 그러나 타이완에서는 어떤 날을 탈식민의 날로 제정하기가 어렵습니다. 특히 현재 타이완에 거주하고 있는 주민들의 구성으로 볼 때 단일하고 공통적인 역사경험을 가진 것이 아니라 적어도 세 가지 다른 역사적 경험을 가진 부류로 형성되어 있습니다. 1949년 이전에 중국에서 건너온 본성인들의 경우에 1990년대 이후 민주화운동이 달성된 이후가 탈식민의 시점이라 할 수 있습니다. 그러나 1949년 국민당 정부와 함께 이주해온 외성인들에게는 바로 1945년이 탈식민의 시점이며, 원주민들에게는 탈식민의 날이 아직 오지 않았습니다. 저희가 얼마나 어렵게 살고 있는지 아시겠습니까?

타이완의 사회주의의 전파세력, 그런 영향력이 왜 모자라는가에 대해서는 천교수님이 이미 말씀하셨지만 제가 다시 보충하고 싶습니다. 타이완에서 종족문제가 왜 계급문제보다 중요한가 하는 것은 역사적인 문제가 있습니다. 미국처럼 타이완은 이민사회이고, 이민사회에서는 종족문제가 계급문제를 넘어서는 것이 사실입니다. 따라서 미국의 정치사를 볼 때 사회주의 영향력이 크지 않은 것처럼 타이완도 같은 상황입니다. 그리고 타이완이 미국과 같은 이민사회이기 때문에 정체성의 구축이 중요한 것이고, 그 이외에 미국과 다른 점이 있다면 타이완은 계속해서 외래의 지배를 받고 있는 상황입니다. 이것이 바로 일반인들이 말하는 진보적 사회주의가 타이완에서 발붙이기 어려운 이유라고 하겠습니다.

마지막으로 일본문화의 타이완 영향에 대해 이야기하겠습니다. 제 생각에는 식민주의 해체에는 두 가지 방법이 있습니다. 하나는 직접적으로 식민주의가 남겨놓은 정신문화적 측면을 해결하는 것이며, 또 다른 한가지는 에드워드 싸이드가 말한 것처럼 제국문화를 이용해서 식민주의를 해체하는 것입니다. 제 생각에 타이완의 경우에는 후자의 경우가 더 유용하지 않을까, 말하자면 식민자의 문화를 이용해서 탈식민을 이룩하는 것입니다. 식민자의 담론 중에서 비교적 진보적인 부분을 취해서 다시 식민주의를 해체하는 것입니다. 이것이 바로 타이완과 한국의 가장 다른 점인데, 민족국가의 형성에 있어서 한국은 단일민족으로 국가를 형성했고, 타이완은 다혈적이고 혼혈적인 국가로서 한국과 같은 경로를 밟지 못하고 있는 것입니다. 여기까지 말씀드리겠습니다.

백영서 이제 토론시간이 40분 정도 남았습니다. 사실 통역을 통해서 토론을 듣는 것은 쉬운 일은 아닙니다. 때로는 매우 피곤한 일이기도 하지만 내용에 따라서는 굉장히 긴장되면서 흥미로울 수도 있다고 생각합니다. 지금 저로서는 굉장히 흥미로운 시간을 보내고 있다고 생각합니다. 만일 제가 사회자가 아니라면 저도 뛰어들어서 토론이나 논쟁을 하고 싶지만 사회자 신분이라서 참느라고 애를 쓰고 있습니다. 지금 이미 많이 토론을 해서 좋은 의견이 많이 나와 여기서 끝내도 좋을 듯하지만, 한국의 분들이 발언할 기회가 없었기 때문에, 지금부터는 몇 개의 주제로 나누어 의견을 교환하는 것도 상당한 의미가 있다고 생각합니다. 첫번째로 생각할 수 있는 것은 오늘의 주제와도 직결되지만, 탈제국주의라고 할 때 우리가 생각하는 제국은 무엇인가 하는 것입니다. 제가 생각할 때 여기서 제국이란 정치학에서 말하는 제국의 개념을 새롭게 하자는 것이 아니라, 지금 우리가 생각하는 패권의 문제를 새롭게 논의해보자는 것입니다. 그래서 저희가 오끼나와에서는 오끼나와인들이 주로 패권으로 느끼는 일본과 미국의 문제를 토의했고, 호찌민시에서는 미국과 중국의 문제를 주로 논의했습니다. 그리고 지금 타이완에서는 일본과 중국의 문제를 이야기하는 것으로 기획을 했습니다. 과연 예상대로 타이완에 와서 중국 패권과 일본 패권에 대해 충분히 토론을 했습니다. 그런데 우리가 사실 빠뜨릴 수 없는 것은 미국에 관한 문제입니다. 미국에 대해 우리가 어떻게 볼 것인가 하는 문제는 토론을 해보아야 한다고 생각합니다. 물론 토론중에 미국과 중국과 일본을 등거리에 두어야 한다는 논의가 있었지만, 그 문제는 기회가 있으면 좀더 이야기해보아야 할 것이고, 또 토론중에 나온 한국 같은 경우 아(亞)제국주의, 즉 제국주의를 흉내내려고 하는 의도는 없는가 하는 관점을 돌아보아야 합니다. 아마 오늘 충분한 시간이 없지만 가장 중요한 주제인 중국 패권을 어떻게 볼 것인가 하는 점에 대해 더 토론해봐야 할 터인데, 이것은 바꿔 말하면 동아시아적 맥락에서 중국을 어떻게 볼 것인가 하는 것이 되겠지요. 앞으로 계속 여러 지역에서 토론이 더 되어야 할 문제라고 생각합니다.

두번째 말씀드리고 싶은 주제는 사실 동아시아 공동체에 관한 것입니다.

동아시아 공동체가 바로 이런 패권들을 조정하고 통제하는 지역질서를 만드는 데 도움이 되는 게 아닌가라고 생각해서 그런 주장을 하고 있습니다만 여기서 토론할 때는 그것이 중국중심, 미국을 견제하고 중국이 주도하는 질서가 아닌가라고 비치기도 한다는 점을 느낄 수 있었습니다. 그런데 제가 개회할 때 잠깐 말씀드렸듯이 동아시아 공동체라는 말 속에는 좁은 의미와 넓은 의미가 있다고 생각합니다. 좁은 의미로는 바로 ASEAN+3 혹은 ASEAN+6라고 진행되는 국가간의 결합형태이고, 거기에는 사실 국가의 형태를 갖추고 있지 못한 타이완 같은 경우는 참여할 자격이 없다고 보여질 수도 있겠습니다. 그런데 따지고 보면 거기에는 타이완만 빠져 있는 것은 아닙니다. 여러분이 다 언급하지 않고 계시지만 북한도 배제된 것입니다. 그래서 제가 생각하기에 넓은 의미의 동아시아 공동체라고 해서 국가간의 결합 이외에 동아시아 인민들 개개인의 자발적인 결합 형태로서의 동아시아 공동체도 같이 생각하면서 이 두 개가 어떻게 서로 경쟁하고 협력하는지를 논의해 보자는 것입니다.

마지막으로는 계속 나온 이야기인데, 타이완은 소국인가, 한국은 소국을 넘어서 어떤 규모의 국가인가 하는 문제인데, 소국인가 아닌가 하는 문제는 관계 속에서 파악해야 할 문제라고 생각합니다. 자신들을 소국으로 생각하느냐 아니냐도 중요하지만 주변에서 그 나라를 소국으로 보느냐 아니냐 하는 것도 중요하다는 것입니다. 또 이보다 더 중요한 것은 과연 소국인 타이완 또는 소국인 한국이라고 할 때 누구나 다 근대성을 완성하는 것이 목적인가, 바꿔 말하면 국민국가로서의 완성이 우리의 최종목적인가 하는 문제에 대해서 생각을 해보면 좋겠습니다. 이것은 굉장히 미묘한 문제이지만 모든 사회가 국민국가를 달성하는 것, 부강한 나라를 만드는 것이 최고의 목표가 되어야 하는가에 대해서 작은 나라일 경우 그 문제를 다시 돌아볼 필요가 있다는 것이 저의 생각입니다. 이런 주제에 대해서 더 의견을 말씀해주시고, 필요하면 마지막으로 저도 몇가지 의견을 더 보태겠습니다.

최원식 사회자께서 아주 훌륭하게 쟁점을 말씀해주셨는데, 제가 답변을 듣고 나서 몇가지 의견을 말씀드리고 싶습니다. 첫째는 오늘 논의를 통해서 더 확실하게 타께우찌 요시미의 이상화된 중국, 실체화된 중국의 논의가 어떤 문제들을 가지고 있는지, 더 명확하게 자각할 수 있게 되었습니다. 아까 백교수는 맥락이라는 말을 썼는데, 타께우찌 요시미의 이상화된 중국, 실체화된 중국이라는 이러한 수사법의 구사는 어떻게 보면 일본적 문맥 속에 다시 집어넣어야 더 잘 보이지 않을까 하는 생각이 들었습니다. 지금 일본이 메이지유신 이후 탈아입구(脫亞入歐)라는 방향으로 계속 달리면서 결국 이웃 아시아도 괴롭게 했지만 자기 자신도 망쳤습니다. 패전 이후의 다시 부흥한 일본이 또다시 그 방향으로 가는 것을 방지하기 위해서 일본 지식인들에게 어떻게 보면 사회주의 중국을 빌려서 그가 말했다는 생각이 듭니다. 좀 건방진 표현일지는 모르지만 이제는 우리가 일본을 좀 봐줘야 할 필요가 있습니다. '왜 그들이 이런 이야기를 하는가' 한수 접으면서 바라볼 필요가 있겠다는 생각이 듭니다. 어떤 논의들의 맥락을 이해하는 것이 동아시아 지식인들 사이의 소통의 전제가 된다는 것입니다. 또 하나는 이것은 호소하고 싶은 것인데, 오늘 모이신 학자들과 학생들이 한국이 분단된 국가라는 생각을 꼭 해주셨으면 좋겠습니다. 8월 15일 한국은 독립했고, 탈식민의 길을 걷고, 민족주의를 이룩했다고 우선생님은 높이 평가하셨는데 천선생님이 말씀하셨지만 2차대전 이후에 타이완이 세계의 반공전선에 뛰어들기 시작했듯이 남한도 바로 그러했습니다. 한국의 민주화운동은 바로 이와같은 자유전선의 최전방이라는 사이비 보편주의에 대한 자기반성으로부터, 분단된 나라의 남쪽에서 분단이 어떻게든지 극복되어야 한다는 인식과 그 실천이 긴밀히 결부되어왔다는 것을 이해해주셨으면 합니다. 지금은 좀 형편이 나아졌지만, 타이완만큼이나 고통의 역사를 겪어왔고, 지금도 그 고통 가운데서 완전히 해방되지 않았다는 것을 이해해주시길 바랍니다. 한국과 타이완이 고통의 맥락을 공유하면서 여러가지로 앞으로 해나갈 일이 많겠다라는 생각이 듭니

다. 타이완이 한반도의 이런 현실에 대해서 주목
해주시길 바랍니다.

양태근

양태근 여러가지 문제를 다들 잘 짚어주셨는
데, 덧붙일 부분이 있어 말하겠습니다. 첫번째
로, 우선생님이 말씀하신 한국이 과연 반미노선
을 걸고 있는가 하는 점입니다. 조금 여러가지
방면으로 정리를 해야 하지 않을까 하는 것입니
다. 또 하나는 타이완과 한국의 비교에 있어서
한국전쟁의 착잡한 기억을 또 여러분들이 이해해주셔야 한다는 것입니다.
그러니까 남한의 자그마한 번영이라는 것이 수많은 사람들의 피 위에서 이
룩되었다는 그 아픔을 이해해주셔야 한다는 것입니다. 그리고 마지막으로
하나 더 드릴 말씀은 제 논문과 조금 관련이 있는데, 그 내용 중에 오늘 천
광밍 선생님도 말씀하신 대로 몇십 년, 거의 100년에 가까운 기다림 끝에
타이완 민족주의 정부가 들어섰음에도 불구하고 성과가 적은 데 대해 타이
완 민족주의 진영에서 나서서 철저한 자아비판을 하고 있다는 사실이, 이것
이 바로 시민민주주의 시작이 아닐까 하는 생각을 해보았습니다. 그리고 그
런 의미에서, 제가 발표의 마지막 결론에서 말했듯이, 중국은 타이완의 민족
주의를 용인해야 하고, 타이완은 중국의 민족주의를 극복해야 할 필요가 있
습니다. 이 의미에서 중국을 다시 되돌아보았을 때 과연 중국 내부에서 중국
이 타이완에 대해 하고 있는 행위에 대해서 비판적인 목소리가 나올 수 있
는가? 중국에서는 과연 시민계층이 이런 자아비판을 주도할 수 있는가? 이
런 문제에 대해서 우리가 동아시아를 이야기할 때 좀더 중국에 대한 이해를
깊이있게 할 수 있지 않을까 하는 점입니다. 중국이 강대국으로서 타이완의
현실을 직시하고 용인해주어야 하고, 타이완은 또 중국이 가지고 있는 거대
한 중화주의를 극복해야 한다는 것입니다.

백영서 시간이 많지 않기 때문에 저도 방금 두 분이 말씀하신 데에 이어

한가지만 의견을 말씀드리고 싶습니다. 아까 말한 것처럼 탈제국을 위해 넓은 의미의 동아시아 공동체를 생각하고 있는데 여기서 주체가 누구냐가 중요하겠지요 저는 넓은 의미의 동아시아 공동체는 꼭 큰 나라만에 의해 실현된다고 생각하지 않고 오히려 주변의 소국들이, 주변세력들이 더 잘 할 수 있다고 생각합니다. 이와 관련해 중요한 문제는 개별사회, 타이완 혹은 남한이든 어떤 발전전략을 가지고 있냐가 굉장히 중요하다고 생각합니다. 것입니다. 국민국가를 달성하는 것, 부강한 나라를 달성하는 것이 목표인가 하는 문제입니다. 그래서 저는 한반도의 경우도 하나의 민족이 지금 두 개의 국가로 분열되어 있지만, 통일하고자 하는 이유도, 하나의 국가를 만들려고만 하는 것이 아니라 새로운 형태의 국가간의 결합형태로서 복합국가를 생각하고 있다고 이야기한 적이 있는데, 마찬가지로 동아시아 공동체를 만드는데, 개별사회가 어떤 발전전략을 갖는가가 중요해집니다. 중국대륙의 경우도 그 나라의 발전전략은 그들의 선택의 문제이긴 하지만, 그들이 연방제라든가, 국가연합 같은 것도 이야기할 수 있고, 타이완도 주위 나라들에게 부러움을 살 만한, 주위 나라가 존경할 만한 국가발전전략을 가지는 것이 중요하다고 생각합니다. 마지막으로 정리하면 정상적인 국가가 무엇인가에 대해 우리가 깊은 생각, 좀더 복합적인 생각을 해보아야 하고, 그러기에는 타이완과 한국처럼 고통의 맥락을 공유하는 두 주체는 바로 그런 역할을 하기에 적합하다고 생각합니다. 저도 사회자지만 끼어들었습니다. 자 그럼, 어느 분이 의견을 발표하겠습니까? 학생분들도 함께 참여할 수 있습니다.

란쓰보(藍土博, 타이완 남학생) 호이린 선생님이 발표하신 내용 중에서 제가 잘 몰라서 질문을 드리는 것인데 대외적으로는 민족주의에 대한 브레이크의 역할, 대내적으로 역사진상에 대한 선전의 역할을 맡아야 한다고 하셨는데, 이것이 어떤 문제에 대한 답으로 나온 것인지 알고 싶어 다시 질문을 드렸습니다.

호이린 탈제국을 원하지 않는 것이 아니라 제국으로 들어가고자 하는 사람에 대해 어떠한 건의를 할 수 있는가? 혹은 비판을 할 수 있는가? 이런 문제를 생각할 때 바로 대내적으로는 역사진상에 대한 선전을 강화하고 대외적으로는 민족주의 발전에 브레이크를 건다는 것을 제기했습니다.

양태근 이 질문을 들으니까 예전에 타이완에 있었을 때 생각이 나는데, 유학시절 상당수 타이완 학생들이 농담삼아 나 같으면 일본이나 미국에 편입되면 오히려 좋겠다는 말을 듣고 깜짝 놀랐었는데, 한국인의 입장에서 이해하기 어려운 부분이라고 생각합니다.

천꽝밍 일본이나 미국에 병합되자는 말은 농담이고, 그런 일은 있을 수 없는 일입니다. 그것보다는 호선생님은 타이완의 통일파들의 목소리를 비판하신 것 같은데, 지금 현재 중국통일연맹이라는 그런 단체가 있고, 소수의 지식분자 엘리뜨계급 안에서 결성한 단체가 있지만 지금은 거의 와해된 상태이고, 그리고 지금 국민당 쪽, 남색진영에서 말하는 통일은 진정한 통일이라기보다는 선거 때 나타나는 선거구호로 이해하는 것이 더 맞다고 생각합니다. 진정으로 제국에 진입하고자 하는 사람이 있겠습니까?

원뤄한(溫若含, 타이완 여학생) 금방 제국에 진입하는 문제가 나왔기 때문에 드리는 질문인데, 저는 한국의 학자들에게 탈제국과 자본주의의 전지구화 문제에 대해서 탈식민을 지향하면서 자본주의의 전지구화를 어떻게 처리할 것인가 묻고 싶습니다.

백영서 왜 그 질문이 안 나오는가 생각하고 있었습니다. 탈제국은 패권에 대한 비판에 중점을 두고 있습니다만, 그렇다고 해서 전지구적 자본주의를 당장에 부정하는 것은 아닙니다. 탈제국을 지향하면서 어떻게 전지구적 자본주의의 진행과정에서 작동하는 패권을 지양하는가 하는 것입니다. 덧붙여 말씀드릴 수 있는 것은, 우리가 반대하는 것은 신자유주의적 전지구화이고, 신자유주의 전지구화는 시장만능주의의 자본주의입니다. 우리는 시장만능주의가 우리의 가치관을 지배하는 것을 방지하는 것을 지향하고 있습니다. 우리가 시장 자체를 전적으로 반대하는 것은 아닙니다. 그것이 우리가 탈패권,

토론회 참가자들

탈제국의 동아시아 공동체를 추구하는 것과 관계가 있다고 생각합니다.

그럼 오랜 시간 동안 토론과 발표에 참여해주신 여러분께 감사를 드립니다. 다같이 박수를 치면서 오늘 회의가 성공적으로 끝난 것을 축하하면서 토론시간을 마치겠습니다. 이제부터는 간단한 폐막식으로 들어가겠습니다. 양측 대표께서 인사말을 하시겠는데 먼저 최선생님부터 하시겠습니다.

최원식 저는 타이완에 온 지 사흘밖에 안됐지만 타이완이 아주 좋아졌습니다. 제가 청핀서점(誠品書店)에 가보았는데, 아주 충격을 받았습니다. 한국에도 대형서점이 없진 않지만 청핀서점처럼 문화공간 같은 곳은 없습니다. 그래서 문화적 힘이 느껴졌습니다. 아까 타이완에는 왜 서남재단이 없는가 말씀하셨는데, 저는 반대로 한국에는 왜 이런 서점이 없는가라는 생각을 했습니다. 타이완의 문화적 힘은 대단하다고 할 수 있겠습니다. 타이완의 민주주의를 촉진한다는 길이 바로 동아시아 공동의 대화를 모색하고 중국과의 발전을 이룰 수 있는 것이 되지 않을까 생각했습니다. 저는 어느 나라나 어느 지역을 가면 사람들의 얼굴을 꼭 보는데, 얼굴에 그런 기상들이 다 나타

346

납니다. 그런데 오늘 학생들을 보니까 얼굴이 너무 밝고 좋습니다. 타이완의 미래는 창창할 것이라 여겨집니다. 타이완은 절대 고아가 아닙니다.

천팡밍 하루 종일 같은 장소에서 한가지 주제로 이렇게 오랫동안 토론해 본 적이 없습니다. 그래서 오늘 경험은 제게 깊은 인상으로 남았습니다. 오늘 회의의 결과 우리는 타이완 자체의 문화역량에 대해서 스스로 긍정하면서도 타이완 자신이 동아시아에 대한 인식이 매우 부족하다는 것을 실감했습니다. 저는 이 부족함이 계기라고 생각합니다. 이 가운데에서 실패하지 않고, 동아시아에서 타이완의 위치를 찾고 혹은 타이완과 동아시아의 관계를 새로 정립하는 것, 그리고 이런 시각을 저의 학생들과 동료들에게 전파하고자 합니다. 한국에서 오신 학자분께서 동아시아 여러 나라를 순회하면서 이런 주제에 대해서 깊은 토론을 진행하신 것에 대해 깊은 경의를 표하고 저도 앞으로 타이완의 학자들과 함께 여러 나라들을 순회하면서 논의를 진행할 수 있길 바랍니다. 만약 그날이 온다면 그날이 바로 저희가 동아시아에 대한 이해를 가지게 되었다는 것을 증명하는 날이 될 것입니다.

1부 오끼나와

최원식(崔元植) 인하대학교 동양어문학부 교수, 서남포럼 운영위원장
강태웅(姜泰雄) 광운대학교 일본학과 교수, 서남포럼 운영위원
야까비 오사무(屋嘉比收) 오끼나와대학 법경제학부 교수
토베 히데아끼(戶邉秀明) 와세다대학 비상근 강사
아사또 에이꼬(安里英子) 작가, 오끼나와대학 강사
신죠 이쿠오(新城郁夫) 류우뀨우대학 법학부 조교수
타까자또 스즈요(高里鈴代) '오끼나와 평화시민 연락회' 공동대표
와까바야시 찌요(若林千代) 쯔다쥬꾸대학 국제관계연구소 연구원

2부 호찌민시

신윤환(辛尹煥) 서강대학교 정치외교학과 교수, 서남포럼 운영위원
송승철(宋承哲) 한림대 영어영문학과 교수
응웬 반 릭(Nguyen Van Lich) 호찌민시 국가대학 인문사회과학대 교수
호앙 칵 남(Hoang Khac Nam) 하노이 국가대학 인문사회과학대 국제관계학과 교수
최병욱(崔秉旭) 인하대학교 사학과 교수
호앙 반 비엣(Hoang Van Viet) 호찌민시 국가대학 인문사회과학대 동방학과 교수
응웬 띠엔 륵(Nguyen Tien Luc) 호찌민시 국가대학 인문사회과학대 일본연구센터 소장
응오 민 오안(Ngo Minh Oanh) 호찌민시 교육대학 교수
다오 민 홍(Dao Minh Hong) 호찌민시 국가대학 인문사회과학대 국제관계학과 교수

3부 타이뻬이

백영서(白永瑞) 연세대학교 사학과 교수, 서남포럼 운영위원

양태근(梁台根) 한림대학교 아시아문화연구소 연구원

천팡밍(陳芳明) 국립정치대학교 타이완문학연구소 교수

우루이런(吳叡人) 중앙연구원 타이완사연구소 보조연구원

뤼샤오리(呂紹理) 국립정치대학교 역사학과 교수

김도희(金都姬) 한신대학교 중국지역학과 조교수

린뤠이밍(林瑞明) 국립성공대학교 역사학과 교수

우페이쳰(吳佩珍) 동오대학교 일본학과 조교수

호이린(何義麟) 국립타이뻬이교육대학교 사회과교육학과 부교수

서남동양학술총서
제국의 교차로에서 탈제국을 꿈꾸다
남쪽에서 본 동북아시아

초판 1쇄 발행/2008년 9월 19일

엮은이/최원식 · 백영서 · 신윤환 · 강태웅
펴낸이/고세현
편집/강영규 이명애
펴낸곳/(주)창비
등록/1986년 8월 5일 제85호
주소/413-756 경기도 파주시 교하읍 문발리 513-11
전화/031-955-3333
팩시밀리/영업 031-955-3399 · 편집 031-955-3400
홈페이지/www.changbi.com
전자우편/human@changbi.com
인쇄/한교원색

ⓒ 최원식 외 2008
ISBN 978-89-364-1309-5 93910